Der schlanke japanische Staat

Gesine Foljanty-Jost
Anna-Maria Thränhardt (Hrsg.)

Der schlanke japanische Staat

Vorbild oder Schreckbild?

Springer Fachmedien Wiesbaden GmbH 1995

ISBN 978-3-322-95989-8   ISBN 978-3-322-95988-1 (eBook)
DOI 10.1007/978-3-322-95988-1

© 1995 by Springer Fachmedien Wiesbaden
Ursprünglich erschienen bei Leske + Budrich, Opladen 1995

Inhaltsverzeichnis

Vorwort

In einer Phase, in der der Staat bei uns zwischen einer Aufgabenflut und restriktiven Finanzen gefangen zu sein scheint, und seine desolate Finanzlage für Teile der Bevölkerung zunehmend schmerzhaft spürbar wird, sind Wege gefragt, die dem Staat seine Handlungsfähigkeit zumindest teilweise zurückgeben, ohne ihn finanziell zu überfordern.

In dem vorliegenden Band wird mit Japan ein Land vorgestellt, das durch zweierlei auffällt: der Staat gibt im Industrieländervergleich im Verhältnis zur Wirtschaftsleistung wenig aus, und seine Leistungsfähigkeit scheint nicht darunter zu leiden. Wir haben diese Kombination in Anlehnung an das lean production-Konzept als das Phänomen des „schlanken Staates" bezeichnet. Berücksichtigt man die – wie wir meinen gerechtfertigte – Kritik an dem Begriff „schlanke Produktion" als Schönfärberei, ist die Anlehnung der Formulierung „schlanker Staat" vermutlich ebenfalls eher unglücklich und für die Nominierung zum „Unwort des Jahres" geeignet. Die Problematik gilt auch hier: mit „schlank" gehen positive Assoziationen einher, die kaum verifiziert sind. Was heißt „schlank"? Sind es die knappen Finanzen, sind es die reduzierten Aufgaben? Und vor allem: wie sieht es mit den Ergebnissen aus? Sind sie wirklich so hervorragend?

Angesichts dieser offenen Fragen und einer gehörigen Skepsis an den Erfolgen von Staatshandeln in Japan haben Kollegen als Alternative „der magere japanische Staat" oder auch „der Sparstaat" vorgeschlagen. Andere gaben zu bedenken, daß in der japanischen Selbstwahrnehmung der japanische Staat überhaupt „dick" sei und die gegenwärtigen Deregulierungsbemühungen und die Verwaltungsreform der Ausdruck einer selbst verordneten Schlankheitskur. Die Einwände sind nicht von der Hand zu weisen. Dennoch haben wir am Konzept des schlanken Staates festgehalten, weil zumindest in drei Politikfeldern, die in der heutigen Zeit elementar für den Zustand einer Gesellschaft sind, nämlich der Wirtschafts-, Umwelt- und Bildungspolitik, der japanische Staat mit wenig (finanziellem) Aufwand offenbar gute Ergebnisse erzielt hat, und diese Aussage im internationalen Vergleich unabhängig von der japanischen Eigensicht Gültigkeit besitzt. Dieses Nebeneinander von Effizienz und niedriger Staatsquote in einer breiten Palette von Politikfeldern zu untersuchen und die empirischen Grundlagen für generelle Aussagen über Staatshandeln in Japan zu verbreitern, war unser Anliegen bei den vorliegenden Beiträgen.

Der Band stellt unterschiedliche Ebenen der Betrachtung von staatlichem Handeln vor: die systematische, die historische und die exemplarische.

„Schlank sein" soll nicht reduziert bleiben auf die finanzielle und personelle Ausstattung des Staates. Klar gemacht werden sollen die Bedingungen, unter denen „schlank" nicht „mager" wird: sie werden vorgestellt und diskutiert in dem einführenden Beitrag von Gesine Foljanty-Jost. Er konkretisiert das Konzept des schlanken Staates durch einen Überblick über die Staatsfinanzen und die Erfolge und setzt sich mit Bedingungen von staatlichem Handeln in Japan auseinander, die geeignet erscheinen, dessen Funktionsfähigkeit bei beschränkten Ressourcen zu erklären. Hierzu gehören neben dem historisch gewachsenen Selbstverständnis des Staates auch die Effizienz des Verwaltungsapparats und die umfassende Nutzung von kooperativen und informellen Abstimmungsmechanismen zwischen staatlichen und gesellschaftlichen Kräften.

Die Entwicklung Japans unter den Bedingungen von Ressourcenknappheit ist bis 1945 durch die Tennoideologie, nach 1945 durch die Yoshida-Doktrin geprägt worden. Die Beiträge von Erich Pauer und Klaus Antoni greifen diese beiden Aspekte vertiefend auf.

Auf die programmatische Dimension geht Anna Maria Thränhardt ein. Sie schließt an die These von Foljanty-Jost an, daß für die Handlungsfähigkeit eines Staates das akzeptierte Selbstverständnis entscheidend ist. Da, wo die Wohlfahrtsstaatlichkeit als Programmatik fehlt, entstehen weniger oder andere Erwartungen an den Staat. Der Staat kann sich auf Kontroll- und Regulierungsfunktionen beschränken.

Die Ausfüllung von Orientierungs- und Vermittlungsfunktionen kennzeichnet den japanischen Staat als kooperativen Staat, der seine Handlungsfähigkeit trotz begrenzter Ressourcen dadurch wahrt, daß er als Moderator oder Organisator gesellschaftlicher Selbstregulierung wirkt. Diese in der einführenden Analyse von Foljanty-Jost entwickelte These wird durch den Beitrag von Winfried Flüchter für einen Teilaspekt, nämlich die staatliche Regionalplanung konkretisiert. Flüchter weist darauf hin, daß die Definition von staatlicher Effizienz offenbar einer Modifikation bedarf: der Beitrag macht deutlich, daß die Regionalentwicklungsplanung zwar unter dem Aspekt der Herstellung gleicher Lebensbedingungen in allen Teilen des Landes gescheitert ist, jedoch ökonomisch durchaus effizient ist und von der Bevölkerung akzeptiert wird.

Mit den Einzeluntersuchungen von Forschungs-, Industrie- und Technologiepolitik sowie der Hochschulpolitik von Ulrike Schaede, Arne Holzhausen und Sung-Jo Park, Hartmut Deyda und Botho von Kopp soll der Versuch gemacht werden, Intentionen, Instrumente und Ergebnisse des schlanken Staates in einem konkreten Politikfeld näher zu bestimmen. Sie alle zeigen den Staat in seiner Rolle als Moderator und Koordinator. Seine Effizienz erscheint hier als Folge von integrativer, kooperativer Verfahrenssteuerung.

Schließlich bleibt die Frage nach der Zukunft des schlanken Staates. Mit der Privatisierungswelle der achtziger Jahre scheint sich der Staat weiter zurückgezogen zu haben. Wie der Beitrag von Harald Dolles und Kathrin Köster zeigt, erfolgte die Privatisierungspolitik prophylaktisch: Die Intervention erfolgte selektiv und abgestützt durch weitreichende Mechanismen der Konsensbildung zwischen Staat und mächtigen Interessenverbänden. Die institutionellen Voraussetzungen für den Ausstieg des Staates wurden geschaffen, ohne daß es zu einem konsequenten Rückzug kam, und der Staat auf seine Kontrollmöglichkeiten verzichtete. Die Frage ist, ob es sich hierbei, wie von Muramatsu Michio vertreten, um einen Schritt zur Bekämpfung der Staatsverschuldung handelt, oder aber um eine Rückbesinnung auf ein vertrautes Konzept, nämlich den schlanken Staat als Programm.

Hinweise auf eine Antwort gibt der Beitrag von Volker Fuhrt, der neuere Konzepte von Staat und Staatstätigkeiten von zwei führenden Politikern der jüngeren Generation der Konservativen präsentiert: Hosokawa und Ozawa.

Schließlich faßt der abschließende Artikel von Paul Kevenhörster das Konzept des schlanken japanischen Staates aus vergleichender Perspektive zusammen. Staatliches Handeln in Japan wird – so sein Fazit – auch in Zukunft dem Grundsatz folgen: „Staatliche Investitionen haben Vorrang vor staatlichem Konsum."

Ein Teil der Beiträge ist im Rahmen der Jahrestagung der Vereinigung für sozialwissenschaftliche Japanforschung in einem breiten Kreis von Japanologen und Sozialwissenschaftlern zur Diskussion gestellt worden. Die Jahrestagung fand im Dezember 1993 zum wiederholten Male im Japanisch-Deutschen Zentrum in Berlin statt. Dem Zentrum mit seinem Generalsekretär Dr. Thilo Graf von Brockdorff sowie den Mitarbeitern sei an dieser Stelle für die weitreichende Unterstützung und das große Engagement herzlichst gedankt. Dank gebührt auch der Deutsch-Japanischen Kulturgesellschaft in Köln, die die Publikation des Bandes mit einem Druckkostenzuschuß gefördert hat.

Das letzte Dankeswort richtet sich an Annette Erbe. Sie hat mit viel Engagement und Sorgfalt die Manuskripte redigiert und in die vorliegende Fassung gebracht.

Abschließend sei darauf hingewiesen, daß die japanischen Namen in der landesüblichen Reihenfolge, d.h. Nachname vor Vorname, erscheinen und bei japanischen Begriffen mit Ausnahme der Städtenamen Tokyo, Osaka und Kyoto der Hepburn-Umschrift gefolgt wurde.

Halle und Münster im Juli 1994 *Gesine Foljanty-Jost*
Anna Maria Thränhardt

Gesine Foljanty-Jost

Der schlanke japanische Staat: Determinanten staatlicher Effizienz

Durch die deutsche Wiedervereinigung scheint sich das grundlegende Dilemma des Staates weiter dramatisiert zu haben: der Staat ist mehr denn je in seiner vermeintlichen Omnipotenz als Garant für gleiche Lebenschancen, für Arbeitsplatzsicherung, für die öffentliche Sicherheit sowie als oberster Umweltschützer gefordert. Der Fülle von Anforderungen steht eine zunehmend restriktive Finanzlage gegenüber, die Staatsverschuldung nimmt zu, die gesellschaftlichen Probleme nehmen nicht ab. Folge ist der Zusammenhang von weniger Geld, weniger Verteilungsspielraum, weniger Akzeptanz beim Bürger. Der Staat scheint überfordert. Das Phänomen ist nicht neu.

In der Bundesrepublik ist Staatstätigkeit zwischen Anforderungen und Handlungsfähigkeit seit mehr als zehn Jahren Gegenstand einer breit geführten Diskussion. Diese hatte sich vor allem am Versagen des Staates bei der Lösung von gesellschaftspolitischen Problemen entwickelt und nach den Ursachen für Staatsversagen und dessen Überwindung gefragt. Schlagworte wie der „Informale Rechtsstaat" (Bohne), der „Kooperative Staat" (Ritter), Entstaatlichung oder „Entzauberung des Staates" (Willke) werfen ein Licht auf einen Ausweg aus der Krise staatlichen Handelns: der Staat kann nur dann seine Steuerungsfähigkeit wiedererlangen, wenn er sich selbst relativiert: Es bedarf der Ergänzung rechtsförmigen Handelns durch informelle Verfahren, es bedarf der Entlastung des Staates durch gesellschaftliche Arbeitsteilung, d.h. der Übernahme von staatlichen Funktionen durch außerstaatliche Handlungsträger. Es bedarf schließlich einer Neudefinition von Staat als gesellschaftlichem Subsystem, kurz: Wir müssen Abschied nehmen von einem omnipotenten Gebilde Staat, das für alle gesellschaftlichen Bereiche zuständig ist, um den Staat wieder handlungsfähig zu machen. Dieser Ansatz zielt auf Effektivierung von Staatstätigkeit durch eine verfahrensmäßige Modernisierung ab. Offen bleibt allerdings die Frage nach der optimalen Größe des Staates. Wie weit kann der Staat zurückgenommen werden, ohne daß die Funktionsfähigkeit zentraler gesellschaftlicher Bereiche gefährdet wird? Wieviel Staat brauchen wir?

In jüngster Zeit ist in der Politik ein neues Schlagwort geprägt worden: der schlanke Staat. In Anlehnung an das lean production-Prinzip in der Wirtschaft soll der Staat seine Handlungsfähigkeit durch eine Schlankheitskur wiedererlangen. Gemeint ist damit in der Regel die Einsparung von Staatsausgaben und eine Verkleinerung des Staatsapparats. Wenn aber die Analogie stimmen soll, bedeutet „schlank" nicht nur die Reduzierung von Personal. Das Konzept der lean production bedeutet auch die Aufhebung starrer Arbeitsteilung, die Abschaffung von starren Hierarchien und Dezentralisierung von Entscheidungen und ihrer Umsetzung.

Unter den möglichen Prüfsteinen für die Leistungsfähigkeit eines in diesem Sinne modernisierten Staates bietet sich Japan an: auf den ersten Blick scheint das Land unter Problemen, die mit Staatsversagen in Verbindung gebracht werden, wie Arbeitslosigkeit, Inflationsrate, Umweltverschmutzung, Kriminalität und öffentliche Unsicherheit weitaus weniger zu leiden als andere Industrieländer. Hinweise auf Staatsverdrossenheit wie sinkende Konformitätsbereitschaft, politische Polarisierung und Radikalisierung fehlen. Der Blick auf die Staatsausgaben ergibt, daß all dies mit einer geringen Staatsquote einhergeht. Zumindest finanziell betrachtet ist der japanische Staat „schlank". Einer gewissen Fazination entbehrt diese Kombination nicht. Die Frage stellt sich, wie sich der Zusammenhang von niedriger Staatsquote, den Ergebnissen politisch-administrativen Handelns und der Akzeptanz bei der Bevölkerung erklären läßt, und ob das japanische Staatsmodell für andere westliche Industrieländer als Orientierungshilfe relevant sein könnte.

Bislang ist die Frage nach den Bedingungen und Ergebnissen staatlichen Handelns im Falle Japans systematisch nur im Bereich der Industrie- und Strukturpolitik untersucht worden. Die wirtschaftliche Leistungsbilanz hat eine Reihe von Politikwissenschaftlern dazu veranlaßt, den japanischen Staat als stark zu qualifizieren. So ist wiederholt die These vertreten worden, die Effizienz des japanischen Staates sei die Effizienz seiner starken Bürokratie (Koh 1989, S.205, Inoguchi und Iwai 1987, S. 11). Diese These ist im Bereich der international vergleichenden Politikwissenschaft übernommen worden (Katzenstein 1977, S. 313-316). Der Staat, vertreten durch die Bürokratie, erscheint in diesen Ansätzen als autonomer Akteur mit eigenen Interessen und Zielen und eigenen, autonomen Machtressourcen. Diese „Bürokratiethese" wurde durch das sogenannte „Elitemodell" abgelöst. Danach ist die staatliche Effizienz in Japan durch die enge informelle Vernetzung der Eliten aus Politik, Bürokratie und Industrie zu erklären. Die Existenz dieses „eisernen Dreiecks" ist demnach ein struktureller Steuerungsvorteil des politischen Systems Japans. Ebenfalls auf die institutionalisierte Kooperation von Staat und Industrie zielt die Charakterisierung des politischen Systems als „corporatism without labor" ab, die als Besonderheit die institutionalisierte Interessenvermittlung von Staat und Industrie unter Ausschluß der Gewerkschaften herausstellt.[1] Die neuere Staatsdebatte in Japan hebt dagegen hervor, daß die Interessenvertretungsmuster im politischen System Japans spätestens seit der Integration von pluralistisch besetzten Beiräten (*shingi-kai*) in den politischen Entscheidungsprozeß unter Ministerpräsidenten Nakasone pluralistisch

---

1   Vgl. den einflußreichen Artikel hierzu von Pempel und Tsunekawa 1979.

strukturiert sind. Hieraus wird konsequenterweise staatliche Schwäche abgeleitet, da durch die zunehmende Fragmentierung politischer Interessen in der
japanischen Politik der Staat unter verstärkten Abstimmungszwängen steht
und an Autorität einbüßt.[2] Umschrieben wird das Phänomen des schwachen
Staates mit Begriffen wie ‚soft state', ‚social corporatism' und ‚network state'
(Muramatsu, Tsujinaka, Okimoto). Schwäche zeigt sich darin, so das Argument, daß das Machtzentrum sich von der Bürokratie auf die bis 1993 allein
regierende Liberal-Demokratische Partei (LDP) und ihre Unterstützer verlagert habe, bzw. der Prozeß durch Einbindung von Verbänden offen pluralistisch geworden ist.

Für die Frage nach den Bestimmungsfaktoren für die Funktionsfähigkeit
des Staates , um die es hier geht, sind diese Ansätze unzureichend, da sie ak-
teurszentriert staatliche Effizienz mit der Durchsetzungskapazität der unterschiedlichen Interessengruppen begründen.

Mit dem vorliegenden Beitrag soll über diese Ebene hinausgegangen und
als Bestimmungsfaktoren für staatliches Handeln auch institutionelle und historische Faktoren sowie die Programmatik des Staates berücksichtigt werden. Ausgangspunkt der folgenden Untersuchung ist eine knappe Bestands-
aufnahme der Problemlösungskapazität des politischen Systems Japans. Es
soll gezeigt werden, daß das politische System Japans im internationalen
Vergleich im Hinblick auf seine Ergebnisse nicht schlecht dasteht.

Im zweiten Schritt geht es um die Rolle des Staates bei der Erreichung dieser Ergebnisse. Ich werde ansetzen bei einem augenfälligen Merkmal, nämlich der niedrigen Staatsquote, und fragen, welche weiteren Dimensionen
von Staatshandeln neben Staatsausgaben zur Erklärung der Ergebnisse beitragen. Die historische Perspektive soll in einem ersten Schritt Auskunft über
die Bedingungen für die Herausbildung des modernen japanischen Staates
nach der Öffnung des Landes 1868 geben. Hieraus sind Aufschlüsse über die
Akzeptanz von spezifischen Formen von Staatstätigkeit zu erwarten. In engem Zusammenhang hiermit steht die Frage nach dem historisch gewachsenen Selbstverständnis des Staates. Es prägt nicht nur die Prioritäten staatlicher Intervention, sondern auch die Erwartungen der Bevölkerung an den
Staat. Die so als Selbstverständnis untersuchte Programmatik des Staates bietet den Rahmen, um die Funktionen des Staates zu bestimmen und in einem
weiteren Schritt zu fragen, welchen institutionellen Niederschlag sie gefunden haben. Schließlich bleibt als unterste Ebene von Staatstätigkeit die Frage
nach der Qualität der „Staatsdiener" zu klären, und zwar vor allem die der
Beschäftigten der öffentlichen Verwaltung.

Im einem letzten Schritt soll auf die Eingangsfrage zurückgekommen werden: Gibt es Ansatzpunkte in den Facetten staatlichen Handelns in Japan, die
als Orientierungshilfe für die hiesige Diskussion genutzt werden können?

---

2   Einen Überblick über den Forschungsstand gibt Foljanty-Jost 1993b.

1. Die Leistungsbilanz des politischen Systems

Japan nimmt bekanntlich in der wirtschaftlichen Erfolgsbilanz weltweit eine Spitzenposition ein. Inflationsrate und Arbeitslosenquote gehören zu den niedrigsten, das Wirtschaftswachstum zum höchsten unter den Industrieländern.

Tabelle 1: Wirtschaftlicher Erfolg: die Position Japans

	Wirtschaftswachstum[1]		Inflationsraten[2]		Arbeitslosenquote[3]	
	1974-84	1991	1974-84	1991	1974-84	1991
Deutschland	1,7	2,8	4,6	4,0	4,5	5,0
Großbritannien	1,1	-1,8	12,9	6,7	8,0	8,2
Frankreich	2,2	1,4	10,9	2,9	6,2	9,4
Italien	2,0	1,7	16,2	7,0	7,6	11,3
Japan	3,9	3,5	7,4	2,3	2,1	2,2
Schweden	1,7	-0,9	10,0	8,4	2,3	2,8
USA	2,4	-0,2	10,5	4,0	7,4	6,7

1   Durchschnittliche jährliche Prozentveränderung des realen Bruttoinlandsprodukts 1973-1984
2   Durchschnittliche jährliche Prozentveränderung des Konsumenten-Preis-Indexes, 1973-1984
3   Durchschnitt aus den jährlichen Arbeitslosenquoten 1974-1984

Quellen: Schmidt 1986, S. 258; *The OECD Observer*, Nr.173 (Dez. 1991/Jan. 1992), S. 35-36.

Die japanische Wirtschaft hat sich nach den Rezessionen der siebziger Jahre schneller erholt als die anderer Industriestaaten. Strukturkrisen bei Stahl, Aluminium und Schiffbau sind mit weniger Problemen bewältigt worden als beispielsweise bei uns, wobei besonders bemerkenswert ist, daß die Umstrukturierung ohne einen spürbaren Anstieg in der Arbeitslosenquote erfolgt ist.

Der Bildungsbereich ist effizient in dem Sinne, daß trotz hoher Klassenfrequenzen das Niveau von Faktenwissen und Sekundärtugenden hoch ist. So zeigen die Ergebnisse interdisziplinärer Forschung in Japan und USA, daß japanische Kinder nicht nur in Standardleistungen besser abschneiden als ihre amerikanischen Altersgenossen, sondern auch interessierter an ihrer Umwelt teilhaben und sozial stabil sind (Die Tageszeitung, 4.3.1994). Der Anteil der Schulabbrecher ist im Vergleich gering. Rund 94% eines Jahrgangs absolvieren eine zwölfjährige Schulzeit.

In der Umweltpolitik sind durch selektive, technokratisch-pragmatische Maßnahmen beträchtliche Erfolge bei der Reduzierung der Luftverschmutzung erzielt worden. Die OECD hatte Japan schon 1977, d.h. zehn Jahre nach der Institutionalisierung von Umweltpolitik als eigenständigem Politikfeld bescheinigt, daß seine Politik erfolgreich gewesen sei. Der Ressourcen-verbrauch pro Wertschöpfungseinheit ist im verarbeitenden Gewerbe im Zeitraum von 1973 und 1986 gesunken, d.h. die Ressourcenintensität der industriellen Produktion geht zurück – die intelligentere Form von Umwelt-schutz. Japan ist das einzige unter den OECD-Ländern, in denen diese Ent-wicklung nicht allein Gratiseffekt technologischen und strukturellen Wan-dels gewesen ist, sondern politisch gewollt und gefördert wurde (Foljanty-Jost 1993, S. 120ff.).

2. Die finanzielle Minimalität des Staates

Der skizzierten positiven Bilanz stehen vergleichsweise geringe Kosten ge-genüber. Der Anteil der laufenden Staatsausgaben am BIP lag 1990 in Japan mit 32,4% mit am niedrigsten von allen Industrieländern, unterboten nur von der Schweiz mit 30,7%. Die höchsten Anteile verbuchten die nordeuropäi-schen Wohlfahrtsstaaten, angeführt von Schweden mit 58,4%. Auch der staatliche Eigenverbrauch liegt im Vergleich zu anderen OECD-Länder am niedrigsten, nämlich 1991 bei 9,2% des BIP, in Deutschland lag der Wert bei 19,8%, in Schweden bei 27% (Statistisches Bundesamt 1993, S. 346f.). An-gesichts dieser Zahlen verwundert es nicht, daß es auch weniger Bedienstete im öffentlichen Dienst gibt als in anderen OECD-Ländern. 1990 waren in Ja-pan 7,9% aller Beschäftigten im Staatsdienst, den höchsten Anteil weist Nor-wegen mit 32% auf, in Deutschland und den USA liegt der Wert bei rund 15% (OECD 1991, S. 74).

Tabelle 2: Die Minimalität des japanischen Staates im internationalen Vergleich (in Anteilen am Bruttoinlandsprodukt)

	Japan			Deutschland			USA		
	1980	1985	1990	1980	1985	1990	1980	1985	1990
Anteil der Beschäftigten im öffentlichen Dienst an den Erwerbstätigen[1]	8,8	8,7	7,9	15,5	15,6	15,2	16,4	15,3	15,5
Steuereinnahmen[1]	25,5	31,3 (1988)	35,1[2]	38,0	37,4 (1988)	44,0[2])	29,5	29,8 (1988)	32,9[2]
Nettoverschuldung[2]	17,3	26,3	9,8	14,3	21,9	22,0	18,6	27,4	30,4
Bruttoverschuldung[2]	52,0	68,2	65,1	32,5	42,2	41,5	37,7	48,8	52,0
Staatsausgaben[2]	32,6	32,7	32,4	48,3	46,9 (1986)	46,0	33,7	36,9 (1986)	36,1
Sozialausgaben (ohne Sozialversicherung)[3]	0,9	0,9	1,0	7,8	8,1	7,2 (1989)	1,6	1,5	1,4 (1989)
Rüstungsausgaben[3]	0,8	0,9	0,9	2,7	2,7	2,2 (1989)	5,3	6,5	5,6 (1989)

Quellen: 1) OECD 1991, S. 70-77; 2) OECD 1992a, S. 131-138; 3) OECD 1992b, S. 33, 39, 61, 66, 243, 248.

Es gibt zwei Bereiche, die aufgrund ihrer hervorgehobenen Stellung im Staatshaushalt in anderen Ländern die Höhe der Staatsquote bestimmen: der Verteidigungs- und der Sozialbereich. In beiden Bereichen fällt Japan durch seine Minimalität auf:

- Die geringe Staatsquote im Verteidigungsbereich ist verfassungsrechtlich bedingt, d.h. Japan hat 1945 auf den Aufbau und Unterhalt von eigenen Streitkräften verzichtet. Trotz des Unterhalts sogenannter Selbstverteidigungsstreitkräfte galten bis in die Nakasone-Ära hinein Ausgaben von mehr als 1% des Bruttoinlandsprodukts für den Verteidigungshaushalt als gesellschaftliches Tabu, das alle Regierungen akzeptierten.
- Die Sozialausgaben sind im internationalen Vergleich niedrig. In der neo-liberalen Argumentation wird das Nebeneinander von wirtschaftlicher Leistungsfähigkeit und geringen Sozialausgaben als Beweis dafür gewertet, daß durch die Minimalität „unproduktiver" Sozialleistungen unternehmerische Handlungsspielräume weitaus größer sind als in den europäischen Wohlfahrtsstaaten und eine beständige Grundlage für neues Wachstum schaffen. Für die Nachkriegszeit bis Anfang der siebziger Jahre läßt sich dieses Argument nicht völlig von der Hand weisen: wirtschaftliches Hochwachstum und Vollbeschäftigung gingen mit geringen staatlichen Sozialleistungen einher, allerdings begünstigt durch ein niedriges Durchschnittsalter der abhängig Beschäftigten und eine geringe Scheidungsrate, d.h. vergleichsweise intakten familiären Bindungen. Das Netz der sozialen Sicherung blieb in Japan großmaschiger als beispielsweise in den skandinavischen Ländern.

Die Staatsausgaben sind nicht nur in wirtschaftsfernen Bereichen vergleichsweise gering: in der Umweltpolitik und der Infrastrukturpolitik rangieren die Ausgaben des japanischen Staates gemessen an der Wirtschaftsleistung am unteren Ende der Länderskala. Und auch in Bereichen wie Forschung und Entwicklung hält sich der Staat mit der Kostenübernahme zurück. 82% der japanischen Forschungsausgaben wurden 1991 von der Wirtschaft getragen.

Die finanzielle Zurückhaltung des Staates hat Folgen, die unmittelbar spürbar sind: die japanische Bevölkerung ist schlechter als die Menschen in den westlichen Industrieländern mit Parkflächen, Kanalisation und öffentlichem Wohnraum versorgt. Klassenfrequenzen von mehr als 40 Schülern in der Sekundarstufe 1 sind keine Seltenheit, öffentliche und damit kostengünstige Sport- und Kultureinrichtungen sind insbesondere außerhalb der Ballungszentren vergleichsweise rar.

Die Unterversorgung mit öffentlichen Gütern bedeutet, wie vor allem im Westen häufig geargwöhnt, geringere öffentliche Lebensqualität. Die Handlungsfähigkeit des Staates scheint jedoch deshalb nicht gefährdet: anders als beispielsweise in den USA zu beobachten, ist in Japan kein Zusammenhang von Unterversorgung durch öffentliche Güter und soziale Polarisierung und Desintegration festzustellen. Einkommensunterschiede sind im internationalen Vergleich geringer, die Kriminalitätsrate ist niedrig. Es fehlen Anzeichen von staatlichem Autoritätsverlust oder sinkender Konformitätsbereitschaft, ablesbar beispielsweise an geringer Gewaltbereitschaft und niedriger Demonstrationshäufigkeit.

Tabelle 3: Internationaler Vergleich ausgewählter Daten zu Infrastruktur
und Wohnen

	Japan	USA	Großbri-tannien	Frankreich	Deutsch-land
Fläche je Wohneinheit	25,0	61,8	35,2	30,7	–
in m^2	(1988)	(1987)	(1988)	(1987)	
	Tokyo	New York	London	Paris	Bonn
Städtische Grünfläche je	2,5	19,2	30,4	12,2	37,4
Wohneinheit in m^2	(1988)	(1976)	(1976)	(1984)	(1984)
Wohneinheiten mit	45	73	95	64	91
Kanalisationsanschluß	(1991)	(1986)	(1982)	(1983)	(1983)
in %					
Bevölkerung mit Was-	95	–	99	99	98
seranschluß in %	(1990)		(1988)	(1986)	(1986)
Länge der Straßen je	9,0	25,1	6,4	14,3	7,9
1.000 Einwohner in km	(1990)	(1989)	(1990)	(1990)	(1988)
Anteil asphaltierter	69,2	58,2	100	95	99
Straßen am Straßennetz	(1990)	(1989)	(1990)	(1990)	(1990)
in %					
Schnellstraßen je	0,96	4,55	1,16	2,69	–
10.000 Fahrzeuge in km	(1991)	(1988)	(1989)	(1989)	

Quellen: OECD 1991, S. 131; OECD 1992a, S. 60; Asahi Shimbunsha 1993b, S. 737.

3. Staatliche Minimalität und Bedingungen für Akzeptanz

Umfragen zeigen zwar, daß auch die Japaner mehr staatliche Leistungen in
den Bereichen soziale Infrastruktur, Sozialleistungen etc. fordern. Gleichwohl haben sie sich Steuererhöhungen stets heftig widersetzt. Über die Einführung der Verbrauchssteuer hat die LDP ihre stärksten Einbußen in den
achtziger Jahre hinnehmen müssen.

Eine Erklärung für die Akzeptanz in der Bevölkerung wäre die vergleichsweise niedrige Abgabenlast der Japaner. Lediglich 38,0% des Volkseinkommens gehen als Steuern und Sozialabgaben an den Staat. In Deutschland (Altbundesländer) liegt der Anteil bei 50,2%.

Eine weitere Erklärung für die Akzeptanz bezieht sich auf die relative
Ausweitung der Umverteilungsfunktionen des Staates seit den frühen siebziger Jahren, d.h. im internationalen Vergleich ist der Anteil der Staatsausgaben am BIP zwar gering, im Vergleich zu der Staatsquote früherer Jahre ist
es jedoch zu einer deutlichen Expansion gekommen. Im Jahre 1973, das als
Startjahr für die soziale Wohlfahrt (*fukushi gannen*) bezeichnet wurde, wurden bedeutende Umschichtungen im japanischen Staatshaushalt eingeleitet:
die Sozialausgaben wurden angehoben, die Transferleistungen an die Präfekturen und Kommunen stiegen aufgrund der Einführung von Subventionen
für Privatschulen und steigende Lehrergehälter an. Die Sozialausgaben er-

reichten 1976 22,1% des Staatshaushalts. Dem Anstieg der Staatsausgaben folgten keine entsprechenden Erhöhungen der Staatseinnahmen, so daß die noch in den sechziger Jahren praktizierte Politik des ausfinanzierten Staatshaushalts nicht mehr durchgehalten werden konnte.

Tabelle 4: Anteile der Steuern und Sozialabgaben am Volkseinkommen in ausgewählten Ländern, 1988 (in %)

	Steuerquote A	Sozialabgabenquote B	A + B
Japan	27,5	10,5	38,0
USA	25,7	9,1	34,9
Großbritannien	41,1	9,2	50,3
Bundesrepublik Deutschland	29,6	20,6	50,2
Frankreich	33,9	25,6	59,5
Italien	30,6	15,6	46,2

Quelle: Asahi Shimbunsha 1993a, S. 65.

Diese Entwicklung wurde mit der Verwaltungsreform der frühen achtziger Jahre zurückgeschraubt. Im Zuge der zunehmend restriktiven Finanzpolitik der Regierung wurde der Anteil der Sozialausgaben am Staatshaushalt wieder reduziert. 1993 machten die Sozialausgaben noch 18,4% des Etats aus. Es wäre allerdings vorschnell, hierin eine Rückkehr zur Sozialdumping-Tradition der Vergangenheit zu sehen. Von der Kürzung sind nahezu alle Bereiche betroffen. Auch der Anteil für staatliche Wirtschaftsförderung einschließlich der Subventionen für die Landwirtschaft ist im Zuge der Deregulierungspolitik der achtziger Jahre weiter stark zurückgegangen. Der Anteil der Rüstungsausgaben ist nicht gestiegen.

Tabelle 5: Anteile der Einzeletats am Staatshaushalt (in %)

	Jahres- durchschnitt 1934-1936	1954	1964	1974	1984	1988	1992
Sozialausgaben	0,7	11,2	13,2	16,9	18,4	18,3	17,6
Bildung und Wissenschaft	6,6	11,3	12,7	11,5	9,5	8,6	7,9
Transfer an Kommunen	0,3	12,6	19,1	19,8	17,9	19,2	21,8
Rüstungsausgaben	44,8	13,3	9,3	6,4	5,8	6,5 (1989)	6,3
öffentliche Bauvorhaben	7,4	15,3	19,5	16,6	12,9	10,7	9,6
Eigenverbrauch				6,6 (1970)	5,0 (1980)	6,5 (1990)	4,8
Schuldendienst	16,9	4,4 (1955)		5,3 (1975)	18,1	20,3	22,8

Quelle: eigene Berechnung nach Yano, lfd. Jg.

Der Rückgang der Sozialausgaben seit den frühen achtziger Jahren ist von Politikwissenschaftlern wie Muramatsu als Folge der administrativen Reform interpretiert worden, einer „Abspeckungskur" des Staates mit dem primären Ziel, die Staatsverschuldung zu reduzieren (Muramatsu 1993, S. 50-71). Damit wäre der Abbau der Sozialleistungen in den achtziger Jahren in Japan in eine Reihe zu stellen mit der neo-konservativen Politik von Reagan und Thatcher. Der schlanke japanische Staat wäre in dieser Argumentation wie im Westen auch aus der Finanzkrise des Staates geboren, wäre kein Sonderfall sondern Ergebnis politisch-ökonomischer Zwänge. Wenn dem so ist, verwundert es, warum es in Japan keinen energischen Widerstand gegen den Abbau von Sozialleistungen in der Öffentlichkeit gegeben hat. Dies führt zu einer weiteren möglichen Erklärung für die Akzeptanz der niedrigen Staatsquote, daß nämlich kein historisch gewachsener Anspruch auf staatliche Leistungen besteht.

Schließlich wäre als Erklärungsfaktor die historische Kontinuität des minimalistischen Staates zu berücksichtigen. Die Herausbildung von Staatstätigkeit im modernen Japan erfolgte im Zeichen von nachholender Entwicklung gegenüber den westlichen Industriestaaten bei extremer Ressourcenarmut. Diese Situation machte alternative Strategien erforderlich, um Kosten zu sparen und effizient den Anschluß an die Industriemächte zu schaffen. Nach einer kurzen Phase direkter staatlicher Wirtschaftätigkeit zog sich der Staat aus seiner Funktion als Initiator nachholender Entwicklung zurück und übernahm vor allem die Rolle des Organisators und Vermittlers. Er konzentrierte sich fortan im Rahmen des Entwicklungsziels „reiches Land – starke Armee" (*fukkoku kyôhei*) auf seine ureigenste Rolle der Landesverteidigung durch eine umfassende Militarisierung der Gesellschaft. Rüstungsbezogene Ausgaben machten zwischen 1934 und 1936 durchschnittlich 44,8% des Staatshaushalts aus. In allen anderen Bereichen folgten die Staatsausgaben im Verlauf der vergangenen 80 Jahre stets dem Motto „wenig und spät"[3]. Eine staatliche Gesundheitspolitik existiert erst seit 1925, das Gesundheitsministerium wurde 1938 gegründet. Die Sozialausgaben des Staates lagen 1934-1936 durchschnittlich bei 0,7%, sein Eigenverbrauch durchschnittlich bei 7,1% des Staatshaushalts.

Die Entwicklung Japans unter den Bedingungen von Ressourcenmangel und hoher Abhängigkeit von internationalen Märkten war stets durch Knappheit und ein „Gefühl der Verletzlichkeit" (Kyôgoku Jun'ichi) gekennzeichnet. Das kollektive Bewußtsein von Unterlegenheit gegenüber den westlichen Industriemächten und die Stärkung nationaler Solidarität im Verzicht wurde durch die Ideologie der Nation als Familie mit dem Tennô als Vater, oberstem Priester und Abkömmling der Sonnengöttin kompensiert. Die Ten-

---

3 T. J. Pempel formuliert in diesem Zusammenhang: „Again, the prewar story is largely the story of very little and very late" (1989, S. 162).

nô-Ideologie diente der Entlastung des Staates unter den restriktiven Bedingungen der nachholenden Entwicklung darüber hinaus, weil dadurch die modernen staatlichen Institutionen unter der Meiji-Verfassung zwischen Volk und Tennô angesiedelt waren, und damit der Staat als Adressat für Forderungen und Erwartungen verwischte. Die Tennô-Ideologie hatte die Funktion, staatliche Autorität trotz geringer Ressourcen zu sichern (Nagahana 1952).

Funktional im Sinne einer Staatsentlastung bei geringen Ressourcen wirkte auch die Aufteilung der politischen Macht und Verantwortung auf unterschiedliche Institutionen des Meiji-Staates: das Kabinett und neben, aber unabhängig von ihm das Militär bildeten das formale, *genro* (Ältestenrat) und die Clan-Oligarchie das extralegale Machtzentrum. Mit der Einbindung sozialer Autoritäten und Ressourcen auf lokaler Ebene und damit Dezentralisierung von Macht wurde faktisch eine Entlastung durch Delegation praktiziert. Die Einrichtung von informellen Absprachemechanismen mit den Vertretern der Industrie zur Kompensation von knappen Ressourcen durch verbesserte Allokation und Ausnutzung, der Verzicht auf brachiale Entscheidungen in akuten Konflikten und Vertagung von notwendigen Entscheidungen auf Zeiten, wenn der Konflikt abgekühlt ist, und schließlich Begrenzung von Repression auf unlösbar erscheinende, nicht system-konforme Konflikte waren Merkmale des sich entwickelnden Staates (Muramatsu 1993, S. 54; Johnson 1981).

Der schlanke japanische Staat ist kein Produkt des Neo-Liberalismus der achtziger Jahre, sondern ein vertrautes historisches Prinzip, den spezifischen Bedingungen der Modernisierung und Industrialisierung geschuldet.

4. Bedingungen der Leistungsfähigkeit: Das Selbstverständnis des Staates

Das programmatische Vakuum nach 1945, das nach dem Wegfall der Tennô-Ideologie entstanden war, ist in Japan unter Yoshida Shigeru, dem „japanischen Adenauer" (1946-1947 und 1948-1954), mit dem Konzept des liberalen Handelsstaates gefüllt worden. Es beinhaltete den Verzicht auf eine eigene Armee und Wahrung einer Verfassung, wonach Japan für immer auf das Recht auf Kriegsführung verzichtet, d.h. auch auf den Aufbau und Unterhalt eigener Streitkräfte. Schwergewicht staatlichen Handelns liegt auf dem wirtschaftlichen Wiederaufbau und Anschluß an die westlichen Industrieländer. Die Yoshida-Doktrin wurde unter den Schülern Yoshidas und späteren Ministerpräsidenten Ikeda (1960-1964) und Satô (1964-1972) weiter verfolgt. Der Anteil des Staates am Bruttoinlandsprodukt wurde klein gehalten, um der Industrie die Sicherung von Märkten zu ermöglichen. Frugalität im Zeichen des wirtschaftlichen Aufbaus der Nachkriegsperiode war akzeptierter Bestandteil des Konzepts, das, wie gezeigt, bis in die Vorkriegszeit zurückreichte.

Bis in die späten sechziger Jahre hinein sind staatliche Umverteilungsleistungen vor allem in Form von Subventionen an die Landwirtschaft und die klein- und mittelständische Industrie erfolgt. Diese Subventionen kompensierten faktisch für die Beschäftigten in diesen Bereichen das fehlende System der sozialen Sicherung (Takahashi 1986, S. 41). Mit der Propagierung des *fukushi gannen* (Startjahr der sozialen Wohlfahrt) 1973 wurde zwar eine Wende zu vermehrten Sozialausgaben genommen, zu einem Paradigmenwechsel kam es indessen nicht.

Eine Aufstellung der Themen, die nach 1973 wahlentscheidend waren, zeigt, daß die Wertorientierung der Wähler durchaus mit dem Konzept des Handelsstaates übereinstimmt: durchgängig waren wichtigster Maßstab für die Wahlentscheidung Preisentwicklung, Wohlstandssicherung und Steuern (Kabashima 1992, S. 23). Erwartungen an den Staat und Kriterien seiner Beurteilung wurden und werden anders als in den Ländern Nordeuropas nicht an der Realisierung von Wohlfahrtsstaatlichkeit ausgerichtet, sondern an der wirtschaftlichen Performanz. Als bereits nach der Ölpreiskrise 1975 die regierende LDP dem westlichen Konzept des sozialen Wohlfahrtsstaates eine klare Absage erteilte und ihm das Konzept der Wohlfahrtsgesellschaft japanischen Typs entgegensetzte, wurde dies nicht nur von den Unternehmerverbänden, sondern ebenso vom konservativen Gewerkschaftsflügel, vertreten durch Dômei, unterstützt. Damit wurde gleichzeitig das Konzept vom schlanken Staat als Programm von diesen Gruppen mitgetragen (Shinkawa 1993). Das Konzept wurde von Ministerpräsident Ôhira (1978-1980) mit der Gartenstadtvision konkretisiert. Es basiert auf dem Gedanken der Aktivierung von Selbsthilfe und sozialen Netzen. Der Staat unterstützt ganz in Übereinstimmung mit dem Subsidiaritätsprinzip Selbsthilfe durch die Übernahme von Koordinations- und Organisationsfunktionen. Hierzu zählt die staatliche Unterstützung von freiwilligen Sozialhelfern für unterschiedliche soziale Dienste in Wohngebieten (*minsei iin*). Auch die Ausnutzung von Nachbarschaftsvereinigungen (*chônai-kai*) als verlängerter Arm der Kommunalverwaltungen zur Erfüllung von Gemeinschaftsaufgaben gehört hier dazu[4]. Direkt ist der Staat nur in den Bereichen präsent, die nicht delegierbar bzw. privatisierbar sind.

Die Legitimität des schlanken Staates entspringt der Übereinstimmung von akzeptiertem Selbstverständnis des japanischen Staates als Wirtschaftsstaat mit dem Willen des Wählers und der Interessenverbände (Smith 1986, S. 404-421). Sie prägt Aufgaben, Erwartung und Bewertung von Staatshandeln. Während in den sozialdemokratischen Ländern Nordeuropas mit starker Gewerkschaftsbewegung stets mit hohem Wirtschaftswachstum eine hohe

---

4   Vgl. den Beitrag von Anna Maria Thränhardt in diesem Band sowie Kreitz 1990, S. 86-102.

Staatsquote einhergeht und es in Zeiten wirtschaftlicher Rezession zu emp-
findlichen Einsparungen kommen kann, bleibt Staatstätigkeit im japanischen
Modell weitaus stärker unabhängig von der Wirtschaftslage minimalistisch
(Schmidt 1988). Wie dargestellt sind die Ergebnisse zumindest in der Wirtschaftspolitik, aber auch in der Bildungs- und Umweltpolitik ähnlich oder
auch besser. Damit stellt sich in einem nächsten Schritt die Frage nach den
Interventionsformen des schlanken Staates, die die positive Leistungsbilanz
erklären helfen.

5. Staatliche Funktionen: Mediator, Koordinator und Informator

Die funktionelle Dimension des Staates entspringt seinem Selbstverständnis:
mit dem Fehlen einer Ideologie des sozialen Wohlfahrtsstaats läßt sich die
marktkorrigierende Umverteilung des Staates weitgehend reduzieren. Stattdessen übernimmt er Aufgaben, die Orientierung, Organisation und Vermittlung umfassen.

Ein zentraler Bereich staatlicher Orientierungsfunktion sind Planungs- und
Informationsleistungen. Das Instrument der indikativen Rahmenplanung und
ihre Umsetzung in konkrete Detailplanungen sind integrale Bestandteile von
Politikformulierung in nahezu allen Politikfeldern. Die weit über Japan hinaus bekannten industriepolitischen „Visionen" des MITI nehmen dabei eine
disponierte Stellung ein, da sie über industriepolitische Entwicklungsper-
spektiven hinaus auch Aussagen über zu erwartende und wünschenswerte
Entwicklungen in allen Bereichen der Gesellschaft machen und damit Be-
zugspunkte für die Selbstkoordinierung der Gesellschaft bieten. Ähnlich
weitreichend sind die ressortspezifischen Perspektivplanungen für die Entwicklung von Umweltmanagement und Umweltqualität, von Landesnutzung
oder sozialer Wohlfahrt. Sämtliche Planungen sind Ergebnisse von teilweise
jahrelangen Beratungen von Expertengremien, die mit Vertretern aus Wirtschaft, Wissenschaft, Gewerkschaften, Kultur und Medien besetzt sind und
dem federführenden Ministerium zuarbeiten. Diese Gremien arbeiten nach
dem Konsensprinzip. Sie fungieren nicht nur als Ort der Interessenvermittlung. Vielmehr zeigt die politische Praxis, daß ihre Gutachten, mit denen Ergebnisse der Beratungen dem Ministerium und der Öffentlichkeit vorgelegt
werden, zwar der Form nach empfehlenden Charakter haben, faktisch jedoch
bereits die vorweggenommene politische Entscheidung darstellen. Planungen
repräsentieren damit den Konsens aller beteiligten Interessengruppen und
kommen so einem gesellschaftlichen Konsens gleich[5].

---

5   Zur Funktionsweise und Bedeutung des Beiratswesens im politischen System Japans vgl.
    Foljanty-Jost 1991, S.107-122.

Die Organisationsfunktion umfaßt die Organisation der materiellen Umsetzung von Zielen: Hierzu zählt die Organisation von Ressourcen- und Kompetenzverteilung, beispielsweise zwischen zentralstaatlicher und regionaler oder lokaler und privater Ebene, Delegation von sozialen Diensten an kleine Netze, die Einberufung von administrativen Beratungsgremien als Rahmen für die Interaktion von Interessenverbänden, Wissenschaft und Bürokratie, sowie die Organisation von informellen Verhandlungssystemen. Letztere ist verbunden mit einer Vermittlungsfunktion, die der japanische Staat durch administrative Empfehlungen, aber auch durch Informationsbereitstellung und Konfliktregelung wahrnimmt. Die weitestgehende Institutionalisierung ist in gesellschaftlichen Konfliktbereichen wie der Umweltpolitik festzustellen, wo durch Schlichtungsverfahren, Umweltschutzabsprachen und kommunale umweltpolitische Beiräte die betroffenen gesellschaftlichen Gruppen beteiligt werden (Foljanty-Jost 1994). Zum anderen übernimmt der Staat diese Rolle in Politikfeldern mit hoher Interessenaggregation, insbesondere in der Arbeitsmarkt-, Industrie- und Strukturpolitik.

Die Begrenzungen, die sich aus geringen finanziellen Ressourcen des Staates ergeben können, können kompensiert werden durch die Ausfüllung der drei genannten Funktionen, die ihn zum Moderator oder Organisator gesellschaftlicher Selbstregulierung werden lassen.

6. Die institutionelle Dimension: Flexibilität und Offenheit

Die institutionelle Dimension von Staat umfaßt Rechtssystem, administratives und Regierungssystem. Maßgeblich für die Effizienz ist die Verknüpfung dieser Subsysteme. Dabei ist davon auszugehen, daß angesichts komplexer werdender Problemstellungen entscheidend für effiziente Politik die Offenheit und Durchlässigkeit der Subsysteme untereinander ist, da dadurch Koordination und Interessenausgleich erleichtert wird.

Die Durchlässigkeit des japanischen politischen Systems wird bestimmt durch die Durchlässigkeit von Regelungen. Hier eröffnet das japanische Rechtssystem durch die Praxis der Rahmengesetzgebung der Administration weite Ermessensspielräume bei der Ausgestaltung von Recht und seinem Vollzug.

Die Bereiche sind offen gegeneinander im Hinblick auf Personal: innerhalb und zwischen den Institutionen des Staates sorgt Personalrotation für Offenheit. Rotiert wird zwischen Ministerien, zwischen Ressorts oder Abteilungen, aber auch zwischen der zentralstaatlichen und der regionalen oder kommunalen Verwaltungsebene sowie zwischen Verwaltung und praktischer Arbeit wie im Falle der Lehrer, die auch in der Schulverwaltung eingesetzt werden. Die Durchlässigkeit zwischen Regierungssystem und administrativem System findet ihren Ausdruck im hohen Anteil von Ministerialbürokraten, die in Parteifunktionen der LDP überwechseln, sowie in informellen Netzwerken zwischen den Eliten aus Bürokratie und Politik.

Schließlich ist auf die Offenheit der Institutionen gegenüber der Gesellschaft hinzuweisen: Erwähnt sei nur die Praxis der administrativen Empfehlungen als Kommunikation zwischen Administration und Privatwirtschaft in weitgehend regelungsfreiem Raum. Interessenverbände und Vertreter der Öffentlichkeit werden in quasi-staatlichen Beratungsgremien der Ministerien oder auch des Ministerpräsidenten umfangreich integriert. Nach Angaben von Sone ist davon auszugehen, daß allein auf zentralstaatlicher Ebene zu einem gegebenen Zeitpunkt etwa 250 reguläre Beratungsgremien tätig sind. Hinzu kommen eine unendliche Fülle von Untergruppen, Expertengremien und Fachgruppen mit Mitgliederzahlen zwischen fünf und etwa 150 (Sone 1986, S. 148-155). Schätzungsweise sind in derartige Gremien etwa 10.000 Menschen eingebunden. Weiterhin zu berücksichtigen sind die informellen Koordinationsnetze zwischen Bürokratie, Politik, Verbänden und Wissenschaft, die sich einer empirischen Untersuchung naturgemäß weitgehend entziehen.

Die Netzwerk-Verflechtung der Institutionen bedeutet eine Relativierung staatlicher Macht. Indem Politik zum Gegenstand von Aushandlungsprozessen wird, fehlt ein klar identifizierbares Machtzentrum. Diesen Sachverhalt als Schwäche des Staates zu bezeichnen übersieht jedoch, daß die Offenheit der Institutionen den Staat entlastet. Durch Integration gesellschaftlicher Interessen in den politischen Prozeß verringert sich die Alleinverantwortung und der Durchsetzungsaufwand von Politik. Legitimatorische Restriktionen eines finanziell minimalen Staates lassen sich durch Offenheit und Durchlässigkeit seiner Institutionen kompensieren.

7. Die personelle Dimension: Qualität, Qualifikation und Generalistentum

Ein schlanker Staatsapparat, wie wir ihn in Japan vorfinden, kann bei wachsenden staatlichen Aufgaben unterschiedliche Konsequenzen haben:

1. die Wenigen arbeiten besser und mehr
2. die Wenigen werden durch Beschäftigte außerhalb des öffentlichen Dienstes ergänzt oder gar ersetzt.

Die Bürokratieforschung hat die Qualität insbesondere der Ministerialbürokratie in Tokyo stets zu einem zentralen Argument für die Effizienz bürokratischen Handelns gemacht. Die strenge Selektion von Neuanfängern in den Ministerien, ihre rigide Vorauslese durch einen prüfungsbeladenen Bildungsgang, ihre dadurch erworbenen sekundären Tugenden wie Fleiß, Ausdauer, Anpassungsbereitschaft sind bekannte Argumente, die für die hohe Qualität der Ministerialbürokratie sprechen. Der japanische Staat kompensiert – so wäre das Fazit – seine personelle Minimalität durch Stabilität, Qualifikation, Motivation und Homogenität der Beschäftigten.

Die Wenigen werden ergänzt durch Delegation von Aufgaben. Das Phänomen der Staatsentlastung durch Delegation in den Privatsektor hinein läßt sich im Bildungs-, Forschungs- sowie vor allem im Sozialbereich feststellen: ein beträchtlicher Teil an Kosten entfällt durch die Privatisierung von Bildungseinrichtungen, mit entsprechenden Kosten für die Eltern. In der Sozialpolitik wurde als Strategie gegen eine befürchtete Kostenexplosion das Modell der japanischen Wohlfahrtsgesellschaft als System der Hilfe zur Selbsthilfe durch Wiederbelebung sozialer Netze propagiert. Leistungsdefizite, die entstehen könnten, wenn die Bediensteten im öffentlichen Dienst bei steigenden Aufgaben gleich viel arbeiten, lassen sich durch nicht-staatliche Akteure kompensieren. Diese erfüllen Funktionen, die in Wohlfahrtsstaaten westlichen Zuschnitts die öffentliche Hand übernimmt. Dies sind vor allem die Frauen, die die Alten- und Krankenpflege für Angehörige übernehmen müssen. Feststellbar ist aber auch eine Industrialisierung sozialer Dienste.[6]

Der Staat kann seine Aktivitäten auf ein Mindestmaß reduzieren, da die Verantwortung kleiner sozialer Einheiten wie Familie und Nachbarschaft akzeptiert wird.

8. Fazit: Viel Wirkung mit wenig Staat?

Der minimalistische japanische Staat ließe sich als Bezugsgröße für die hiesige Staatsdiskussion vernachlässigen, wenn man sich allein auf die Programmebene stützt. Die Spezifik der nachholenden Entwicklung, das Fehlen einer starken Gewerkschaftsbewegung und ein insulares kollektives Selbstbewußtsein, das obrigkeitsstaatlichem Denken Vorschub leistet, haben die Akzeptanz des schlanken Staates ebenso ermöglicht wie die durchgängig positive Wirtschaftslage. Diese Voraussetzungen sind bei uns nicht gegeben, die Anforderungen an den Staat sind hier Ergebnis und Voraussetzung gesellschaftlicher Auseinandersetzungen.

Gleichwohl wäre es zu einfach, mit Hinweis auf geringere öffentliche Lebensqualität und Sozialdumping Japan als exotisch und „zu anders", um noch relevant sein zu können, abzutun. Während die Programmatik bzw. das Selbstverständnis des japanischen Staates einerseits normativ kaum ein Sti-

---

6 Vgl. den Beitrag von Anna Maria Thränhardt in diesem Band.

mulans für westeuropäische Gesellschaften mit ihrem gewachsenen Sozial-
staatskonzept bietet, hat eben diese Programmatik zur Herausbildung von
Steuerungsinstrumenten und Institutionen geführt, die uns keineswegs fremd
sind. Sie prägen in weiten Bereichen eine politische-administrative Praxis,
die Ritter bei uns bereits 1979 unter dem Schlagwort „kooperativer Staat" als
Zukunftsvision beschrieben hat. Gemeint ist nicht das neo-korporatistische
Arrangement der institutionalisierten Interessenvermittlung. Vielmehr basiert
staatliches Handeln auf einer selektiven und problemgebundenen pluralistischen Integration gesellschaftlicher Kräfte. Die Vorteile von informellen, in-
tegrativen Verfahren der Politikformulierung und -implementation, mit dem
Verzicht auf definierbare Machtzentren und die Integration von außerstaatli-
chen Akteuren in den politischen Prozeß, wie sie in Japan praktiziert werden,
sind auch bei uns nicht unbekannt. Zu erinnern ist an die Praxis der runden
Tische oder die schrittweise Einführung von Vermittlungsverfahren in Um-
weltkonflikten.

Dies ist der Kontext, in dem das Modell des schlanken japanischen Staates
auch für die hiesige Diskussion von Interesse sein kann. Es ist kein hand-
lungsschwacher, magerer Staat, sondern ein Staat, der sich zwar finanziell
zurückzieht, nicht aber auf Steuerung und Kontrolle verzichtet. Dieser
schlanke japanische Staat weist eine lange Tradition und Erfahrung mit Institutionen und Verfahren auf, die im Hinblick auf Flexibilität, Dezentralität
und Integrationskapazität ein beachtliches Modernisierungspotential des politischen Systems begründen und in diesem eingeschränkten Sinne Orientierungshilfe sein könnten.

Literaturverzeichnis

Asahi shimbunsha (Hrsg.) (1993a), Japan Almanac 1993, Tokyo.
Asahi shimbunsha (Hrsg.) (1993b), Asahi nenkan 1993, Tokyo.
Foljanty-Jost, Gesine (1989), Informelles Verwaltungshandeln – Schlüssel zu effizienter Imple-
    mentation oder Politik ohne Politiker, in: Menzel, Ulrich (Hrsg.): Im Schatten des Siegers:
    Japan, Frankfurt/Main, Bd. 3 (Ökonomie und Politik), S.171-190.
Foljanty-Jost, Gesine (1990), Industriepolitik in Japan — Ansätze für einen strukturpolitischen
    Umweltschutz, in: *Internationales Asienforum*, Nr 3-4 (1990), S. 279-300.
Foljanty-Jost, Gesine (1991), Shingi-kai – ein Beitrag zur Konkretisierung des Konsensbegriffs
    in der japanischen Politik, in: Japanisch-Deutsches Zentrum Berlin (Hrsg.), Harmonie als
    zentrale Wertvorstellung der japanischen Gesellschaft – Erklärung oder Verklärung?, Ber-
    lin, S. 107-122.
Foljanty-Jost, Gesine (1993a), Länderstudie Japan, in: Jänicke, Martin; Mönch, Harald; Binder,
    Manfred; Foljanty-Jost, Gesine; Carius, Alexander; Götz, Norbert; Ranneberg, Thomas
    und Schneller, Markus: Umweltentlastung durch industriellen Strukturwandel? Eine explo-
    rative Studie über 32 Industrieländer (1970-1990), Berlin, S.105-124.
Foljanty-Jost, Gesine (1993b), Korporatismus, Pluralismus und die Herrschaft der Bürokratie.
    Zum politikwissenschaftlichen Forschungsstand der achtziger Jahre in Japan, in: *Politische
    Vierteljahresschrift*, Jg. 34 (1993), H. 2, S. 306-320.

Foljanty-Jost, Gesine (1994), Kooperation als umweltpolitisches Prinzip: die Erfahrungen der japanischen Kommunen, in: Krüger, Heinz-Hermann, Kühnel, Martin und Thomas, Sven (Hrsg.): Umbruch in Ostdeutschland. Sozialpolitische, beschäftigungspolitische und bildungspolitische Problemlagen und Perspektiven, Baden-Baden (im Druck).

Furuta, Seiji und Kanô, Ichirô (1986), The General Account Budget, in: Shibata, Tokue (Hrsg.): Public Finances in Japan, Tokyo, S.67-80.

Inoguchi, Takashi und Iwai, Tomoaki (1987): „Zoku giin" no kenkyû, Tokyo.

Johnson, Chalmers (1981), MITI or the Japanese Miracle, Stanford.

Kabashima, Ikuo (1992), 89nen saninsen – jimin taihai to shakai taisho no kôzu, in: Rebaiasan Nr. 10 (1992), S. 7-31.

Katzenstein, Peter (1977), Between Power and Plenty: Foreign Economic Policies of Advanced Industrial States, Madison.

Koh, Byung Chul (1989), Japan's Administrative Elite, Berkeley, Los Angeles, Oxford.

Kreitz, Susanne (1990), Gemeinschaftsleben in der Großstadt: Die japanischen Nachbarschaftsvereinigungen (chônai-kai), in: Pohl, Manfred (Hrsg.), Japan 1989/90, Hamburg, S. 86-102.

Lehner, Franz (1986), Konkurrenz, Korporatismus und Konkordanz — Politische Vermittlungsstrukturen und wirtschaftspolitische Steuerungskapazität in modernen Demokratien. in: Kaase, Max (Hrsg.), Politische Wissenschaft und Ordnung, Opladen, S. 146-168.

Mabuchi, Masaru (1993), Deregulation and Legalization of Financial Policy, in: Allison, Gary D. und Sone, Yasunori (Hrsg.), Political Dynamics in Contemporary Japan, Ithaca, London, S. 130-157.

Muramatsu, Michio (1993), Patterned Pluralism Under Challenge: The Policies of the 1980s, in: Allison, Gary D. und Sone, Yasunori (Hrsg.), Political Dynamics in Contemporary Japan, Ithaca, London, S. 50-71.

Nagahana, Masatoshi (1952), Chihô jichi, Tokyo.

OECD (Hrsg.) (1991), Public Management Developments, Paris.

OECD (Hrsg.) (1992a), Public Management, OECD Country Profiles, Paris.

OECD (Hrsg.) (1992b), National Accounts 1978-1990, Paris.

The OECD Observer Nr. 173 (Dez.1991/Jan.1992)

Pauer, Erich (1992), Die Rolle des Staates beim Aufstieg Japans in den Kreis der hochindustrialisierten Länder, in: Herrman, A. und Sanf, Hans-Peter (Hrsg.), Technik und Staat (Technik und Kultur, Bd. IX), Düsseldorf, S. 161-191.

Pempel, T.J. (1989), Japan's Creative Conservatism. Continuity and Challenge, in: Castles, Francis G. (Hrsg.), The Comparative History of Public Policy, Cambridge, S. 149-191.

Pempel, T. J.und Tsunekawa, Keiichi (1979), Corporatism Without Labor? The Japanese Anomaly, in: Schmitter, Philippe C. und Lehmbruch, Gerhard (Hrsg.), Trends Toward Corporatist Intermediation, Beverly Hills, London, S. 230-270.

Ritter, Ernst-Hasso (1979), Der kooperative Staat. Bemerkungen zum Verhältnis von Staat und Wirtschaft, in: *Archiv des Öffentlichen Rechts*, Bd.104 (1979), S. 389ff.

Schmidt, Manfred G. (1986), Politische Bedingungen erfolgreicher Wirtschaftspolitik. Eine vergleichende Analyse westlicher Industrieländer (1960-1985), in: *Journal für Sozialforschung*, Jg. 26 (1986), Nr. 3, S. 251-273.

Schmidt, Manfred G. (1988), Einführung zu ders. (Hrsg.): Staatstätigkeit. International und historisch vergleichende Analysen, Opladen, S. 1-35.

Smith, T.W. (1986), The Welfare State in Cross-National Perspective, in: *Public Opinion Quarterly*, Jg. 51 (1986), S. 404-421.

Shinkawa, Toshimitsu (1993), Nihon-gata fukushi no seiji keizai-gaku, Tokyo.

Sone, Yasunori (1986), Yarase no seiji shingi-kai hôshiki wo kenshô suru, in: *Chûô kôron* 1986, Nr. 1, S. 148-155.

Statistisches Bundesamt (Hrsg.) (1993), Statistisches Jahrbuch 1993 für das Ausland, Wiesbaden.

Takahashi, Makoto (1986), The Public Sector in the National Economy, in: Shibata, Tokue (Hrsg.), Public Finances in Japan, Tokyo, S.24-45.

Willke, Helmut (1987), Entzauberung des Staates. Grundlinien einer systemtheoretischen Argumentation, in: Ellwein, Thomas; Hesse, Joachim Jens; Mayntz, Renate und Scharpf, Fritz (Hrsg.), Jahrbuch zur Staats- und Verwaltungswissenschaft, Band 1/1987, Baden-Baden, S. 285-308.

Yano, Ichiro (Hrsg.) laufende Jahrgänge, Nihon kokusei-zue, Tokyo.

Erich Pauer

Die Rolle des Staates in Industrialisierung und Modernisierung

1. Einleitung

Landläufig wird dem Staat im Rahmen des japanischen Industrialisierungs-prozesses eine fast übermächtige Rolle zugeteilt. So heißt es nicht selten, der Staat habe die Industrialisierung in Gang gesetzt und sei Triebkraft der Entwicklung gewesen. Ein Grund für diese Betrachtungsweise mag die Tatsache sein, daß der Meiji-Restauration von 1868 als *politischem* Einschnitt eine zu große Bedeutung für die *industrielle* Entwicklung zugemessen wird. Für die industriell-technische Entwicklung Japans sind aber andere Ereignisse maßgebend gewesen, die mit der innenpolitisch sehr bedeutsamen Restauration der Kaisermacht in keinem direkten Zusammenhang stehen. Weder darf der Beginn der industriellen Entwicklung Japans mit der Meiji-Restauration gleichgesetzt werden, noch ist sie auslösendes Moment. Auch sind die ausländischen Einflüsse nach der Meiji-Restauration nicht von jener Bedeutung für die Industrialisierung, die ihnen manchmal beigemessen wird, da dabei bereits früher abgelaufene und für die industrielle Entwicklung wichtige Prozesse unbeachtet bleiben.

Die industrielle Entwicklung Japans setzt bereits in der sog. „Industriellen Lehrzeit"[1] zwischen 1850 und 1870 ein, wobei hier zunächst noch der „Staat", d.h. entweder die Lehnsherren oder die Zentralregierung als wirtschaftlich handelnde Subjekte auftreten. Allerdings zeigt sich, daß die Meiji-Regierung in den darauffolgenden Jahren zwischen 1868 und 1885 ihre Aufgabe *nicht* darin sieht, Industriegründungen voranzutreiben, sondern den Aufbau einer Infrastruktur in den Vordergrund stellt. Diese Schwerpunktsetzung erweist sich letztlich für die weitere Industrialisierung als vorteilhaft.

Es sollen hier nicht die Details dieses Prozesses nochmals geschildert werden. Stattdessen soll die industrielle Entwicklung einmal unter einem anderen Vorzeichen betrachtet werden, wobei ein Aspekt im Mittelpunkt steht, der bislang für eine Erläuterung der industriellen Entwicklung Japans und der Rolle des Staates noch nicht herangezogen wurde.

---

1   Vgl. dazu ausführlich Erich Pauer, Japans industrielle Lehrzeit, *Bonner Zeitschrift für Japanologie*, Bd. 4/1 und 4/2), Bonn 1983.

2. Ein „protestantischer Geist" in Japan?

Versuche, den „protestantischen Geist des Kapitalismus" in Japan zu finden, um dadurch eine Erklärung für die bis vor kurzem als Ausnahmeerscheinung geltende industrielle Entwicklung Japans zu erhalten, gab es immer wieder. Geistige Ansätze dieser Art fanden sich zwar, aber eine befriedigende Erklärung für die Industrialisierung vermochte man daraus nicht abzuleiten. Die Suche nach einem solchen „japanischen Geist des Kapitalismus" ist letztlich unbefriedigend geblieben.

Allerdings muß man die Frage stellen, ob die Suche nach einem „protestantischen Geist" nicht letztlich einen eurozentristischen Ansatz darstellt und ob damit nicht eben wieder der Fehler begangen wird, den Ablauf der industriellen Revolution nur mit europäischen Maßstäben und Kategorien fassen zu wollen.

Vielleicht sollte die Suche anderen geistigen Prozessen oder anderen Formen des Denkens, durch die eine industrielle Entwicklung in Gang gesetzt werden konnte oder die zumindest unterstützend wirkten, gelten. Neben dieser Frage nach dem Antrieb der Modernisierung[2] ist aber auch die Frage nach dem Selbstverständnis des Staates bei diesem Prozeß der Industrialisierung legitim. Welchem Selbstverständnis des Staates unterliegen denn die Handlungen seiner Organe, der Regierung, der Ministerien und auch der Beamten?

3. Die geistige Grundhaltung

Wie der „protestantische Geist des Kapitalismus" in der europäischen Entwicklung nicht einfach negiert werden kann, so darf man in Japan für die Industrialisierung und für das Wirtschaftsleben ganz allgemein eine bestimmte geistige Grundhaltung weder im 19. noch im ausgehenden 20. Jahrhundert unberücksichtigt lassen.

Die Institutionen und das Instrumentarium der wirtschaftlichen Entwicklung Japans ähneln denen anderer Industrienationen. Aber der Umgang mit diesen Institutionen und dem Instrumentarium basiert auf einem andersartigen Denkmuster, das zu kennen bedeutende Facetten des japanischen Industrialisierungsprozesses verstehen hilft.

Drei große geistig-religiöse Strömungen beherrschen das japanische Denken: Shintoismus, Buddhismus und Konfuzianismus. Diese unterschiedli-

---

2 Dieser Begriff wird hier ganz allgemein verwendet, ohne ihn speziell auf die Modernisierungsdebatte der 50er und 60er Jahre zurückzuführen.

chen Strömungen tragen Züge in sich, die sich gegenseitig unterstützen und
eine weithin und meist unbewußt akzeptierte Grundhaltung der japanischen
Bevölkerung prägen.

Der Shintoismus setzt sich in erster Linie mit dem diesseitigen Leben
auseinander. Das Individuum steht in einem Kontinuum zwischen vergange-
ner und künftiger Welt. Man plant für die Zukunft, formuliert Ziele und versucht, sie zu erreichen, ohne daß dafür absolute Vorschriften vorgegeben
werden.

Die buddhistischen Traditionen in Japan besitzen die Tendenz, die praktische, weltliche Moral und die menschlichen Beziehungen zu betonen. Die
Bestrebungen gehen dahin, sich nicht so sehr mit Problemen auseinanderzu-
setzen, als sie vielmehr hinzunehmen.

Bei der Übernahme des Konfuzianismus in Japan wurden nur jene Elemente berücksichtigt, die zu den bereits vorhandenen (Shintoismus) oder
übernommenen (Buddhismus) Geistesströmungen paßten. Tugenden und soziale Pflichten, die die menschlichen Beziehungen regeln, stehen im Mittelpunkt. Deren Umsetzung erfolgt nicht auf der Grundlage von Geboten, sondern durch „Regeln", die im Konfuzianismus nicht explizit gefaßt sind, sondern im Rahmen von Situationen dargestellt und tradiert werden. „Sittlichkeit" ist dabei die Begründung für die Notwendigkeit der Befolgung der Regeln. „Sittlich" war all das, was gesellschaftlich förderlich war und von der
Gemeinschaft als solches angesehen wurde.

Gemeinsam ist diesen drei Strömungen die starke Diesseitsorientierung.
Sie wollen dem Menschen bei seinem diesseitigen Leben Hilfe geben. Dies
erfolgt im Rahmen von Regeln. Das Gedankengebäude selbst bleibt diffus.
Handlungen lassen sich daraus nicht ableiten oder gar rechtfertigen.

Hier wird der Unterschied zwischen Japan und der westlichen Welt deutlich: Das westliche Denken wird von übergeordneten Prinzipien dominiert.
Es gelten feste Prinzipien, aus denen Gebote, Gesetze, Grundsätze u.ä. für
bestimmte Handlungen abgeleitet werden können. Unser Denken ist – sicherlich nicht ausschließlich, aber tendenziell stärker – prinzipienorientiert.

Nicht so das konfuzianisch dominierte Denken: Es werden keine Gebote
formuliert, sondern Verhaltensregeln mit Hilfe der Schilderung bestimmter
Situationen angeboten. Es bestehen keine ableitbaren expliziten Normen, die
umfassenden Geltungsanspruch besitzen.

Eine solche Denkstruktur führt zu Regeln, die von Thematik und Zielsetzung geprägt sind. Dieses Vorstellungsmuster erlaubt die Auswahl bestimmter Regeln zur Erlangung eines bestimmten Zieles. Wichtig dabei ist, daß die
Zielformulierung Ausgangspunkt für die Auswahl von Regeln ist. Die Handlungsweise wird durch das Ziel vorgegeben.[3]

---

3   Vgl. dazu ausf. Ekkehard Moritz, Konfuzianismus – Japan – Technik. Ein alter Hut, neu
    aufgesetzt, in: Deutsches Museum. Wissenschaftliches Jahrbuch 1991, München 1992, S.
    131-175. Eine Überprüfung dieser These der Zielformulierung und Regelorientierung für

Es ist wichtig, diese Unterscheidung zwischen „Prinzipien" und „Grundsätzen" auf der einen und „Zielen" und „Regeln" auf der anderen Seite zu erkennen und nicht als bloße begriffliche Spitzfindigkeit abzutun. Hier liegt ein bedeutender Unterschied in den Denkmustern vor, der bei der Umsetzung bestimmter Ideen Auswirkungen zeigt.

Angesichts dieser unterschiedlichen Denkmuster ist es auch nicht sinnvoll, in japanischen Handlungsweisen nach Grundsätzen, langfristigen Konzepten und definierten Prinzipien zu suchen; es gibt sie nicht. An ihre Stelle treten andere Phänomene. Man handelt nicht nach vorgegebenen oder abgeleiteten Prinzipien, sondern pragmatisch den Umständen entsprechend, um Zielvorgaben zu erreichen. Die Regeln werden ad hoc geschaffen; sie sind nicht reproduzierbar, weil ihnen keine Prinzipien zugrundeliegen. Die Handlungsweise wird durch das Ziel, dem kein normatives Konzept unterliegt, vorgegeben.

Aufgrund dieses geistigen Hintergrundes können bei der Industrialisierung Japans kaum klare Grundsätze oder Konturen einer Wirtschafts- oder Industriepolitik erkennbar sein. Allerdings müssen, sollte der vorgestellte Ansatz eine Berechtigung als Erklärungsmuster besitzen, Zielformulierungen sichtbar gemacht werden können.

4. Ziele, Regeln, Informationen: Die praktische Anwendung in der Modernisierung

Dynamische, auf ein künftiges Ziel gerichtete Formulierungen werden bereits in der industriellen Lehrzeit[4], somit *vor* der Meiji-Restauration erkennbar. Um 1850 glaubte sich Japan einer ausländischen Bedrohung ausgesetzt. Das vom Bakufu, der Zentralregierung, dem „Staat" sozusagen, vorgegebene Ziel war es, das Land zu verteidigen. Den Lehnsherren (Daimyô) wies die

---

die japanische Außenpolitik erfolgte in Ortrud Kerde und Erich Pauer, Japanische Außenpolitik: Im Fernen Osten nichts Neues, in: Wilfried von Bredow und Thomas Jäger (Hrsg.), Japan-Europa-USA. Weltpolitische Konstellationen der neunziger Jahre, Opladen 1994, S. 211-228. Anzumerken ist ferner, daß sich innerhalb des regelorientierten Denkmusters nie die Frage nach der Verantwortlichkeit gegenüber einer höheren, metaphysischen Macht, wie etwa im Okzident stellt. So wird z.B. die im Westen häufig gestellte Frage nach einer „Kriegsschuld" in Japan nicht verstanden.

4 Wichtig ist hier zu bemerken, daß in dieser industriellen Lehrzeit Japans bereits ein in der Zukunft liegendes Ziel angestrebt werden sollte. Zwar hat man seitens der Tokugawa-Regierung früher ebenfalls (auf der Basis des vorherrschenden regelorientierten Denkmusters) Ziele formuliert, aber diese waren meist rückwärts orientiert. Reformversuche standen so häufig unter der Devise „Zurück zu", wobei man meist die Gegebenheiten zur Zeit des Tokugawa Ieyasu, also zu Beginn den 17. Jahrhunderts, im Auge hatte.

Zentralregierung bestimmte Küstenabschnitte zu, die diese mit entsprechenden Verteidigungsstellungen auszubauen hatten. Finanzielle Unterstützung durch die Zentralregierung gab es kaum. Die Daimyô hatten die Aufgabe, nach (wirtschaftlichen, industriell-technischen) Regeln zu suchen, um die ihnen übertragenen Aufgaben zu lösen. Damit setzte (unbeabsichtigt) ein erster frühindustrieller Schub ein: Für die Daimyô war die praktische Umsetzung westlichen Wissens die einzige Möglichkeit, das vorgegebene Ziel zu erreichen. Große politische Konzepte oder umfassende Pläne des Bakufu als oberster staatlicher Zentralmacht waren ebensowenig vorhanden wie eine Koordinierung der verschiedenen Bemühungen. Pragmatisch (aber auch nicht ohne vielfältige Schwierigkeiten) wandten die Daimyô (bzw. deren „westliche Gelehrte", die *yôgakusha*) das aus westlichen (eingeführten) Büchern erworbene Wissen an und setzten es in die Praxis um. So entstanden die ersten Geschützgießereien nach westlichem Vorbild, Schiffswerften und andere industrielle Werkstätten folgten. Damit wurden bereits zwischen 1850 und 1870 die ersten industriell-technischen, aber auch betriebswirtschaftlichen Grundlagen für die weitere wirtschaftliche Entwicklung gelegt, „Techniker" waren ausgebildet worden, und betrieblich machte man sich bereits mit der Führung organisatorisch getrennter, früh-industrieller Unternehmen vertraut – und das alles ohne Einwirken der Zentralregierung.

Dieses Erbe der industriellen Lehrzeit konnte in die Meiji-Zeit eingebracht werden. Das Ziel, die Abwehr der fremden Gefahr, war zunächst erreicht und gleichzeitig, allerdings unbeabsichtigt, eine Grundlage für die weitere Industrialisierung geschaffen worden. Diejenigen, die an dieser Grundlage gebaut hatten, waren nun an der Regierung beteiligt.

4.1. Neue Regeln für die Industrialisierung

Aus den bereits zu Beginn der Meiji-Zeit sichtbaren Ansätzen der Industrialisierung Japans entwickelte sich allerdings noch keine Eigendynamik. Die Kaufleute, die Kapital für Unternehmensgründungen besaßen, wollten es für solche Zwecke zunächst nicht einsetzen. Die aus der Edo-Zeit stammenden Hausgesetze verboten risikoreiche Investitionen.

So mußten andere Wege gesucht und neue Regeln geschaffen werden, um das jetzt von der Meiji-Regierung formulierte Ziel, Japan als unabhängigen Staat zu erhalten, zu erreichen. Nur unter zwei Bedingungen war dieses Ziel anzusteuern: Japan mußte ein industrialisierter Staat nach westlichem Vorbild werden und mit Hilfe militärischer Macht seine Unabhängigkeit wahren. Ein konkretes Konzept für den Staat und für die Industrialisierung gab es nicht. Mit dem Schlagwort „Reiches Land, starke Armee" (*fukoku kyôhei*) formulierte die Meiji-Regierung in verkürzter Form ein langfristig anzustrebendes Ziel, für dessen Erreichen nun pragmatisch und flexibel verschiedene

Regeln[5] gesucht und angewandt wurden. Die häufigen Veränderungen etwa der Regierung bzw. des administrativen Apparats selbst, der Form, Zahl und Aufgaben der Regierungsorgane und -ämter, zeigt deutlich, wie sehr man auch auf dem politischen Feld Regeln „ausprobierte". Sichtbar werden solche verschiedenartigen (zum Teil sogar widersprüchlichen, weil von unterschiedlichen Organen initiierten) „Versuche" auch im Rahmen der Industrialisierungsbemühungen, als es darum ging, das mittelfristig angepeilte Ziel – unter dem Schlagwort „Zunahme der Produktion, Förderung der Industrie" *(shokusan kôgyô)* propagiert – pragmatisch zu erreichen.

Als Beispiel für eine solche, in sich eher widersprüchliche Vorgehensweise kann die Gründung der Heeres- und Marinearsenale dienen. Zunächst aus rein militärischen Gründen errichtet, wurden sie bald zu wichtigen Förderbändern modernster ausländischer Technik,[6] wobei der Transfer von diesen Arsenalen in die Privatindustrie keineswegs nur rüstungsrelevante Technologie betraf. Der Spin-off an technischem Wissen von diesen Einrichtungen war bedeutend, und der Spill-over durch die Arbeitskräfte war häufig auslösendes Moment für Betriebsgründungen (z.B. in der Fahrradindustrie oder auch in der Uhrenindustrie).[7]

Kurzfristiges Ziel des Staates war zunächst aber der Ausbau der Infrastruktur im weitesten Sinne des Wortes (Bankenwesen – wobei in diesem Bereich deutlich die verschiedenen pragmatischen Versuche sichtbar werden, eine passende, für das angestrebte Ziel geeignete Form zu finden –, Katastersystem, Steuersystem, Postwesen, Geldsystem, Verkehrswege, Hafenanlagen usw.) und die Gründung von Pilotfabriken.

Bei den Pilotfabriken wird erkennbar, daß das Selbstverständnis des Staates eine weitere Ausprägung erfahren hatte: Der Staat war hier nicht nur zielvorgebendes Subjekt, sondern betätigte sich auch selbst als Unternehmer. Wirtschaftliche Mißerfolge veranlaßten den Staat aber, sich aus diesem Feld nach rund 20 Jahren wieder zurückzuziehen, die übernommenen oder neu gegründeten Unternehmen abzustoßen und sich wieder auf seine eigentlichen Aufgaben zu besinnen: Ziele zu formulieren und auf vielfältige Weise, z.B. durch Schaffung günstiger Rahmenbedingungen, Bereitstellung von Informationen u.ä. denen Unterstützung zu geben, die pragmatisch nach Regeln suchten, um die Zielvorgaben zu erreichen. Dafür war kein großer Staatsapparat nötig.

---

5   Unter „Regel" wird hierbei ein umfangreiches formelles und informelles Instrumentarium (z.B. Gesetze, Verordnungen, persönliche Kontakte usw.) zur Erreichung bestimmter Ziele subsumiert.

6   Kozo Yamamura, Success Illgotten? The Role of Meiji Militarism in Japan's Technological Progress, in: *Journal of Economic History*, Jg. XXXVII, Nr. 1 (März 1977), S. 113-135.

7   Beispiele dafür in Erich Pauer, Traditional Technology and Its Impact on Japan's Industry During the Early Period of the Industrial Revolution, in: *The Economic Studies Quarterly*, Jg. 38, (1987), Nr. 4., S. 354-371, insbes. S. 360-365.

4.2. Die Bedeutung von „Information" für die Industrialisierung

Für die pragmatische Suche nach Regeln und für die Entwicklung von Handlungsweisen, um ein bestimmtes Ziel zu erreichen, war allerdings ein weiteres Element unabdingbar: die Information. Um nämlich Regeln und „Wege" zur Erlangung eines vorgegebenen Zieles entwickeln zu können, müssen *alle* nur erdenklichen und erreichbaren Informationen gesammelt werden, da aufgrund des regelorientierten Denkmusters keine Möglichkeit besteht, aus einem Prinzip einen einzigen „richtigen" Weg abzuleiten.

Aus diesem Grund kommt dem Element „Information" im Rahmen des Denkmusters der Regelorientierung ein besonderes Gewicht zu. Dieses besondere Verständnis für die Bedeutung von Informationen wird zu Beginn der Meiji-Zeit konkret faßbar: Im Frühjahr 1868 verkündet der Meiji-Tennô die sogenannte „Eides-Charta". Die darin zusammengefaßten fünf Artikel werden nicht selten als „Grundsätze" der Meiji-Regierung bezeichnet. Unterlegt man allerdings diesen Artikeln das eingangs angeführte Denkmuster der Regelorientierung, wird deutlich, daß keineswegs „Grundsätze" oder „Prinzipien" der Staatsgestaltung und -führung beschrieben, sondern Zielformulierungen – somit auch vom Verständnis her etwas völlig anderes – niedergelegt wurden.

Konkret heißt es im fünften Artikel, daß Wissen und Kenntnisse in der gesamten Welt zu sammeln seien, um das Fundament der kaiserlichen Herrschaft zu stärken.[8] Mit dieser Aufforderung wurde zunächst ein Ziel – Stärkung der kaiserlichen Herrschaft – vorgegeben, und gleichzeitig ein „Weg" bzw. „Regeln" aufgezeigt, wie dieses Ziel zu erreichen sei, indem man nämlich Wissen und Kenntnisse, also „Informationen", in der gesamten Welt sammeln und nach Japan bringen sollte.

Wie diese „Regeln" in die Praxis umgesetzt wurden, ist bekannt: Der Staat sandte z.B. verschiedene Delegationen ins Ausland und schickte Studenten und Schüler zur Ausbildung nach Übersee. Ausländische Lehrer, Techniker und Ingenieure holte man ins Land, importierte Maschinen, baute ein Patentsystem auf u.v.a.m. So wurde ein umfassender Transfer technischen Wissens aus dem Ausland nach Japan in Gang gesetzt, die Umsetzung und Anwendung dieses Wissens auf vielfältige Weise unterstützt und die Industrialisierung vorangetrieben.

---

8   David John Lu, Sources of Japanese History, New York 1974, Bd. 2, S. 35-36; vgl. auch Klaus Antoni, Der himmlische Herrscher und sein Staat, München 1991, S. 20.

4.3. Die Bedeutung der „Information" – historisch betrachtet

Das besondere Verständnis vom Wert der „Information" ist in der frühen Phase der Industrialisierung und Modernisierung allerdings nichts Unbekanntes mehr, auch wenn man diesen modernen Begriff selbst noch nicht kennt. Geht man in die japanische Geschichte zurück, zeigt sich, daß dieses Sammeln von Wissen, das Sammeln von Informationen, keineswegs eine Erscheinung der modernen Zeit war.

Die gesellschaftlichen, wirtschaftlichen und auch technischen Veränderungen im 7. und 8. Jahrhundert sind z.b. nicht Folge einer Einwanderung oder Eroberung, auch nicht Folge eines umfangreichen Warenimports, sondern Ergebnis eines organisierten, auf verschiedenen Wegen erfolgten, umfassenden Transfers von Informationen aus China. Wie sonst hätte man einen Staat nach chinesischem Muster organisieren oder Städte nach chinesischem Vorbild bauen, bzw. die damals größte Buddhastatue der Welt gießen und das bis heute größte Holzgebäude der Welt darüber errichten können?

Einige Jahrhunderte später führten die Informationen, die man aus Korea bezog, ebenfalls zu technischen Neuerungen, etwa auf dem Gebiet der Herstellung von Keramik. Informationen, die im 16. Jahrhundert die Europäer nach Japan brachten, führten zu einer ersten, frühen technischen Revolution in Japan, mit erheblichen Auswirkungen für die Edo-Zeit.

Im täglichen Leben der Edo-Zeit wird die Bedeutung, die man Informationen beimaß, ebenfalls sichtbar: Der Ausbau des Wegenetzes, wie z.b. des Tôkaidô u.a., diente in erster Linie dem raschen (militärischen) Informationstransport der Zentralregierung, um gegebenenfalls auf Entwicklungen, die der Macht der Tokugawa gefährlich werden konnten, sofort reagieren zu können. Die anfängliche Breite solcher Wege entsprach dem Platzbedarf, den zwei Läufer benötigten, um ohne anzuhalten aneinander vorbeilaufen zu können. Diese Läufer trugen eine Stange mit einem Kästchen an einem Ende auf der Schulter: Sie waren im wahrsten Sinne des Wortes „Informationsträger"! Die Überlandwege waren somit Teil eines schon in dieser Zeit wichtigen Informationsnetzwerkes.

Die Einfuhr von Wissen aus dem Ausland brach auch mit der Abschließung des Landes im Jahre 1638 nicht ab. Das Bakufu versuchte allerdings, den Import von fremdem Wissen zu kontrollieren und zu kanalisieren. So war man auch in dieser Periode der Abschließung, zumindest beim Bakufu, über ausländische Verhältnisse informiert.

In der industriellen Lehrzeit beschafften sich einzelne Daimyô – oft gegen das Verbot von oben – Informationen technischer Art auf vielfältige Weise, zum Beispiel mit Hilfe von (geheim) importierten Büchern oder durch Befragung der Holländer in Nagasaki. Der Umgang mit solchen Informationen damals ähnelt nicht selten dem heutigen Gebrauch: Man hielt sie geheim und gab sie – wenn überhaupt – nur an Freunde weiter. Es war dies Technologie-

transfer nach modernem Muster, aber unter einem konfuzianischen Motto:
Erst Wissen, dann Handeln!

4.4. Die Verbreitung von Informationen durch den Staat im Rahmen der Modernisierung

In der Frühphase der Industrialisierung war das Sammeln von Informationen
eine durch den fünften Artikel der Eides-Charta vorgeschlagene Regel zur
Erreichung des staatlich vorgegebenen und propagierten Zieles. Die Pilotfabriken und die Arsenale stellten eine Akkumulationsstätte von materiellen
und immateriellen Informationen über ausländische Technologie dar. Dabei
floß von den Arsenalen das moderne technische Wissen eher unbeabsichtigt
ab, während die Verbreitung des ausländischen technischen Wissens mit
Hilfe der Pilotfabriken konkrete Absicht war. Es ist daher müßig, wie dies
zum Teil geschieht, die ungünstigen Betriebsergebnisse dieser Unternehmen
heranzuziehen, um dem Staat schlechtes Wirtschaften und sein Versagen als
Unternehmer vorzuwerfen. Das Ziel, das der Staat mit diesen Pilotfabriken
verband, war die Errichtung von Unternehmen, aus denen technische und betriebswirtschaftliche Informationen in andere Unternehmen und andere Lan-
desteile abfließen oder von dort abgerufen werden konnten. Indem der Staat
auch ein nationales Ziel vorgab, wurden zusätzlich Unternehmer animiert,
mit Hilfe solcher praktisch kostenloser Informationen und deren praktischer
Umsetzung auch zum angestrebten Ziel beizutragen.

Wirtschaftliche Auswirkungen hatte auch ein anderer staatlicher Versuch,
den Informationsfluß über das Land hin zu erleichtern. Aus militärischen,
aber auch administrativen Gründen baute der Staat in den 1870er Jahren innerhalb kurzer Zeit ein das ganze Land umspannendes Telegraphennetz aus.
Der Aufstand des Saigô Takamori im Jahre 1877 war u.a. ein treibender Faktor. Aber dieses Telegraphennetz wurde bald zu einem wichtigen Element
des Informationsaustausches der Kaufleute, die mit Hilfe von Code-Tabellen
geschäftliche Informationen nicht nur verschlüsselt, sondern auch deutlich
abkürzt von einem Ort zum anderen senden konnten. Hier hatte der Staat –
wie mit der Gründung der Pilotfabriken – mit dem Ausbau dieses Bereiches
der Infrastruktur den Unternehmen einen erheblichen Kostenvorteil verschafft.

Das hier deutlich werdende Selbstverständnis des Staates, der es als Aufgabe ansieht, die Rahmenbedingungen für das Sammeln und die Weitergabe
von Informationen zu schaffen, kann beispielhaft noch in einem anderen Bereich verdeutlicht werden:

Für die erfolgreiche Industrialisierung war die ausreichende Versorgung
des Landes mit Nahrungsmitteln, vor allem bei einer wachsenden Bevölkerung, eine unabdingbare Voraussetzung. Deshalb formulierte der Staat als

Ziel die Sicherstellung bzw. Verbesserung der Versorgung mit Nahrungsmitteln. Durch Unterstützung der Landwirtschaft und eine dadurch erzielte Produktionssteigerung sollte dieses Ziel erreicht werden. Organisatorisch schuf der Staat zunächst einmal die Rahmenbedingungen: Angefangen von der Katasteraufnahme über die Änderung von Teil- zu Fixpacht bei der Berechnung der Abgaben, bis hin zur Ersetzung der Abgaben- bzw. Steuerleistung in Form von Naturalien durch Geld. Dadurch entstand der Zwang zur Vermarktung der landwirtschaftlichen Erzeugnisse, aber auch die Möglichkeit, Überschüsse zu vermarkten und damit die allgemeine Versorgung zu verbessern usw. Durch Einsatz der früheren Dorfvorsteher (*shôya* oder *nanushi*), konnte die Umsetzung dieser Maßnahmen mit Hilfe eines relativ „schlanken" Staatsapparates durchgeführt werden.

Diese neuen Rahmenbedingungen alleine führten allerdings noch nicht zu einer für eine dauerhafte Versorgung der Bevölkerung ausreichenden Erhöhung der landwirtschaftlichen Produktion. Die Meiji-Regierung griff bei der Suche nach den Regeln, um dieses Ziel zu erreichen, wiederum auf Elemente der Informationsvermittlung zurück, die bereits in der Edo-Zeit erfolgreich erprobt worden waren. Das zuständige Ministerium ließ mangels anderer Hilfsmittel zunächst Edo-zeitliche landwirtschaftliche Traktate (*nôshô*) nachdrucken. Damit verbreitete man zwar keine „moderne" landwirtschaftliche Technik, aber alte und vielfach bewährte Kenntnisse konnten so auch jenen Bauern nahegebracht werden, die bisher keinen Zugang zu solchen Informationen gehabt hatten. Der Staat holte in den 1870er Jahren dann ausländische Experten ins Land, kaufte Muster von ausländischen landwirtschaftlichen Geräten und ließ sie nachbauen. Den Einsatz solcher Geräte propagierte man dann mit Hilfe von neu erstellten landwirtschaftlichen Schriften. Selbst Geräte, die z.B. im Reisbau überhaupt nicht eingesetzt werden konnten, wie etwa die europäische Sense, stellte man vor, denn es ging ja zunächst um das Angebot an Informationen, aus dem die für die landwirtschaftliche Produktion Verantwortlichen auswählen (auch das eine Form des Suchens nach „Regeln") sollten, um das Ziel, die Ertragssteigerung, zu erreichen.

Das Angebot an neuem Schrifttum oder neuen Geräten allein genügte allerdings auch noch nicht. Hier schuf der Staat eine Organisation, über die die Informationen an die Bauern herangebracht werden konnten. Ein Netzwerk von „landwirtschaftlichen Vereinigungen" (*nôkai*) wurde ins Leben gerufen. In jedem Weiler wurden solche *nôkai* eingerichtet und, meist durch interessierte, fortschrittliche Großgrundbesitzer, geleitet. Diese dörflichen Vereinigungen schloß man auf Kreisebene zusammen, die Kreisvereinigungen in Präfekturvereinigungen, und schuf Verbindungen hinauf bis in das zuständige Ministerium. Über dieses Netzwerk, dessen Knoten die einzelnen Präfektur-, Kreis- und Dorfvereinigungen darstellten, und die, da privat geführt, dem Staat keine Beamten, keine Gebäude und auch sonst nur wenige Mittel abverlangten, wurden die Informationen über neue landwirtschaftliche Me-

thoden und Geräte bis ins letzte Dorf getragen und verbreitet und so eine
Hilfe zur Ertragssteigerung angeboten.

Das Sammeln von Informationen und ihre Verbreitung sah die Regierung
als eine ihrer Aufgaben an, wobei diese Aufgabe ohne Aufblähen des Staatsapparates erfüllt werden sollte und konnte. Allerdings veränderten sich die
Schwerpunkte im Laufe der Zeit. So rückten manche Elemente in den Hintergrund, neue traten auf oder wurden verstärkt, etwa das Sammeln, Auswer-
ten und Verbreiten ausländischen Schrifttums ab Beginn des 20. Jahrhunderts.

Die umfangreiche japanische Informationssammeltätigkeit blieb in Europa
nicht unbemerkt (ohne daß man allerdings entsprechende Konsequenzen
zog). So heißt es z.b. in einer deutschen Zeitschrift bereits 1918, daß der Japaner „in der Lage sei, sich völlig frei unter der Bevölkerung des betreffen-
den Auslandsstaates (zu) bewegen und ohne Schwierigkeiten Informationen
einholen"[9] kann. Der Bericht eines deutschen Ingenieurs aus Japan im Jahre
1928 gibt einen ähnlichen Eindruck wieder: „Die Ingenieure haben in ihren
Büros große Schränke voll von deutschen, englischen, amerikanischen, fran-
zösischen und japanischen Fachzeitschriften und Büchern, die sie gründlich
studieren, und (sind) daher über alle wesentlichen Neuerungen der modernen
Technik unterrichtet....Und was sie den Büchern nicht entnehmen, das versuchen sie auf ihren häufigen Reisen zu erlernen. Man ist erstaunt über die
Großzügigkeit, mit der die Japaner es unternehmen, ihre Ingenieure zu reinen Studienzwecken in die Welt hinauszuschicken..."[10]

Es waren keineswegs nur die japanischen Unternehmen oder Handelshäu-
ser, die ihre „Antennen" mit Hilfe von Zweigbüros und Filialen im Ausland
aufrichteten. Auch staatliche Einrichtungen, etwa die diplomatischen Dienst-
stellen, dienten als Informationssammelstellen. Sie sandten ebenfalls Informationen technischer Art nach Japan, die dort zur Verteilung gelangten. Dafür suchte man allerdings immer Mittel und Wege, die den Staatsapparat organisatorisch nicht weiter belasteten, also benutzte man entweder schon vor-
handene Organe oder griff auf private Einrichtungen zurück.

Auch durch indirekte, gesetzliche Maßnahmen konnte der Staat industrielle und technische Entwicklungen steuern und unterstützen, ohne die Bürokratie aufzublähen. Ein Beispiel aus der Meiji-Zeit zeigt auch dies: In den
1890er Jahren wurde durch gesetzliche, also indirekte Maßnahmen, eine Förderung der Werftindustrie eingeleitet. Dieses Programm führte zwar kurzfri-

---

9   A. Schmidt, Japanischer und amerikanischer wirtschaftlicher Auslandsdienst, in: *Deutsche
    Politik*, 3. Jg., 2. August 1918, Heft 31, S.991.
10 Bericht H. Reiter (?, Reuter) über seine Reise nach Japan im Herbst 1928 (MS); Mannes-
    mann Archiv Düsseldorf, D 1.980/1; vgl. dazu auch Erich Pauer, Deutsche Ingenieure in
    Japan, japanische Ingenieure in Deutschland in der Zwischenkriegszeit, in: Josef Kreiner
    und Regine Mathias (Hrsg.), Deutschland-Japan in der Zwischenkriegszeit, Bonn 1990, S.
    289-324.

stig nicht zum gewünschten Erfolg, nämlich größerem Frachtraum, sondern zunächst zur Anhebung des technischen Standards der Schiffswerften. Langfristig gelang es dadurch allerdings, Unternehmer zu animieren, neue Werften zu gründen und technisch verbesserte Schiffe zu bauen, ohne dem Staat unternehmerische Aufgaben mit den entsprechenden Konsequenzen aufzubürden. Japanische Werften konnten dann während des Ersten Weltkrieges, als Frachtraum in Ostasien knapp wurde, in relativ kurzer Zeit umfangreiche Tonnagen zur Verfügung stellen.[11]

Wirtschaftlich-technische Entwicklungen mit der Schaffung staatlicher Rahmenbedingungen (Gesetze, Förderprogramme etc.) zu initiieren, ist in der Folge nicht nur aus der Zwischenkriegszeit (z.b. der staatlich initiierte Beginn der japanischen Autoproduktion[12]) bekannt, sondern auch aus der jüngeren Vergangenheit: Die Forderung, Mechanik und Elektronik zusammenzuführen, wurde in einem Unterstützungsprogramm 1971 niedergelegt, wobei beide Industriebereiche zu einer „Systematisierung" – das war das vorgegebene „Ziel" – angehalten werden sollten. Aus diesem Programm ist schließlich jenes Gebiet erwachsen, das heute Mechatronik genannt wird.[13]

Aus der Fülle der Beispiele wird deutlich, daß es Selbstverständnis des Staates schon seit Beginn der Industrialisierung war, nicht direkte finanzielle Unterstützung zu geben, sondern mit indirekten Maßnahmen die Rahmenbedingungen zu schaffen, die das Erreichen der Zielvorgaben unterstützen sollten.

5. „Pläne" und „Ziele"

Aus der Zeit nach dem Ende des Zweiten Weltkrieges sind verschiedene Wirtschaftspläne bekannt, deren Bedeutung in der nicht-japanischen Literatur oft überschätzt wird. Es ist bei diesen Plänen rasch zu bemerken, daß das, was „Plan" genannt und in den westlichen Industrieländern häufig im engeren Sinne des Wortes (fast wie in einer „Planwirtschaft") verstanden wird, in erster Linie aus Zielvorgaben besteht. Das läßt sich – um nochmals ein historisches Beispiel heranzuziehen – schon beim ersten Weißbuch (*Kôgyô iken*, „Vorschläge zur Förderung der Industrie") des Jahres 1887 feststellen. Darin wurde beklagt, daß man im Verlauf der ersten Jahre der Meiji-Zeit vor allem

---

11 Arizawa Hiromi, Nihon sangyô hyakunen-shi , Bd. 1, Tôkyô 1967, S. 183-187.
12 Dazu ausf. Kokuritsu kokkai toshokan (Hrsg.), Waga kuni jidôsha-kôgyô no shiteki bunseki (Research Material Series 78-1), Tôkyô 1978; Odaka Konosuke, Ono Keinosuke, Adachi Fumihiko, The Automobile Industry in Japan, Tôkyô: Kinokuniya 1988.
13 Tessa Morris-Suzuki, Beyond Computopia, London und New York 1988, S. 29-30; Kodama Fumio, Analyzing Japanese High Technologies, London und New York 1991, S. 123-125.

die moderne Industrie gefördert habe, die ländliche, traditionelle Industrie dagegen vernachlässigt worden und deshalb zurückgeblieben sei. Deshalb schlug man Maßnahmen (also Regeln) vor, die eine Verbesserung der Situation für die traditionelle Industrie zum Ziel hatten: besseren Marktzugang und Aktivierung der traditionellen Unternehmer. Letztlich führten die in diesem Weißbuch angesprochenen Maßnahmen zum Erfolg. Ein staatliches Ziel, nämlich Hilfe für die traditionelle Industrie, wurde ausschließlich über indirekte Förderung, Neuerungen im Bildungssystem und ähnliche flankierende Maßnahmen erreicht. Diese Maßnahmen sind letztlich auch für die Herausbildung des Dualsystems, jenes Systems von Groß- und Kleinbetrieben, das seit 1920 in Japan die bestimmende Wirtschaftsstruktur darstellt, verantwortlich.

Der Vorteil eines solchen Systems staatlicher „Zielvorgaben", in dessen Rahmen zunächst nach „Regeln" bzw. Maßnahmen, wie man dieses Ziel erreichen könnte, gesucht wird, unter gleichzeitiger Schaffung der Möglichkeiten und Rahmenbedingungen, die dann die praktische Umsetzung der gefundenen „Regeln" erleichtern, liegt in der geringen finanziellen und bürokratischen Belastung, die auf den Staat dabei zukommt. Nicht durch direkte finanzielle Unterstützung, sondern indirekt, z.B. auf dem Wege der Steuererleichterung, sollen die Ziele angesteuert werden. Dadurch spart der Staat nicht nur an finanziellen Mitteln, sondern auch an der Bürokratie – zumindest damals. Die Verteilung direkter Finanzhilfen hätte den Staatsetat in der Meiji-Zeit, aber auch zwischen den Weltkriegen nicht nur übermäßig belastet, sondern hätte zur Etablierung von Beamtenstellen, zur Bildung von neuen Entscheidungsgremien und Organen usw. geführt – ein enormer bürokratischer Aufwand wäre das Ergebnis gewesen.

Die in erster Linie indirekte Unterstützung seitens des Staates ist auch verantwortlich dafür, daß sich im Verlauf der Industrialisierung nicht wie in manchen Entwicklungsländern ein staatsbürokratischer „Wasserkopf" herausbildete. Damit war den Unternehmen jegliche Freiheit gelassen, was letztlich auch zu geringeren Aufwendungen des Staates z.B. für Forschung und Entwicklung führte. Diese Felder wurden von den Unternehmen schon früh in die eigenen Hände genommen, der Staat wirkte und wirkt bis heute in erster Linie unterstützend und indirekt durch die Organisation des Bildungswesens und die ständige Veränderung und Anpassung des Bildungssystems mit. Der Staat richtete nur für bestimmte Bereiche eigene Forschungsinstitute ein. Diese nationalen Einrichtungen sind aber für die technisch-wirtschaftliche Entwicklung nicht von so herausragender Wichtigkeit, wie etwa Einrichtungen der Kommunen oder Präfekturen. Aufgabe der Forschungseinrichtungen auf diesen letzteren Ebenen ist es, technische Unterstützung für jene Unternehmen zu leisten, die sich z.B. keine großen Informationssammelpools leisten können, etwa Klein- und Mittelbetriebe. Hier liegen u.a. die wesentlichen Aufgaben des Staates heute.

Das heute vielfach gebrauchte Stichwort der „Deregulierung" zeigt allerdings, daß auch der Staat in Japan manchmal seine guten Vorsätze vergißt. Aufgrund der Erfahrungen in der frühen Meiji-Zeit zog sich der Staat als unternehmerisch tätiges Subjekt zwar rasch zurück, doch in der Zeit der Kriegswirtschaft zwischen 1937 und 1945 versuchte der Staat mit bürokratischen Mitteln, die gesamte Wirtschaft auf ein Ziel hin – Versorgung der Rüstungsindustrie – auszurichten. Die in dieser Zeit aufgebaute Bürokratie vermochte man nach dem Ende des Zweiten Weltkrieges nicht abzubauen. Konnte dieser große bürokratische Apparat zur Zeit des hohen Wirtschaftswachstums in den 50er und 60er Jahren und auch in der Phase der Umstrukturierung in den 70er Jahren noch eingesetzt werden, wird in jüngster Zeit seine Tätigkeit zunehmend kritisch betrachtet. Auf der Suche nach sinnvoller Betätigung versuchen die Angehörigen der Bürokratie in ihrem Selbstverständnis als „Staatsdiener" formell, d.h. durch die Schaffung von Gesetzen, Richtlinien, Verordnungen usw., oder informell durch Kontakte, Gespräche usw. (Stichwort: *gyôsei shidô*), selbst „Regeln" vorzugeben und den Gang der Wirtschaft zu beeinflussen.

Das Zurückdrängen der Bürokratie und der von ihr geschaffenen Regulative ist heute ein neues Ziel, hinter dem sich die Großindustrie, Politiker und Konsumenten versammeln. Die Bürokraten besäßen zuviel Macht, der bürokratische Apparat sei zu sehr aufgebläht, heißt es. Die dadurch verursachte Beschränkung des Spielraumes der unternehmerisch Tätigen bei ihrer eigenen Suche nach den „Regeln" wird deshalb mehr und mehr negativ beurteilt und eine Beschränkung der Bürokratie auf bestimmte Tätigkeitsfelder mit Hilfe einer „Deregulierung" gefordert. Letztlich handelt es sich dabei um den Versuch, den Staat auf seine Rolle bei der Vorgabe von Zielformulierungen und die Bereitstellung von Informationen zurückzudrängen und die „Schlankheit" des Staates wiederherzustellen.

6. Motivation und Partizipation

In Japan gelingt es seit der Meiji-Zeit, die Bevölkerung bzw. die Unternehmer auf die vom Staat vorgegebenen Ziele sozusagen „einzuschwören". Dieser Umstand trägt ebenfalls wesentlich zur „Schlankheit" des japanischen Staates bei. Die Mechanismen sind häufig beschrieben worden.[14] Dazu gehören Schlagworte, in denen bestimmte bildungspolitische und gesellschaftspolitische Ziele formuliert und propagiert werden, verbunden mit der Aufforderung an die Bevölkerung, zu ihrer Umsetzung beizutragen.

---

14 Vgl. dazu z.B. Earl H. Kinmonth, The Self-Made Man in Meiji Japanese Thought. From Samurai to Salary Man, Berkeley und Los Angeles 1981.

Ausgangspunkt dieser Entwicklung war die Entstehung einer national den-
kenden, politischen und wirtschaftlichen Elite, die mit der Meiji-Restauration
einen Prozeß der Überhöhung der kaiserlichen Macht in Gang gesetzt und
eine nationale Identität geschaffen hatte. Damit gelang es, auch große Teile
der Bevölkerung, die bisher nur auf kleinere soziale Einheiten geprägt waren, hinter dieser größeren nationalen Einheit zu versammeln. Handlungen,
die ursprünglich nur für die kleinere Einheit von Bedeutung waren, konnte
man nun auf die größere Einheit projizieren. Staatliche Ziele waren dadurch
auch als Motivation für den Einzelnen annehmbar gemacht worden. Umgekehrt konnte sich der Einzelne durch die Verfolgung solcher nationalen Ziele
in der Gesellschaft Achtung und Ansehen verschaffen. Sein Tun wurde als
„gesellschaftsförderlich" angesehen und sanktioniert, was als Motivations-
schub wirkte. Durch die Schlagworte und durch das sich im Nationalismus
mit dem Tennô als Zentrum herausbildende einigende Band organischer Solidarität der japanischen Gesellschaft gelang es, die Differenzen zwischen
persönlichen und fremden (=staatlichen) Interessen einzuebnen und einen
großen Teil der Bevölkerung zur Teilnahme am Prozeß der Modernisierung
zu bewegen.[15]
    Das heißt, ist ein übergeordnetes – z. B. wirtschaftliches – Ziel vorhanden
und gelingt es dem Staat dabei, Einzelinteressen mit gesamtstaatlichen Interessen zu verbinden, dann benötigt der Staat nur wenige Werkzeuge oder Regeln (sprich Gesetze u.ä.), um eine beabsichtigte Entwicklung voranzutreiben. Ist z.B. „Familie" und die Erhaltung des Familienverbandes (z.B. im
Shintô ja als Kontinuum verstanden) ein gesellschaftlich sanktioniertes Ziel,
benötigt der Staat weniger soziale Einrichtungen, z.B. zur Altenpflege. Gilt
die Aufrechterhaltung des reziproken Verhältnisses zwischen Arbeitgebern
und Arbeitnehmern als gesellschaftsförderliches Ziel, so benötigt es weniger
Staat, Entlassungen aufzufangen oder Arbeitslose zu unterstützen. So hat
selbst beim Zusammenbruch ganzer Branchen, z.B. in jüngster Zeit beim
Steinkohlebergbau oder in der Stahlindustrie, der Staat nur relativ wenig zur
Abfederung – und wenn, dann nur indirekt – beigetragen. Die Hauptlast trugen in diesem konkreten Fall die Unternehmen selbst, die bis heute – aber sicherlich schon in erheblich schwächerem Maße als noch vor hundert Jahren
– eine gewisse Verpflichtung gegenüber ihren (Stamm-)Arbeitskräften ver-
spüren.
    Kurzum: Je höher der Grundkonsens in einer Gesellschaft über die anzu-
strebenden Ziele ist, umso weniger Gesetze muß der Staat erlassen und umso

---

15 Diese Sichtweise stellt eine Ausweitung der von William G. Ouchi vorgestellten These der
   Regulation von Kooperationsbeziehungen innerhalb japanischer Unternehmen dar. Viele
   der festgestellten Phänomene scheinen auf die japanische Gesellschaft übertragbar zu sein
   und bieten die Möglichkeit der Erklärung auch bestimmter, häufig der sog. „Gruppenmen-
   talität" zugeordneten Erscheinungen. Vgl. dazu William G. Ouchi, Markets, Bureaucracies, and Clans, in: *Administrative Science Quarterly*, Bd. 25:1 (März 1980), S. 129-141.

weniger Bürokratie benötigt er, um die Gesetze durchzusetzen.[16] Dieser Grundkonsens wird bis heute in Japan weitgehend im Rahmen eines gemeinsamen Sozialisationsprozesses erzielt und dadurch gesamtgesellschaftlich getragen.

Als Zielformulierung dienten (und dienen) häufig Schlagworte, wobei der globale (und nicht selten sogar diffuse) Charakter dieser Ziele ein weites Feld von Interpretationen ermöglicht. Damit wird als ein positiver Effekt die Möglichkeit der Partizipation durch größere Bevölkerungsgruppen geschaffen. Ein zu klar definiertes Ziel würde jeweils nur bestimmte Personengruppen ansprechen und hätte einen erheblich geringeren Mobilisierungseffekt. Indem der Staat nur ein globales Ziel vorgibt, aus dem heraus keine normativen Vorgaben über den oder die Wege dorthin abgeleitet werden können, ist von Anfang an die größtmögliche Beteiligung und damit auch die größtmögliche Vielfalt von Lösungsmöglichkeiten potentiell gesichert. Dadurch wird auch erreicht, daß die sich mit diesem Ziel identifizierende Bevölkerung beginnt, die Regeln selbst zu suchen, so daß diese Aufgabe den Staat (und die Bürokratie) nicht weiter belastet. Auch durch die Verlagerung solcher Tätigkeiten auf die Bevölkerung bleibt der Staat „schlank".

In der Meiji-Zeit sind es in erster Linie die verschiedenen Schlagworte, die, von der Regierung propagiert, als staatliche Zielformulierungen anzusehen sind, hinter denen sich die Bevölkerung versammeln kann. In der Nachkriegszeit werden solche Ziele zunächst in den Wirtschaftsplänen der Regierung niedergelegt, und seit zwanzig Jahren stehen die sog. „Visionen" im Vordergrund.

In diesen „Visionen" werden Ziele dargestellt, *keine* Grundsätze der Regierungs- oder Unternehmenspolitik! Die Regierung stellt in solchen „Visionen" Ziele dar, die anzusteuern man unter den jeweiligen Umständen als wünschenswert erachtet. Das heißt aber nicht, daß man auf Biegen und Brechen an diesen Zielen festhält. Bei der Umsetzung wird pragmatisch vorgegangen und eine den Umständen entsprechende ständige Anpassung vorgenommen, gegebenenfalls auch ein neues Ziel formuliert, das dann in eine neue „Vision" einfließen kann!

Die Zielformulierung erfolgt durch eine breite und ständig – auch öffentlich – geführte Diskussion zwischen allen Beteiligten: Regierung, Parlament, Ministerialbürokratie, Gewerkschaften, Erziehungseinrichtungen, Forschung, Industrie, Banken, Interessenverbänden usw. Wichtig ist dabei, daß diese Diskussion nicht auf eine einzige Ebene beschränkt bleibt, sondern sich auf den verschiedenen Ebenen eine Vielzahl von Gremien bildet, wobei die Mitglieder solcher Gremien Knoten eines umfassenden und komplizierten Netzwerkes formeller und informeller Kooperationen darstellen. Die Gremien

---

16 Ähnliches gilt auch für die Aufrechterhaltung der öffentlichen Sicherheit und Ordnung. In diesem Zusammenhang heißt es ja häufig: „Die japanische Gesellschaft benötigt keine Polizei. Jeder Japaner hat seinen Polizisten im eigenen Kopf".

selbst sind durch Personalverflechtung zum Teil auch selbst wieder miteinander verbunden. Damit wird die (allerdings nur indirekte) Partizipation breiter Bevölkerungsteile an der Diskussion um die Zielformulierung gewährleistet, gleichzeitig aber auch die Akzeptanz der formulierten Ziele erhöht. Die Nutzung solcher z.T. ad hoc und oft auch nur für bestimmte, kurzfristige Aufgaben eingerichteter Gremien, in denen auch nicht der staatlichen Bürokratie angehörende Vertreter verschiedener Bevölkerunggruppen sitzen, verhindert eine weitere Aufblähung der staatlichen Administration und führt allerdings auch zu einer Verwischung der Grenze zwischen Staat und privatem Bereich.

Bieten die Diskussionsrunden und Gremien eine Möglichkeit der Partizipation größerer Bevölkerungsgruppen bei der Formulierung der Ziele, so gelingt es durch einen bestimmten Mechanismus bei der Umsetzung der Ziele, also bei der Suche nach den „Regeln", ebenfalls eine umfassende Beteiligung zu sichern und bestimmte Tätigkeiten aus der staatlichen Administration zu verlagern, ohne das Ziel aus den Augen zu verlieren. Dies geschieht häufig in informellen Prozessen, die als „Kampagne" apostrophiert werden. Die auf ein globales Ziel gerichteten Kampagnen gehen nicht selten auf Initiativen und Impulse seitens des Staates zurück, wobei dieser versucht koordinierend und kontrollierend, gleichzeitig aber auch unterstützend, z.B. durch die Bereitstellung von Informationen, zu wirken. Aktivitäten zur Erreichung staatlicher Ziele werden so rasch auf nicht-staatliche Ebenen und Akteure verlagert, die diese Ziele gegebenfalls auch anders als die Regierung interpretieren. Aber gerade diese Breite soll ja durch die Formulierung von globalen und diffusen Zielen erzielt werden.

Die Aufforderung zur Umsetzung von Regeln kann formell und institutionell erfolgen (Ausschüsse, Komitees) oder informell, durch Appelle an Personen, Organisationen usw. Die Partizipation verschiedener sozialer Gruppierungen, auch bei der Suche nach den „Regeln" und „Wegen" und deren praktischer Umsetzung verschafft einer Kampagne – idealiter – Schwung und Eigendynamik.

7. Zusammenfassung

Bei der Untersuchung der Staatstätigkeit werden häufig nur Einzelbereiche betrachtet, ohne daß der Versuch gemacht wird, die übergeordneten Ziele, die mit bestimmten Maßnahmen erreicht werden sollen, herauszuarbeiten. So bleiben z.B. industriepolitische Entscheidungen ebenso oft zusammenhanglos im Raum stehen, wie Maßnahmen aus dem Bildungsbereich, weil die Untersuchung sich meist auf diese abgegrenzten Begriffe beschränkt. Damit wird man aber dem staatlichen Handeln in Japan in keiner Weise gerecht. Wenn man die dem Handeln des Staates (und seiner Menschen) zugrundeliegenden Denkmuster nicht in die Betrachtung miteinbezieht, führt dies unweigerlich zu Mißverständnissen.

Im Rahmen des Denkmusters der Regelorientierung steht die Zielformulierung als erste Aufgabe an. Seit dem politischen Neubeginn mit der Meiji-Restauration ist der Staat zunächst einmal jenes Organ, das Ziele formuliert und dann versucht, jene Rahmenbedingungen zu schaffen, die der Bevölkerung oder beispielsweise den Unternehmern usw. helfen, die Regeln zu entwikkeln, die nötig sind, um diese Ziele zu erreichen. Die Vorgehensweise des Staates, der Regierung, ist damals wie heute nicht so verschieden: Ziele werden formuliert, wobei heute durch die auf vielen Ebenen tätigen Gremien eine Partizipation verschiedener Bevölkerungsteile durch deren Vertreter angestrebt wird. Auf der Grundlage der dabei gefundenen Gemeinsamkeit können letztlich „nationale" Ziele formuliert werden, die breite Unterstützung finden. Anzumerken ist dabei, daß die dann in Folge entwickelten Regeln zur Erreichung dieser Ziele pragmatisch den veränderten Umständen angepaßt werden können, was dieser Vorgehensweise eine besondere Flexibilität verleiht. Durch solche Ziele und das Nicht-Eingreifen des Staates bei der Suche und Formulierung von Regeln[17] gelingt es dem Staat, mit relativ wenig Bürokratie erfolgreich die industrielle Entwicklung voranzutreiben und auch heute wirtschaftlichen Schwierigkeiten zu begegnen.

Das Sammeln von Informationen muß als ein wichtiges Element zur Erstellung von Regeln zur Erreichung eines Zieles betrachtet werden. Die im Laufe der Jahrhunderte gemachten positiven Erfahrungen mit einem spezifischen „Informationshandling", das es erlaubte, „Informationen" aus fremden Kulturen zu sammeln, für eigene Zwecke aufzubereiten und zu verändern und so in adaptierter Form für die japanische Gesellschaft nutzbar zu machen, wies dem Element der Information einen bestimmenden Platz innerhalb der Suche nach Regeln zu. Bereits für die beginnende Industrialisierung wirkte sich dieses historische Erbe vorteilhaft aus und trug im Folgenden entscheidend mit dazu bei, daß Japan früher als viele andere Länder den Weg zu einer „informatisierten Gesellschaft" einschlagen konnte.[18]

Die Elemente des regelorientierten Denkmusters wurden auch von anderen Autoren erkannt und beschrieben, ohne daß es gelang, sie in ein umfassendes Ordnungschema zu bringen. So wird die flexible Handhabung von Regeln

---

17 Man sieht allerdings gerade in der Nachkriegszeit, daß der Staat häufig auch die Erstellung der Regeln übernimmt, z.B. bei der Initiierung von Forschungskooperativen u.ä.

18 Die Bedeutung, die der Information bereits in der Frühphase der Industrialisierung zugemessen wird, läßt erkennen, daß man bereits hier den Ursprung der Informationsgesellschaft zu suchen hat. Die „Informationsgesellschaft" ist demnach keine moderne Erscheinung. Allerdings erlebt das Element „Information" heute eine Ausprägung, die geeignet ist, als Charakteristikum für eine ganze Gesellschaftsform Verwendung zu finden.

durch den Staat häufig mit einem „strategischen Pragmatismus" gleichgesetzt, ohne zu erkennen, daß die Ansteuerung übergeordneter Ziele keiner „Strategie" (also einer „planmäßigen" Vorgehensweise) entspricht, die Regeln eine andere, meist nicht-staatliche Basis besitzen und in erheblichem Maße einer ebenfalls nicht-staatlichen Ausführung und Kontrolle unterworfen sind. Die Vorgehensweise bei der Ansteuerung dieser Ziele wird durch bestimmte, aus der Tradition überlieferte Denkmuster geprägt, wobei das (konfuzianische) Streben nach „Sittlichkeit" im Sinne von „gesellschaftsförderlich" auf die Nation als Einheit projiziert wird. Das „übergeordnete Ziel" ist trotzdem keinesfalls transzendent, so diffus es auch formuliert sein mag. Das Denkmuster der Regelorientierung ermöglicht nun auch, zwischen Maximal- und Minimalwegen flexibel den sozusagen optimalen Weg zum Wohl der Gesellschaft zu suchen.

Ein bis heute die japanische Gesellschaft verbindender nationaler Grundkonsens ermöglicht bis zu einem gewissen Grad den Ausgleich zwischen Interessendivergenzen, wenn ein globales Ziel formuliert wird, hinter dem sich alle versammeln können. Dies ermöglicht die Auslagerung bestimmter Aktivitäten auf nicht-staatliche Akteure mit dem positiven Effekt eines „schlanken" Staates. Je weniger Ziele formuliert und angestrebt werden, umso mehr Gesetze zur Aufrechterhaltung einer bestimmten (nämlich „ziellosen" und deshalb statischen, nur den Status-quo, also „Besitzstände" in den Mittelpunkt rückenden) wirtschaftlichen oder sozialen Ordnung muß der Staat schaffen. Je geringer eine koordinierte, solidarische, durch ein gemeinsames Ziel geleitete gesellschaftliche Aktivität ist, umso mehr Gesetze und Organe müssen die Autorität des Staates stützen, wobei diese mit entsprechenden Mitteln (d.h. Personal, Kapital, Material) ausgestattet werden müssen. Als Folge verliert so der Staat seine „Schlankheit", wird „dicker" und „aufgeblähter", das heißt schwerfälliger und unbeweglicher.

Literatur

Antoni, Klaus (1991), Der himmlische Herrscher und sein Staat, München.
Arizawa, Hiromi (1967), Nihon sangyô hyakunen-shi, Bd.1, Tokyo.
Kerde, Ortrud und Pauer, Erich (1994), Japanische Außenpolitik: Im Fernen Osten nichts Neues, in: v. Bredow, Wilfried und Jäger, Thomas (Hrsg.), Japan – Europa – USA. Weltpolitische Konstellationen der neunziger Jahre, Opladen, S. 211-228.
Kinmonth, H. Earl (1981), The Self-Made Man in Meiji Japanese Thought. From Samurai to Salary Man, Berkeley und Los Angeles.
Kodama, Fumio (1991), Analyzing Japanese High Technologies, London und New York.
Kokuritsu kokkai toshokan (Hrsg.) (1978), Waga kuni jidôsha-kôgyô no shiteki bunseki, (Research Material Series 78-1), Tokyo.
Lu, David John (1974), Sources of Japanese History, Bd. 2, New York.
Moritz, Ekkehard (1992), Konfuzianismus – Japan – Technik. Ein alter Hut, neu aufgesetzt, in: Deutsches Museum, Wissenschaftliches Jahrbuch 1991, München, S. 131-175.

Morris-Suzuki, Tessa (1988), Beyond Computopia, London und New York.

Odaka, Konosuke; Ono, Keinosuke und Adachi, Fumihiko (1988), The Automobile Industry in Japan, Tokyo.

Ouchi, William G. (1980), Markets, Bureaucracies, and Clans, in: *Administrative Science Quarterly*, Jg. 25 (1980), H. 1, S.129-141.

Pauer, Erich (1983), Japans industrielle Lehrzeit, in: *Bonner Zeitschrift für Japanologie*, Bd. 4/1 und 4/2, Bonn.

Pauer, Erich (1987), Traditional Technology and Its Impact on Japan's Industry During the Early Period of the Industrial Revolution, in: *The Economic Studies Quarterly*, Jg. 38 (1987), Nr. 4., S. 354-371.

Pauer, Erich (1990), Deutsche Ingenieure in Japan, japanische Ingenieure in Deutschland in der Zwischenkriegszeit, in: Kreiner, Josef und Mathias, Regine (Hrsg.), Deutschland-Japan in der Zwischenkriegszeit, Bonn, S. 289-324.

Schmidt, A. (1918), Japanischer und amerikanischer wirtschaftlicher Auslandsdienst, in: *Deutsche Politik*, Jg. 3 (1918), H. 31, S. 991.

Yamamura, Kozo (1977), Success Illgotten? The Role of Meiji Militarism in Japan's Technological Progress, in: *Journal of Economic History*, Jg. XXXVII (1977), Nr. 1, S. 113-135.

Klaus Antoni

Legitimation staatlicher Macht: Das Erbe der *kokutai*-Ideologie

1. Einleitung

Die Geschichte des „modernen Japan" beginnt mit einem Paradoxon. An ihrem Anfang, der von den Historikern mit dem Jahr 1868 angesetzt wird, steht ein Ereignis, das seinen Intentionen nach alles andere als „modern" erscheint. In jenem Jahr endete mit dem Feudalsystem (*baku-han seido*) eine politische und gesellschaftliche Ordnung, welche Japan während der Edo-Zeit geprägt hatte, jedoch, aufgrund der Trägerschaft durch den „Schwertadel", tief im mittelalterlichen Japan verwurzelt gewesen war. Die Ethik der Ritter (*bushi*) war im Konfuzianismus verankert, basierend auf den Prinzipien von „Treue" und „Loyalität", stets bezogen auf den jeweiligen Lehnsherren innerhalb der feudalistischen Hierarchie, mit dem Tokugawa-Shôgun an der Spitze.

Doch wurde im Verlauf der Edo-Zeit in kleinen Zirkeln der geistigen und geistlichen Elite, insbesondere der shintoistisch orientierten „Nationalen Schule" (*kokugaku*), die Erinnerung an frühere Zeiten mehr und mehr beschworen, Zeiten, die von einem politischen und gesellschaftlichen System ganz anderer Art geprägt gewesen waren, der Herrschaft des Kaiserhauses.

Im Gegensatz zum *bakufu* späterer Zeiten bezog der kaiserliche Hof im archaischen Japan seine Legitimation jedoch nicht aus der Macht seiner Armeen, oder den Normen einer konfuzianischen Loyalitätsethik, sondern aus seiner religiösen Fundierung. Nach den Doktrinen des offiziellen Shintô kam dem als direkter Nachfahre der Sonnengöttin angesehenen Tennô in seiner Eigenschaft als „gegenwärtig sichtbarer Gottheit" (*akitsumikami*) die höchste Autorität im Lande zu.

Die Institution des Tennôtums im ältesten Japan entsprach damit einer Herrschaftsform, die in den Kulturwissenschaften als „sakrales Königtum" bezeichnet wird. Der „sakrale König" vereinigt in sich göttliche und menschliche Eigenschaften und fungiert als Bindeglied zwischen diesen beiden Sphären. Ihre weltliche Absicherung fand die spirituelle Macht des Tennô in Form eines straff gegliederten zentralistischen Beamtenstaates, gestaltet nach chinesischem Muster, welcher dem Lande eine höchst effektive Verwaltung gab. In diesem Staatsgefüge galt das Ideal der Loyalität einzig dem Tennô; alle mächtigen Provinzfürsten und Kriegsherren galten, zumindest *de jure*, als Beamte des Kaisers.

Die politische Entmachtung des Kaiserhauses im japanischen Mittelalter haben die kaisertreuen Kreise, insbesondere der shintoistische Klerus, niemals verwunden. Stets war ihr Streben auf eine Rückkehr zu den angeblichen Herrschaftsverhältnissen des Altertums gerichtet. Über Jahrhunderte hinweg strebte der Shintô, als dessen höchste Gottheit die Sonnengöttin und Ahngottheit des Kaiserhauses Amaterasu fungierte, somit eine „Restauration" der alten kaiserlichen Macht an. Die „Meiji-Restauration" von 1868 gilt, wie eingangs bemerkt, als Beginn des modernen Japan – und basiert doch auf der Idee der Wiedereinsetzung eines archaischen Gottkaisertums.

Sollen die Grundlagen des modernen Japans und seiner Staatsauffassung benannt werden, so sollte dieser Widerspruch keinesfalls negiert werden. Die Meiji-Restauration brachte mit der – durch den Westen erzwungenen – Öffnung des Landes vor allem auch die rückwärts gewandte, nativistische Idee einer „Rekonstruktion" früherer Herrschaftsmuster nach archaischem Vorbild mit sich[1]. Im Laufe der Meiji-Zeit erlebten diese Ideen ihre Ausformung zu einem umfassenden, religiös-politisch argumentierenden Staatsgedanken, in dessen Zentrum die Postulierung eines spezifisch japanischen „Nationalwesens", *kokutai*, stand. Bis zur Niederlage Japans im Jahr 1945 war mit dieser Tennô-zentrierten *kokutai*-Ideologie die offizielle japanische Staatsauffassung verbindlich formuliert.

Es ist allgemein bekannt, in welchem Desaster diese politisch und religiös motivierte Ideologie endete. Nach der Kapitulation Japans gab der Tennô am 1. Januar 1946 gezwungenermaßen den Anspruch auf Göttlichkeit auf. Jedoch ist mit dem Tode des Shôwa-Tennô im Jahr 1989 und den anschließenden Inthronisations-Feierlichkeiten des neuen Kaisers Akihito, mit dem religiösen Ritus des *daijôsai* im Zentrum, die Debatte um die religiöse Fundierung des japanischen Kaisertums, damit implizit des *kokutai* selbst, in unerwarteter Heftigkeit wieder entflammt. Die Problematik resultiert letztendlich in der Frage, ob das Konzept des *kokutai* den Zusammenbruch von 1945, entgegen der bislang herrschenden Meinung, möglicherweise dennoch zu überdauern vermocht hat – in welcher Form auch immer, als Ganzes oder in Teilen.

---

1   Am Rande kann hier lediglich erwähnt werden, daß viele der in der Meiji-Zeit scheinbar reaktivierten Traditionen in Wahrheit „traditionalistische" Neuschöpfungen jener Jahre darstellten, die keinen Bezug zur authentischen Überlieferung aufwiesen. Der religiös argumentierende „Traditionalismus" jener Zeit offenbart sich damit als eine primär politisch orientierte Ideologie zur Legitimation der neuen kaiserlichen Macht. Zur Problematik des in Kontrast zur authentischen Tradition stehenden, primär künstlich-ideologisch orientierten „Traditionalismus" vgl. Rothermund 1989; Antoni 1992.

2. *Kokutai* vor 1945[2]

Es war der Mito-Gelehrte Aizawa Seishisai (1782-1863)[3], der mit seiner programmatischen Schrift *Shinron* („Neuer Diskurs")[4] aus dem Jahre 1825 den
Begriff des *kokutai* in der staatstheoretischen Diskussion verankerte und bereits wesentliche Inhalte bestimmte. In diesem Kontext meint der Begriff das
innere Wesen, die Essenz (*seika*), die unverwechselbaren und vor allem un-
wandelbaren, ewigen Eigenheiten und Werte der japanischen Nation – all
das, was Japan von anderen Ländern unterscheide und vor diesen aus-
zeichne.

Wird die weitere Begriffsentwicklung einer Analyse unterzogen, so lassen
sich deutlich drei Phasen des *kokutai*-Denkens unterscheiden, erstens eine
„formative Phase" in der Zeit von 1825 bis 1890, dann die „klassische Phase" von 1890 bis 1937 und schließlich die Phase der „Hybris" in den Jahren
1937 bis 1945. Es wird im Anschluß an diese einführenden Bemerkungen zu
klären sein, ob diesen drei historischen Phasen eine vierte, das *kokutai*-Den-
ken in der Nachkriegszeit und Gegenwart betreffende, hinzuzufügen ist.

Als theoretische Grundlagen dienten den Mito-Denkern zwei ursprünglich
eigenständige geistige Systeme, deren Synthese von ihnen unter der Devise
shinju-itchi („Einheit von Shintô und Konfuzianismus") betrieben wurde.

Zum einen handelte es sich um die jahrhundertealte national-shintoistische
Konzeption von Japan als einem vor allen anderen Ländern ausgezeichneten
heiligen Land der Götter – (*shinkoku*), dessen Herrscher, als selbst göttliche
Nachfahren und lebende Gottheiten in einer Dynastie, d.h. für alle Zeiten,
durch einen göttlichen Regierungsauftrag (*shinchoku*) zur ewigen Herrschaft
über Japan berufen seien. Diese Konzeption diente der sich parallel zur Mito-Schule entwickelnden, shintoistisch orientierten „Nationalen Schule", *kokugaku*, als Kern ihres theoretischen Gebäudes. Die Mito-Schule unterschied
sich von der Nationalen Schule im wesentlichen nur durch die bewußte Hin-
zufügung der ethischen Maximen des Neo-Konfuzianismus.

Dieses spezifische Amalgam von Shintô im Sinne der Nationalen Schule –
mit der Konzeption des heiligen Herrschers als Basis – und Konfuzianismus,

---

2   Für Belege und weiterführende Literatur zu dem folgenden Abriß des historischen *kokutai*-
    Denkens vgl. Antoni 1987; Antoni 1991, S. 31- 59.

3   Eine ansprechende Definition der *Mito-gaku* gibt Klaus Kracht (1990, Sp. 1290): „Die Mi-
    to-Schule wurde 1657 von Tokugawa Mitsukuni (1628-1700), Lehnsherr von Mito, durch
    die Gründung des historiographischen Instituts Shôkôkan ins Leben gerufen. Ihre Aufgabe
    bestand zunächst in der Kompilation einer ,Geschichte Groß-Japans' (*Dai-Nihon-shi*,
    1657-1906). Das Werk betonte vor allem die Bedeutung des Tennôtums und die Stellung
    des Tennô als souveränem, durch den Auftrag der Amaterasu legitimierten Herrscher Ja-
    pans und propagierte den Gedanken des *sonnô* (Verehrung des Tennô) als Verpflichtung
    für den Shôgun."

4   Text des *Shinron* von Aizawa Seishisai in Imai 1972 (NST 53), S. 49-160. Zum Werk vgl.
    Stanzel 1982; Wakabayashi 1986; vgl. auch Hammitzsch 1940; Kracht 1975.

verstanden als Katalog sozialethischer Normen, galt den Mito-Gelehrten als Kern des *kokutai*, des unverwechselbaren und einzigartigen Wesens des Landes Japan.

Eine besondere Bedeutung wurde dabei den ersten beiden der „Fünf Beziehungspaare" des Konfuzianismus zugedacht, dem durch „Loyalität" (*chû*, chin. *chung*) getragenen Verhältnis von Vasall/Beamten und Herren, sowie der von „Kindesliebe" (*kô*, chin. *hsiao*) bestimmten Beziehung zwischen Vater und Sohn, d.h. Kindern und Eltern. Aus der gegenseitigen Identifizierung von „Kindesliebe" und „Loyalität" mußte sich zwangsläufig die Konzeption vom Staat als einer Familie ergeben, da doch die Loyalität dem einzig wahren Herrscher gegenüber nichts anderes sein konnte als die Liebe des Kindes zu seinem Vater. Im Verein mit der Götterland-Ideologie der Nationalen Schule mündete dies in eine familistische Konzeption des *kokutai*, d.h. in die Definition der japanischen Nation als einer realen Familie von gemeinsamer Herkunft mit dem Kaiser als natürlichem Oberhaupt.

Die Gedanken der Mito-Schule blieben nicht bloßes theoretisches Denkspiel. Sie avancierten vielmehr, nach der Meiji-Restauration und dem Sieg der konservativen Kräfte seit den späten 80er Jahren des vorigen Jahrhunderts, zur wahren geistigen Grundlage des neuen Reiches. Dies zeigt insbesondere ein Dokument, das wie kein zweites das offizielle geistige Leben Japans bis zum Ende des Zweiten Weltkrieges prägen sollte: der „Kaiserliche Erziehungserlaß", *Kyôiku (ni kansuru) chokugo*, vom 30. Oktober 1890[5]. Mit diesem Edikt beginnt die zweite, hier als „klassisch" bezeichnete Phase des *kokutai*-Denkens. Sie währte bis in die 30er Jahre unseres Jahrhunderts.

Durch den Kaiserlichen Erziehungserlaß von 1890 wurden die wesentlichen und klassischen Elemente des *kokutai*-Denkens, bzw. der *kokutai*-Ideologie, kanonisch festgeschrieben: 1. Der religiöse, dem Shintô in der Interpretation der Nationalen Schule (*kokugaku*) entlehnte Kern, die Heiligkeit und Unvergänglichkeit der Dynastie postulierend; 2. die konfuzianischen Fünf Tugenden und Beziehungen zur Regelung des sozialen Gefüges, und 3., als Funktion der ersten beiden Elemente, der Familismus, d.h. die Konzeption der japanischen Nation im Sinne einer – als real existierend verstandenen – Familie. Damit war die Lehre verbindlich formuliert; ihre Verbreitung im Volke wurde durch die schulische Moralerziehung, sowie die Militärausbildung, sichergestellt.

Parallel zur ideologischen Entwicklung des *kokutai*-Konzeptes in Richtung auf eine mystische Quasireligion mit dem Tennô als kosmischem Urgrund hin verliefen in den 20er Jahren unseres Jahrhunderts Bestrebungen, den Begriff des *kokutai* auch juristisch zu verankern und damit faßbar zu machen[6].

---

5   Text in Kodama 1989, S. 171, Dok. 199.
6   Hier spielte der Staatsrechtler Hozumi Yatsuka (1860-1912) die entscheidende Rolle. Er definierte *kokutai* im allgemeinen als die unverwechselbaren Eigenheiten einer jeweiligen Nation; das spezifische *kokutai* Japans sei durch die direkte Herrschaft des Tennô gekenn-

Die juristische Verankerung des *kokutai*-Begriffes öffnete den Weg für den Höhepunkt des *kokutai*-Denkens in der dritten Phase, die als Phase der Hybris bezeichnet werden muß. Der *kokutai*-Gedanke wurde nun zu der allgemein verbindlichen, totalitären Ideologie von der absoluten Einheit, einzigartigen Überlegenheit und quasi-religiösen Heiligkeit der japanischen Nation ausgebaut.

Zur Verbreitung dieses weltanschaulichen Systems erschien erstmals 1937 ein umfangreiches Kommentarwerk zum Kaiserlichen Erziehungserlaß von 1890 unter dem Titel *Kokutai no hongi*, „Die Grundprinzipien des (japanischen) Nationalwesens"[7]. Dieser Text, bis zum Kriegsende 1945 millionenfach in den japanischen Schulen verbreitet und nach dem Kriege als einziges schriftliches Dokument von der amerikanischen Besatzungsmacht verboten, malt in aller Deutlichkeit die Grundprinzipien des *kokutai*-Denkens in der uns nun schon bekannten Art aus.

Einen qualitativen Sprung in die Maßlosigkeit erlebte das Konzept dann endgültig ab 1941. Unter dem Schlagwort *hakkô ichiu* („die ganze Welt unter einem Dach") wurde der hierarchische Familienbegriff des Tennôismus in den Schulbüchern für den Staatsbürgerkunde-Unterricht (*kokuminka*) nun auch auf die außerjapanische Welt übertragen. Dem Tennô, und damit Japan allgemein, kam darin die Rolle des Familienoberhauptes zu.

3. *Kokutai* nach 1945

In der bis zum Ende des Krieges gültigen Meiji-Verfassung war dem Tennô die Staat und Gesellschaft konstituierende Rolle zugefallen[8]. Und auch die demokratische Nachkriegsverfassung vom 3. Mai 1947 beginnt, wie die Meiji-Verfassung, ebenfalls mit einem dem Tennô gewidmeten Abschnitt (Artikel 1-8), doch wird er hier zu einem bloßen Symbol (*shôchô*) Japans erklärt; der Tennô bezieht seine Stellung nun aus dem Willen des Volkes, das über die souveräne Macht verfügt (vgl. Röhl 1963; Antoni 1987, S. 280; Antoni 1991, S. 57f.).

---

zeichnet. Dieses „Nationalwesen" sei ewig unwandelbar. Entsprechend dieser Definition fand der Begriff erstmals im Jahre 1925 Aufnahme in ein Gesetzeswerk, und zwar im § 1 des Gesetzes zur Aufrechterhaltung der öffentlichen Sicherheit vom 22. April 1925. Eine verbindliche Definition von *kokutai* als juristischem Terminus lieferte aber erst vier Jahre später das Oberste Reichsgericht in einer Entscheidung vom 31. Mai 1929. Demnach stellt das japanische *kokutai* eine Staatsform dar, in der „der aus einer seit jeher ununterbrochenen Abstammungslinie stammende Tennô gnädigst selbst die Oberaufsicht über die Staatsgewalt ausübt."

7   Textausgabe = Mombushô 1937.
8   Zur Stellung des Tennô in der japanischen Moderne vgl. Antoni 1991; Lokowandt 1992.

Die Frage nach dem Erbe, bzw. der Kontinuität der *kokutai*-Ideologie scheint sich somit bereits an diesem Punkt weitgehend geklärt zu haben. Verfassungsrechtlich ist festzustellen, daß das Konzept des *kokutai* mit seiner spezifischen Stellung des Tennô durch die Nachkriegsverfassung allem Anschein nach aufgehoben und ersetzt wurde durch eine demokratisch-konstitutionelle Form der Staatsverfassung. In einem früheren Beitrag zu dieser Problematik (Antoni 1987) hatte ich folglich bemerkt, mit der katastrophalen Niederlage sei das *kokutai* als spezifische Reichsidee und Staatsform verfassungsrechtlich obsolet geworden (vgl. Antoni 1987, S. 280; 1991, S. 57). Ein Überleben der *kokutai*-Idee schien mir somit nur im Bereich des rein Ideologischen denkbar, insbesondere im Kontext der sog. *nihon(jin)ron*, d.h. der „Japan(er)-Diskurse", die in ihrem Wesen vieles von der Struktur des *kokutai*-Denkens bewahrt haben.

Tatsächlich ist das axiomatische Gerüst der *nihon(jin)ron*, mit der Betonung einzigartiger, spezifischer Nationalcharaktere, insbesondere natürlich des japanischen, einer dem *kokutai*- und *kokugaku*-Denken identischen Grundhaltung verbunden. Somit kann die *kokutai*-Ideologie – „im Sinne eines ausgeprägten Interesses an Fragen nationaler Eigenart" (Antoni 1987, S. 282) – auch in der Nachkriegszeit noch ausgemacht werden. Doch schien mir zum Zeitpunkt meiner damaligen Ausführungen zumindest der staatsrechtliche Aspekt des Problems eindeutig geklärt. Angesichts der bereits genannten Erklärung des Tennô vom 1. Januar 1946, in welcher der Kaiser offiziell und öffentlich auf den Status der Göttlichkeit als „sichtbar gegenwärtige Gottheit" verzichtet hatte, sowie der genannten einschlägigen Verfassungsartikel der neuen Japanischen Verfassung (JV) von 1947, bemerkte ich damals definitiv: „Diese Form des *kokutai*-Denkens – mit dem göttlichen Herrscher als unverzichtbarem Zentrum – hat, im Sinne einer verbindlichen ‚Reichsidee', die Niederlage mit Sicherheit nicht überlebt... Durch Verfassungsänderung und politische Entwicklung der Nachkriegszeit ist die *kokutai*-Ideologie somit außerhalb nationalistisch-shintôistischer Kreise obsolet geworden" (Antoni 1987, S. 282; 1991, S. 58).

Diese Aussage läßt sich heute, nach weiteren Untersuchungen auf diesem Gebiet, in ihrer Ausschließlichkeit m.E. nicht mehr aufrecht erhalten. Es hat nunmehr den Anschein, daß gerade auch in konstitutioneller Hinsicht, d.h. in der grundlegenden Frage nach Stellung und Selbstverständnis des Tennô im Nachkriegsjapan, weitaus mehr Aspekte des *kokutai*-Konzeptes zu überleben vermochten als ursprünglich vermutet. Insbesondere der Tod des Shôwa-Tennô im Jahr 1989 und die Inthronisation des gegenwärtigen Tennô Akihito, mit dem rituellen *daijôsai* vom November 1990, haben, wie bereits bemerkt, die Debatte um das Kaiserhaus in Japan neu entfacht. In diesem Zusammenhang sind vermehrt historische Materialien und Gesamtdarstellungen publiziert worden[9], die eine Neubewertung mancher mit dem Kaiserhaus und der Problematik der *kokutai*-Ideologie im Nachkriegsjapan zusammenhängenden Frage nahelegen.[10]

Betrachtet man das Problem lediglich aus rein rechtspositivistischer Perspektive, dann scheint es in verfassungsrechtlicher Hinsicht tatsächlich gelöst. Die Verfassung vom Mai 1947 bricht augenscheinlich durch ihre Betonung des Symbolcharakters des Kaisers mit der meijizeitlichen Konzeption des religiös fundierten Tennô als Oberhaupt des japanischen *kokutai*. Doch existieren andere wichtige Dokumente aus jener Zeit, den frühen Nachkriegsjahren, die eine eher „traditionalistische" (vgl. Rothermund 1989; Antoni 1992) Interpretation des Symbolbegriffes nahelegen und letztlich an eine weitgehende Kontinuität des *kokutai*-Konzeptes denken lassen. Der Zeit zwischen Kriegsende im August 1945 und Verkündung der Verfassung im Mai 1947 kommt, als einer Transitionsphase, in welcher die Grundlagen des Nachkriegsjapan gelegt wurden, hier die entscheidende Bedeutung zu. Ich möchte mein Augenmerk im wesentlichen auf zwei Dokumente jener Periode richten, in denen der Tennô selbst die geistige Orientierung des Landes nach dem verlorenen Krieg umreißt und als Auftrag an die Nation formuliert.

Es handelt sich zum einen um die öffentliche Erklärung des Tennô zum Kriegsende vom 15. August 1945, also um die berühmte Radioansprache Hirohitos, mit der einem zutiefst verwirrten und verständnislos lauschenden Volk die Niederlage Japans eröffnet wurde, und zum anderen um die nun schon mehrfach genannte Ansprache des Tennô vom Neujahr 1946, in welcher er dem Status der Göttlichkeit entsagte. Diese beiden Dokumente enthalten äußerst aufschlußreiche Passagen im Hinblick auf eine mögliche Kontinuität des *kokutai*-Konzeptes auch nach dem Zusammenbruch.

3.1. Das „kaiserliche Edikt zum Kriegsende (Shûsen no shôsho)"

Die dramatischen Umstände jener Nacht des 14. August 1945, in welcher im kaiserlichen Palast unter größten Schwierigkeiten eine Tonaufnahme hergestellt und für die Sendung am nächsten Tage vorbereitet wurde, wären einer eigenen Untersuchung wert, können hier jedoch nur in knapper Form umris-

9 Vgl. Itô 1989; Mayumi 1990; Takamori 1990; bereits im Jahr 1987 erschienen ist das Werk von Yoshino Hiroko (Yoshino 1987). Vgl. auch das unter dem Titel *Tennôsei to saishi* erschienene Themenheft der historischen Zeitschrift *Nihonshi-kenkyû* (Nr. 300/1987.8) mit einer Forumsdiskussion (*zadankai*) zum Thema „Tennô-Ritual und Krönungszeremoniell" (*Tennô-saishi to sokui-girei ni tsuite*) der Historiker Iwai Tadakuma, Okada Seishi und Kawane Yoshiyasu.

10 In einem Forschungsseminar an der Universität Hamburg, dessen Ergebnisse in einem Themenheft der Zeitschrift KAGAMI (OAG Hamburg) im Dezember 1990 vorgelegt wurden, hat sich eine studentische Arbeitsgruppe unter Leitung des Verfassers mit einzelnen Aspekten der Problematik befaßt und insbesondere japanische Stellungnahmen durch Übersetzung zugänglich gemacht (vgl. Antoni und Worm (Hrsg.) 1989 [erschienen 1990]).

sen werden. In einer Darstellung aus dem Jahre 1988 beschreibt Kobayashi Kichiya die Ereignisse jener Tage anhand der überlieferten Reden und Worte des Tennô[11]:

„Am 14. August fand die letzte Kaiserliche Konferenz zur Beendigung des Krieges statt. Seine Majestät trug die Uniform des Oberbefehlshabers der Armee, am linken Arm nur mit dem großen Chrysanthemenorden versehen. (...) Dann erfolgte das letzte Urteil Seiner Majestät: ‚Wenn es keine weiteren Meldungen gibt, möchte ich jetzt meine Ansicht darlegen. Meine Meinung werde ich nicht mehr ändern. Nachdem ich die Lage der Welt und die Verhältnisse in unserem Land untersucht habe, bin ich zu dem Schluß gekommen, daß eine Fortführung des Krieges unmöglich ist. Es scheint einige Zweifel über den Erhalt des *kokutai* zu geben. (...) Aber ich will auf jeden Fall das Leben des ganzen Volkes retten. (...) Die Alternative wäre der völlige Untergang Japans. Wenn aber nur ein kleiner Kern übrig bleibt, dann können wir an einen Wiederaufbau denken. Zur Zeit der Tripleintervention hat Kaiser Meiji keine Tränen vergossen und das Unglück ertragen. Nun müssen wir das Unaushaltbare aushalten, das Unerträgliche ertragen; einig wollen wir dem zukünftigen Wiederaufbau entgegensehen.' (...) Schließlich erhob sich Seine Majestät und wandte sich an Kriegsminister Anami und sprach: ‚Anami, ich kann Ihre Gefühle gut verstehen. Aber ich bin zuversichtlich, daß das *kokutai* erhalten bleibt.'"[12]

Die Rundfunkübertragung des „Kaiserlichen Edikts zum Kriegsende" (*Shûsen no shôsho*)[13] am 15. August 1945 wurde vom japanischen Volk zunächst, da in einem altertümlichen Hofjapanisch verfaßt, kaum verstanden. Doch wurde der Text der Ansprache anschließend unverzüglich publiziert und durch die Presse allgemein zugänglich gemacht. Bereits am folgenden Tag erschien auch eine autorisierte englische Übersetzung in den nach wie

---

11 Meyer 1989, S. 105. Zum Problem der überlieferten Aussprüche und Monologe des Tennô zur Zeit des Kriegsendes vgl. auch Bix 1992.

12 Der Text fährt an dieser Stelle mit der folgenden bewegenden Schilderung fort:
„Das Kabinett entschied, daß eine Tonaufzeichnung von der Erklärung Seiner Majestät zum Ende des Krieges aufgezeichnet und am 15. August mittags vom staatlichen Rundfunksender (...) im ganzen Land gesendet werden solle. Die Aufnahme fand im Kaiserlichen Büro des kaiserlichen Haushaltsministeriums statt; die Aufnahmezeit betrug dreißig Minuten. Neben dem Original wurde noch eine Kopie angefertigt. Beim ersten Mal waren einige Worte seiner Majestät nicht zu verstehen gewesen und einige Lesefehler vorgekommen. Seine Majestät sagte von sich aus, ‚Sollen wir es noch einmal versuchen?', und so wurde eine zweite Aufnahme gemacht. In den frühen Morgenstunden des 15. August ereigneten sich zwei Zwischenfälle. Der eine war der Selbstmord des Kriegsministers Anami, der andere war der Putsch einer zum Weiterkämpfen entschlossenen Gruppe von Offizieren, die die Schallplatten vernichten wollten. Über den Selbstmord von Kriegsminister Anami sagte Seine Majestät gegenüber einem Offizier: ‚Bestimmt gibt es noch mehrere, die so wie Anami denken. Sein Tod hat mich wirklich tief erschüttert.' Aber da war noch der von Major Hatanaka geleitete Putsch. Die Aufständischen waren in den Kaiserlichen Palast eingedrungen, hatten den Kommandanten der Kaiserlichen Wache, Mori Takeshi, ermordet und versucht, die Platten in ihren Besitz zu bringen. Seine Majestät erfuhr durch einen Kammerherrn von dem Putsch. Er sagte: ‚Ein coup d'etat der Armee!? Ich werde selbst hinausgehen und mit ihnen reden. Ich wünsche, daß die Aufständischen sich vor der Kaiserlichen Bibliothek versammeln.' Gegenüber Oberhofmarschall Fujita sagte er: ‚Sie werden meine schmerzlichen Gefühle wohl nicht verstehen können.' Schließlich wurde der Putsch von General Tanaka Shizuichi, dem Kommandanten der Östlichen Armee, niedergeschlagen; Major Hatanaka beging Selbstmord" (Meyer 1989, S. 107).

13 Wortlaut des Edikts in Murakami 1983, Dok. 38, S. 319-321; vgl. Meyer 1989, S. 109-113.

vor erscheinenden englischsprachigen Ausgaben der japanischen Tageszeitungen.

Betrachtet man den Text unter dem hier zur Debatte stehenden Blickwinkel, so zeigt sich, daß der Frage der Zukunft des *kokutai* die Schlüsselrolle darin zukommt. Aus der offiziellen Übersetzung, wie sie etwa auf der ersten Seite der Zeitung „The Mainichi" vom 16. August 1945[14] erschienen ist, läßt sich dies jedoch kaum erschließen, da hier der Begriff *kokutai* generell mit „Imperial State" übersetzt wird, entgegen der sonst üblichen und korrekten Übertragung als „national polity". Erst das japanische Original enthüllt, daß es dem Kaiser und den Verfassern des Edikts, insbesondere dem durch Selbstmord geendeten Kriegsminister Anami Korechika[15], nicht um den Erhalt des Staates an sich, sondern um die Bewahrung des spezifischen „Nationalwesens", des *kokutai*, mit allen Implikationen und Konnotationen, die diesem Begriff zur damaligen Zeit eigen waren, ging.

Betrachten wir deshalb einige relevante Passagen des Ediktes im Wortlaut. Zu Beginn stellt der Tennô fest: „Wir geben Unseren treuen Untertanen bekannt, daß Wir die Lage der Welt und die gegenwärtige Situation im Kaiserreich gründlich überdacht haben und wünschen, daß durch außergewöhnliche Maßnahmen die Situation in Ordnung gebracht wird" (a.a.O.). Der Tennô verkündet anschließend, daß Japan die Potsdamer Erklärung anzunehmen bereit sei. Knapp wird dann der Kriegsverlauf aus japanischer Sicht rekapituliert und die Bedrohung Japans durch die neuartigen Atombomben des Gegners geschildert. Der Kaiser fährt fort:

„Sollten wir den Kampf noch fortsetzen, so erbrächte es letztendlich nicht nur die Vernichtung unseres Volkes, sondern auch die Zerstörung der menschlichen Zivilisation. Wenn dem so ist, wie bewahren Wir dann die Millionen Landeskinder und wie entschuldigen wir es wohl vor dem göttlichen Geist der kaiserlichen Ahnen? Dies ist der Grund, weshalb Wir die Regierung des Kaiserreiches angewiesen haben, die gemeinsame Erklärung anzunehmen" (a.a.O.).

Der Kaiser betont daraufhin, daß es Japans Absicht gewesen sei, Ostasien zu befreien. Er bedauere zutiefst die Opfer, die zur Erreichung dieses Zieles ihr Leben ließen oder Hab und Gut verloren. Schließlich gelangt das Edikt zu der in diesem Zusammenhang entscheidenden Aussage. Unmißverständlich formuliert der Tennô seinen Auftrag für die Zukunft des Landes und des japanischen *kokutai*; er sagt:

„Wir sind bis jetzt in der Lage gewesen, das *kokutai* zu schützen und zu bewahren. Wir vertrauen auf die Aufrichtigkeit Unserer treuen Untertanen und sind immer bei ihnen. (...) Auf daß die Nation wie (als) eine Familie von Generation zu Generation fortbestehe, im unerschütterlichen Glauben an die Unvergänglichkeit des Landes der Götter (*shinshû*), und stets daran denkend, daß die Pflicht schwer und der Weg weit ist. Konzentrieren wir alle Kraft auf den Aufbau

---

14 „Imperial Rescript". In: *THE MAINICHI. A National Newspaper For International Readers,* Nr. 8019, Donnerstag, 16. August 1945, S. 1.

15 Eine anschauliche Schilderung der dramatischen Ereignisse jener Tage liefert die Studie der Pacific War Research Society (1984); vgl. Storry 1960, S. 235-239; zum Selbstmord General Anamis vgl. ebd. S. 237; vgl. Bersihand 1963, S. 509; Beasley 1963, S. 210.

der Zukunft, respektieren wir die Moral, festigen wir die Gesinnung, erhöhen wir die unvergleichliche „Essenz" (*seika*, auch „Glanz") des *kokutai* und hoffen wir, nicht hinter dem Fortschritt der Welt zurückzubleiben" (a.a.O.).

Mit diesen Worten endet der Kaiserliche Regierungserlaß jedoch noch nicht. Im japanischen Original findet sich noch der Nachsatz: *Nanji shimmin sore yoku chin ga i wo taiseyo*, „Unsere Untertanen, gehorcht gut Unserem Willen!". Dieser Nachsatz, formuliert in der schärfsten Befehlsform – *chin ga i wo taiseyo* –, zeigt, daß das Edikt nicht eine bloße Stellungnahme des Kaisers zu dem nun verlorenen Krieg darstellt, sondern vielmehr als ein unmißverständlicher Befehl an die Nation bezüglich der zukünftigen Entwicklung zu verstehen ist. Bemerkenswerterweise fehlt eben dieser Nachsatz in der offiziellen englischen Übersetzung des Ediktes. Sie endet mit den Worten: „... enhance the innate glory of the Imperial State and keep pace with the progress of the world". Möglicherweise war man der Meinung gewesen, der Befehlscharakter dieser Aussagen sei in der Formulierung der Übersetzung bereits enthalten, doch bleibt festzuhalten, daß weder diese noch eine der späteren Übersetzungen die ausdrückliche Betonung einer unmißverständlichen Verpflichtung der Nation auf die durch den Tennô formulierten Werte enthält.

Vor dem Hintergrund unserer Kenntnis des *kokutai*-Gedankens, wie er sich seit den Tagen der Mito-Schule und des meijizeitlichen Erziehungserlasses bis hin zu der hypernationalistischen Staatsideologie der frühen Shôwa-Zeit entwickelt hat, braucht die Bedeutung des kaiserlichen Befehls an sein Land nicht weiter betont zu werden. Der Tennô gesteht die militärische Niederlage genau in jenem Augenblick ein, in welchem der totale Zusammenbruch droht, d.h. die Auslöschung des „Nationalwesens", des spezifisch japanischen *kokutai*. Zweifellos ist dem Kaiser das Überleben der Bevölkerung ein wichtiges Anliegen, doch willigt er letztlich in die Kapitulation ein, um den Erhalt des geistigen Kerns der Nation, ihres *kokutai*, für die Zukunft zu sichern. In diesem Zusammenhang sei auf die ausgezeichnete Studie von Peter Wetzler verwiesen, der als Resümee seiner Untersuchung „zur politischen Verantwortung des Tennô in der modernen japanischen Geschichte" folgende wohlbegründete These formuliert: „Der Kaiser war weder für Frieden oder Krieg, noch hielt er sich für die Verfassung oder die ‚Große Ostasiatische Wohlstandssphäre' zuständig. Das Hauptanliegen des Kaisers bestand während einer stürmischen Zeit darin, das Überleben der kaiserlichen Linie und des japanischen Volkes zu sichern" (Wetzler 1989, S. 642). Zu einem entsprechenden Ergebnis gelangt auch Herbert P. Bix in einer neueren Studie aus dem Jahr 1992[16].

Der bewegende Schluß dieser dramatischen Ansprache, die ihrem moralischen Imperativ nach nur mit dem Kaiserlichen Erziehungserlaß von 1890

---

16 Bix (1992, S. 300-307) benennt ein entsprechendes Kapitel seiner Abhandlung sogar programmatisch: „Capitulate to Protect the Imperial Institution".

vergleichbar ist, beschwört alle klassischen Elemente des *kokutai*-Konzeptes
als Grundlagen auch des Nachkriegsjapans. Der Tennô spricht von der japanischen Nation als einer von Generation zu Generation fortbestehenden
Familie, und meint damit den Familismus als Grundprinzip des *kokutai*. Er
beruft den „unerschütterlichen Glauben an die Unvergänglichkeit des Landes
der Götter" und formuliert somit das Credo von *kokugaku* und Mito-Schule.
Auch werden Moral und Gesinnung angemahnt, die, wie wir sehen konnten,
bereits im Erziehungserlaß von 1890 als Band der Einheit von Tennô und
Volk fungierten. An anderer Stelle der Ansprache bereits hatte er seine Verantwortung für das Volk vor den göttlichen Ahnen formuliert. Schließlich
benennt der Kaiser in seinem Schlußsatz in höchster Komprimierung noch
einmal das gesamte Credo der seit der Meiji-Zeit entwickelten Konzeption
des „Nationalwesens". Er befiehlt, auch in Zukunft die unvergleichliche „Essenz" ["Glanz"] (*seika*) des *kokutai* zu erhöhen und nicht hinter dem Fortschritt der Welt zurückzubleiben.

Unzweideutig erkennen wir in diesen Aussagen die Grundelemente des
tradierten *kokutai*-Konzeptes, die im Widerspruch zu späteren Aussagen, den
japanischen „Neuanfang" nach 1945 betreffend, stehen. Doch bleiben wir
zunächst noch bei dem Text des Kaiserlichen Ediktes. Der Schlußteil der zitierten kaiserlichen Proklamation, den „Fortschritt der Welt" betreffend, mu-
tet in diesem Zusammenhang zunächst eigenartig und deplaziert an. Wie ver-
trägt sich die rückwärtsgewandte Utopie des Götterlandes Japan mit dem
„Fortschritt der Welt", möchte man unvermittelt fragen und denkt an einen
argumentativen Bruch. Doch belegt gerade dieser Nachsatz die erstaunliche
und lückenlose Kontinuität des „Kaiserlichen Edikts zum Kriegsende" mit
der geistigen Welt Japans seit der Meiji-Zeit.

3.2. Die „Eidescharta" des Meiji-Tennô von 1868
(Gokajô no goseimon)

Die am Schluß des Ediktes vom 15. August 1945 erscheinende Verbindung
von kaiserlicher Linie Japans mit dem „Fortschritt der Welt" findet sich ge-
danklich formuliert bereits in einem weiteren bedeutenden Dokument, das
jedoch ganz am Beginn der Entwicklung des modernen Japan steht. In jenem
Edikt hatte der junge Meiji-Kaiser die Grundlagen des neu errichteten, bzw.
nach offizieller Auffassung, wiedererrichteten Kaiserreiches verkündet. Es
handelt sich um die sog. „Eidescharta" vom 6. April des Jahres 1868 (*Gokajô no goseimon*), in welcher der Tennô fünf Grundprinzipien des Selbstver-
ständnisses des künftigen Kaiserreiches formuliert[17]. Die Charta manifestiert

---

17 Wortlaut der Eidescharta, sowie weiterer ursprünglich diskutierter, jedoch verworfener
Versionen in Ôkubo u.a. 1965, S. 50-51; Kodama 1989, Dok. 34, S. 30. Zur Textgenese
der Eidescharta vgl. Lu 1974, S. 34-36.

dabei ausgesprochen konstitutionell wirkende Grundsätze, die noch nicht die ideologische Schärfe des Erziehungserlasses von 1890 kennen. Die ersten vier Absätze sind offensichtlich stark von liberalem Gedankengut, das zu Beginn der Meiji-Zeit noch gegenüber dem *kokutai*-Denken bestehen konnte, geprägt. Doch der fünfte und im Nachhinein am berühmtesten gewordene Grundsatz der Charta formuliert das eigentlich verbindliche Programm für das nun beginnende Zeitalter. In diesem Abschnitt heißt es: „Man soll nach dem Wissen der Welt forschen und (damit) die Grundfeste des Kaiserlichen Reiches in umfassendem Maße stärken" (a.a.O.).

Diese Passage atmet den Geist einer zu jener Zeit weitverbreiteten Haltung, die mit dem Begriff des *wakon yôsai* umrissen wird. Ihr liegt die Prämisse zugrunde, die technologischen Errungenschaften der auswärtigen Welt, d.h. des Westens, seien zum Wohle des spirituellen Kerns Japans, seines Kaiserhauses und des Staates, zu nutzen. Die Problematik kann an dieser Stelle nicht weiter vertieft werden, sie mündet letztlich in die Frage nach dem Wesen der japanischen Moderne. Hier sei nur betont, daß die Verbindung von „Kaiserhaus" als Essenz Japans mit dem „Wissen der Welt" als Kriterium des technischen Fortschritts den entscheidenden Passus bereits im historischen Eid des Meiji-Tennô von 1868 gebildet hatte.

Wenn der Tennô am Ende, und als Höhepunkt, seines Edikts zur Zukunft Japans nach dem Krieg eben diese Kombination wieder formuliert, so stellt er sich damit bewußt und konkret in die Nachfolge seines großen Vorgängers, des Meiji-Kaisers, und damit der Überzeugung, daß der technische Fortschritt dem Gedeihen Japans, in Gestalt seiner kaiserlichen Grundlagen, zu dienen habe.

3.3. Das „Kaiserliche Edikt zum Beginn des 21. Jahres Shôwa (Proklamation zur Natur des Kaisers als Mensch – Ningen sengen)"

Daß diese Feststellungen keine bloße Interpretation darstellen, erweist sich anhand eines weiteren in diesem Zusammenhang bedeutsamen Dokuments. Das Edikt ist dem Namen nach zwar nahezu ebenso bekannt wie die Erklärung zum Kriegsende, doch findet sich kaum je ein Hinweis auf den Wortlaut dieser kaiserlichen Ausführungen. Es handelt sich um die bereits mehrfach erwähnte Ansprache des Tennô vom 1. Januar 1946, in welcher jener offiziell dem Status der Göttlichkeit entsagte. Der Erlaß trägt den Titel „Kaiserliches Edikt zum Anfang des 21. Jahres Shôwa (Proklamation zur Natur des Kaisers als Mensch – *Ningen sengen*)".[18]

Der Tennô beginnt seine Ausführungen, denen von Seiten der Historiker eine entscheidende Rolle auf dem Weg Japans zu einer demokratischen

---

18 Wortlaut des Edikts in Murakami 1983, Dok. 44, S. 333-336.

Nachkriegsverfassung zuerkannt wird, überraschenderweise mit einem direkten Hinweis auf seine enge Verbundenheit mit der Eidescharta seines Großvaters, des Meiji Tennô, vom April 1868. Wie am Beginn des Meiji-Staates der Eid des damaligen Tennô stand, so steht auch nun, am Beginn des neuen Nachkriegsjapan, wiederum ein historischer Eid. Unmißverständlich stellt Hirohito fest:

„Nun begrüßen Wir das neue Jahr. Denken Wir zurück, so hat der Meiji-Kaiser zu Beginn der Meiji-Zeit die Eidescharta mit fünf Artikeln als politisches Prinzip erlassen" (Murakami 1983, S. 333). Der Tennô zitiert daraufhin im Wortlaut die fünf Paragraphen der Eidescharta (a.a.O.) und stellt anschließend kategorisch fest: „Der kaiserliche Wille ist großmütig und aufrichtig, Wir beabsichtigen nicht, ihm etwas hinzufügen. Wir möchten das Gelübde erneuern und das Geschick des Landes befördern. Um jeden Preis ist dieser kaiserliche Grundsatz zu befolgen" (a.a.O.). Nach Betonung der Verbundenheit von Volk und Kaiser auch in den schweren Zeiten nach der Kriegsniederlage beschwört der Tennô gleichwohl eine hervorragende Zukunft für das Land, „wenn unser Volk sich seiner jetzigen Prüfung stellt".

Zum Verhältnis von Volk und Kaiser heißt es schließlich: „Nun halten Wir das Gefühl, daß man sein Haus und sein Land liebt, in unserem Volk für besonders leidenschaftlich ausgeprägt. Jetzt ist die Zeit gekommen, in der man dieses Gefühl erweitern und sich selbstlos um die Liebe zur ganzen Menschheit bemühen soll." Nachdem er seiner Besorgnis über Anzeichen eines moralischen Niederganges im Lande Ausdruck verliehen hat, wendet sich der Tennô nun der Kernaussage seiner Erklärung zu. Er stellt fest:

„Trotzdem leben Wir gemeinsam mit Euch Staatsbürgern. Stets möchten Wir die Interessen, wie auch Freud und Leid mit Euch teilen. Das Band zwischen Euch und Uns wird stets durch gegenseitiges Vertrauen und gegenseitige Verehrung geknüpft, und es entsteht nicht aus dem bloßen Mythos und der Legende heraus. Es beruht auch nicht auf der erdichteten Vorstellung, der Kaiser sei ein auf der Welt lebender Gott, die Japaner seien ein Volk mit Vorrang vor anderen Völkern und hätten darüberhinaus das Schicksal, die Welt zu beherrschen" (a.a.O.).

Den Abschluß des Textes bilden nochmalige Aufforderungen an das Volk, sich einig und mit Tatkraft den Aufgaben der Zukunft zu stellen. Eindringlich bemerkt der Tennô am Ende seiner Ausführungen: „Wir wünschen sehr, daß das Volk, dem Wir vertrauen, mit Uns einer Meinung ist, sich ermuntert und sich ermutigt, dieses große Werk zu vollenden" (a.a.O.).

Der Text dieser Rede wurde sofort weltweit verbreitet. So erschien eine englischsprachige Übersetzung bereits am 1. Januar 1946 in der New York Times (vgl. Lu 1974, S. 224, Anm. 4). Der Historiker Lu bemerkt zur Bedeutung des Dokuments: „It was a necessary step in effecting the transition of Japan into a democratic society, and paved the way for making the Emperor a symbol of the state and of the unity of the people in the new constitution" (Lu 1974, S. 190).

Diese Aussage soll nicht generell in Zweifel gezogen werden, doch scheint es mir wichtig, den Aussagegehalt des Dokuments nochmals genau zu überprüfen. So erweist sich nämlich, daß nicht die Einheit des Volkes untereinander – im Sinne einer demokratischen Verfassung – als Hauptaugenmerk des Tennô in Erscheinung tritt, wie es Lu in einer sich selbst erfüllenden Erwartungshaltung formuliert, sondern vielmehr die Verbundenheit des Tennô selbst mit dem japanischen Volk. Die Unverbrüchlichkeit der Bindung von Volk und Tennô stellte jedoch, wie die bisherigen Ausführungen zeigten, exakt den Kern des *kokutai*-Konzeptes der Vorkriegs- und Kriegszeit dar.

Die Proklamation des Tennô vom 1. Januar 1946, nur wenige Monate nach dem Edikt vom 15. August 1945 verkündet, sucht in aller Deutlichkeit diesen letzten und eigentlichen Kern des *kokutai* zu retten. Daß der Kaiser dabei den religiösen Anspruch scheinbar aufgibt, erscheint dennoch verschmerzbar. Auch die Doktrin des Staatsshintô vor 1945 hatte offiziell jeglichen religiösen Gehalt des *kokutai*-Konzeptes negiert und in den Riten und Zeremonien des Staates offiziell nur ein „nationales Brauchtum" gesehen. Diese Verkappung der religiösen Grundlagen des Staatskultes geschah im 19. Jahrhundert bekanntlich als Reaktion auf den Druck der Westmächte hin, die – insbesondere im Interesse einer ungehinderten Verbreitung des Christentums – auf Religionsfreiheit und Verbot einer japanischen „Staatsreligion" gedrängt hatten. Und so pragmatisch wie man sich damals verhalten hatte, scheint man auch nun, in der extrem gefährdeten Position nach einem verlorenen Angriffskrieg, wieder zu reagieren. Es gilt, wie vom Tennô am 15. August formuliert, das *kokutai* zu retten; dessen Kern besteht in der Idee der japanischen Nationalfamilie mit dem Tennô als Oberhaupt. Dieser die Idee des *kokutai* konstituierende Kern wird in der Proklamation vom 1. Januar 1946 erfolgreich verteidigt und als nationale Grundlage auch für das Nachkriegsjapan proklamiert – auch wenn die Nennung des Wortes „*kokutai*" selbst sorgfältig vermieden wird und dieser belastete Begriff wenig später aus dem offiziellen Diskurs verbannt wird[19].

---

19 Der Verf. verdankt Peter Fischer (Berlin) u.a. den wertvollen brieflichen Hinweis auf „die Tatsache, daß der erste Ministerpräsident im Japan der Nachkriegszeit, Prinz Higashikuni Naruhiko, in seiner Ansprache während der 88. Session des Reichstages vom 5. September 1945 u.a. erklärt: ‚... It is the heavy responsibility of us all today to make our *national polity* shine forth more gloriously than ever by shouldering the burden and moving in the right direction... It is the duty of us all to conform absolutely with the Imperial Command, and never depart from it. In obedience to the Imperial Proclamation we should bear the unbearable, and suffer what is unsufferable...' (*Contemporary Japan* 14.4-12 (Tokyo, April-Dec. 1945), S. 280-288, Zit. S. 285). ... Nach Ansicht Higashikunis ist *kokutai* nicht nur bewahrt worden, sondern soll durch alle Japaner ‚ruhmreicher als jemals zuvor zum Strahlen/ Leuchten gebracht werden' ... Daß der Erhalt des *kokutai* im Denken und Handeln Higashikunis damals einen hohen Stellenwert einnahm, machen auch seine Tagebucheintragungen zwischen dem 10. August und 9. September 1945 deutlich".
Auf die Reichstagsrede Higashikunis verweist auch Bix (1992, S. 303), der als Hauptanliegen des Ministerpräsidenten die Bewahrung des *kokutai* („protection of the national polity") herausstellt und weiterhin bemerkt: „In September 1945 it was still a crime to criticize the emperor and the ‚sacred national polity" (*kokutai*) and hundreds of Japanese political prisoners who had opposed the war still languished in jail" (Bix 1992, S. 305). Weitergehende Untersuchungen zur Verwendung des Begriffes *kokutai* im Nachkriegsjapan sind ein wesentliches Desiderat der Forschung.

Daß die Verfassung von 1947 in ihrem Artikel 1 den Tennô schließlich als Symbol Japans und der Einheit des japanischen Volkes bezeichnet, ist als die logische Konsequenz aus diesem Prozeß aufzufassen. Dem Volk kommt zwar die Souveränität zu, doch kann es, genaugenommen, nicht ohne den Tennô existieren, da nur er seine Einheit sinnbildlich darstellen und damit garantieren kann. Damit war, den Druck von Seiten der amerikanischen Besatzungsmacht außerordentlich geschickt parierend, der Kern des *kokutai*, im Sinne des kaiserlichen Befehls vom 15. August 1945, gerettet worden.

Daß die religiös-mythologische Fundierung der kaiserlichen Position scheinbar preisgegeben werden mußte, scheint dabei weitaus weniger relevant. Wie bereits angedeutet, waren Glaubensfragen aus dem ritualistischen Verständnis des Staatsshintô auch vor 1945 ausgeklammert gewesen; die Negierung eines individuell bekennenden Glaubens an die Göttlichkeit des Tennô reflektiert vielmehr westliche, christliche Grundüberzeugungen und Motive, die das Wertesystem des (Staats-) Shintô nicht eigentlich tangierten. Weit bedeutender dagegen ist der Umstand zu werten, daß mit der Erhaltung des Kaiserhauses nach 1945 auch das – vormals staatliche – Shintô-Ritual erhalten blieb. Nun zwar zu einer vorgeblich privaten Angelegenheit des Kaiserhauses erklärt, blieb es somit gleichwohl bestehen. Wer die Bedeutung der Riten im konfuzianisch-ostasiatischen Denken kennt, und überdies ihre zentrale Funktion im Shintô, nicht nur in seiner staatsshintoistischen Variante, berücksichtigt, wird ermessen können, daß allein damit auch der eigentliche spirituelle Kern des *kokutai*-Gebäudes über die angebliche Zeitenwende von 1945 gerettet worden war.

In seiner ganzen Tragweite offenbarte sich dieser Umstand jedoch erst vor wenigen Jahren. Erst die Rituale im Zusammenhang mit dem Tod des Tennô Hirohito und der Inthronisation seines Nachfolgers Akihito haben, in der Art eines Lackmus-Testes, unmißverständlich gezeigt, daß das Kaiserhaus seiner rituellen Funktion keineswegs entsagt hat. Wie brüchig die künstlichen und wenig überzeugenden Trennungslinien erscheinen, die von offizieller Seite her in diesem Bereich zwischen „öffentlichem" Ritus des Staates und „privatem" Ritus des Kaiserhauses gezogen werden, zeigt die Analyse des jeweiligen rituellen Geschehens. Ohne auf diesen Punkt im vorliegenden Kontext näher eingehen zu können, muß doch betont werden, daß die entscheidenden Rituale, so das Beisetzungsritual *taisô no rei*[20] oder das Inthronisationsritual *daijôsai*[21] in ihrem Ablauf praktisch unverändert beibehalten wurden und den jeweiligen (staats-)shintoistischen Zeremonien der Vorkriegszeit bis ins Detail entsprachen. Die aktive Beteiligung staatlicher Vertreter an diesen Ritualen wirft ein bezeichnendes Licht auf die angebliche „Privatheit" des Zeremoniells.

---

20 Zum *taisô no rei* des Jahres 1989 vgl. Antoni 1990; Antoni 1991, S. 190-239.
21 Eine kritische Untersuchung des *daijôsai* des Tennô Akihito leistet Fischer 1991; vgl. auch Liscutin 1990.

Es bleibt festzuhalten, daß in den historischen Dokumenten der ersten Nachkriegszeit die Bewahrung des *kokutai* das höchste Anliegen des Tennô darstellte, mag auch der Begriff selbst nach dem Jahr 1945 allem Anschein nach keine offizielle Verwendung mehr gefunden haben. Alle Positionen, welche nicht in unbedingtem Zusammenhang mit diesem Ziel standen, konnten dabei – mit Blick auf das Hauptziel – offensichtlich aufgegeben werden. Dies gilt insbesondere für die im Rahmen des Staatsshintô niemals relevant gewesene Frage nach einer konfessionellen Gläubigkeit in bezug auf den göttlichen Charakter des Tennô. Im Staatsshintô der Vorkriegszeit war dem Ritual, in Übereinstimmung mit grundlegenden shintô-konfuzianischen Überzeugungen, die eigentliche Bedeutung zugekommen.

3.4. Zum daijôsai des Tennô Akihito vom November 1990

Eine besondere Bedeutung kommt in diesem Zusammenhang, wie eingangs ausgeführt, den Inthronisationsfeierlichkeiten für den neuen Kaiser zu, neben dem *sokui no rei* vom 12. November des Jahres 1990 insbesondere dem in der innenpolitischen Debatte Japans äußerst umstrittenen *daijôsai* vom 22. und 23. November des Jahres 1990. In der japanischen wie auch der ausländischen Presse wurde diesen zeremoniellen Anlässen große Aufmerksamkeit zuteil. Als erstaunlich mußte der Beobachter empfinden, daß angesichts dieser Rituale, insbesondere des *daijôsai* („Fest des Großen Kostens") selbst, in der Öffentlichkeit in einer seit Kriegsende nicht mehr für möglich gehaltenen Form überkommene Vorstellungen im Sinne einer sakralen Interpretation des Tennôtums, und damit der *kokutai*-Idee, öffentlich und amtlich propagiert wurden[22].

Eine detaillierte Ritenanalyse der Thronfolgezeremonien vom November des Jahres 1990 steht noch aus; zur Diskussion um die politische Funktion der Rituale sei auf die Untersuchung von Peter Fischer (1991) verwiesen. Die besondere Bedeutung des *daijôsai* für das Problem der *sakralen* Interpretation des Kaiserhauses – damit implizit der *kokutai* -Problematik – wird

---

22 Bemerkenswert ist in diesem Zusammenhang auch die kritiklose Verwendung der mythisch begründeten Chronologie des Kaiserhauses, derzufolge der neue Kaiser als 125. Tennô begrüßt wurde. So bemerkt etwa das offizielle japanische Mitteilungsorgan *Neues aus Japan* (Nr. 331, 1990): „Am 12. November 1990 hat Kaiser Akihito in einer feierlichen Zeremonie im Kaiserlichen Palast als 125. japanischer Monarch den Thron bestiegen... Einen zweiten Höhepunkt erreichten die Zeremonien der Inthronisation, die sich über mehrere Tage hinzogen, mit dem Reisopferfest Daijôsai, das der Kaiser seinen Vorfahren in der Nacht vom 22. auf den 23. November dargebracht hat." Nachfolgend werden die Riten und Zeremonien, welche in diesem Zusammenhang zur Durchführung gelangten, detailliert beschrieben. Der neue Tenno wird hier „als 125. japanischer Monarch" vorgestellt; damit ist die traditionelle Genealogie des Kaiserhauses, wie sie im *Kojiki* aus dem Jahre 712 n. Chr. begründet und insbesondere durch die Mito-Schule in Form des Geschichtswerkes *Dai-Nihon-shi* kanonisiert wurde, implizit anerkannt.

von der jüngsten Forschung allgemein anerkannt. So stellt Peter Fischer, als Resümee seiner genannten Untersuchung (1991, S. 117), dezidiert fest: „Gerade die Thronfolgefeierlichkeiten haben das Tor zu einer Wiederannäherung oder besser Verbindung von Shintô und Staat weiter geöffnet denn je in der Nachkriegszeit". Ernst Lokowandt bemerkt zum staatsrechtlichen Aspekt:

> „Die Stellung des Tennô ist, wie sich jetzt bei der Durchführung des *daijôsai*, der ersten shintoistischen Erntedank-Zeremonie in der Amtsperiode eines Tennô, zeigt, widersprüchlich und letztlich ungeklärt. ... [Es gilt] Art. 20 JV [Japanische Verfassung, d.Verf.], der eine strikte Trennung von Staat und Religion vorschreibt und jede religiöse Betätigung des Staates untersagt. Dieser Artikel wurde aber durch das *daijôsai* verletzt, von dem sogar die Regierung zugeben mußte, daß es sich um eine religiöse Zeremonie handelte. Die Verletzung wiegt umso schwerer, da es sich bei dem *daijôsai* nicht um irgendeine religiöse Zeremonie handelt, sondern um eine der drei Zeremonien, die die Stellung des Tennô erst begründen. Von daher kann ohne Übertreibung behauptet werden, daß durch die Durchführung des *daijôsai* Art. 1 Satz 2 JV *ausgelöscht* [Hervorh. d. Verf.] wurde" (Lokowandt 1992, S. 15-16).

In deutlichen Worten schließlich äußert sich auch der Politikwissenschaftler Kevenhörster in einer jüngst erschienenen Publikation zu dieser Problematik:

> „Eine politisch sensible Frage ist der Zusammenhang zwischen dem Shintoismus, dessen weitere staatliche Förderung die neue Verfassung untersagt, und der Stellung des Tennô. Im Unterschied zu den Intentionen der Verfassung haben die Thronfolgeriten nach der Thronbesteigung durch Kaiser Akihito (Heisei-Tennô) im November 1990 erneut den Einwand auf sich gezogen, sie tradierten und dokumentierten den traditionellen Herrschaftsanspruch des Kaiserhauses. Angesichts dieser Herrschaftstradition und ihrer historisch-kulturellen Grundlagen muß in jeder Wiederannäherung von Shintô und Staat eine Gefahr für die demokratischen Legitimationsgrundlagen der Verfassung gesehen werden: Je mehr die Stellung des Tennô religiös legitimiert wird, um so stärker entzieht sie sich den Verfassungsgrundsätzen demokratischer Souveränität" (Kevenhörster 1993, S. 23).

Im geheimen Ritual des *daijôsai* wurden jene sakralen Grundlagen des Kaisertums, die durch das verbale Abschwören vom 1. Januar 1946 aufgegeben schienen, wieder erweckt. Das *daijôsai*, seiner religiösen Bedeutung nach Primitialopfer und heilige Communio zwischen Gottheit und Mensch, wandelt die profane Natur des durch Herkunft zur Herrschaft berufenen Menschen, des neuen Tennô, in eine sakrale Existenzform[23]. Durch die rituelle Verbindung von genealogisch-mythischer Legitimation (Auftrag der Amaterasu ômikami an ihren „himmlischen Enkel" Ninigi no mikoto) mit dem heiligen Kommunionsritus wird der Tennô im *daijôsai* zum Gott (*arahitogami*) erhoben. Es ist schlichtweg nicht denkbar, den existentiell-religiösen Charakter dieses Ritus – aus politischen Gründen – in Abrede zu stellen. Somit kann auch eine rein staatsrechtlich motivierte Proklamation den in seiner religiösen Tiefe kaum auslotbaren Charakter dieses Rituals

---

23 An anderer Stelle habe ich mich ausführlich mit der ursprünglichen religiösen Bedeutung von *daijôsai* und *niiname*, dem jährlichen Erntefest, sowie den hier zutagetretenden Problemen von Primitialopfer und Kommunion auseinandergesetzt (vgl. Antoni 1988, passim, insbes. Kap. C.5). Vgl. auch Naumann 1988, S. 161-168.

nicht aufheben, eines Rituals, das, ungeachtet der historisch unterbrochenen Überlieferung[24], im Kern (Zentralzeremonie in Yuki- und Suki-den) zu den authentischen religiösen Traditionen des Kaiserhauses zu zählen ist. Trotz der unzweifelhaft lückenhaften Traditionslinie handelt es sich gerade beim *daijôsai* um keine bloß erfundene Tradition im Sinne der von Eric Hobsbawm beschriebenen „invented traditions", sondern um eine „traditionalistisch"[25] umgestaltete und ideologisch nutzbar gemachte, ursprünglich echte religiöse Zeremonie. In einer Negierung des religiösen Charakters dieses Ritus zeigt sich daher eine ideologisch motivierte Interpretation gemäß der staatsshintoistischen *kokutai-* Doktrin der Meiji- bis frühen Shôwa-Zeit. Welcher tatsächliche Wert, so sei in polemischer Überspitzung gefragt, kann dem kaiserlichen Verzicht auf Göttlichkeit von 1946 zuerkannt werden, wenn der neue Kaiser, im Jahre 1990, gleichwohl den in höchstem Maße mythisch-religiös fundierten Geheimritus des „Großen Kostens" (*daijôsai*) durchführt – einen Ritus, in welchem der designierte Herrscher die Kommunion mit den himmlischen Gottheiten vollzieht und auf diese Weise die göttliche Legitimation für seine Herrschaft – und damit selbst sakrale Natur – erhält.

Im *daijôsai* Akihitos wurde somit das Postulat der ungebrochen göttlichen Legitimation des japanischen Kaiserhauses wiederum erneuert. Diese Legitimation beruht – im Sinne eines „sakralen Königtums" – auf archaischen und traditionellen Grundlagen, unter Einschluß „traditionalistischer" Komponenten der Meiji-Zeit.

Insgesamt kann somit der Schluß gezogen werden, daß die staatlichen Bemühungen um Bewahrung der beiden Grundpfeiler des *kokutai* – die unverbrüchliche Einheit von Volk und Kaiser, sowie die religiöse Bestätigung des Kaisertums im Ritual betreffend –, wie von den Theoretikern und Ideologen des modernen Japans seit den Tagen der Mito-Schule und *kokugaku* formuliert, im Kern[26] erfolgreich waren.

4. Conclusio

Die rituellen Ereignisse um Tod und Nachfolge des Shôwa-Tennô haben die Problematik eines ausschließlich gegenwartsbezogenen, „synchronen" Japanbildes aufgezeigt. Durch die ahistorische Nachkriegserziehung geprägt,

---

24 Zur Debatte um die *historische* Kontinuität des *daijôsai* vgl. Liscutin 1990, S. 43-51.
25 S. Anm. 1; zum Begriff „invented tradition" vgl. Hobsbawm und Ranger 1983.
26 Hier bietet sich dem Verständnis als treffender japanischer Ausdruck der in der *kokutai*-Debatte stets präsente Begriff *seika*, „Kern, Essenz, Extrakt", auch „Glanz", an (vgl. u.a. Mombushô 1937, S. 9, Zeile 3).

haben sich hiesige Japanbeobachter und -interpreten nur allzu häufig an die vermeintliche Realität historischer Nullstunden geklammert. „1945", dieser Mythos des angeblich unbelasteten Neubeginns, wurde damit auch für Japan stillschweigend als Prämisse einer „modernen", funktionalistisch orientierten Analyse herangezogen. Doch die Erfahrung hat gezeigt, daß uns die Geschichte dann am erbarmungslosesten einholt, wenn wir meinen, sie am erfolgreichsten verdrängt zu haben. Diese Erkenntnis gilt m.E. auch für Japan. Die Aufgabe der Wissenschaft ist es hier, im Sinne von „Aufklärung" insbesondere die Transitionsphasen, d.h. die historischen Übergangsepochen und Brüche, zu beleuchten, da diese die Grundlagen und Prämissen einer neuen Periode legen.

Auf die konkrete Fragestellung bezogen bedeutet dies: Die von den Mito-Gelehrten und Staatsideologen der Meiji-Zeit geschaffene Idee des *kokutai* hatte zum Ziel, aus einem von Partikularinteressen und Regionalismus zerrissenen Japan der Edo-Zeit einen modernen, d.h. gesellschaftlich einheitlichen und ethnisch „homogenen" Nationalstaat zu schaffen. Auf der Basis einer metaphysischen Legitimation – der Stellung des Tennô – war jeder einzelne Staatsbürger nunmehr, im Sinne des „Familienstaates", zu „Treue" und „Loyalität" gegenüber Staat und Kaiserhaus verpflichtet. Seine Loyalität war als die des Kindes dem Vater gegenüber definiert. Auf diese Weise erhielt der Bereich der Ethik, verstanden als moralische Richtschnur für das Individuum im Rahmen des *kokutai*, seine zentrale Funktion im japanischen Staatswesen.

Der Auftrag, ja Befehl, des Tennô vom 15. August 1945, wie auch die Proklamation vom 1. Januar 1946, schreiben diese moralischen Grundwerte in programmatischer Hinsicht auch für die Nachkriegszeit fort. So haben die Staatsbürger auch weiterhin die Pflicht, die zivile Sittlichkeit – im Interesse der Einheit der Nation – aufrecht zu erhalten. Die Verbundenheit von Kaiser und Volk steht auch nach dem Krieg, dies legt Art. 1 der JV von 1947 fest, im Zentrum dieses Einheitsgedankens.

Erst die Zukunft wird erweisen, ob mit der Person des gegenwärtigen Tennô eine Neuinterpretation auch des Verhältnisses von Kaiserhaus, Staat und Gesellschaft einhergeht. Die in diesem Zusammenhang gegenwärtig in Japan geführten heftigen innenpolitischen Auseinandersetzungen werden zeigen, ob die Zukunft hier eine Neuorientierung erwarten läßt. Da die Konzeption des *kokutai* dem Aufstieg Japans in der Moderne die ideelle Basis geliefert hat, wird dieser Frage für die weitere Entwicklung des Landes eine entscheidende Rolle zufallen.

Literatur

Antoni, Klaus (1987), Kokutai – Das ‚Nationalwesen‘ als japanische Utopie, in: *Saeculum,* XXXVIII (1987), H. 2-3, S. 266-282.

Antoni, Klaus (1988), Miwa – Der Heilige Trank. Zur Geschichte und religiösen Bedeutung des alkoholischen Getränkes (sake) in Japan, Münchener Ostasiatische Studien, Bd. 45, Stuttgart.

Antoni, Klaus (1990), Taisô no rei – Die Beisetzung des Shôwa-Tennô (24.Februar 1989) in historischer Sicht, in: Japanstudien. Jahrbuch des Deutschen Instituts für Japanstudien der Philipp-Franz-von-Siebold-Stiftung, Bd. 1 (1990), München, S. 89-134.

Antoni, Klaus (1991), Der Himmlische Herrscher und sein Staat – Essays zur Stellung des Tennô im modernen Japan, München.

Antoni, Klaus (1992), Tradition und ‚Traditionalismus‘ im modernen Japan – Ein kulturanthropologischer Versuch, in: Japanstudien. Jahrbuch des Deutschen Instituts für Japanstudien der Philipp-Franz-von-Siebold-Stiftung, Bd. 3 (1992), München, S. 105-128.

Antoni, Klaus und Worm, Herbert (Hrsg.) (1990), Die Zeit des Shôwa Tennô (1), Sonderheft von *KAGAMI,* Neue Folge, Jg. XVI (1989), H. 1/2, Hamburg.

Beasley, W.G. (1963), Japan. Geschichte des modernen Japan, Köln und Berlin.

Bersihand, Roger (1963), Geschichte Japans, Stuttgart

Bix, Herbert P. (1992), The Showa Emperor's ‚Monologue‘ and the Problem of War Responsibility, in: *The Journal of Japanese Studies,* Jg. 18 (1992), Nr. 2, S. 295-363.

Fischer, Peter (1991), Zwischen Politik und Religion. Der Streit um die Thronfolgeriten in Japan, in: Manfred Pohl (Hrsg.), Japan 1990/91. Politik u. Wirtschaft, Hamburg, S. 100-121.

Hammitzsch, Horst (1940), Aizawa Seishisai (1782-1863) und sein Werk Shinron, in: *Monumenta Nipponica,* Jg. 3, S. 61-74.

Hobsbawm, Eric und Ranger, Terence (Hrsg.) (1983), The Invention of Tradition, Cambridge.

Imai, Usaburô u.a. (1972), Mitogaku, (Nihon shisô taikei [NST]. Bd. 53), Tokyo.

Itô, Tetsuo (1989), Tennô sokui to daijôsai, Tokyo.

Kevenhörster, Paul (1993), Politik und Gesellschaft in Japan, (Meyers Forum 16), Mannheim, Leipzig u.a.

Kiyomizu, Suguru (Hrsg.) (1988), Tennô Hirohito, Tokyo.

Kodama, Kôta (1989/1951), Shiryô ni yoru Nihon no ayumi, Kindai-hen, Tokyo.

Kracht, Klaus (1975), Das Kôdôkanki-Jutsugi des Fujita Tôko. Ein Beitrag zum politischen Denken der Späten Mito-Schule, Wiesbaden.

Kracht, Klaus (1990), „Nationale ‚Philosophie‘“, in: Hammitzsch, Horst (Hrsg.), Japan-Handbuch, 3. Aufl. 1990, Sp. 1287-1292.

Liscutin, Nicola (1990), Daijôsai – The Great Festival of Tasting the New Fruits. Some Aspects of Its History and Meaning, in: *The Transactions of the Asiatic Society of Japan,* Fourth Series (1990), Jg. 5, S. 25-52.

Lokowandt, Ernst (1992), Zur Struktur der japanischen Staatsführung: Meiji-Staat und heute, in: *Münchner japanischer Anzeiger,* Nr. 4, München, S. 3-30.

Lu, David John (1974), Sources of Japanese History, Bd. 2, New York.

Mayumi, Tsunetada (1990), Nihon no matsuri to daijôsai, Tokyo.

Meyer, Eva-Maria (1989), Worte des Tennô. (Übersetzungen und Kommentar), in: Antoni, Klaus und Worm, Herbert (Hrsg.) (1990), Die Zeit des Shôwa Tennô (1), Sonderheft von *KAGAMI,* Neue Folge, Jg. XVI (1989), H. 1/2, Hamburg, S. 100-113.

Mombushô (Hrsg.) (1937), Kokutai no Hongi, Tokyo.

Murakami, Shigeyoshi (1983), Kindai shôchoku shû, Tokyo.

Naumann, Nelly (1988), Die einheimische Religion Japans, Teil 1. Bis zum Ende der Heian-Zeit, (Handbuch der Orientalistik V.4.1.1.), Leiden.

Ôkubo, Toshiaki (u.a.) (1965), Kindaishi shiryô, Tokyo.

Pacific War Research Society (Hrsg.) (1984), Japan's Longest Day, Tokyo, New York u.a.

Röhl, Wilhelm (1963), Die japanische Verfassung, Frankfurt und Berlin.

Rothermund, Dietmar (1989), Der Traditionalismus als Forschungsgegenstand für Historiker und Orientalisten, in: *SAECULUM*, Band 40 (1989), H. 2, S. 142-148.

Stanzel, Volker (1982), Japan – Haupt der Erde. Die „Neuen Erörterungen" des Philosophen und Theoretikers der Politik Seishisai Aizawa aus dem Jahre 1825, Würzburg.

Storry, Richard (1960), Geschichte des modernen Japan, München.

Takamori, Akinori (1990), Tennô to tami no daijôsai, Tokyo.

Tennôsei to saishi, Sondernummer von *Nihonshi-kenkyû* , Nr.300 /8 (1987), Kyoto.

Wakabayashi, B.T. (1986), Anti-Foreignism and Western Learning in Early-Modern Japan. The New Theses of 1825, Cambridge, Mass..

Wetzler, Peter (1989), Kaiser Hirohito und der Krieg im Pazifik. Zur politischen Verantwortung des Tennô in der modernen japanischen Geschichte, in: *Vierteljahreshefte für Zeitgeschichte*, Jg. 37 (1989), S. 611-644.

Yoshino, Hiroko (1987), Daijôsai. Tennô sokui-shiki no kôzô, Tokyo.

Anna Maria Thränhardt

Sozialstaat als Sparmodell: Staatsentlastung durch Delegation

1. Einleitung: Soziale Systeme in der Krise

In den hochentwickelten Industrienationen sind die sozialen Systeme in den Zeiten des ökonomischen Wachstums der fünfziger und sechziger Jahre stark ausgebaut worden und die sozialen Kosten entsprechend angestiegen. Die wirtschaftliche Rezession der siebziger Jahre als Folge der Ölkrise brachte die stark expandierten Systeme der westlichen Welt jedoch in erhebliche finanzielle Schwierigkeiten, so daß soziale Programme gerade in dem Moment zurückgefahren wurden, als sie am dringendsten gebraucht wurden, um die Folgen von Arbeitsplatzverlust oder vermindertem Einkommen aufzufangen. Beispiele hierfür sind die Politik des Thatcherismus in Großbritannien, der Reagan-Ära in den Vereinigten Staaten sowie die Einsparungen der siebziger und achtziger Jahre im Sozialsektor in der Bundesrepublik Deutschland. Zu diesen finanziell bedingten Schwierigkeiten kam wachsende Kritik an der Bürgerferne bürokratisch überorganisierter Systeme. Aus der Krise der Sozialsysteme wurde eine „Krise des Sozialstaats". So veranstaltete beispielsweise die OECD 1980 eine Konferenz zum Thema „The Welfare State in Crisis", und bezeichnete dies als eines der wichtigsten Probleme der Zeit (OECD 1981, S. 5).

2. Japan: Vom Vorrang der Wirtschaft zur „Ära der Wohlfahrt"

Japan galt im Gegensatz zu seiner ökonomischen Dynamik lange Zeit als sozialer Spätentwickler. Erst zu Anfang der siebziger Jahre waren auch hier die Systeme der Sozialversicherung – zumindest von ihrer Struktur her, wenn auch nicht im Leistungsniveau – auf eine mit den anderen Industrieländern vergleichbare Entwicklungsstufe gebracht worden. Zu nennen sind hier die Verbesserung der Krankenversicherungsleistungen für Familienangehörige in der Angestelltenkrankenversicherung von 50 auf 70% der angefallenen Kosten, die Verwirklichung einer Modellrente von 50.000 Yen, die Einführung der freien medizinischen Versorgung der über 70jährigen und die Einführung eines Kindergeldes (vgl. dazu Kôsei tôkei kyôkai 1993a, S. 11, S. 27 und Collick 1988, S. 214f.).

Mit der Ausrufung des *„fukushi gannen"* 1973, also der „Ära der Wohlfahrt" durch Ministerpräsident Tanaka schien eine programmatische Wende
von der Phase der Priorität der Wirtschaft zu einer Verlagerung des politischen Interesses auf die sozialen Probleme eingeleitet. Die Gründe hierfür
lagen zum einen in den schmerzhaften Erfahrungen, die das Land mit den
großen Skandalen im Umweltbereich in den sechziger Jahren gemacht hatte,
und in denen Bewußtsein für den Wert von Lebensqualität entstanden war,
zum anderen auch in der daraus resultierenden innenpolitischen Situation:
eine Reihe der wichtigsten Millionenstädte, darunter Tokyo, Kyoto und Yokohama wurden in dieser Zeit progressiv regiert und die auf der nationalen
Ebene in Opposition stehenden Parteien sahen im Kampf für mehr Lebensqualität und soziale Sicherheit ein wichtiges Ziel und eine politische Chance
(Steiner 1980, S. 6). Auch in der Presse und in der öffentlichen Meinung
wurden die gestiegenen Erwartungen an soziale Verbesserungen artikuliert.
So berichtet der damalige Direktor der Rentenabteilung des Ministeriums für
Gesundheit und Soziales (im folgenden abgekürzt als MGS) Yokota Hiyoshi:

> „Dies war die Zeit, als die Erwartungen der Nation an die Renten schnell wuchsen... Es hatte
> sich ein starkes Gefühl entwickelt, daß das Rentensystem als Hauptunterstützungssystem für
> die Alten ausgebaut werden sollte. Die Massenmedien forderten in einer nicht enden wollenden
> Kampagne eine Reform des Rentensystems. Darüberhinaus verlangten auch die Gewerkschaf-
> ten...die Vervollständigung des Systems... Wir, die wir für Rentenpolitik verantwortlich waren,
> kamen zu der Einsicht, daß wir eine Reform durchführen mußten, wie es sie noch nie gegeben
> hatte." (eigene Übersetzung nach Campbell 1992, S. 156f.).

Tatsächlich waren die Verbesserungen, die in dieser Zeit im Rentenbereich
erreicht wurden, gewaltig: Die Summen, die nun den Berechnungen für die
Sätze des öffentlichen Rentensystems *kôsei nenkin* zugrundegelegt wurden,
unterschieden sich grundsätzlich von den „Taschengeldrenten" der sechziger
Jahre (Miura 1987, S. 66-73): Sie wurden in Höhe der vom Internationalen
Arbeitsamt in Genf empfohlenen Rate von 45% des Durchschnittslohns an
die Einkommen gekoppelt und sollten darüber hinaus ungefähr alle fünf
Jahre automatisch an die gestiegenen Lebenshaltungskosten angepaßt werden. Anscheinend war den Experten des MGS der Effekt dieser „doppelten
Indexierung", also sowohl eine Koppelung an die steigenden Löhne als auch
die zusätzliche Anpassung an das Inflationsniveau, bei der überstürzt vorge-
nommenen Einführung nicht klar. Diese „doppelte Indexierung" führte nämlich schon nach kurzer Zeit dazu, daß die Renten weit über die Vorausbe-
rechnungen hinaus wuchsen und bald schon bei 68% des durchschnittlichen
Lohnniveaus lagen. So wurde der Sozialhaushalt zum größten Einzelhaushalt
und es war abzusehen, daß er weiterhin stark expandieren würde, da der Anteil der alten Menschen an der Gesamtbevölkerung in einem Tempo anstieg,
das weltweit einmalig war.[1] Dazu kam die Tatsache, daß Mitte der achtziger

---

1 Eine Darstellung der Details dieser und weiterer Gründe für die Sozialversicherungsrefor-
   men findet sich bei Liu 1987, S. 29-37.

Jahre die Mindestanwartschaftsdauer für die seit den frühen sechziger Jahren eingeführte nationale Rentenversicherung erreicht sein würde[2], was zu einer weiteren beträchtlichen Expansion des Sozialhaushalts führen mußte.

Zwischen 1970 und 1975 stieg der Anteil der Sozialausgaben am Gesamthaushalt von 14,1% auf 19,3% an (Noguchi 1986, S. 42). Diese Kostenexplosion im Sozialbereich wurde zum Hauptfaktor für die Verschuldung des Staatshaushalts in der zweiten Hälfte der siebziger Jahre. Verschärfend hinzu kam die gesamtwirtschaftliche Situation: Die Folgen der Ölkrise machten sich in einem Rückgang des Wirtschaftswachstums auf Raten von 3-4% bemerkbar. Die Gegenmaßnahmen der japanischen Regierung bestanden in einer Politik des „deficit spending", die jedoch zu steigender Staatsverschuldung führte.

3. Verwaltungsreform und Nullwachstum

Die Reduktion des Haushaltsdefizits wurde zu einem der wichtigsten politischen Ziele der japanischen Regierung in der zweiten Hälfte der siebziger Jahre. Der erste Versuch, die Situation in den Begriff zu bekommen, war die Einführung einer Verbrauchssteuer, die jedoch nach dem deutlichen Rückschlag der konservativen Regierungspartei in den Wahlen von 1979 erst einmal ad acta gelegt wurde. Stattdessen gab die Regierung ab 1980 der Reduktion der Haushaltsdefizite oberste Priorität und führte strikte Obergrenzen für die Aufstellung der Einzelhaushalte ein. Eine weitere Maßnahme war die Berufung der „ad-hoc-Kommission für Verwaltungsreform" (*daini rinji gyôsei chôsakai*) (meist abgekürzt als „*rinchô*" bezeichnet) im März 1981. Die wichtigsten Ergebnisse der Arbeit dieses Ausschusses können in den folgenden drei Punkten zusammengefaßt werden (vgl. Curtis 1988, S. 76f.):

a. Die Privatisierung der drei großen Staatsbetriebe (*sankôsha:*) der Japanischen Staatsbahn (*Nippon kokuyô tetsudô, abgekürzt: kokutetsu*) (vgl. dazu auch den Beitrag von Dolles/ Köster in diesem Band), der Japanischen Telegraphen- und Telephongesellschaft (*Nihon denshin denwa kôsha*) *(engl. Abkürzung: NTT)* und der Japanischen Tabak- und Salzmonopolgesellschaft (*Nihon senbi kôsha*).

b. Die Einführung eines strikten Nullwachstums für die öffentlichen Haushalte.

---

2   Das japanische Altersrentensystem basiert nicht wie das deutsche auf einem „Generationenvertrag", sondern ist ein individuelles Versicherungssystem, das erst nach einer längeren Mindesteinzahlungsperiode „reift".

c. Die Erzielung eines Umschwungs im allgemeinen politischen Klima durch intensive Öffentlichkeitsarbeit, die wieder und wieder die Bedeutung der Verwaltungsreform (*gyôsei kaikaku*) und damit einhergehend die Notwendigkeit finanzieller Reduktionen in den öffentlichen Ausgaben betonte.

In ihren Empfehlungen, deren erste und dritte auf den Sozialbereich eingehen, übt die „ad-hoc-Kommission" Kritik an den zu hohen Ausgaben im Gesundheitsbereich, insbesondere verursacht durch die freie medizinische Versorgung der Alten, die zu Mißbrauch und überflüssiger Inanspruchnahme geführt habe.

Die nach gründlichen Recherchen und Expertenanhörungen vor allem im „Grundsatzbericht" der dritten Empfehlung geäußerte Kritik geht aber auch auf die strukturellen Probleme der starken Fragmentierung und der Ungleichheiten im Gesundheits- und Rentenbereich ein. Neben der Forderung nach Wiedereinführung des Selbstbeteiligungsprinzips wird die stärkere Mobilisierung von Freiwilligen als ein Weg zur Kostenreduzierung empfohlen.

3.1 Finanzielle Restriktionen: Einführung eines Nullwachstums

Zwar wurde ab 1982 ein generelles Nullwachstum für alle Ressorts mit Ausnahme des Entwicklungshilfe- und des Verteidigungshaushalts festgelegt (Curtis 1988, S. 77), aber die Bürokraten des Finanzministeriums waren sich der Tatsache bewußt, daß diese Vorgabe für den Sozialsektor nicht strikt durchgehalten werden konnte, ohne die Grundidee der Garantie eines sozialen Mindeststandards zu opfern, der durch Artikel 25 der Japanischen Verfassung garantiert ist.

Dennoch ergab sich auch für das Ministerium für Gesundheit und Soziales (*kôseishô*) die Notwendigkeit, nach Möglichkeiten für Reduzierungen in ihrem Bereich zu suchen. Anfangs entwickelten die Ministerialbeamten beträchtlichen Einfallsreichtum, um die harten Vorgaben des Finanzministeriums kreativ zu umschiffen. So verschoben sie beispielsweise die Einzahlungen aus der öffentlichen Arbeitnehmerrentenversicherung (*kôsei nenkin hoken*) in den Rentenfond auf einen späteren Zeitpunkt, um so den Haushalt zu „entlasten". Außerdem verfielen die für den Gesundheitsbereich zuständigen Beamten darauf, das Fiskaljahr 1982 um einen Monat zu kürzen, um so die notwendigen „Einsparungen" im Gesundheitssektor vorweisen zu können (Campbell 1992, S. 226). Ein Blick ins japanische Statistische Jahrbuch zeigt, daß die Ausgaben im Bereich „*hoken eisei-hi*" (Ausgaben für Gesundheit und Hygiene) zwischen 1981 und 1982 auf diese Weise nominell sogar verringert werden konnten (vgl. Japan Statistics Bureau 1985, S. 442).

Das Wachstum des Gesamt-Sozialhaushalts zwischen 1982 und 1985 lag unter drei Prozent. Nach Angaben des Internationalen Arbeitsamtes stiegen die Kosten der sozialen Sicherung im Verhältnis zum Brutto-Inlandsprodukt zwischen 1980-1985 nur um 0,5% (Institut der Deutschen Wirtschaft Köln 1993, S. 83). Der internationale Vergleich (s. Schaubild 1) macht jedoch klar, daß das entscheidende Faktum nicht die geringe Steigerungsrate in diesen Jahren war, sondern das insgesamt niedrige Niveau, das im wesentlichen trotz der Reifung der Sozialversicherungssysteme und der Zunahme des Anteils der Alten an der Gesellschaft gehalten werden konnte.

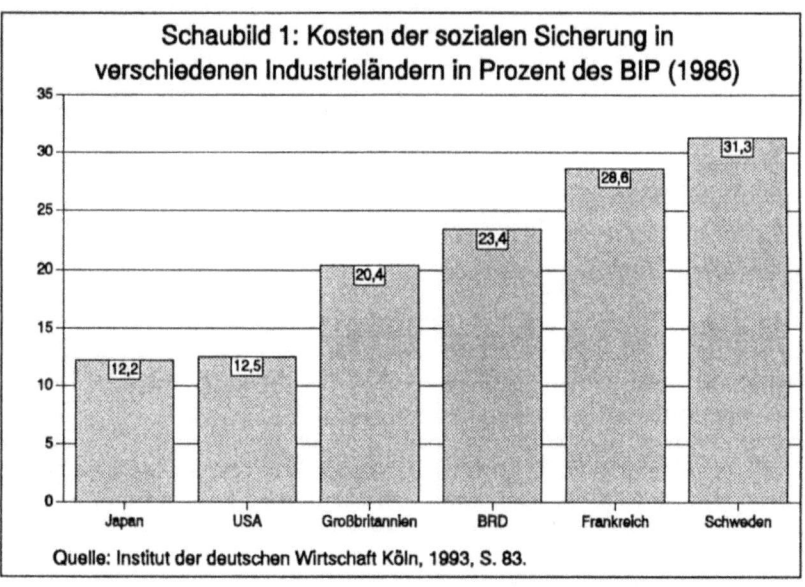

Schaubild 1: Kosten der sozialen Sicherung in verschiedenen Industrieländern in Prozent des BIP (1986)

Quelle: Institut der deutschen Wirtschaft Köln, 1993, S. 83.

Die oben beschriebenen haushaltstechnischen Kunstgriffe dienten den Beamten des MGS vor allem als Mittel, um Zeit zu gewinnen. Diese wurde genutzt, um statt schneller und überstürzter Maßnahmen, wie sie für die frühen siebziger Jahre typisch waren, wohlüberlegte und grundlegende Reformkonzepte zu erarbeiten.

3.2 „Pädagogischer Diskurs" zur Steuerung der öffentlichen Meinung

Parallel hierzu beackerten die Bürokraten des MGS noch ein weiteres Feld, nämlich das der öffentlichen Meinung: In den Medien erschienen in dieser Zeit ständig neue Hochrechnungen des MGS bzw. ihm nahestehender Forschungsinstitute. Dabei wurde in erster Linie warnend auf die Gefahren der zukünftigen demographischen Entwicklung hingewiesen, die dadurch entstünden, daß die japanische Alterung in der kürzesten Zeitspanne weltweit

vor sich gehe. Zahlen und Fakten wurden der Bevölkerung in einer Art „päd-
agogischem Diskurs" mit einer ganz bestimmten Absicht präsentiert und anschaulich dargestellt, teils sogar in Form von Comics (Campbell 1992, S.
331). Diese Öffentlichkeitskampagnen waren nicht zufällig, sondern sorgfältig geplant und gesteuert. Die breite Diskussion insbesondere der finanziellen Implikationen der „alternden Gesellschaft" diente dazu, den Boden für
die folgenden sozialen Kürzungen zu bereiten. Dabei war eine interessante
Entwicklung in Form einer Umsteuerung der öffentlichen Meinung zu beobachten. Aus den Problemen, die die alten Leute selber hatten, wurde ein Problem, das *die Gesellschaft* mit der wachsenden Zahl der Alten hat: das „Problem der alternden Gesellschaft" (*kôrei-ka shakai mondai*), ja sogar der „Su-
per-Alternden Gesellschaft" (*chô-kôrei-ka shakai mondai*) war geboren.

3.3 Die ideologische Basis: „Wohlfahrtsgesellschaft japanischen Stils"

Ideologisch vorbereitet war diese Steuerung der öffentlichen Meinung durch
die seit der zweiten Hälfte der siebziger Jahre innerhalb der Liberaldemokratischen Partei geführte Diskussion über die „Wohlfahrtsgesellschaft japanischen Stils" (*Nihongata fukushi shakai*). Das wichtigste Charakteristikum dieses nicht klar definierten Modells ist die Reduktion des finanziellen
staatlichen Engagements (vgl. kritisch dazu Kohashi Shôichi 1982). Stattdessen werden die Kräfte der Selbsthilfe, der Familie, der lokalen Gemeinschaft,
und der Privatwirtschaft beschworen (vgl. dazu ausführlicher Thränhardt
1989, S. 18f.).
    In seiner Regierungserklärung von 1979 hatte Ministerpräsident Ohira sich
beispielsweise mit folgenden blumigen Worten dazu bekannt:

> „Die Familie bildet den wichtigsten Kern der Gesellschaft und eine in sich gefestigte Familie
> ist zugleich die Grundlage der *Nihongata fukushi shakai* ... Unter Wahrung des den Japanern
> eigenen Geistes der autonomen Selbsthilfe, der von gegenseitiger Rücksichtnahme geprägten
> Beziehungen und gegenseitigen Unterstützung will ich mich für den Aufbau eines gerechten
> und dynamischen Modells einer Wohlfahrtsgesellschaft einsetzen, in die auch ein angemesse-
> nes Maß öffentlicher Wohlfahrtsleistungen integriert ist" (Ostasiengesellschaft 1986, S. 12).

3.4 Die Rolle des Wirtschaftsverbandes keidanren: Ruf nach „weniger Staat"

Die „ad-hoc-Kommission" schloß an die Forderung nach einer „dynamischen Wohlfahrtsgesellschaft" (*katsuryoku aru fukushi shakai*) an. Sie wählte diesen Begriff sogar als einen ihrer beiden Slogans – neben der Forderung
nach einem „aktiven Beitrag zur internationalen Gesellschaft". Ihr Bild einer
„dynamischen Wohlfahrtsgesellschaft" verzichtete auf die nationalistische

Komponente, die dem Begriff *Nihongata fukushi shakai* als Topos in der von den Liberaldemokraten geführten Diskussion anhaftete (vgl. Watanuki 1986, S. 263-268). Interessant ist, daß ab 1980 der Begriff *Nihongata fukushi shakai* in der öffentlichen Diskussion kaum mehr auftaucht und durch Begriffe wie „aktive" bzw."dynamische Wohlfahrtsgesellschaft" ersetzt wird. Dies macht die zentrale Rolle der Großindustrie für die Meinungsbildung in dieser Zeit deutlich, die aufgrund ihrer Orientierung an den Chancen auf dem Weltmarkt nicht an einer nationalistisch eingefärbten Terminologie interessiert war. Im Zentrum ihrer Reformvorschläge stand die Forderung, das Verhältnis von Staat und Markt auch im Wohlfahrtsbereich neu zu überdenken und dem privaten Sektor, also der Wirtschaft, größere Bedeutung einzuräumen.

Der Ruf nach weniger Staat war ein vom Wirtschaftsverband *keidanren* immer wieder vertretenes Postulat, in dem sich die Angst der Großindustrie vor steigenden finanziellen Belastungen durch eine Erhöhung der gesetzlich vorgeschriebenen Sozialleistungen niederschlug. Die vor allem vom Export abhängigen Großkonzerne befürchteten eine Einschränkung ihrer Wettbewerbsfähigkeit auf dem Weltmarkt. Die zentrale Rolle, die der Wirtschaftsverband *keidanren* im Rahmen der „ad-hoc-Kommission für die Verwaltungsreform" spielte, beruhte vor allem auf dem hohen Prestige, das sein ehemaliger Präsident Dokô Toshio nicht nur auf Grund seiner Position in der Wirtschaft, sondern auch infolge seiner persönlichen Integrität und seines bescheidenen Lebensstils, genoß. Er sorgte dafür, daß die Kommission sowohl auf die personellen als auch die materiellen Ressourcen des Verbandes zurückgreifen konnte, was ein wesentlicher Faktor für den Erfolg der Arbeit dieser Kommission war (Curtis 1988, S. 76).

Der starke personelle und ressourcenmäßige Einsatz der *keidanren*-Führung zahlte sich im Endeffekt aus: Die schließlich von der liberaldemokratischen Regierung durchgeführten Reformen der achtziger Jahre im Sozialbereich spiegelten die Interessen der Industrie an weniger Regulierung durch den Staat deutlich wider.

4. Soziale Reformen der achtziger Jahre: Entlastung des Staates durch Delegation von Aufgaben

Auf der Basis der Empfehlungen der „ad-hoc-Kommission" wurden im Sozialbereich eine Reihe von Maßnahmen getroffen, die eine Entlastung des Staatshaushaltes durch die Delegation von Aufgaben an andere gesellschaftliche Kräfte zum Ziel hatte. Das Muster, das sich hier zeigt, gilt auch für viele andere Politikfelder, z.B. für den Erziehungsbereich mit seinem hohen Anteil an privaten Institutionen, insbesondere im tertiären Bereich (vgl. dazu

den Aufsatz v. von Kopp in diesem Band), ebenso wie für den Forschungs-
sektor (vgl. Deyda in diesem Band). Wichtig ist dabei jedoch, daß der Staat
seine Regulierungsfunktion auch für die Bereiche, in denen Aufgaben delegiert wurden, weiter wahrnahm, wie beispielsweise unter 4 e) dargestellt.
    Die Sozialpolitik der achtziger Jahre ist durch folgende Entwicklungen ge-
kennzeichnet:

a) Aktivierung der Familien:
Die starke Betonung der Bedeutung der Familie als Akteur in der Sozialpolitik findet sich in der Agenda aller konservativen Parteien und kann als Kenn-
zeichen konservativer Regierungssysteme generell angesehen werden. Im
Falle Japans wird hiermit darüberhinaus jedoch an Traditionen angeknüpft,
die schon seit der Konstituierung des modernen Staates in der Meiji-Zeit
(1868-1912) gezielt von der Regierung gefördert wurden: die Propagierung
des *ie-seidô* (Haushalts- bzw. Familiensystem).
    Der Begriff *ie*, wie er in der Zeit bis zum Zweiten Weltkrieg in Japan be-
nutzt und verstanden wurde, ist nicht mit unserem Konzept der Familie
gleichzusetzen, in der die emotionale Komponente stark betont wird. Das japanische *ie* definiert sich vor allem als ökonomische Einheit, das heißt konkret, der Verdienst der einzelnen Mitglieder wird als Eigentum des ganzen
Hauses angesehen. Umgekehrt besteht jedoch auch eine Verpflichtung des
ie, für alle seine Mitglieder zu sorgen. Es ist diese Funktion, die in der Indu-
strialisierungsphase des Landes große Bedeutung als soziales Auffangnetz
gewonnen hat, indem insbesondere in der Frühphase die von der Industrie
freigesetzten Arbeitskräfte wieder in ihr *ie* zurückkehren und dort in den
ländlichen Arbeitsprozeß zurückgegliedert und ökonomisch aufgefangen
werden konnten (vgl. dazu Vogel 1967, S. 91-111). Auf diese Weise wurde
die Entstehung eines städtischen Industrieproletariats weitgehend vermieden.
Das Konzept des *ie* war zum einen verankert in neokonfuzianischen Moral-
vorstellungen. Zum anderen lagen ihm religiös-shintoistische Ideen einer
kontinuierlichen Existenz, unabhängig von Geburt und Tod der einzelnen
Mitglieder, zugrunde.
    Zwar war dieses *ie*-System, das seit der Meiji-Zeit die Grundlage des ge-
samten japanischen Zivilrechts bildete, nach dem Zweiten Weltkrieg von der
amerikanischen Besatzungsmacht als Rechtsinstitution abgeschafft worden.
Es ist jedoch nicht verwunderlich, daß dieses Konzept, das viele Jahrzehnte
lang durch den berüchtigten „Moralkundeunterricht" in den Schulen sowie
durch Medien und Indoktrinierung in der Armee bis in den letzten Winkel
des Landes verbreitet worden war, auch nach dem Zweiten Weltkrieg als
„kulturelle Einheit" (Lebra 1992, S. 15) noch im Bewußtsein der Bevölkerung fest verankert war. So wohnten 1960 noch 87,4% der alten Menschen
bei ihren Kindern und Enkeln, eine erheblich höhere Zahl als im Westen.
1985 war dieser Prozentsatz jedoch auf 65,5% heruntergegangen und ein

weiteres Absinken war vorauszusehen.[3] Dazu kam das überproportional schnelle Anwachsen der alten Bevölkerung, das die Problematik noch verschärfte.

Mit ihrem Appell an die Selbsthilfekräfte der Familie als sozialer Institution versuchte die Regierungspartei an die Vorkriegstradition anzuknüpfen. Eine kostenintensive Institutionalisierung der pflegebedürftigen Alten sollte weitestgehend vermieden werden und auf die Pflegebedürftigen *ohne* Familie beschränkt bleiben. Wenn auch der Passus in der offiziellen Planung des MGS betreffs einer „Kampagne, die Zahl der bettlägrigen Alten auf Null zu reduzieren" (Kôsei tôkei kyôkai 1993a, S. 188) nicht als naive konkrete Planungsvorgabe, sondern eher als Zielvorstellung für die Richtung einer solchen Kampagne gesehen werden muß, so zeigt er doch die politische Grundeinstellung deutlich.

Maßnahmen, um dieses Ziel zu erreichen, waren Verbesserungen in der Wohnungsbaupolitik sowie der Ausbau der ambulanten Dienste, beispielsweise Pflegedienste und „Essen auf Rädern". Auf der kommunalen Ebene wurden auch Tageseinrichtungen für Alte geschaffen.

Die Beschwörung der familialen Werte zielte auf die Ausnutzung der kostenlosen Arbeitskraft der Frauen, nicht mehr nur als Erzieherinnen der Kinder, sondern verstärkt auch als Pflegerinnen der Alten. Als Stützungsmaßnahme für dieses politische Ziel kann vor allem die Einbeziehung der nicht erwerbstätigen Frauen in die nationale Rentenversicherung (*kokumin nenkin*) gesehen werden, und zwar ohne die Notwendigkeit zur Zahlung eigener Beiträge. Die Kosten hierfür werden nicht nur durch den Staat aufgebracht, sondern zum größeren Teil durch die gut ausgestatteten Arbeitnehmerrentenversicherungen. Sie tragen zwei Drittel aller Grundrentenleistungen, während ein Drittel durch den Staat erbracht wird (Motozawa 1988, S. 97).

b) Nachbarschaft und örtliche Gemeinschaft:
Die Hinwendung zu kleinen lokalen Einheiten als Fokus des sozialen Lebens ist als Reaktion auf die zunehmende Vereinzelung in anonymen Großstädten weltweit seit den siebziger Jahren zu beobachten. In der Bundesrepublik führte sie beispielsweise zu einer Wiederbelebung nachbarschaftlicher Strukturen durch gemeinsame Straßenfeste oder andere Gemeinschaftsaktivitäten. Die Stoßrichtung hier war jedoch antibürokratisch und staatskritisch.

In Japan wurde demgegenüber von oben her versucht, die kleinen sozialen Netze zu aktivieren. Dabei konnte auf vorindustrielle Traditionen zurückgegriffen werden, die sich hier trotz Industrialisierung und Urbanisierung in erstaunlichem Maße lebendig erhalten hatten: die Nachbarschaftsvereinigungen (*chônaikai/jichikai*) (Bestor 1989, Nakagawa 1980, bes. S. 157-164). Ih-

---

3 Eine datenreiche und anschauliche Beschreibung des heutigen Familiensystems, aus seinen historischen Wurzeln erklärt, gibt Neuss-Kaneko 1990.

re lokale Verankerung und dichte Organisationsstruktur in kleinen Einheiten
von 300 bis 400 Haushalten ermöglicht überschaubare persönliche Beziehungen. Hierdurch wird die Organisation von Gemeinschaftsaufgaben, beispielsweise Sammlungen für soziale Zwecke, gemeinsame Ausflüge, aber
auch Aufgaben, die in anderen Ländern in die Verantwortung der öffentlichen Hand übergegangen sind, ermöglicht (Japanese National Committee,
International Council on Social Welfare 1986, S. 54). Beispiele hierfür sind
die Reinigung von Straßen oder der abendliche Rundgang zur Feuerwache.
Auch Aufgaben der Abfallentsorgung im Sondermüllbereich werden vielfach auf dieser Ebene kostensparend erledigt. Allerdings ist der Rückgriff
auf diese sozialen Einheiten politisch nicht unumstritten, da sie in der Zeit
des Zweiten Weltkriegs als Instrument der politischen Indoktrinierung miß-
braucht wurden. Auch ihre politische Rolle als Basis für „Wahlunterstüt-
zungsvereine" (kôenkai) (Curtis 1971) vor allem im konservativen Kontext
wird vielfach kritisiert und als undemokratisch angeprangert. Dennoch wird
teilweise auch von politisch nicht den Konservativen zuzurechnenden Gruppen die Potenz der nachbarschaftlichen Strukturen der jichikai gesehen und
für die Organisation sozialer Aufgaben genutzt. Ein Beispiel hierfür ist die
im Westen Tokyos gelegene Stadt Mitaka, die trotz einer langjährigen pro-
gressiven Mehrheit eine solche Politik der Nutzung dieser Strukturen für die
kommunale Sozialpolitik verfolgt (Mitaka-shi 1988, S. 126-149).

c) Förderung der Freiwilligenbewegung:
Um die Familien, bzw. die Frauen bei den zunehmenden Problemen in der
Pflege und Versorgung der alten Menschen zu unterstützen, wurde verstärkt
auf die Förderung von Freiwilligen gesetzt, die als „häusliche Helfer" (hômu
herupâ) in der häuslichen Pflege unterstützend tätig sein sollten. Auch diese
Maßnahme zielte wieder in erster Linie auf Frauen, insbesondere mittleren
Alters, denen nach der Erziehungsphase ihrer Kinder Zeit zur Verfügung
stand. Sie versuchte aber auch die Zielgruppe der noch rüstigen Alten anzusprechen (Zenkoku shakai fukushi kyôgikai, zenkoku borantia katsudô shinkô sentâ 1985, bes. S. 40-43). Zu bedenken ist in diesem Zusammenhang,
daß Japan aufgrund der fehlenden Wehrpflicht nicht das große Potential der
zivildienstleistenden jungen Männer zur Verfügung steht, das in der Bundesrepublik beispielsweise ein eminent wichtiger Faktor im gesamten Bereich
der sozialen Dienste ist. Es wurde deshalb in Japan in vielen Fällen versucht,
dem großen Mangel an diesen Freiwilligen durch die Einführung von Auf-
wandsentschädigungen zu begegnen, die von ihrer Höhe her ungefähr die
Summen erreichten, die in anderen Aushilfsjobs üblich waren, die für Frauen
in dieser Situation als Alternativen in Frage kamen. Das folgende Schaubild
(2) zeigt, wie stark dieser Sektor expandiert wurde:

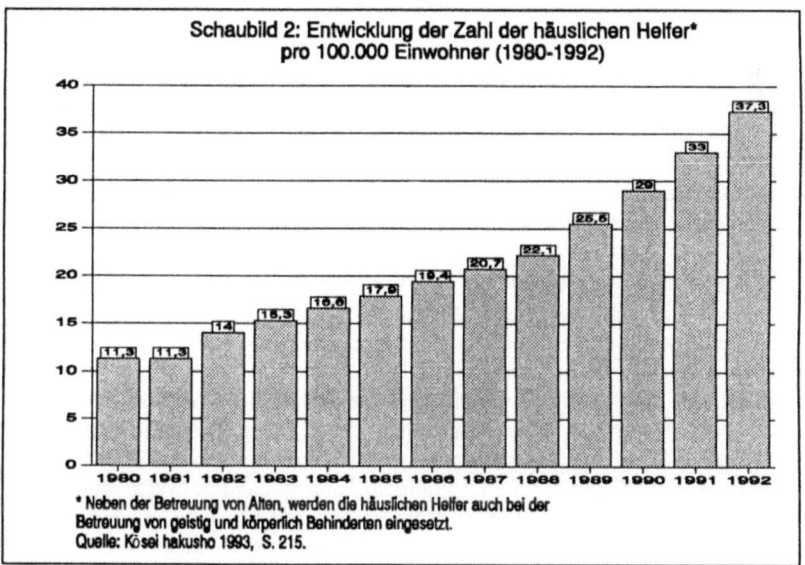

Schaubild 2: Entwicklung der Zahl der häuslichen Helfer*
pro 100.000 Einwohner (1980-1992)

* Neben der Betreuung von Alten, werden die häuslichen Helfer auch bei der
Betreuung von geistig und körperlich Behinderten eingesetzt.
Quelle: Kōsei hakusho 1993, S. 215.

d) Vermehrung der Zahl der „ehrenamtlichen Wohlfahrtspfleger" (*minsei-iin*)
Auch die zweite Kategorie von Ehrenamtlichen, die in Japan schon seit Anfang des Jahrhunderts eine wichtige Rolle spielt, wurde zwischen 1980 und 1990 kräftig aufgestockt, und zwar vom 169.068 auf 183.321 Personen landesweit (Health and Welfare Statistics Association 1992, S. 126).

Das System der *minsei-iin* war 1917 in der Präfektur Okayama im Kampf gegen die zunehmende Verarmung der Bevölkerung gegründet worden. Zwar beruhte es historisch auf deutschen Vorbildern, insbesondere dem „Elberfelder System", es war aber mit der Zeit ein so selbstverständlicher Bestandteil des japanischen Systems der sozialen Dienste geworden, daß es als einheimisch und „auf der Basis fernöstlichen Denkens aufgebaut" (Japanese National Committee... 1979, S. 2) empfunden wurde. Im Unterschied zu den nach amerikanischem Vorbild entwickelten „Freiwilligen" (*borantia katsudô*) der siebziger und achtziger Jahre waren die *minsei-iin* offiziell durch die Präfekturgouverneure ernannt und für einen bestimmten Wohnbereich zuständig. Die Bedeutung dieser *minsei-iin*, deren System seit den dreißiger Jahren landesweit flächendeckend aufgebaut worden war, zeigt sich darin, daß sich neben ihnen bis zum Zweiten Weltkrieg keine professionelle Sozialarbeit entwickelte.

Die *minsei-iin* wurden auch nach dem Zweiten Weltkrieg beibehalten und ihre Arbeit noch unter der Besatzungsmacht 1948 gesetzlich verankert. Die jeweils für einen Zeitraum von drei Jahren ernannten *minsei-iin*, die jedoch in der Regel dieses Amt über mehrere Ernennungsperioden hinweg versehen, werden systematisch geschult und können heute als semi-professionell eingestuft werden. Ihr Vorhandensein hat dazu beigetragen, den Aufbau der professionellen Sozialarbeit nur sehr langsam und schleppend vorankommen zu lassen. So ist die Zahl professionell ausgebildeter Sozialarbeiter auch heute noch gering. Die Arbeit in kommunalen Sozialämtern wird in den meisten Fällen durch Verwaltungsangestellte ausgeführt, die keine spezielle Ausbildung im Sozialbereich haben und nach wenigen Jahren in eine andere Abteilung rotieren. Eine nationale Prüfung für Sozialarbeiter wurde erst 1987 eingeführt.

Es steht außer Zweifel, daß die Vermehrung der Zahl der ehrenamtlich tätigen *minsei-iin* und die Nutzung ihrer Arbeitskraft ein wesentlicher Faktor für die Entlastung der öffentlichen Kassen ist. In einer Fallstudie hat Ben-Ari die Arbeit dieser Ehrenamtlichen anschaulich beschrieben und den Aufwand ermittelt, der für die Aufrechterhaltung des Systems der *minsei-iin* im Jahr 1982 in der Kommune Ôtsu zu erbringen war. Die persönlichen Auslagen, die diesen 344 in der Gemeinde tätigen Ehrenamtlichen erstattet wurden, machten nur 3,3% des Sozialhaushalts aus und der Autor weist darauf hin, daß mit 1.500 Yen, die durchschnittlich pro Monat für den Einzelnen erstattet wurden, wohl nicht einmal die realen Telefon- und Fahrtkosten bestritten werden könnten. Demgegenüber belief sich die von ihnen geleistete Arbeit auf 36.897 Arbeitstage, was einer Ersparnis von 140 bezahlten hauptamtlichen Kräften entspreche (Ben-Ari 1991, S. 159f.).

e) Verstärktes Engagement der Privatwirtschaft:
Neben der strukturell verankerten Beteiligung des industriellen Sektors am System der sozialen Sicherung in den betrieblichen Sicherungssystemen[4], die zusätzliche Leistungen über den gesetzlich vorgeschriebenen Anteil hinaus aufbringen, sollten marktwirtschaftlich orientierte Unternehmen auch direkt als Leistungsanbieter im Sozialbereich auftreten.

Schon während der siebziger Jahre hatten sich privatwirtschaftliche Angebote im Bereich der Kleinstkinderbetreuung etabliert, da die öffentlichen Institutionen in der Regel erst für Kinder ab einem Jahr zugänglich waren und insbesondere von ihren Öffnungszeiten her nicht den Bedürfnissen berufstätiger Mütter entsprachen. Ende der siebziger Jahre war es jedoch, ausgelöst durch Todesfälle in solchen „baby hotels", zu einer Reihe von Skandalen gekommen, die die Schließung einiger solcher Einrichtungen und die Umwandlung anderer in öffentlich kontrollierte Tageseinrichtungen zur Folge hatte (Nihon Fukushi Daigaku 1988, S. 2-91).

Als Paradebeispiel der Expansion der privaten Wirtschaft in den achtziger Jahren kann die Entstehung der *shirubâ sâbisu* (Silberdienste) angeführt werden. Unter diesem Begriff wurden private Dienste im Altenbereich ent-

---

4   Leider existiert bisher keine analytische Darstellung zu diesem Bereich in westlichen Sprachen. Eine Einführung in die Grundzüge findet sich bei Takahashi 1974, bes. S. 458.

wickelt. Es handelte sich in erster Linie um den Bau von gut ausgestatteten „high-class"-Altenheimen, die in landschaftlich schönen Gegenden, beispielsweise der Izu-Halbinsel, geplant und gebaut wurden. Bis 1988 wurden in diesem Rahmen in ganz Japan 141 solcher Luxus-Altenheime mit 14.428 Plätzen erstellt.

Zwar gab es seit 1987 einen „Zusammenschluß für die Förderung der Dienste für Senioren", der unter dem Begriff „Silver Mark Criteria" Standards für ihre Ausstattung und ihren Betrieb entwickelte, aber diese Selbstregulierung reichte nicht aus. Es kam zu einer Konzentration solcher privaten Altenheime in ökonomisch weniger florierenden Gebieten, da hier die Grundstückspreise erschwinglich waren. Dazu kam, daß die privaten Betreiber aus wirtschaftlich-rationalen Erwägungen heraus nur in dem Bereich investierten, der ökonomisch profitabel war, nämlich den Alten-Wohnheimen. Sie unterließen es, in den Pflegebereich zu investieren, da er keinen Gewinn versprach. Die Folge war, daß sich in einigen Kommunen die Fälle häuften, wo die Bewohner solcher privater Altenheime bei Eintritt der Pflegebedürftigkeit in die aus Wohlfahrtsmitteln finanzierten und äußerst schlecht ausgestatteten öffentlichen Pflegeheimen landeten, die von dieser Aufgabe hoffnungslos überfordert waren.

1988 wurde deshalb die vorher nur locker gehandhabte öffentliche Kontrolle solcher privatwirtschaftlich betriebenen Altenheime verstärkt und durch neu eingeführte Vorschriften des MGS festgelegt, daß jedes private Altenheim einen bestimmten Anteil an Pflegeplätzen einrichten muß. Gleichzeitig wurden hierfür begrenzte Finanzhilfen der öffentlichen Hand bereitgestellt.

In einer für japanische Steuerungsprozesse typischen, pragmatischen Vorgehensweise wurden nach anfänglichen Skandalen die notwendigen Regulierungsmechanismen zur Koordinierung und Kontrolle privatwirtschaftlichen Engagements im Sozialbereich eingeführt. Dabei stand der Sozialbürokratie mit dem im japanischen Verwaltungshandeln üblichen Mittel der „administrativen Lenkung" (*gyôsei shidô*) ein effektives und flexibel handhabbares Instrumentarium zur Verfügung. Diese Form der Steuerung stützt sich auf regulative Normen, die gezielt an bestimmte Adressaten gerichtet sind. Bei Nichteinhaltung dieser Vorschriften werden soziale Sanktionen angedroht.[5]

f) Reduktion der Transferleistungen an Kommunen:
1986 wurden die Transferleistungen an die Kommunen wesentlich reduziert, obwohl andererseits auf der programmatischen Ebene eine Schwerpunktverlagerung auf die Kommunen propagiert wurde (Japanese National Committee... 1986, S. 88). Durch die Reduktion der Zuschüsse für soziale Institutionen von 80 auf 50% sanken die Transferleistungen der Zentralregierung an

---

5   Eine analytische Darstellung des Instrumentariums der „administrativen Lenkung" im kommunalen Umweltbereich findet sich bei Foljanty-Jost 1988.

die Kommunen zwischen 1988 bis 1991 von 14,06% auf 13,1% des kommunalen Sozialbudgets (Kôsei tôkei kyôkai 1993b, S. 80). Eine Folge dieser Kürzungen war jedoch eine größere Ungleich-Verteilung zwischen reichen und armen Kommunen.

g) Wiedereinführung der Patienten-Selbstbeteiligung und Anhebung der Rentenbeitragssätze:
Die stärkste finanzielle Entlastung der öffentlichen Sozialhaushalte brachten die Wiedereinführung der Selbstbeteiligung der Patienten sowie die Anhebung der Rentenbeitragssätze:

–   in der „freien medizinischen Versorgung der Alten" durch einen Festbetrag von einigen hundert Yen pro Arztbesuch,
–   durch Reduzierung der Kostenerstattung in der öffentlichen Arbeitnehmerkrankenversicherung für den Versicherten selbst von 100% auf 90%, für die Angehörigen des Versicherten auf 70%. Dies führte zu beträchtlichen Eigenanteilen von 10% bzw. 30% der Kosten, die von den Versicherten selber getragen werden mußten.
–   Reduzierung der öffentlichen Renten bei gleichzeitiger Anhebung der Beitragssätze. Dies machte den Abschluß zusätzlicher privater Altersversicherungen notwendig, die seit den achtziger Jahren einen Boom erfahren haben. Im internationalen Vergleich ist die Versicherungssumme pro Kopf der Bevölkerung in Japan fast sieben mal so hoch wie im Schnitt der EG-Länder. Die kumulierte Versicherungssumme aller laufenden japanischen Lebensversicherungsverträge überstieg das japanische Volkseinkommen im Jahr 1989 um das Vierfache, während sie bei uns im selben Jahr nur 80% des Volkseinkommens erreichte (Meyer-Ohle 1992, S. 7).

Wie das folgende Schaubild zeigt, war die hierdurch erreichte finanzielle Entlastung des Staates beträchtlich:

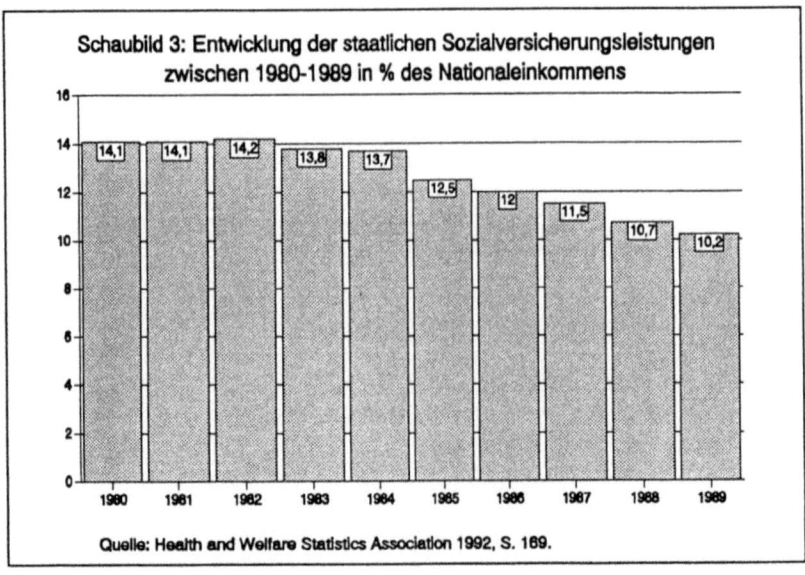

Schaubild 3: Entwicklung der staatlichen Sozialversicherungsleistungen zwischen 1980-1989 in % des Nationaleinkommens

Quelle: Health and Welfare Statistics Association 1992, S. 169.

Im Bereich der medizinischen Kosten hat sich bei insgesamt stark steigenden Gesundheitskosten der Anteil des Staates zwischen 1975-1987 von 28,9% auf 24,9% verringert. Die Kosten, die die Versicherung trägt, sind dagegen von 53,5% auf 55,6% gestiegen, wobei die durch den Versicherungsnehmer bezahlten Beiträge, die wiederum zu Lasten des Patienten gehen, eingeschlossen sind (Iryô hoken seidô kenkyûkai 1990, S. 6).

Die Kürzungen haben zwar zu Kritik und Unzufriedenheit, insbesondere gegenüber den Beschneidungen im Rentenbereich geführt, aber nicht zu politischen Konsequenzen. Der Machtwechsel, zu dem es im Sommer 1993 schließlich nach 38 Jahren gekommen ist, ist nicht auf die Unzufriedenheit der Bürger mit den sozialen Kürzungen der achtziger Jahre zurückzuführen.

Es wäre auch falsch, die Reformen der achtziger Jahre nur einseitig unter dem Stichwort Kostenreduzierung der öffentlichen Ausgaben zu sehen. Eine solche Darstellung würde außer acht lassen, daß in ihrem Zuge auch wichtige Umverteilungsmaßnahmen zwischen den verschiedenen Krankenversicherungs- und Pensionssystemen eingeführt wurden, die zu mehr sozialer Gerechtigkeit führten: Auf Drängen der Beamten des MGS wurde beispielsweise eine Subventionierung der von der Regierung getragenen „armen" Krankenversicherung für Arbeitnehmer in mittleren und kleinen Betrieben (*seifu kanshô kenkô hoken*) durch die „reichen" betrieblichen Versicherungssysteme der Großbetriebe (*kumiai kanshô kenkô hoken*) durchgesetzt (Hiwatari 1993, S. 25-26).

5. Das inklusive neoliberale Modell und die relative Einkommensgleichheit

–   Grundsätzlich wird das Modell des regulierten neoliberalen Staates, in dem die öffentlichen Sozialausgaben, aber auch die durchschnittlichen Steuern niedrig gehalten werden, akzeptiert. Ein wichtiger Faktor ist dabei die verhältnismäßige Einkommensgleichheit, die extreme soziale Unterschiede vermeidet. So fiel nach Daten der Weltbank zu Beginn der achtziger Jahre der Kontrast zwischen oberen und unteren Einkommensgruppen in Japan niedriger aus als in allen anderen Industrienationen (Hamm 1992, S. 113). Diese Entwicklung war von den Liberaldemokraten während der sechziger und verstärkt in den siebziger Jahren durch ökonomische Umverteilungsprozesse gesteuert worden.
–   Das japanische Sozialsystem schließt nicht wie das US-amerikanische große Teile der Bevölkerung beispielsweise von der Krankenversicherung aus. Es ließe sich somit genauer als *„inklusives neoliberales Modell"* charakterisieren.
–   Mit Hilfe eines großangelegten „Investitions- und Hypothekenprogramms", das sich aus Mitteln der Postsparkasse, des Renten- und anderer Versicherungsfonds speiste, wurden beträchtliche finanzielle Umverteilungsprozesse vorgenommen, die der Verbesserung der sozialen Infrastruktur zugute kamen (Ishi 1986, S. 81-102). Mit anderen Worten: Sozialpolitik fand auch in der Wirtschaftspolitik statt.

6. Vom „Wohlfahrtsstaat" zur „Wohlfahrtsgesellschaft"

Zwar enthält die japanische Verfassung in Artikel 25 eine Grundrechtsgarantie, die besagt:

„Jeder Bürger hat das Recht auf ein Mindestmaß an gesundem und kultiviertem Leben. Auf allen Gebieten des Lebens hat der Staat sich um die Entwicklung und Mehrung des sozialen Wohls, der sozialen Sicherheit und der öffentlichen Gesundheit zu bemühen."

Doch bietet nach der vorherrschenden japanischen Rechtsinterpretation dieser Artikel keine Grundlage für einen direkten Rechtsanspruch dem Staat gegenüber. Das höchste japanische Gericht, der Oberste Gerichtshof, der auch die Funktion innehat, die bei uns dem Verfassungsgericht vorbehalten ist, sieht in dem Verfassungsartikel einen Programmsatz allgemeiner Art, der nur eine politische und allgemeine moralische Verpflichtung, nicht aber einklagbares Recht beinhaltet.

Wohlfahrtsstaat als politische Leitfigur finden wir in Japan nur in der frühen Phase der Liberaldemokratischen Partei, in den Jahren 1957 bis 1961. In den Regierungserklärungen von Ishibashi Tanzan (Februar 1957), Kishi Nobusuke (November 1957) und Ikeda Hayato (Januar 1961) wird der Aufbau eines Wohlfahrtsstaates noch als Ziel genannt. In dieser Phase erscheint der Sozialstaat als Symbol eines modernen Staatswesens nach westlichem Muster (vgl. Watanuki 1986, S. 259-269).

In den folgenden Jahren, in denen das wirtschaftliche „Hochwachstum" zur nationalen Obsession wird und Effizienz im Wirtschaftsbereich zum Gütesiegel der regierenden Liberaldemokraten, treten konkrete Termini wie „soziale Sicherheit" *(shakai hoshô)* oder „Institutionen der sozialen Sicherheit" *(shakai hoshô no shisetsu)* in den Regierungserklärungen konservativer Ministerpräsidenten an die Stelle des umfassenden Leitbegriffs „Wohlfahrtsstaat". Ökonomische Rationalität prägt die Äußerungen der führenden Politiker, so beispielsweise Tanaka Kakueis Zitat aus seinem 1972 veröffentlichten Werk *Nihon rettô kaizoron* „Über die Reform der japanischen Inselkette":

„Es ist falsch, Wachstum oder Wohlfahrt, Industrie oder ein besseres Leben als Alternativen zu sehen. Soziale Wohlfahrt kommt nicht vom Himmel und wird auch nicht als Geschenk von außen gegeben. Nur das, was wir durch unsere eigene Vitalität an ökonomischem Reichtum angesammelt haben, kann eine angemessene Finanzquelle bilden." (Eigene Übersetzung von Tanaka 1973, S. 62).

Der Vorrang der Finanzierbarkeit der sozialen Entwicklung, der auch der Suche nach Alternativen zu den in die Krise geratenen Wohlfahrtsstaaten des Westens zugrundelag, wird hier ganz deutlich. Er führte schließlich zu einem Paradigmenwechsel vom „Wohlfahrts*staat*" zur „Wohlfahrts*gesellschaft*". Das Prinzip der Allzuständigkeit des Staates, wie er in dem Terminus Wohlfahrtsstaat mitschwingt, wird aufgegeben zugunsten einer Verteilung der Lasten der „alternden Gesellschaft" auf möglichst viele gesellschaftliche Gruppen: Familie, Nachbarschaft, Kommunen, Freiwilligenorganisationen, Wirtschaft und den einzelnen Bürger. Direkte Verantwortung trägt der Staat nur für die Absicherung auf einem ganz niedrigen Niveau, dem „sozialen Minimum". Er behält allerdings seine regulative Funktion bei, um Exzessen und zu starken Ungleichentwicklungen vorzubeugen bzw. gegenzusteuern.

Die Idee einer „Wohlfahrtsgesellschaft" anstelle eines Wohlfahrtsstaates findet sich in den achtziger Jahren nicht nur in Japan, sondern auch in der westeuropäischen Diskussion, um die Forderung nach der Einbeziehung neuer Akteure in die Sozialpolitik zu untermauern (vgl. Evers und Wintersberger 1987, S. 164). Hier allerdings werden die Elemente der Selbstbestimmung und des staatskritischen Potentials, wie es die neue Selbsthilfebewegung prägt, stärker betont. Gemeinsam ist den Ansätzen jedoch die Suche nach neuen Strukturen, die den Anforderungen der gesellschaftlichen Veränderungen auch in ökonomisch weniger günstigen Zeiten gewachsen sind.

Der Liberaldemokratischen Partei Japans ist es immerhin gelungen, ihr erklärtes Ziel für die Reformen der achtziger Jahre zu erreichen: die Summe aus Steuern und Sozialabgaben unter der Grenze von 50% des Nationaleinkommens zu halten. Für 1990 wurde nach OECD-Daten hierfür ein Wert von 31,3% als Anteil am Bruttoinlandsprodukt errechnet, der noch weit unter dieser Obergrenze liegt (Institut der Deutschen Wirtschaft Köln 1993, S. 82). Daß die Finanzierungsprobleme nicht auf Dauer gelöst sind, machte der Vorstoß von Ministerpräsident Hosokawa im Februar diesen Jahres deutlich, der für 1997 die Einführung einer 7%igen „Wohlfahrtssteuer" anstelle der bisherigen 3%igen „Verbrauchssteuer" vorsah. Er mußte sich für diesen Vorschlag jedoch entschuldigen und zog ihn zurück. Aber auch sein Nachfolger hat das Thema wieder aufgegriffen. Die Suche nach dem richtigen Weg geht weiter. Dabei scheint sich ein Konsens zu entwickeln, der eine Absicherung, die alle umfaßt, auch um den Preis einer Erhöhung der Steuer- und Soziallasten zu akzeptieren bereit ist und damit dem europäischen Sozialmodell näher ist als dem US-amerikanischen.

Literatur

Ben-Ari, Eyal (1991), Changing Japanese Suburbia – A Study of Two Present-Day Localities, London und New York.
Bestor, Theodore C. (1989), Neighborhood Tokyo, Tokyo und New York.
Campbell, John Creighton (1992), How Policies Change: The Japanese Government and the Aging Society, Princeton.
Collick, Martin (1988), Social Policy: Pressures and Responses, in: Stockwin, J.A.A. (u.a.) (Hrsg.), Dynamic and Immobilist Politics in Japan, Houndmills, Basingstoke u.a., S. 205-236.

Curtis, Gerald L. (1971), Election Campaigning Japanese Style, Tokyo, New York u.a.

Curtis, Gerald L. (1988), The Japanese Way of Politics, New York.

Evers, Adalbert und Wintersberger, Helmut (1987), On the Future of the Welfare State or Towards a Policy of Lifestyles, in: dies. (Hrsg.), The Changing Face of Welfare, Aldershot, S. 141-166.

Foljanty-Jost, Gesine (1988), Kommunale Umweltpolitik in Japan – Alternativen zur rechtsförmlichen Steuerung (Mitteilungen des Instituts für Asienkunde, Nr. 67), Hamburg.

Hamm, Brigitte (1992), Soziale Ungleichheit in Japan (Wirtschafts- und Sozialwissenschaftliche Forschungsbeiträge, Bd. 16), Regensburg.

Health and Welfare Statistics Association (Hrsg.) (1992): Health and Welfare Statistics in Japan, Tokyo.

Hiwatari, Nobuhiro (1993), Sustaining the Welfare State and International Competitiveness in Japan: The Welfare Reforms of the 1980s and the Political Economy (Paper presented at the 1993 Annual Meeting of the American Political Science Association, Washington D.C., 02.-05. September 1993).

Inoue, Hideo (1989), Shakai hoshô – Shakai fukushi no rekishi, in: Jiten kankô iinkai, Tôkyô, S. 461-481.

Institut der Deutschen Wirtschaft Köln (Hrsg.) (1993), Internationale Wirtschaftszahlen 1993, Köln.

Iryô hoken seidô kenkyûkai (Hrsg.) (1990), Me de miru iryô hoken hakusho – Heisei nenpan – iryô hoshô no genjô to kadai, Tôkyô.

Ishi, Hiromitsu (1986), The Government Credit Program and Public Enterprises, in: Shibata, Tokue, Public Finance in Japan, Tokyo, S. 81-102.

Ito, Daiichi (1988), Policy Implications of Administrative Reform, in: Stockwin, J.A.A. u.a. (Hrsg.), Dynamic and Immobilist Politics in Japan, Houndmills, Basingstoke u.a., S. 77-105.

Japanese National Committee of Social Welfare (Hrsg.) (1979), Minsei-iin: The System of Community Volunteers in Japan, Tokyo.

Japanese National Committee, International Council on Social Welfare (Hrsg.) (1986), Family and Community in Japan (National Report of the Japanese National Committee, ICWS, to the Third International Conference on Social Welfare), Tokyo.

Japan Statistics Bureau, Management and Coordination Agency (Hrsg.) (1985), Japan Statistical Yearbook, Tokyo.

Kohashi, Shôichi (Hrsg.) (1982), Gendai shakai fukushi seisaku ron – „Nihongata fukushi shakai" ron hihan, Kyôto.

Kôsei tôkei kyôkai (Hrsg.) (1993a), Kokumin no fukushi no dôkô 1993nen, dai yonjû ken, dai jûnigo (rinki-zôkan: Kôsei no shihyô), Tôkyô.

Kôsei tôkei kyôkai (Hrsg.) (1993b), Hoken to nenkin no dôkô – Kôsei no shihyô (rinji gekkan, daiyonjûkan, daijûyongo, tsûkan 629 go), Tôkyô.

Lebra, Takie Sugiyama (Hrsg.) (1992), Japanese Social Organization, Honolulu.

Liu, Lilian (1987), Social Security Reforms in Japan, in: *Social Security Bulletin*, Jg. 50 (1987), Nr. 8, S. 29-37.

Meyer-Ohle, Hendrik (1992), Lebensversicherung und Konsument in Japan, (Magisterarbeit), Marburg.

Mifune, Hiroshi (1992), Fukushi zaisei wo meguru seifukankei, in: Shakai hoshô kenkyûsho (Hrsg.), Fukushi kokka no seifukan kankei, Tôkyô, S. 203-232.

Mitaka-shi fukushibu (Hrsg) (1987), Mitaka no shakai fukushi benran, Mitaka.

Mitaka-shi (Hrsg.) (1988), Shisei gaiyô 63 nenpan, Mitaka.

Miura, Fumio (1987), Zusetsu koreisha hakusho 1987 nenpan, Zenkoku shakai fukushi kyôgikai, Tôkyô.

Motozawa, Miyoko (1988), Die Rentenversicherung in Japan – Das neue Rentenversicherungssystem der Grundrente mit Zusatzsicherung, in: *Zeitschrift für ausländisches und internationales Arbeits- und Sozialrecht*, Jg. 2 (1988), S. 85-113.

Nakagawa, Gô (1980), Chônaikai – Nihonjin no jichi kankaku, Tokyo.

Neuss-Kaneko, Margret (1990), Familie und Gesellschaft in Japan, München.

Nihon Fukushi Daigaku (1988), History and Present Situation of Social Welfare, in: *Kenkyû kiyo* Nr. 75, S. 2-91.

Noguchi, Yukio (1986), The Development and Present State of Public Finance, in: Shibata, Tokue (Hrsg.), Public Finance in Japan, Tokyo, S. 36-49.

OECD (Hrsg.) (1981), The Welfare State in Crisis, Paris.

Ostasiengesellschaft (OAG) (Hrsg.) (1986), Alterssicherung in Japan, *Japan direkt – Aus japanischen Zeitungen und Zeitschriften*, Nr. 6 (1986), Tokyo.

Steiner, Kurt; Krauss, Elis S. und Flanagan, Scott C. (Hrsg.) (1980), Political Opposition and Local Politics in Japan, Princeton und New Jersey.

Takahashi, Takeshi (1974), Social Security for Workers, in: Okochi, Kazuo; Karsh, Bernhardt und Levine, Solomon B. (Hrsg.), Workers and Employers in Japan: The Japanese Employment Relations System, Princeton und Tokyo, S. 441-484.

Tanaka Kakuei (1973), Building a New Japan, Tokyo.

Thränhardt, Anna Maria (1989/1990), Historische und konzeptionelle Grundlagen japanischer Sozialpolitik, in: *Nachrichten der Gesellschaft für Natur- und Völkerkunde Ostasiens*, Nr. 145/146 (1989/1990), Hamburg, S. 9-25.

Vogel, Ezra F. (1967), Kinship Structure, Migration to the City, and Modernization, in: Dore, Richard P. (Hrsg.), Aspects of Social Change in Modern Japan, Princeton und New Jersey, S. 91-111.

Watanuki, Joji (1986), Is there a „Japanese-Type Welfare Society"?, in: *International Sociology*, Jg. 1, Nr. 3 (September 1986), S. 259-269.

Zenkoku shakai fukushi kyôgikai, zenkoku borantia katsudô shinkô sentâ (Hrsg.) (1985), Borantia katsudô handubukku, Tôkyô.

Winfried Flüchter

Der planende Staat: Raumordnungspolitik und ungleiche Entwicklung

1. Raumordnungspolitik: Begriff, Leitbilder, Akteure, Maßstabsebenen

Raumordnungspolitik besteht nach Brösse „in der bewußten Handhabung geeigneter Instrumente durch den Staat oder dem Staat nahe stehende Institutionen, um eine zielbezogene Gestaltung, Entwicklung und Nutzung von Räumen oder Regionen zu erreichen" (1982, S. 22). Aufgrund vergleichbarer Zielsetzungen wird der Begriff gelegentlich gleichgesetzt mit „Regionalpolitik", worunter meist eine Regionalisierung der Wirtschaftspolitik verstanden wird (auch im Sinne von „Raumwirtschaftspolitik" oder „regionaler Strukturpolitik"). In beiden Fällen geht es um einen raumorientierten Politikbereich, dessen Objekt die Region ist. Raumordnungspolitik bezieht sich jedoch nicht einseitig auf einen Sektor (z.B. Wirtschaftspolitik), sondern auf zahlreiche Sektoren, die alle ihre eigenen Nutzungsansprüche an den Raum stellen und im Hinblick auf Planungseffizienz fachübergreifend vernetzt werden müssen. In diesem Sinne kann Raumordnungspolitik im Vergleich zur Regionalpolitik als der umfassendere Begriff verstanden werden.

Die räumliche Unausgewogenheit der Lebensverhältnisse, bedingt vor allem durch regional unterschiedliches Wirtschaftswachstum und seine Folgewirkungen auf die Raum- und Siedlungsstruktur, stellt eine gewaltige Herausforderung dar. Im 19. und weitgehend noch bis in die erste Hälfte des 20. Jahrhunderts war der deutsche Staat im Hinblick auf die räumliche Entwicklung seines Gebietes von einer „laissez faire"-Haltung geprägt, ein „Nachtwächter-Staat", dem es darauf ankam, im ordnungspolitischen Sinne für einen reibungslosen Ablauf des Marktgeschehens zu sorgen und nur dann steuernd einzugreifen, wenn dieser nicht mehr gewährleistet war. Mit fortgeschrittener Industrialisierung, zunehmenden Ansprüchen an den Raum und wachsenden regionalen Ungleichheiten jedoch orientierten sich die staatlichen Reaktionen an Zielsetzungen, die in der Bundesrepublik Deutschland ihren Niederschlag im Bundesraumordnungsgesetz 1965 fanden: Schaffung gleich*wertiger* (nicht gleicher!) Lebensverhältnisse im gesamten Staatsgebiet, d.h. Verbesserung der wirtschaftlichen, sozialen und kulturellen Lebensbedingungen in den rückständigen Regionen sowie Realisierung gesunder Lebens- und Arbeitsgrundlagen in den Verdichtungsgebieten.

Dem Föderalismus unserer Bundesländer, die auf der Grundlage des Bundesraumordnungsgesetzes und eigener Landesplanungsgesetze eigenständig

Landesentwicklungsprogramme und -pläne aufstellen, steht in Japan ein zentralistisches System gegenüber. Dabei stellt sich gerade für Japan mit seinen ausgeprägten regionalen Disparitäten und seiner überstarken Konzentration von Bevölkerung und Wirtschaft in den Ballungsgebieten die Notwendigkeit raumordnungspolitischer Maßnahmen besonders dringlich. Dies gilt nicht nur im Hinblick auf eine ausgewogenere Landesentwicklung, sondern auch aufgrund der ständigen Bedrohung durch Naturkatastrophen, insbesondere durch ein jederzeit mögliches destruktives Erdbeben mit verheerenden Feuersbrünsten gerade in den dichtest besiedelten Gebieten an der pazifischen Küste.

Wer sind in den beiden Staaten die Akteure, die Träger der Raumordnung? Wie groß ist der politische Einfluß der zuständigen Ressorts auf nationaler, aber auch auf regionaler und lokaler Ebene?

Für die Raumordnungspolitik als Politik nicht eines einzigen, sondern vieler Ressorts, deren Interessen oft recht unterschiedlich sind, stellt sich das Problem der Koordinierung diverser Fachplanungen. In der Bundesrepublik Deutschland hat auf gesamtstaatlicher Ebene das frühere Bundesbauministerium in Erweiterung seiner Aufgaben als heutiges „Ministerium für Raumordnung, Bauwesen und Städtebau" diese Funktion mit übernommen. In Japan wurde 1974 eigens eine Raumordnungsbehörde (National Land Agency: *Kokudo-chô*) ins Leben gerufen. Diese hat allerdings nicht den Rang eines Voll-, sondern nur eines „Quasi-Ministeriums" oder „Amtes" (*chô*). Ihre Aufgaben liegen in der Planung, Informationsbeschaffung und Forschung sowie nicht zuletzt in der Koordinierung raumordnungspolitischer Belange zwischen den einzelnen Ministerien.

Zum Verständnis der Strukturen und Probleme eines Landes wird gewöhnlich von der *nationalen* Maßstabsebene ausgegangen – im Zeitalter der Globalisierung der Wirtschaft zurecht auch die supra-staatliche Perspektive miteinbezogen. Zum tieferen Verständnis eines Landes ist jedoch ein weiterer Schritt nötig: die Differenzierung auf einer niedrigeren Aggregationsebene, nämlich der *regionalen* und *lokalen*. Wichtig für unser Thema ist die Frage nach den Kompetenzen der Träger raumordnungspolitischer Belange vor allem auf der mittleren Ebene im „*regionalen"* Bereich.

Innerhalb der streng vertikalen, dreistufigen Administration Japans – 1. Zentralregierung (*kuni*), 2. Regierungsbezirke = Präfekturen (*todôfuken*), 3. Gemeinden (*shichôson*) – ist die einzige „regionale" Verwaltungsstufe die der mittleren Ebene, der Präfekturen (Abb. 1). Diese sind jedoch in ihrer politischen Struktur und Kompetenz mit den deutschen Bundesländern überhaupt nicht vergleichbar, auch nicht mit unseren „Regierungsbezirken" (als den die Kommunalaufsicht ausübenden Mittelbehörden der meisten Bundesländer).

Im Vordergrund unseres Themas stehen jedoch weniger die klein- als die großräumlichen Ordnungsprobleme. Geht es doch um die Probleme des

strukturellen Ungleichgewichts zwischen unter- und überentwickelten Gebieten, zweier Raumkategorien, die sich am besten in (groß)regionalen, d.h.
für Japan: überbezirklichen Dimensionen messen lassen. Die (Groß-) „Region" (*chiiki, chihô*, Abb. 1) hat jedoch in der dreistufigen japanischen Verwaltung gar keine Vertretung, wenngleich sie, vor allem in der Peripherie,
im Bewußtsein der Bevölkerung durchaus verankert ist. Die auf Übersichts-
karten Japans bisweilen zu findende Abgrenzung von (Groß-)"Regionen" im
Sinne einer „Verwaltungs"-Gliederung ist irreführend, da der Anschein erweckt wird, Tôhoku, Kanto, Chûbu, Kinki, Chûgoku, Shikoku und Kyûshû
seien eigenständige Verwaltungseinheiten mit politischen Kompetenzen.
Dies ist jedoch mitnichten der Fall. Die Abgrenzung nach Großregionen in
Japan dient vorrangig statistischen Zwecken und beinhaltet administrative
Aspekte nur in dem Sinne, daß die japanische Ministerialbürokratie großre-
gional Dependancen unterhält, deren Aufsichtsbereiche in ihrem regionalen
Zuschnitt je nach Ministerium differieren können.

2. Japan: Raum und ungleiche Entwicklung

„Ungleichheiten" manifestieren sich auf unterschiedlichen Ebenen und in
verschiedenen Sektoren. Im Kontext der Raumordnung geht es vor allem um
Unausgewogenheiten auf regionaler („horizontaler", geographischer) Ebene.
Korrelationen mit sozialen („vertikalen") und geschlechtsspezifischen Disparitäten liegen nahe. Am Beispiel des Hochschulwesens, der Bildungsbeteili-
gung und Bildungswanderungen in Japan wird deutlich, daß die Chancenungleichheiten auf regionaler Ebene durch die Überlagerung mit schichten- und
geschlechtsspezifischen Ungleichgewichten vertieft werden (Flüchter 1990b,
S. 167f.).

Im folgenden geht es um Beispiele von Disparitäten auf regionaler Ebene.
Mit einer Durchschnittsdichte von 333 E./km^2 (1994: 124 Mio. Einwohner
auf 372.706 km^2) erscheint Japan nicht sonderlich übervölkert. Unter Berücksichtigung freilich nur der Tieflandsgebiete i.w.S., die alles in allem
nicht einmal ein Viertel der Gesamtfläche einnehmen, ergibt sich eine durchschnittliche Bevölkerungsdichte von 1.330 E./km^2. Aber auch dieser Wert ist
nur eine statistische Größe, da selbst innerhalb der Tieflandsbereiche die Bevölkerung sehr ungleichmäßig verteilt ist. Eine Hervorhebung der höchstver-
dichteten Gemeinden mit über 2.000 E./km^2 läßt das Ausmaß der Bevölkerungskonzentration eher deutlich werden (Abb. 2). Noch wesentlich schärfer
kommen die Agglomerationskonturen in den „Densely Inhabited Districts"
zum Ausdruck (DID: Zählbezirke mit einer Bevölkerungsdichte von mindestens 4.000 E./km^2, Abb. 3). Wohnten hier 1960 43,7% der Gesamtbevölke-

rung auf nur 1,05% der Landesfläche, so stiegen die Anteile 1990 auf 63,2% der Gesamtbevölkerung bzw. auf 3,11% der Gesamtfläche an – gleichzeitig ging die durchschnittliche Bevölkerungsdichte innerhalb der DID von 10.563 E./km² (1960) auf 6.661 E./km² (1990) zurück.

Die Verstädterung konzentriert sich auf die pazifische „Vorderseite" Japans: im engeren Sinne als „Metropolisierung" auf die drei großen Ballungsräume Tokyo, Osaka und Nagoya, des weiteren als „Megalopolisierung" zu einem großregionalen Städteband zwischen den Räumen Tokyo und Osaka bzw. verlängert nach Westen bis Kitakyushu/Fukuoka. Der Verstädterungsprozeß ist besonders stark ausgeprägt in den o.g. drei Metropolregionen. Hier hat die Bevölkerung innerhalb eines 50 km-Umkreises von 33,4% (1960) auf 43,6% (1990) des gesamtjapanischen Anteils zugenommen, allen voran im Raum Tokyo, wo im gleichen Zeitraum der Anteil von 16,7% auf 23,6% gestiegen ist.

Was die Entwicklung der Bevölkerungsbilanz nach Präfekturen anbelangt, so nahmen die räumlichen Disparitäten 1960-1965 am stärksten zu, während sich das Tempo der weiteren Verschärfung der Gegensätze seitdem relativ verringert hat. 1975-1980 wies mit Ausnahme von Tokyo keine, 1980-1985 nur eine einzige Präfektur in der Provinz (Akita) ein Negativsaldo auf, doch lagen die Wachstumsraten fast aller peripheren Regionen deutlich unterhalb der durchschnittlichen Bevölkerungszunahme Gesamtjapans. Der Trend zur Unausgewogenheit der Bevölkerungsverteilung zwischen den Präfekturen hat sich 1985-1990 erneut verschärft, da 17 (!) ausschließlich nicht-metropolitane Präfekturen Negativ-Bilanzen aufwiesen (Abb. 4). Die Lorenzkurven der Jahre 1960, 1975 und 1990 bestätigen, daß der Konzentrationsprozeß der Bevölkerung nach Präfekturen in der Phase höchsten Wirtschaftswachstums sehr stark war und daß sich dieser Trend seit Mitte der 70er Jahre zwar abgeschwächt hat, die Unausgewogenheit der Bevölkerungsverteilung jedoch alles in allem zunehmend größer geworden ist (Abb. 5).

Erhebliche und seit den 80er Jahren wieder stärker wachsende regionale Ungleichgewichte zeigen sich ferner im Pro-Kopf-Einkommen der Bevölkerung, insbesondere zwischen „zentralen" und „peripheren" Räumen, erstaunlicherweise aber auch zwischen den Metropolen. Setzt man den Pro-Kopf-Einkommenswert der Präfektur Tokyo für 1989 (4,3 Mio. Yen = ca. 70.000 DM) mit 100 gleich, so verzeichnet selbst die Metropol-Präfektur Osaka auf Platz zwei nur den Index 74,7, Okinawa als Schlußlicht sogar lediglich 44,4 (1975 noch 52,7). Weitere acht Präfekturen (fast ausschließlich periphere) erreichen nicht einmal die Hälfte, außerdem 24 (nicht-metropolitane) weniger als 61 des Indexes von Tokyo (Nihon kokusei zue chiiki tôkei-han 1992, S. 287).

Beträchtliches und stark zunehmendes Übergewicht haben die Metropolen im Bereich qualifizierter Dienstleistungen, allen weit voran die *Hauptstadtregion*. Allein die flächenmäßig kleine *Präfektur* Tokyo weist zwar nur 0,9%

der gesamten Landesfläche und 9,6% der Bevölkerung auf, verzeichnet aber einen Anteil von 24,2% aller Geldeinlagen, 33,6% aller Staatssteuereinnahmen, 36,5% aller Darlehensbeträge und 71,1% des landesweiten Aktienhandels (Nihon kokusei zue 1992, S. 53). Tokyo als mit Abstand größte japanische *Metropolregion* (bestehend aus vier Präfekturen) konzentriert auf 3,6% der Landesfläche 25% der Gesamtbevölkerung, 44% aller neuimmatrikulierten Studierenden, 59% aller Hauptverwaltungen der japanischen Großunternehmen, 85% der Gesamtsumme der Verrechnungswechsel, 89% der Gesamtzahl ausländischer Firmensitze in Japan auf sich (Flüchter 1990a, S. 189).

Die heutige Konzentration von Bevölkerung und Wirtschaft an der pazifischen Küstenseite Mittel-Honshûs, insbesondere in der Hauptstadtregion Tokyo, ist erst das Ergebnis der neueren wirtschaftlichen Entwicklung Japans. Noch nach Ende der Abschließungszeit 1868 war das Städtesystem in seiner räumlichen Verteilung relativ ausgeglichen, gleichsam ein Spiegelbild der Kleinkammerung des Landes, auch wenn schon damals die größten Städte an der pazifischen Seite lagen. Parallel mit den großen Wirtschaftserfolgen Japans in der Nachkriegszeit verstärkten sich die räumlichen Unausgewogenheiten zugunsten der Metropolen, allen voran Tokyos, dergestalt, daß man von einer Pyramidisierung des japanischen Städtesystems sprechen kann. Insbesondere seit den 1980er Jahren ist es zu einer vor allem in qualitativer Hinsicht bedenklich einseitigen Entwicklung der Hauptstadtregion gekommen, einem Prozeß, der als „unipolare Konzentration Tokyos" (*Tôkyô ikkyoku shûchû*) im Kontext der Globalisierung der japanischen Wirtschaft anhaltend stark diskutiert wird.

Die *inter*-regionalen Agglomerationsvorgänge finden sich auch auf *intra*-regionaler Ebene: Innerhalb einer nicht-metropolitanen Präfektur verläuft der Ballungsprozeß primär zugunsten der jeweiligen Präfekturhauptstadt, sekundär zugunsten sonstiger Städte mit diversifizierter Wirtschaftsstruktur, in jedem Falle auf Kosten der regionalen Peripherie. Die Beispiele ungleicher Regionalentwicklung, für die inter- wie intra-regional auch extrem divergierende *Bodenpreise* symptomatisch sind, machen die Dringlichkeit raumordnungspolitischer Initiativen deutlich.

3. Zentralisierung versus Dezentralisierung als ein grundlegendes Problem der Landesentwicklung

Die erheblichen räumlichen Unausgewogenheiten in Japan können den Eindruck erwecken, als habe der japanische Staat diese Probleme im Interesse des gesamtwirtschaftlichen Fortschrittes ignoriert. Dabei ist unstreitig, daß die Provinz in verschiedener Hinsicht Fortschritte gemacht hat, z.b. bezüglich ihres gestiegenen Anteils an der Produktion industrieller Massengüter oder durch staatliche Investitionen zur Verbesserung der regionalen Infrastruktur (u.a. neue Regionalflughäfen, Erweiterung des Autobahn- und Shinkansen-Netzes). Tatsache ist auch, daß es in Japan zahlreiche raumordnungspolitische Initiativen zur Verminderung der regionalen Disparitäten gab und gibt. *Vier nationale Raumentwicklungspläne („zur umfassenden Entwicklung des ganzen Landes" 1962, 1969, 1977, 1986)* haben es allerdings nicht vermocht, der Regionalentwicklung die Impulse zu vermitteln, die zum Abbau der Ballungsprozesse nötig sind (Flüchter 1990a). Eine differenzierte Bewertung eines in gleicher Absicht vom MITI 1980 initiierten Konzepts mit dem anspruchsvollen, imageträchtigen Namen *„Technopolis"*, das national und international großes Aufsehen erregte, steht noch aus (Flüchter 1994).

Ein *Kernproblem der Landesentwicklung generell* besteht in der Kontroverse zwischen

- den *ökonomischen* Zielsetzungen im Sinne eines gesamtwirtschaftlichen Wachstums und
- dem *raumordnungspolitischen* Primat des Abbaus regionaler Unausgewogenheiten.

In der Theorie wären zwei kontrastierende Zielsetzungen denkbar (Bartels 1978, S. 239):

- auf der einen Seite ein *„Zentralisations-/Polarisationsmodell"*, das ein großes Ausmaß an Disparitäten um des Gesamtfortschritts willen toleriert,
- auf der anderen Seite ein *„Dezentralisations-/Regionalmodell"*, das im Sinne der „Teilhabe aller an allem" erhebliche Opfer an gesamtgesellschaftlicher Entwicklungsenergie für richtig hält.

In sehr grober Weise könnte man die Bundesrepublik Deutschland als föderalistischen Staat mit entsprechenden regionalfreundlichen Landesentwicklungsprogrammen dem zweiten Modell, Japan als stark zentralisiertes Land dem ersten zuordnen.

Gegenüber der Förderung zurückgebliebener Regionen hatte in Japan die Beschleunigung des *gesamtwirtschaftlichen* Wachstums Vorrang. Die Ausnutzung der Standortvorteile in den Ballungsräumen versprach rasanteres Wirtschaftswachstum und schneller steigenden Lebensstandard. Parallel zu der eindrucksvollen Gesamtentwicklung des Landes entstanden erhebliche regionale Unausgewogenheiten. Die Vernachlässigung der regionalen Bedürfnisse gerade in der Zeit wirtschaftlicher Hochkonjunktur (bis Anfang der 70er Jahre) wiegt in Phasen der Rezession (Ölkrisen 1973/74, 1980, Zusammenbruch der „bubble economy" Anfang der 90er Jahre) und seit der Globalisierung der japanischen Wirtschaft (Mitte der 80er Jahre) um so schwerer.

Kernthese

Eine mitentscheidende Ursache des beispiellosen Wirtschaftserfolgs Japans liegt in der konsequenten Ausnutzung von *Agglomerationsvorteilen*, d.h. in der Minimierung der Produktionskosten durch räumliche Konzentration zu Lasten der Regionalentwicklung.

Grundproblem der Landesentwicklung Japans ist weniger das Mißverhältnis von Bevölkerungszahl und Flächenverfügbarkeit schlechthin als vielmehr die starke Wirtschafts- und Bevölkerungskonzentration in den Ballungsräumen bei gleichzeitiger Ausdünnung der ländlichen Gebiete. Hohes Wirtschaftswachstum korrelierte mit Konzentrationsprozessen auf lokaler, regionaler und nationaler Ebene. *Agglomerationsvorteile* finden sich beispielhaft (Flüchter 1994):

1. in *Küsten-Großindustriekomplexen* durch a) *interne* Ersparnisse: Senkung der Produktionskosten mittels Wahrnehmung von Größeneffekten als Wettbewerbsvorteil (economies of scale) und b) *externe* Ersparnisse: Ergebnis der räumlichen Konzentration interdependenter Betriebe (localization/urbanization economies),
2. im *Zuliefererbereich* („lean production" u.a. durch räumliche Konzentration),
3. in den großen *Ballungsgebieten im allgemeinen* infolge der Potentiale von „Verstädterungsvorteilen" (urbanization economies),
4. in der *Hauptstadtregion Tokyo im besonderen* aufgrund der hier extremen Konzentration von „Verstädterungsvorteilen" höchsten Niveaus.

4. Grundprobleme zur Durchsetzung einer effizienten Raumordnungspolitik in Japan

4.1. Zentralistische Staatsstruktur

Der wohl entscheidende Grund für die Probleme der Regionalentwicklung in Japan liegt in der straff zentralisierten Staatsstruktur und der von ihr geprägten Überentwicklung und außergewöhnlichen Anziehungskraft der Hauptstadt Tokyo, die alle wichtigen Zentralfunktionen an sich bindet. Demgegenüber gibt es kein regionales Mitspracherecht für die Großregionen (z.B. Kyûshû, Shikoku, Chûgoku, etc.): räumliche Bezugsebenen, die man sich mit Blick auf unsere Bundesländer als hervorragende Träger regionaler Interessen vorstellen könnte. Nur relativ bescheiden sind die Kompetenzen auf der kleinregionalen und lokalen Ebene: Präfekturen und Gemeinden haben zwar seit der Nachkriegszeit parlamentarische Repräsentanz und Potentiale an Selbständigkeit (z.B. in der Stadtplanung und Umweltschutzpolitik), erscheinen jedoch in der Realität weitgehend als der verlängerte Arm der Zentralregierung, von der sie aufgrund nur geringer eigener Steuereinkünfte finanziell in hohem Maße abhängig sind. Oberhalb der Präfekturebene steht die politische Ohnmacht der Großregionen dem in Japan vielzitierten Anliegen einer „Revitalisierung der Region" (*chiiki kasseika*) hemmend im Wege. Das großregionale Kompetenz-Vakuum ist darüber hinaus auch ein entscheidendes Hindernis bei der Bewältigung der Verstädterungs- und Ballungsprobleme, zu deren Lösung die Schaffung nicht nur supra-kommunaler, sondern vor allem supra-präfektural wirksamer Planungs- und Zweckverbände dringend erforderlich ist.

4.2. Fehlen einer ausreichend legitimierten zentralstaatlichen Machtinstitution

Zur Durchsetzung einer effizienten Raumordnungspolitik fehlt es an einer starken zentralen Institution von ausreichender Autorität, um die Fachplanungen und divergierenden Interessen der einzelnen Ministerien wirksam zu koordinieren. Weder die zunächst für die Gesamtentwicklungsplanung zuständige Economic Planning Agency (*Keizai kikaku-chô*) noch die 1974 eigens für die Planungskoordinierung ins Leben gerufene Raumordnungsbehörde National Land Agency (*Kokudo-chô*) konnten als „Ämter" oder „Quasi-Ministerien" die ihnen zugedachten Funktionen wahrnehmen. Die Ursachen dafür liegen in der fehlenden Vollzugsverbindlichkeit sowie nicht zuletzt in Prestigekämpfen und Eifersüchteleien zwischen den einzelnen Ministerien. Differenzen dieser Art sind zwar in jedem Staat üblich, in Japan jedoch als interministerielle Grabenkriege besonders berühmt und berüchtigt, mit dem Resultat, daß in Japans stark „vertikal" gegliederter, „horizontal" schlecht verbundener Bürokratie jedes Ministerium und Amt regelmäßig am anderen vorbeiplant und unabhängig vom anderen Beschlüsse faßt.

4.3. Leerformelhaftigkeit nationaler Raumentwicklungspläne

Die japanische Raumordnungspolitik stützt sich auf Rahmenpläne, die lediglich Orientierungscharakter haben und eine praktische Umsetzung erschweren. Typisch für diese Pläne ist ihre Leerformelhaftigkeit, die zwei Gesichter aufweist: bar jeglichen Zwangscharakters ermöglicht sie Flexibilität unter Einbringung neuester Erkenntnisse; andererseits tut sie keinem weh und deckt nach dem Gießkannenprinzip die Interessen der gesellschaftlich maßgeblichen Gruppen wie der betroffenen regionalen Gebietskörperschaften in einer Weise ab, daß sich alle darin wiederfinden. Die leerformelhaften Pläne resultier(t)en offiziell („tatemae"-Prinzip) in recht sinn- und hoffnungsvollen Zielsetzungen für die Region, erlaub(t)en andererseits ein Weiterdahindümpeln in Laissez-faire-Manier, eine ausgesprochene Halbherzigkeit wenn nicht eine Verwendung als Alibi bei der Durchführung raumordnungspolitischer Belange: Raumordnungspolitik in Japan steht vor allem auf dem Papier, hat sich zu orientieren an den Prioritäten der Wirtschaft.

5. Regionale Ungleichheiten, Ineffizienz der Raumplanung, Zentralismus: Anmerkungen, Fragen und Thesen im Kontext des Themas „schlanker Staat" und „staatliche Legitimation"

Dirigismus und *Laissez-faire* in Politik, Kultur und Gesellschaft: Das japanische Wortpaar „nasu/naru", mit „Machen/Werden" nur unzureichend übersetzt und Ausgangspunkt für die Themenstellung des 4. Japanologentages der OAG am 17./18.3. 1994 in Tokyo („Gewollt oder geworden? – Planung, Zufall, natürliche Entwicklung in Japan"), vereint die Dialektik beider Begriffe, die für unser Thema zu den folgenden Feststellungen und Fragen führt.

Trotz der starken regionalen Unausgewogenheiten zu Lasten der Provinz und der anhaltenden Konzentrationsprozesse zugunsten der Ballungsgebiete hat die Akzeptanz raumwirksamer Staatstätigkeit in Japan in keiner Weise gelitten. Dies ist aus bundesdeutscher Sicht erstaunlich. Das raumordnungspolitische Ziel der Schaffung gleichwertiger Lebensverhältnisse in allen Teilregionen des Landes zum Abbau von Chancenungleichheiten bedeutet uns viel, ist bei uns im Grundgesetz verankert, ökologisch sinnvoll, basisdemokratisch, kultur- und parteipolitisch von großem Gewicht, Voraussetzung für regionale Vielfalt.

Woher also bezieht der Staat in Japan die Rechtfertigung, die Regionalinteressen seiner Bevölkerung derart zu ignorieren? Wie kann er es verantworten, eine Ballung zuzulassen, die zu ertragen im täglichen Leben sehr streßreich ist (Beispiel: „Pendlerhölle", *tsûkin jigoku*), im Falle jederzeit drohender Naturkatastrophen (Erdbeben!) allerschlimmste Befürchtungen aufkommen läßt? Mit welcher Legitimation sieht er der Ausdünnung seiner Provinz so wenig tatkräftig zu? Wie schafft er es, mit so geringem regionalpolitischem Engagement und so geringer raumordnungspolitischer Effizienz in seiner Lenkungsfunktion so erfolgreich zu bleiben? Wie erklären sich in einem zentralistischen Staatswesen wie Japan die im Vergleich zu ähnlich strukturierten Ländern Europas (Großbritannien, Frankreich) erstaunlich geringen (wenn überhaupt vorhandenen) Selbständigkeitsbestrebungen der Provinz?

Die Hinnahme regionaler Defizite, das Tolerieren raumordnungspolitischer Ineffizienz und die Akzeptanz eines starken Zentralismus sind Phänomene, zu deren Erklärung folgende Punkte und Thesen beitragen:

5.1. Wirtschaftseffizienz und Massenwohlfahrt als Legitimation für unzureichenden Regionalausgleich

Ressourcenknappheit und die daraus resultierende nationale Verwundbarkeit erklären das in weiten Teilen der japanischen Bevölkerung tief verankerte Bewußtsein vom Vorrang der Ökonomie, sanktionieren eine freie Marktwirtschaft neo-liberalen Typs, deren Erfolg mangelnde Umverteilungsleistungen einschließt. Dezentralisierung erfordert erhebliche finanzielle Belastungen durch staatliche Investitionen, z.b. Infrastrukturleistungen als Ansiedlungsanreiz für Unternehmen. Zentralisierung bringt dagegen – zunächst einmal – Ersparnisse durch Wahrnehmung von Agglomerationsvorteilen.

These a: Massenwohlstand und relative Vollbeschäftigung differieren zwar regional erheblich, haben jedoch auf der Grundlage eines absolut hohen Einkommenssockels auch in unterentwickelten Regionen zu einer gewissen ökonomischen Satisfaktion geführt, dergestalt, daß markt-konforme Prioritäten des Staates zugunsten der Ballungsgebiete (Ausbau der dortigen Infrastruktur, keine Unternehmer-Vergrämung durch metropolitane „Abschreckungssteuern") und auf Kosten der Provinz (zu dürftige regionalpolitische „incentives") landesweite Akzeptanz finden.

These b: Als nicht-staatliche Akteure machen die Unternehmen nicht „am Staat vorbei" Politik (Ronge 1980). Sie nutzen vielmehr im Rahmen des staatlichen Laissez-faire ihre Spielräume, indem sie ihre regionalpolitischen Freiheiten voll ausschöpfen und die Standortvorteile durch Agglomeration nutzen (als Beispiel die Bucht von Tokyo: Flüchter 1985).

These c: Die „unipolare Konzentration" von Bevölkerung und Wirtschaft in Tokyo (*Tokyo ikkyoku shûchû*) mag ökologisch und regionalpolitisch unverantwortlich sein, hat sich jedoch in ökonomischer Hinsicht im Gefolge der Globalisierung der japanischen Wirtschaft als außerordentlich erfolgreich erwiesen. Die Konkurrenz der Weltmetropolen ist Ausdruck der Konkurrenz auch auf staatlicher Ebene zwischen den führenden Industrieländern. Will Tokyo bzw. Japan in diesem Wettstreit erfolgreich sein, liegt der Ausbau der Hauptstadt als Zentrum weltwirtschaftlich gewichtiger Funktionen nahe.

These d: Die zentralistische Staatsstruktur (nicht zu verwechseln mit der zentralstaatlichen Führungsschwäche infolge inter-ministerieller Animositäten und zentralstaatlicher Pluralismustendenzen, vgl. Foljanty-Jost 1991) wird als starkes Potential für Staatseffizienz und „Schlankheit" nicht ernsthaft in Frage gestellt und legitimiert sich durch Leistungen (Beispiele: geringe Staatsquote, Ministerialbehörden als wirksame Steuer-, Organisations- und Informationszentralen mit Weisungsbefugnis bis auf die unterste Ebene, zentrale Erstellung aktueller Statistiken, Bevölkerungszensus im Abstand von nur 5 Jahren als stetig aktuelle Planungsbasis).

5.2. *Parteipolitische Indifferenz und pluralistisch anmutende Entscheidungen in Fragen der Raumordnungspolitik*

These a: Die Legitimität eines raumordnungspolitisch unzureichenden Handelns wird dadurch begünstigt, daß das Problem der regionalen Disparitäten und des Zentralismus kein parteipolitisches Thema von Rang war und sich auch bei Wahlen nicht in dem Maße niederschlug, wie man es bei uns erwarten würde.

These b: Die mangelnde Durchsetzungskraft der nationalen Raumentwicklungspläne erfährt Entlastung dadurch, daß bei ihrer Erarbeitung im diverse Interessen widerspiegelnden Beratungsgremium des National Development Council (*shingikai;* bestehend aus ehemaligen Beamten sowie aus Vertretern der Öffentlichkeit und der Interessenverbände) zahlreiche Kompromisse geschlossen werden mußten, um es allen Beteiligten recht zu machen: Kompromisse, die auf eine Nivellierung der Pläne im Sinne von Leerformelhaftigkeit hinausliefen.

5.3. *Politische Aufwertung der Provinz durch ein veraltetes Wahlsystem und „Regionalmatadore"*

These: Vor dem Hintergrund der Abwanderungen aus der Provinz in die Metropolen führte die von der Liberaldemokratischen Partei gewollte Beibehaltung alter Wahlkreise zu einer politischen Aufwertung der die LDP mittragenden Landbevölkerung. „Regionalbosse" sorgen mit nicht geringem finanziellen Einsatz für Geldsegen, insbesondere nach einem Aufstieg in führende Regierungsämter (Bedeutung der ehemaligen Ministerpräsidenten Tanaka für die Präfektur Niigata und Takeshita für die Präfektur Shimane).

5.4. *Relativ positive Bewertung des Phänomens „Ballung"*

These: Trotz der längst erkannten Ballungsnachteile (Raumenge und Flächenknappheit, extrem hohe Bodenpreise, lange und aufreibende Pendelwege, mangelnde Grün- und Freiflächen, Klaustrophobiekomplexe, hohe Umweltbelastungen und Katastrophenanfälligkeit) wird die Bevölkerungskonzentration in den Metropolregionen auch neueren Umfragen zufolge längst nicht nur negativ beurteilt. Vor allem junge Leute empfinden die Unbequemlichkeit der Massensituation alles andere als unerträglich angesichts der vielfältigen positiven Möglichkeiten und Anregungen, die sich aus der Ballung ergeben.

5.5. Bedeutung von Nationalstolz und nationaler Homogenität

These: Regionale Defizite und zentralstaatliche Bevormundungen werden kompensiert durch eine starke nationale Identität und die Genugtuung, die die gesamte Nation aufgrund des Wirtschaftserfolges und der Wertschätzung ihres Landes verspürt, eine nationale Bestätigung, die vor allem im Stolz auf den Glanz der Hauptstadt spürbar wird. (Eine solche Begründung besitzt nur für Staaten mit starker nationaler Homogenität Gültigkeit, nicht jedoch für Länder mit ethnischen Minderheiten in Peripher-Regionen – Beispiele: Großbritannien und Frankreich).

5.6. Zentralstaatliches Handeln und Staatsautorität als Zeugnis der Historie

These: Die Tradition des autoritären, zentralistischen Staates der Tokugawa-Zeit begründet die Legitimität strikten zentralstaatlichen Handelns „von oben nach unten" bis heute – die regelmäßigen Besuche sich devot gebender Vertreter regionaler Gebietskörperschaften bei ihrem obersten Dienstherren in Tokyo erinnern an Unterwürfigkeitsrituale der Daimyô gegenüber dem Shôgun im alten Edo im Rahmen ihrer Residenz- und Erscheinungspflicht („*sankin kotai*"-System).

5.7. Konfuzianisches Wertesystem als Legitimation für (auch räumliche) Hierarchisierungsprozesse

These: Obrigkeitsstaatliches Handeln in strenger Hierarchie verfestigt den Gegensatz zwischen Stadt und Land, zwischen Zentrum und Peripherie, begründet nicht zuletzt die außerordentlich starke Position der Hauptstadt als Zentrum aller bedeutenden Entscheidungen, legitimiert die „unipolare Konzentration" von Bevölkerung und Wirtschaft in Tokyo.

Kernthese

Japan verfügt somit im Vergleich zu anderen Ländern über *enorme Kompensationspotentiale*, die auch vor dem Hintergrund regionaler Ungleichheiten, eines staatlichen Dirigismus und staatlicher Laissez-faire-Haltung einen „schlanken Staat" und staatliche Legitimierung räumlicher Disparitäten ermöglichen.

Abbildung 1: Japan: Großregionen und Präfekturen

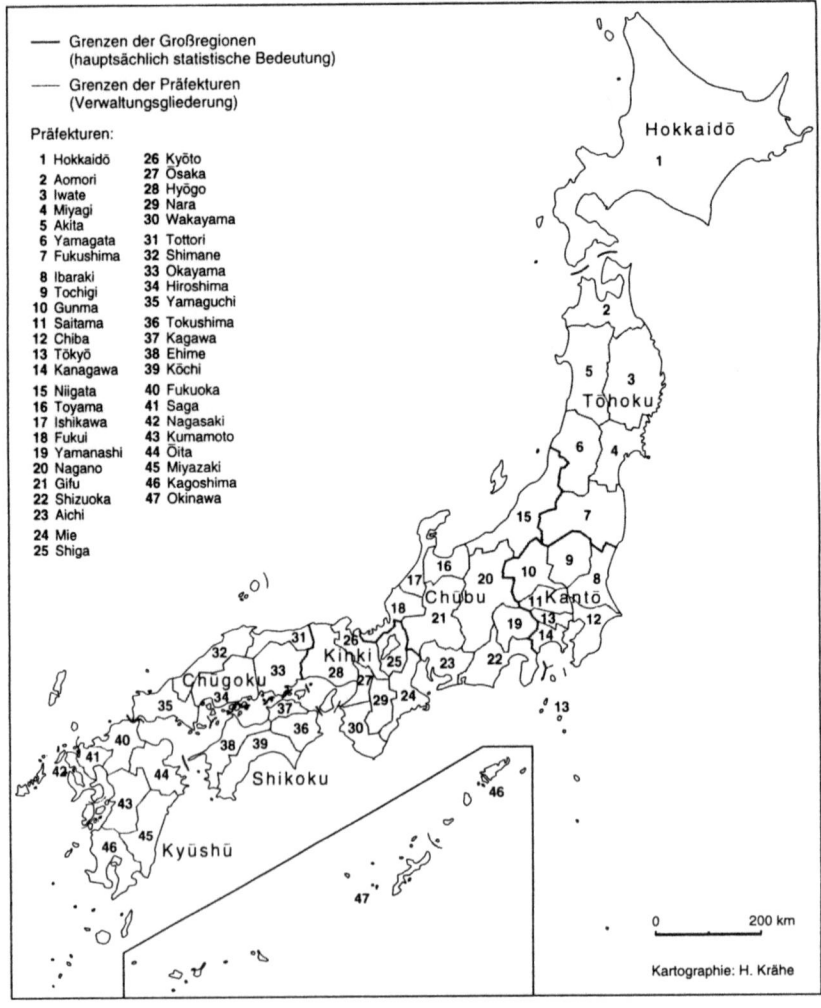

Kartographie: H. Krähe

Abbildung 2: Japan: Gemeinden mit einer Bevölkerungsdichte von über
2.000 E/km² bzw. über 1.000 E/km²

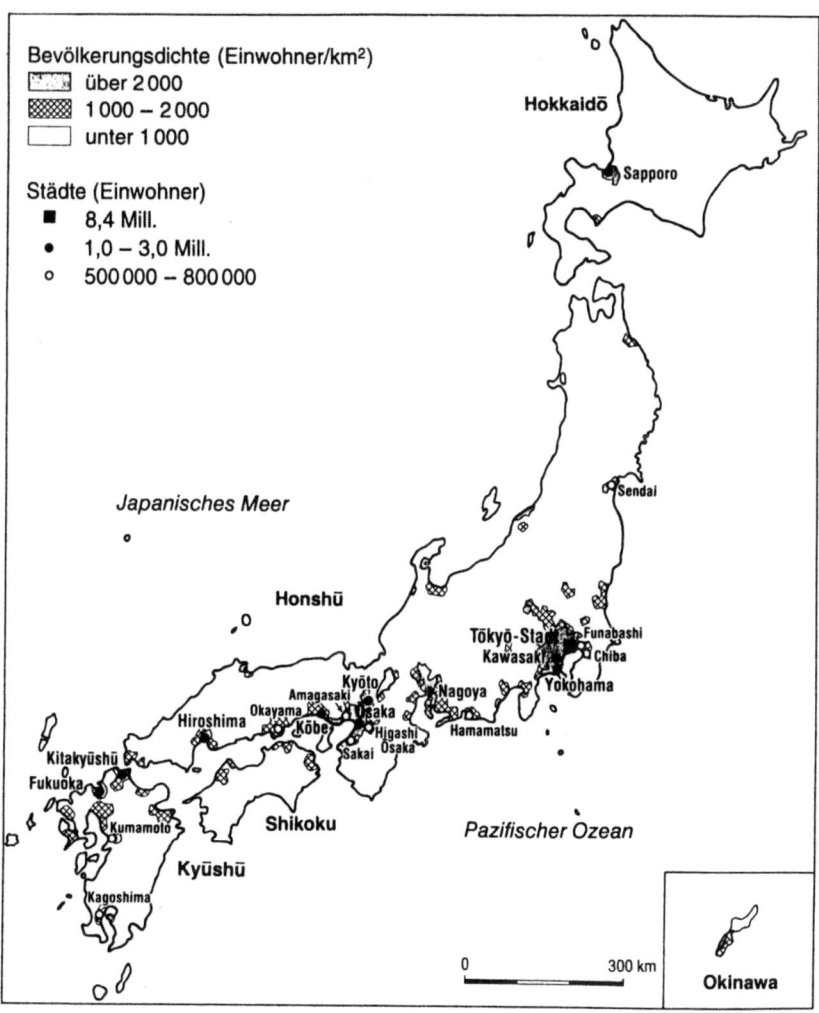

Quelle: 1985 Population Census. Population Maps of Japan, Part 2 No. 2: Population Density
by Shi, Machi and Mura
Bearbeitung: W. Flüchter

Abbildung 3: Zentral-Japan: Densely Inhabited Districts (DID)

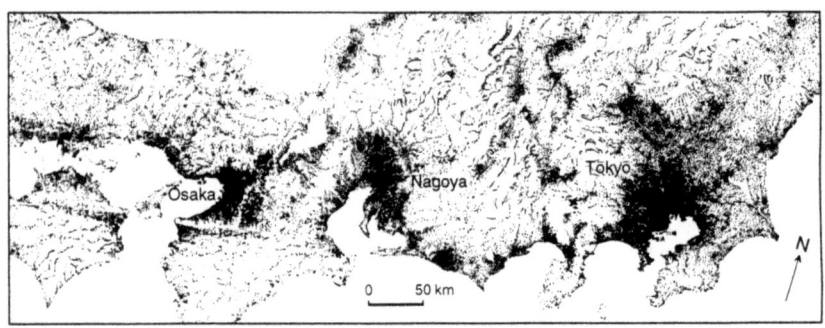

■ DID: Zählbezirke mit einer Bevölkerungsdichte von über 4 000 E/km² bei einer Gesamtbevölkerung von
über 5 000 Einwohnern

Quelle: Statistics Bureau, Management and Coordination Agency: 1985 Population Census,
Population Maps of Japan

Abbildung 4: Japan: Bevölkerungsbilanz nach Präfekturen, im Vergleich der Perioden 1960-65 und 1985-90

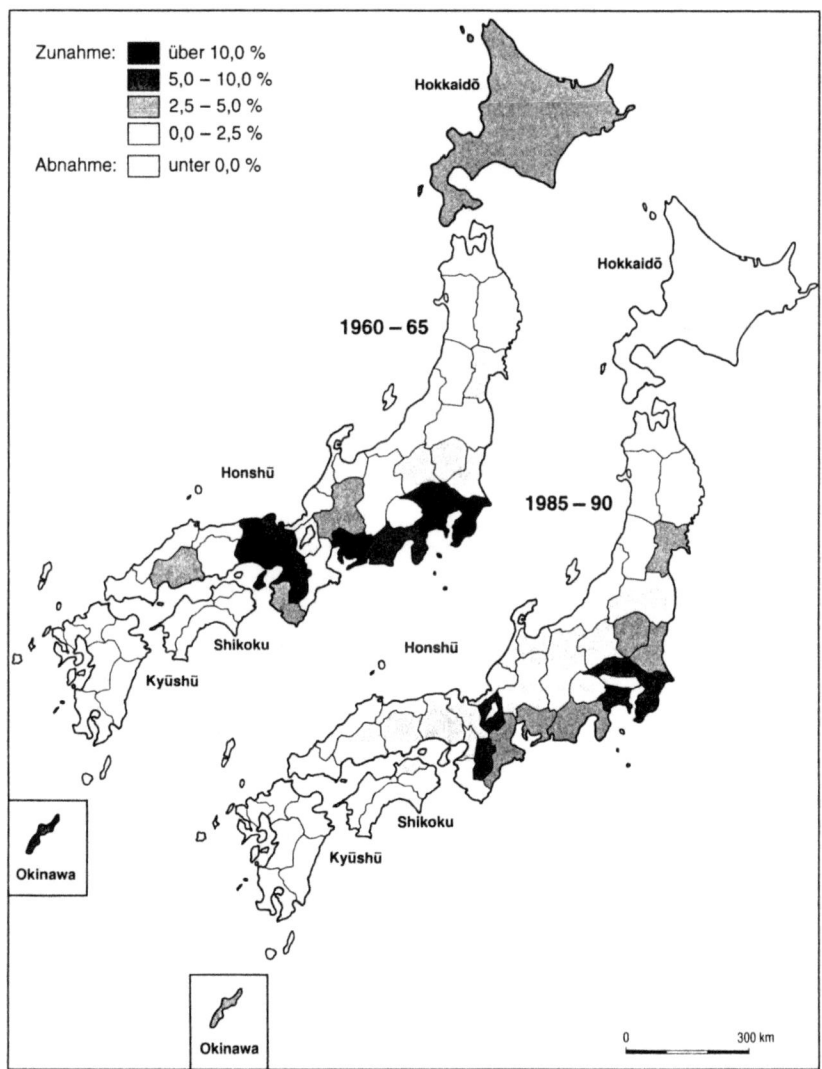

Quelle: Statistics Bureau, Management and Coordination Agency: 1990 Population Census of Japan, Preliminary Counts of the Population on the Basis of Summary Sheets (Japanisch), Tokyo 1990, S. 14ff.

Bearbeitung: W. Flüchter

Abbildung 5: Japan: Lorenzkurven der Bevölkerungsverteilung 1960, 1975 und 1990 nach Präfekturen

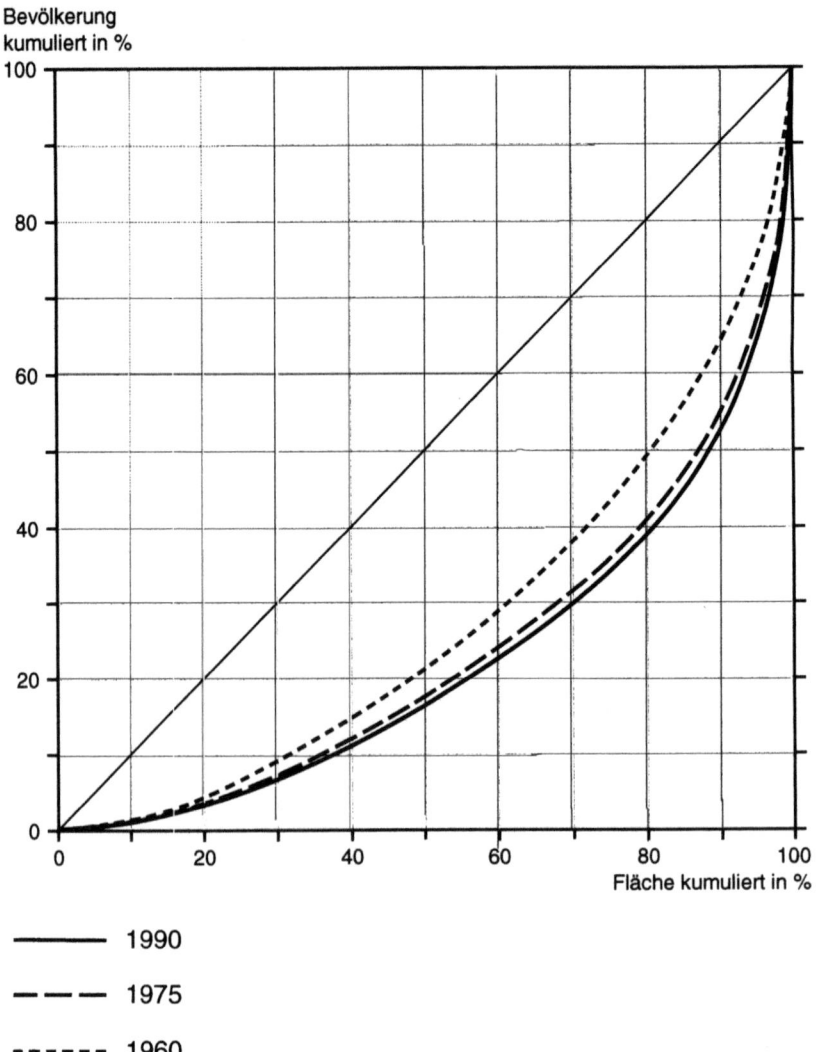

Bevölkerung kumuliert in %

Fläche kumuliert in %

—————— 1990

— — — 1975

- - - - - - 1960

Quelle: Statistics Bureau, Management and Coordination Agency: Major Aspects of Population of Japan, 1990 Population Census of Japan, Abridged Report Series No. 1, S. 21

Literatur

Bartels, Dietrich (1978), Raumwissenschaftliche Aspekte sozialer Disparitäten, in: *Mitteilungen der Österreichischen Geographischen Gesellschaft, Wien,* 1978, S. 227-242.

Brösse, Ulrich (1982), Raumordnungspolitik, Berlin, New York, (2. völlig neu bearbeitet Auflage).

Flüchter, Winfried (1985), Die Bucht von Tokyo. Neulandausbau, Strukturwandel, Raumordnungsprobleme, Wiesbaden.

Flüchter, Winfried (1990a), Japan: Die Landesentwicklung im Spannungsfeld zwischen Zentralisierung und Dezentralisierung, in: *Geographische Rundschau,* Nr. 42 (1990), S. 182-194.

Flüchter, Winfried (1990b), Hochschulstandorte und Bildungsverhalten unter Aspekten der Raumordnung in Japan (=Bochumer Geographische Arbeiten, Nr. 52 (1990)), Paderborn.

Flüchter, Winfried (1994), Japan: Geographische Fragestellungen, Strukturen, Probleme, in: Pohl, Manfred und Hans-Jürgen Mayer (Hrsg.), Japan, Bonn (im Druck).

Foljanty-Jost, Gesine (1991), Korporatismus, Pluralismus und die Herrschaft der Bürokratie. Zum politikwissenschaftlichen Forschungsstand der achtziger Jahre in Japan, in: *Nachrichten der Gesellschaft für Natur- und Völkerkunde Ostasiens (OAG),* Nr. 149-150 (1991), Hamburg, S. 165-186.

Nihon kokusei zue chiiki tôkei-han (1992), Dêta de miru kensei '93-94, Tokyo.

Ronge, Volker (1980), Am Staat vorbei. Politik der Selbstregulierung von Kapital und Arbeit, Frankfurt/Main, New York.

Ulrike Schaede

Positive Regulierung – Staat und Unternehmen im japanischen Wirtschaftswachstum

1. Einleitung

Japan hat sich im Verlauf von vierzig Jahren Wirtschaftswachstum vom „Billigprodukteur" zum „hi-tech leader" entwickelt. Für diese steile Entwicklung gibt es viele Erklärungsansätze (vgl. Johnson 1982), und nur wenige bestreiten, daß der Staat eine besondere Rolle in diesem Wachstumsprozeß gespielt hat. In letzter Zeit werden jedoch insbesondere in den USA vermehrt Stimmen laut, daß die nächste Entwicklungsstufe Japans eine Angleichung an die amerikanische Form des Kapitalismus sein muß; d.h. die Annahme amerikanischer Marktgesetze im Sinne von Wettbewerb, effizienten Märkten sowie dem Primat von Preismechanismus und Antimonopol-Gesetzen[1]. Belegt wird dieses Argument mit den ersten Anzeichen in Form des japanischen Regierungswechsels 1993 und damit einhergehenden angekündigten oder auch tatsächlich erfolgten Deregulierungen.

Es ist jedoch fraglich, wie diese jüngsten Veränderungen zu interpretieren sind. Sind dies tatsächlich erste Anzeichen einer Auflösung der japanischen Form von Kapitalismus, der von ganz eigenen Beziehungen zwischen Staat und Wirtschaft geprägt ist? Um laufende und zukünftige Ereignisse und Veränderungen richtig interpretieren zu können, ist es notwendig, zwischen Veränderungen an der Oberfläche und Kontinuitäten im Kern zu unterscheiden. Dieser Beitrag untersucht deshalb die Bestandteile, Instrumente und Wirkungsmechanismen von Regulierung in Japan, sowie deren Veränderungen in den vergangenen vierzig Jahren. Es wird so die Grundlage geschaffen für eine Bewertung und Interpretation von Veränderungen im Hinblick auf ihre Auswirkungen auf die Rolle des Staates für die japanische Wirtschaft, sowie auf das Verhältnis zwischen Staat und Industrie. Es wird deutlich, daß wir zwar viele Veränderungen im Instrumentarium der Regulierung, jedoch keine Veränderungen in der Grundhaltung vorfinden. Die laufenden Veränderungen reflektieren nicht den Beginn eines neuen Systems, sondern eine pragmatische Anpassung an externe und interne Entwicklungen. Während sich das Instrumentarium der Regulierung laufend fortentwickelt, bleibt der

---

[1] Siehe u.a. Artikel in *Business Week, The Wall Street Journal,* und *The Economist.* Wood (1992) prophezeit, daß Japan dem Bankrott entgegensieht, wenn es nicht bald amerikanische Praktiken in sein System von Finanzgeschäften und Finanzregulierung aufnimmt.

Kern, basierend auf einer besonderen Form von Beziehung zwischen Regierung und Staat, der gleiche.

„Regulierung" wird hier im weitesten Sinne des Wortes verstanden als ein Oberbegriff für alle Formen der Interaktion zwischen Staat und Wirtschaft, sowie Maßnahmen der Regierung zur Lenkung der Wirtschaft[2]. Im Gegensatz zu den USA und einigen europäischen Ländern, wo Regulierung ein negativer Begriff ist, der störende Eingriffe der Regierung in Markt- und Preismechanismen beschreibt, hat „Regulierung" hier zunächst keine direkte normative Implikation. Es wird im Laufe der Analyse deutlich werden, daß es in Japan eine Reihe von Institutionen gibt, die dazu dienen, das grundsätzlich adversative Verhältnis von Staat und Wirtschaft positiv zu gestalten.

2. Unterschiedliche Phasen der Regulierung im Nachkriegs-Japan

Die Entwicklung der japanischen Wirtschaft in den letzten vierzig Jahren läßt sich grob in drei Phasen unterteilen: 1. die „Periode des steilen Wirtschaftswachstums" in den Jahren 1950 bis 1973, gekennzeichnet von umfassender Regulierung und streng kontrolliertem Außenhandel; 2. das „Ölkrisen-Jahrzehnt" von 1973-1983, ein Jahrzehnt der Umstrukturierung und Umorientierung sowohl in der Industriestruktur als auch im Welthandel; und 3. die „Phase des stabilen Niedrigwachstums" von den frühen 80er Jahren bis heute, die sich insbesondere durch Deregulierung, „Internationalisierung" und Handelsreibereien mit den USA auszeichnen. Für die vorliegende Untersuchung sind die Phasen 1 und 3 von besonderem Interesse. Die wichtigsten Merkmale in Hinblick auf Strategie, Instrumente, Umsetzungsmechanismen und Fokus von Regulierung dieser beiden Phasen sind in Tabelle 1 (s. Anhang) zusammengefaßt.

Die Phase des steilen Wirtschaftswachstums kann als eine Phase der „aktiven Regulierung" verstanden werden. „Aktive Regulierung" beschreibt die

---

2   Johnson (1982) hat all dies unter dem Begriff der „Industriepolitik" subsumiert. In den jüngsten Diskussionen um Industriepolitik, insbesondere in den USA, hat „Industriepolitik" jedoch eine spezifische Bedeutung angenommen und bezieht sich auf gezielte Maßnahmen für einzelne Industrien, insbesondere im Technologiebereich, wobei weitgefaßte wie z.B. im Finanzbereich oftmals ausgeklammert bleiben.
Für die vorliegende Untersuchung ist es nicht maßgeblich, *wer* innerhalb der Regierung die Federführung über die Regulierung hat, d.h., ob es die Bürokratie oder die Regierungspartei ist, die die Richtung vorgibt. Eine Analyse der Auswirkungen von Regierungswechsel und Veränderungen im Machtverhältnis zwischen Bürokraten und Politikern auf Regulierung bleibt zukünftigen Untersuchungen überlassen. In diesem Beitrag beschreibt der Begriff „Regierung" die Bürokraten als die Ausführenden von Regulierung (und womöglich diejenigen, die Regeln formulieren). Zur Debatte des Machtverhältnisses zwischen Politikern und Bürokraten vgl. Johnson 1982 sowie Ramseyer und Rosenbluth 1993.

Dominanz über und Lenkung von allen Wirtschaftsbereichen durch die Regierung mit Hilfe von umfassenden Regulierungsmaßnahmen. Regulierung war „aktiv" in dem Sinne, daß die Regierung durch Gesetze, Regeln und administrative Lenkung (*gyôsei shidô*, administrative guidance) vorschrieb, welche ökonomischen Aktivitäten betrieben werden konnten, während unerwünschte Geschäfte von vornherein verboten wurden (wie z.B. durch das Außenhandelsgesetz[3], das vorschrieb, daß alle internationalen Transaktionen einer Genehmigung durch die Regierung bedurften). Die strategische Absicht hinter diesen Maßnahmen, die Förderung des Wachstums und die Entwicklung strategischer Industrien, wurde durch eine Reihe von Instrumenten umgesetzt, die das ökonomische Verhalten der Unternehmen direkt beeinflußten. Diese Instrumente können in schützende und unterstützende Maßnahmen unterteilt werden (vgl. Johnson 1982). Die Schutzmaßnahmen, im Sinne eines infant industry protectionism, beinhalteten Schutzzölle und Wechselkurskontrollen. Die aktive Unterstützung erfolgte durch a) vollständige Zinsregulierung mit dem Ziel, Niedrigzins-Kredite für die Wachstumsindustrien zur Verfügung zu stellen, b) Subventionen in großem Rahmen über das „Zweite Budget", FILP[4], sowie c) den Einkauf von ausländischen Technologien durch die Regierung, d) die Schaffung von „Industrieparks" und e) die Gründung von „promotion firms" (s.u.). Diese unterstützenden Maßnahmen waren in mittelfristige Strategien eingebettet, die in Fünf-Jahres-Plänen artikuliert wurden. Diese Pläne waren eindeutige Stellungnahmen seitens der Regierung, welche Bereiche als „strategisch" angesehen und deshalb auf längere Sicht im Sinne von Steuer- und Abschreibungsmaßnahmen unterstützt würden.

Der hauptsächliche Umsetzungsmechanismus in dieser Zeit waren spezifische „Industriegesetze". Dies sind besondere Gesetze für einzelne Geschäftssparten, wie z.B. das Bankenwesen (unterteilt in viele Einzelgesetze für jede Banksparte), Versicherungen, Öl, Pharmazie, Bauwesen, Tourismus, Lagerhaltung, Transportwesen, Einzelhandel etc., und natürlich Elektrizität und Lebensmittel. Zusätzlich zu diesen Gesetzen, und für Firmen in Industrien ohne eigene Gesetzgebung (wie z.B. die Automobil- und die Elektronikindustrie), bediente sich die Regierung des „Zuckerbrot-und-Peitsche"-Mechanismus der administrativen Lenkung. Dieser Mechanismus basiert auf einer Unzahl von Lizenzen und Genehmigungen, die für beinahe alle einzelnen Geschäftspraktiken nötig sind (wie z.B. die Eröffnung einer Filiale, der Umbau eines Supermarktes, die Veränderung von Öffnungszeiten etc.). Die Erlaubnis für eine solche Detailfrage kann vom zuständigen Ministerium auf diskretionärer Basis entschieden werden. Dieser Freiraum in der bürokratischen

---

3 *Gaikoku kawase oyobi gaikoku bôeki kanri hô*, Foreign Exchange and Foreign Trade Control Law.
4 Das „Fiscal and Investment Loan Program", *Zaisei tôyûshi keikaku*; vgl. Johnson 1978, Hanano et al. 1991.

Entscheidung stellt ein entscheidendes Druckmittel des Ministeriums gegenüber den Firmen dar: Wenn ein Unternehmen sich nicht den Anweisungen des Ministeriums beugt, könnte der nächste Antrag auf eine Genehmigung der Lizenz ohne weitere Begründung abgelehnt werden[5].

Die „aktive Regulierung" basierte also auf einer umfassenden Kontrolle der Wirtschaft, zum Teil per Gesetz, zum Teil per Diskretion der Ministerialbeamten. Damit diese Kontrolle einwandfrei funktionierte, schaltete die Regierung den Preismechanismus in fast allen Bereichen vollständig aus, insbesondere im Gebiet der Finanzen. Da Banken ihre Kunden nicht im Preiswettbewerb anlocken konnten, und da gleichzeitig die künstlich gedrückten Zinsen eine Übernachfrage nach Krediten hervorrief, standen die Finanzbehörden (Finanzministerium und Bank von Japan) im Mittelpunkt der Kreditallokation. Sie kontrollierten den Zugang zu Zentralbankgeldern durch die Banken, und damit Marktanteile der einzelnen Banken. Da die Kapitalmärkte größtenteils ausgeschaltet waren, so daß die Unternehmen auf Bankenkredite angewiesen waren, kontrollierten die Finanzbehörden gleichzeitig den Zugang zu Kreditgeldern durch die Unternehmen: Wenn die Banken kein Geld hatten, hatten die Unternehmen auch keines (vgl. Schaede 1989). „Aktive Regulierung" bedeutete deshalb auch direkte Kontrolle von unternehmerischen Entscheidungsprozessen durch die Regierung.

Die Ölkrise und die tiefe Rezession in den 70er Jahren waren, im Nachhinein gesehen, ein „Glücksfall" für die japanische Wirtschaft. Die japanische Industrie entstieg der vollständigen Umstrukturierung wie Phönix aus der Asche, mit Wettbewerbsvorteilen in allen Hi-Tech-Bereichen, insbesondere Autos und Elektronik, Halbleiter und Computer. Außerdem sah sich die Regierung Mitte der 70er Jahre vor das Problem gestellt, daß einerseits ihre Steuereinnahmen rückläufig waren, während sie gleichzeitig für eine Wiederankurbelung der Wirtschaft verantwortlich zeichnete. Um öffentliche Projekte finanzieren zu können, legte die Regierung im Jahre 1975 erstmals Staatsanleihen in großem Umfang auf. Dies führte nicht nur zur schnellen Entwicklung eines Anleihemarktes, sondern auch zur daraufhin allmählich einsetzenden Zinsderegulierung.

Diese Entwicklung wurde weiter forciert durch die Revision des Außenhandelsgesetzes im Jahre 1980, die die Tür zu freierem internationalen Handel öffnete. Prompt erschienen in den 80er Jahren die großen japanischen Firmen als „Multinationale" auf den Weltmärkten. Eine der wichtigsten Auswirkungen der „Internationalisierung" war, daß die starre Struktur der Unternehmensfinanzierung über Banken in Japan aufbrach, da die großen Unternehmen nun ausländische Aktien- und Anleihemärkte anzapfen konnten. Dieses Aufbrechen der Abhängigkeitsstrukturen und der Anstieg der relati-

---

5 Vgl. Schaede 1994 für eine ausführliche Diskussion dieser administrative guidance-Mechanismen.

ven Macht der großen Firmen gegenüber der Regierung führte Mitte der 80er Jahre zu einem neuen Schreckenswort: die *kûdôka*, „Aushöhlung". Der Begriff beschreibt die Furcht der Regierung, daß die großen Unternehmen ihre Hauptstellen und die Produktion in andere Länder verlagern könnten, in denen weniger strenge und umfassende Regeln herrschen. Die einzig mögliche Antwort der Regierung auf diese Entwicklung war die Lockerung der in Japan geltenden Gesetze und Vorschriften.

Die Phase des „stabilen Wirtschaftswachstums", von den frühen 80er Jahren bis heute, zeichnet sich deshalb durch neue strategische Absichten aus (vgl. Tab. 1). Anstatt das Wirtschaftswachstum allgemein zu fördern, lautet die Strategie nun, die Wettbewerbsfähigkeit in bestimmten Bereichen weiter zu steigern und gleichzeitig eine mögliche „Aushöhlung" zu verhindern. Industriepolitik beschränkt sich nun auf einzelne Bereiche: Statt alle Industrien gleichermaßen zu umfassen, ist Industriepolitik nun eher punktuell und auf bestimmte Phasen im Industrie-Lebenszyklus ausgerichtet. Industrien und Unternehmen im frühen Wachstums- und im Reifestadium werden unterstützt, gelenkt, oder umstrukturiert, während solche im Wettbewerbsstadium weitestgehend auf sich allein gestellt bleiben. Ein Indikator für den eher punktuellen Ansatz von Regulierung ist die Abschaffung einiger spezifischer Industriegesetze[6]. An deren Stelle tritt nun ein verstärkter Rückgriff auf administrative Lenkung und „situative Regulierung", d.h., ein ad hoc Eingreifen der Regierung dann, wenn die neuen Marktkräfte keine „zufriedenstellenden" Ergebnisse hervorbringen[7].

Die Veränderung der strategischen Absicht von Regulierung erfordert ein neues regulatives Instrumentarium. Die protektionistischen Maßnahmen sind größtenteils abgeschafft[8]. Stattdessen finden wir Deregulierung in fast allen

---

6 Die Flexibilität des neuen Ansatzes der Industriepolitik wird erhöht durch das sogenannte „Structurally Depressed Industry Law" (*Kôzô fukyô hô*). Dieses Gesetz befreit Industrien, die als „strukturell rezessiv" designiert werden, von allen Antimonopolvorschriften, und erlaubt so MITI, Firmen in diesen Bereichen zu Zusammenschlüssen und anderen Kartellen zu veranlassen (vgl. Upham 1987). So waren die Öl- und die Stahlindustrie zwischen 1983 und 1988 von allen Kartellvorschriften befreit. Dieses Gesetz erhöht die Flexibilität von Industriepolitik, da für temporäre Maßnahmen keine eigenen Gesetze neu formuliert oder abgeschafft werden müssen; das Gesetz ist gleichsam ein „Industriepolitik-Joker", der viele der industriespezifischen Gesetze ersetzt.

7 Das Argument der „situativen Regulierung" wird in Schaede 1994 entwickelt. Ein Beispiel für diese Art von Regulierung sind die Versuche des Finanzministeriums in den Jahren 1992/93, den Fall des Aktienmarktes durch Aufhebung verschiedener Regeln aufzuhalten, wie z.B. eine Anhebung der prozentualen Obergrenze auf Gelder von Pensionskassen und Versicherungen, die in Aktien investiert werden können, oder plötzliche Verlagerungen von Bilanzierungsregeln, die den Markt weiter unterdrückt hätten, in das darauffolgende Jahr. Offensichtlich widerspricht situative Regulierung in jeder Hinsicht der westlichen Vorstellung des freien Spiels von Märkten und Marktkräften.

8 Viele Bereiche der japanischen Wirtschaft sind nach wie vor stark vor ausländischem Wettbewerb geschützt. Einige dieser „Schutzwälle" sind strukturell bedingt, wie die Struc-

Bereichen (internationaler Handel, Zinsen, Einzelhandelsstrukturen). Unter den unterstützenden Maßnahmen finden wir nun Steueranreize anstelle von Subventionen. FILP-Gelder wandern in öffentliche Projekte und „Stimulans-Pakete" und nicht zu einzelnen Unternehmen. Ebenso werden Forschungsanreize mehr durch „Startgelder" (seed money) geboten und weniger durch direkte Zuschüsse an einzelne Firmen. Die Regierung signalisiert ihre Absichten nun in Visionen, die flexibler und kurzfristiger sind als die früheren Fünf-Jahres-Pläne, die zwar immer noch formuliert werden, aber weitestgehend unbeachtet bleiben[9].

Im Gegensatz zur früheren Periode ist der Ansatz der Regulierung nun mehr indirekt, da er weniger als vorher von klaren Gesetzen und mehr von diskretionären Eingriffen in das Marktgeschehen gekennzeichnet ist. Die meisten der Deregulierungs-Maßnahmen wurden der Regierung durch „regulative Arbitrage" aufgedrängt. D.h., mit dem beginnenden Aufbrechen der ehemals starren Strukturen entstehen „Hintertüren" (loopholes) in Form von neuen Geschäftsmöglichkeiten. Das Ausnutzen von Bereichen im regulativen Vakuum führt zu neuen Hintertüren, deren erneute Ausnutzung das System allmählich unterwandert. Ein solches Aushöhlen des regulativen Gebildes bringt unweigerlich einen Machtverlust der Regulierenden gegenüber den Regulierten. In Antwort auf diese Entwicklung erlaubte die Regierung zwar ein Fortschreiten der Deregulierung, um die Gefahr der „industriellen Aushöhlung" einzudämmen, verschärfte aber gleichzeitig die indirekten Maßnahmen, nicht nur in Form von eher indirekten, unterstützenden Instrumenten, sondern auch in Form von administrativer Lenkung und dem Netzwerk pensionierter Beamter in führenden Positionen in Privatfirmen[10].

Zusätzlich zu diesen regulativen indirekten, anstelle von direkten Maßnahmen, baut die Regierung in ihrer Formulierung von Regeln und Vorschriften nun auch mehr auf sogenannte „deliberation councils" (*shingikai*). Es gibt ca. 250 solcher „Räte" oder Ausschüsse, die von einem Ministerium zusam-

---

tural Impediment Initiative zwischen Japan und den Vereinigten Staaten andeutet, wie z.B. das Distributionssystem, das inländische Verbraucher ebenso beeinträchtigt wie ausländische Anbieter. Andere „Wälle" sind politisch beabsichtigt, aber sie wirken auf subtilerer Ebene als Zölle und Einfuhrquoten. Im Vergleich mit der Phase des Hochwachstums sind jedoch die meisten protektionistischen Maßnahmen, im Sinne eines infant industry-Schutz-Arguments, abgeschafft (vgl. Matsushita 1993).

9 In Interviews mit 27 Beamten des Finanzministeriums und MITIs im Sommer 1993 kannten nur drei den Titel des laufenden Fünf-Jahres-Plans, und keiner hatte ihn gelesen.

10 Schaede 1994 zeigt, daß die Zahl der *amakudari*-Beamten in der Privatindustrie in den letzten 20 Jahren angestiegen ist, insbesondere in Industrien, die für ihre „Unabhängigkeit" und ihren Widerstand gegen MITI-Direktiven bekannt sind, wie z.B. der Automobil- und der Elektronikindustrie. Dieser Anstieg widerspricht der Annahme, daß große multinationale Firmen mit sinkender Abhängigkeit von der Regierung weniger solche Beamten anzustellen bereit sind. Die Daten zeigen an, daß der Anstieg in „weicher", situativer Regulierung zu einem Anstieg bei dieser Form von indirekter Regulierung geführt haben könnte.

menberufen werden, um neue Visionen, Strategien, Gesetze oder strukturelle Veränderungen in einem Kreis von Akademikern, Industriellen, Journalisten und Bürokraten zu diskutieren und dem Ministerium abschließend einen Report vorzulegen (Johnson 1982, Schwartz 1993). Während es MITIs berühmtes Industrial Structure Council (*Sangyô kôzô shingikai*) seit 1964 gibt, und das Financial System Reform Committee (*Kinyû seido chôsakai*) des Finanzministeriums bereits 1956 ins Leben gerufen wurde, war es in den frühen Tagen dieser Ausschüsse oftmals der Fall, daß die Beamten in diesen Kommittees den Abschlußbericht selbst schrieben. Das Kommittee stellte damit weniger ein unabhängiges Gremium als vielmehr ein Sprachrohr des Ministeriums zum Zwecke der Kooptation der öffentlichen Meinung dar. In jüngster Zeit aber hat sich der Charakter der Ausschüsse geändert, und während deren Haltung nach wie vor maßgeblich von der Persönlichkeit des Vorsitzenden abhängt, sind heutzutage viele der Abschlußberichte tatsächlich das Resultat der Diskussionen im Ausschuß, und manchmal beinhalten sie Stellungnahmen, die dem Ministerium nicht gefallen[11]. Folge dieser Entwicklung ist, daß die Industrie nun ein größeres Gewicht in der Formulierung von Regierungsabsichten und regulativen Strategien hat.

Eine weitere Auswirkung der Machtverschiebungen und der Internationalisierung ist der Übergang von „aktiver" zu „reaktiver" Regulierung. Anstelle der umfassenden a priori Vorschriften muß die Regierung in ihrer Regelformulierung nun zunehmend auf die Aktionen des Marktes reagieren. Als z.B. die japanischen Wertpapierhäuser Filialen in New York eröffneten und viele neue Tricks von ihren amerikanischen Kollegen von der Wall Street lernten (wie z.B. exotische Triple-Währungs-Swaps), mußten die fleißigen Beamten des Finanzministeriums, die niemals zuvor von „Swaps" gehört hatten, geschwind neue Vorschriften für Swap-Geschäfte in Japan formulieren. Im Gegensatz zur Phase der „aktiven Regulierung" finden wir nun also mehr Aktivitäten auf seiten der Marktteilnehmer und Antworten auf diese Aktivitäten durch die Regierung.

Wie Tab.1 verdeutlicht, unterscheiden sich die Phasen des rapiden und des stabilen Wachstums in allen Bereichen, sowohl in strategischer Absicht und Fokus, als auch in Instrumentarium und Mechanismen der Umsetzung. Der Grund für diese Veränderungen ist, daß die Regulierung in der Hochwachstumsphase erfolgreich war, so daß japanische Firmen zu multinationalen Firmen heranwuchsen. In Antwort auf den relativen Machtanstieg dieser Unternehmen gegenüber der Regierung mußte die Regierung die Zügel lockern. Alle Einträge in Tab.1 haben jedoch eines gemeinsam: Sie beruhen auf den gleichen grundlegenden Charakteristika der japanischen Regulierung, die

---

11 Interview mit Rôyama Shôichi, langjährigem Mitglied des Securities and Exchange Council (*Shôken torihiki shingikai*) und Vorsitzendem von mehreren Unterausschüssen dieses Rates, im Sommer 1988.

sich nicht verändert haben. Diese Charakteristika bilden den Kern von Regulierung in Japan und der Beziehungen zwischen Staat und Wirtschaft. Die Veränderungen, die wir in Tab. 1 ablesen, sind Veränderungen in der Art und Weise, *wie* reguliert wird. Diese Veränderungen bedeuten aber nicht gleichzeitig eine Veränderung in der Grundhaltung, *daß* umfassend reguliert wird. Die Komponenten dieser Grundhaltung gilt es im folgenden zu identifizieren.

3. Die grundlegenden Komponenten von Regulierung

Die japanische Grundhaltung und Denkweise zur Regulierung unterscheidet sich maßgeblich von der in anderen, westlichen Ländern. Im Gegensatz zu den USA kümmert sich Japan nur wenig um die Theorien der freien Marktwirtschaft, und im Gegensatz zu Deutschland hat der japanische Staat keine direkte Verantwortung für soziale Sicherung und faire Handelspraktiken. Im Gegenteil, der grundlegende Zug der japanischen Regulierung ist, daß sie auf keinem starren Prinzip basiert. Regulierung ist ein Mittel zur Erlangung mittel- und langfristiger Ziele, und die Ziele geben die Formulierung von mittel- und langfristigen Regeln vor. Beides, Ziele und Regeln können verändert werden, wenn die Situation es verlangt. Der „prinzipienlose" Ansatz wird durch zwei weitere Grundkomponenten bestärkt und umgesetzt: institutionalisierte Einrichtungen zur Kontrolle, Kooptation und Kooperation zwischen Regierung und Unternehmen, sowie glaubwürdige Verpflichtungen (credible commitments) sowohl von Firmen untereinander als auch zwischen Unternehmen und der Regierung.

3.1. Pragmatische Adaption ohne einschränkende Prinzipien

Pauer zeigt ausführlich an anderer Stelle in diesem Band, daß Prinzipien und Grundsätze seit Kant und Hegel wesentliche Bausteine des westlichen Denkens sind. Soziale und konstitutionelle Normen schreiben vor, daß wir uns an die Prinzipien von Gleichheit, Gerechtigkeit, Freiheit und Demokratie halten, und Adam Smith hat diesen noch die Prinzipien von freier Marktwirtschaft und Wettbewerb hinzugefügt. Diese alles überragenden Prinzipien setzen sich fort in statischen Wertvorstellungen und Normen, die keinen eigenen Zweck haben, wohl aber die Grundlage bilden für Regeln und Vorschriften, die Ordnung und Sicherheit im Staate sichern sollen.

Das Problem ist, daß Kant und Hegel nie nach Japan gereist sind. Einer der Gründe, warum wir Schwierigkeiten haben, asiatische Länder zu verstehen und zu erklären, ist, daß wir unsere Prinzipien auf ihre geschichtlichen, gesellschaftlichen und ökonomischen Gegebenheiten projizieren. Allerdings gibt es solcherlei Prinzipien in diesen Ländern oftmals nicht. Die japanische Wirtschaft ist nicht von Prinzipien geleitet, sondern von Zielen[12]. Das Verhalten der Regierung ist nicht geleitet von einer prinzipiellen Haltung, sondern von Pragmatismus. Ein Ziel wird formuliert, und wenn es erreicht worden ist, wird ein neues Ziel angestrebt.

Pauer belegt dieses Argument mit einer Analyse der ökonomischen Entwicklung Japans. Auch für die Gegenwart hat die These der „prinzipienlosen Zielorientierung" großen Erklärungsgehalt. So ist die pragmatische Orientierung der Ausgangspunkt japanischer Außenpolitik, die nicht von einer festen Ideologie geleitet wird. Staatliche Entwicklungshilfe in Japan beruht nicht auf einem Prinzip der Gleichheit und Gerechtigkeit in der Welt, sondern hat das Ziel, über gebundene Kredite Marktanteile in bestimmten Ländern zu gewinnen, d.h. den meisten Nutzen aus jedem Yen zu ziehen.

In der Phase des Hochwachstums finden wir den gleichen Ansatz: während die Regierung die Theorie von Preisen und Märkten sicherlich kannte, setzte sie den Preismechanismus außer Kraft, um das Wirtschaftswachstum voranzutreiben. Dies hatte zwei Auswirkungen: zum einen bezahlten die privaten Haushalte für das Wachstum (im Sinne von niedrigen Zinsen auf hohe Spareinlagen, mangelnden Investitionen in die Infrastruktur, langen Arbeitszeiten und ungenügender sozialer Absicherung), was im krassen Gegensatz zu unserem Prinzip der sozialen Gerechtigkeit steht. Zweitens entwickelten die japanischen Firmen Vorteile im sogenannten „außerpreislichen Wettbewerb", d.h. Qualität und Service, und dies sind die wichtigsten Wettbewerbsvorteile, die ein Land entwickeln kann, das sein Wirtschaftswachstum nicht auf natürliche factor endowments (z.B. Rohstoffvorkommen) begründen kann. Als der Preismechanismus in den 70er Jahren allmählich wieder eingeführt wurde, ersann die Regierung eine Reihe von Maßnahmen, um den Schock für die Unternehmen abzufedern, wie Abschreibungen und Steuererleichterungen und, auf internationaler Ebene, nicht-tarifäre Handelshemmnisse.

Diese Beispiele zeigen, daß die japanische Entwicklung nicht auf grundlegenden Prinzipien beruht. Im Mittelpunkt der japanischen Wachstumsstrategie stehen klare Ziele, und die Formulierung von Regeln zur Verwirklichung dieser Ziele. Die Ziele werden in Schlagworten formuliert und können jederzeit umformuliert werden, wenn plötzliche Ereignisse oder Entwicklungen im Wirtschaftswachstum dies verlangen. Das Befolgen der Zielformulierungen und die Umsetzung der Strategien wird durch die zwei Mechanismen von „Überwachung" und „credible commitments" sichergestellt.

---

12 Johnson (1982) argumentiert ähnlich dahingehend, daß die japanische Bürokratie von einer „pragmatischen Rationalität" geleitet wird. Im Unterschied zum vorliegenden Argument sieht Johnson nach wie vor Prinzipien, nur daß diese Prinzipien sich stark von denen im Westen unterscheiden.

3.2. Institutionalisierte Mechanismen der Überwachung

Es gibt eine Vielzahl von Institutionen, die dazu dienen, das richtige Verständnis und die Umsetzung von Regeln, sowie die Beteiligung der Wirtschaft an der Formulierung von Regierungszielen sicherzustellen. Unter anderem sind dies

1. „öffentliche Unternehmen" (public corporations), die von pensionierten Bürokraten geleitet und durch Regierungsgelder finanziert werden, aber privaten Zwecken dienen,
2. „intermediary/promotional firms", die ebenfalls von pensionierten Bürokraten geleitet werden, aber durch private Mittel finanziert werden und öffentlichen Zwecken dienen,
3. das Netzwerk von „Old Boys", d.h. pensionierten Bürokraten und leitenden Industriellen, die wichtige Positionen in den boards of directors von privaten Firmen und Banken einnehmen, und
4. die Räte und Ausschüsse (*chôsakai, shingikai*) im politischen Prozeß, die die Rolle von öffentlich-privaten think tanks einnehmen und die öffentliche Meinung in Hinblick auf das Regierungsziel kooptieren.

Die Rolle der öffentlichen Unternehmen als Koordinatoren der privaten Beteiligung an öffentlichen Projekten sowie als „Parkplätze" für pensionierte Beamte ist in der Literatur ausführlich behandelt worden (vgl. Johnson 1978, 1982). Die „intermediary firms" lassen sich in drei Kategorien unterteilen: solche, die das Wirtschaftswachstum unterstützen, solche, die die öffentliche Meinung beeinflussen, und solche, die die Umsetzung von Regulierung bestärken. Ein Beispiel für eine „unterstützende" Firma ist die JECC (Japan Electronic Computer Company), die 1961 von sechs Computer-Herstellern gegründet (und stark subventioniert) wurde. Die Funktion von JECC war es, die Umsätze der inländischen Computer-Hersteller durch ein Leasing-Programm zu erhöhen, indem Computer an Kunden geleast wurden (so daß ihr Preis erheblich sank), aber gleichzeitig die Hersteller sofort bezahlt wurden (so daß deren Einkünfte direkt anstiegen) (Anchordoguy 1989). Dieses „market making" war ein Mittel zur Umsetzung der „buy Japanese computers"-Politik in den frühen Jahren des direkten Wettbewerbs der japanischen Hersteller mit IBM.

Ein Beispiel für eine meinungsbildende Firma ist das Nomura Research Institute (NRI), das in den 80er Jahren auch „Nakasone's think tank" genannt wurde. Der Manager von NRI ist immer ein ehemaliger hochrangiger Finanzbeamter, und sein Stellvertreter ist immer ein früherer Direktor der Bank von Japan. Die Funktion einer meinungsbildenden Firma ist es, die Regierungsziele unter Unternehmen und Haushalten zu verbreiten und ihnen private Unterstützung und Zustimmung zu geben. Aus den NRI-Wirtschaftsvorhersagen und anderen Stellungnahmen erwächst eine subtile Kooptation der öffentlichen Meinung, die ein wesentliches Instrument in der Umsetzung der Ziele ist. Außerdem bestärken NRI-Prognosen zum Wirtschaftswachstum

und Studien zu einzelnen Industrien die MITI-Visionen und MITI-Industrie-
politik[13].

Die dritte Gruppe, die „Überwachungsfirmen", sind Firmen, die wie Privatunternehmen aussehen, aber eine regulative Funktion ausüben. Oftmals
wurden diese Firmen ursprünglich auf Inititiative der Regierung gegründet,
um die Entwicklung eines bestimmten Industriezweigs zu unterstützen, aber
sie verwandelten sich im Zuge des Wirtschaftswachstums in „quasi-private
Regulatoren". Ein Beispiel für diese Art von Firmen sind die „Wertpapier-
Finanzierungshäuser" (*Shôken kinyû gaisha*), die direkt mit den Börsen in
Tokyo, Osaka und Nagoya in Verbindung stehen. Die größte dieser Firmen,
Japan Securities Finance Co., ist eine in Tokyo eingetragene Aktiengesell-
schaft. Die Aktien werden von einer Gruppe von Wettstreitern auf dem Fi-
nanzmarkt gehalten, wie z.B. Nikko Securities, Industrial Bank of Japan,
Nomura Securities und anderen. Der Chef ist ein pensionierter Direktor der
Bank von Japan, sein Vize kommt vom Finanzministerium, und die anderen
Vorstandsmitglieder stammen von den großen Aktionärsbanken. In den frühen 50er Jahren war es die Aufgabe dieser Firmen, Zentralbankgelder in den
stagnierenden Aktienmarkt fließen zu lassen, indem Billigkredite angeboten
wurden, mit denen sogenannte „Leerkäufe" getätigt werden konnten (margin
transactions; d.h. Aktienkäufe auf der Basis eines Teils des eigentlichen Ak-
tienpreises, wobei der Restbetrag geliehen wird). Diese Kredite bedeuten ein
fine-tuning des Aktienmarktes: Wenn der Markt fällt oder untätig ist, kann
die Firma den Preis für diese Kredite senken und damit mehr Käufer auf den
Markt locken[14]. Die Firma kann den Handel auch unterdrücken, indem sie
die Zinsen auf die Kredite erhöht, oder, wichtiger, einzelnen Firmen den Zugang zu solchen Krediten untersagt.

Die „regulierenden Firmen" steigern den Hebeleffekt administrativer Lenkung[15]. Während die Bürokraten schriftliche oder mündliche Anweisungen
ausgeben und die Marktteilnehmer durch den Zuckerbrot-und-Peitsche-Me-
chanismus bestrafen können, haben diese Firmen Kontrolle über den Markt,
nachdem die Anweisung ausgegeben worden ist. Die Firmen überwachen die
Befolgung und sind für die Feinsteuerung verantwortlich.

Der hauptsächliche Effekt dieser drei Arten von öffentlich-privaten Firmen
ist ihre Beteiligung an der glatten Umsetzung der strategischen Absicht hin-

---

13 Diese Bestärkung ist besonders relevant im Bereich der Mikro-Industriepolitik, d.h. Rationalisierungsmaßnahmen in Bezug auf einzelne Unternehmen oder Industrien.

14 Dieses funktionierte bestens während des Aktiensturzes im Oktober 1987, als private Anle-
ger bereits einen Tag nach dem 12%igen Fall der Tokyoter Aktienpreise kauften, insbesondere auf margin-Basis; vgl. Schaede 1993.

15 Ein anderes Beispiel für solche regulativen Firmen sind die *tanshi*-Geldmarktbroker, die
insbesondere in den 70er und 80er Jahren als Teilnehmer am Geldmarkt (kurzfristige große
Transaktionen unter Banken) die Preise (Zinsen) für kurzfristige Kredite vollständig kontrollierten.

ter einer bestimmten Kategorie von Regeln. Mit anderen Worten, diese Firmen bestärken die Regulierung, die ausgeübt wird, um mittel- oder langfristig ein bestimmtes Ziel zu erreichen. Dieser Effekt wird ergänzt durch das „Old Boys" (OB)-Netzwerk von ehemaligen Beamten, die nach ihrer Pensionierung im sogenannten *amakudari*-System (wörtl.: „Abstieg vom Himmel") neben den „öffentlichen Unternehmen" auch von Privatfirmen angestellt werden[16]. Das *amakudari*-System beruht auf verschiedenen Motiven der drei involvierten Parteien:

1. Die Regierung benutzt die *amakudari*-Beamten zur Umsetzung von Regulierung auf der Unternehmensebene; als Nebeneffekt bedeutet das System auch die Weiteranstellung der Beamten, die ansonsten nach ihrer Pensionierung eine nur unzureichende Rente erhalten würden, da das Rentensystem für Beamte nicht ausreichend finanziert ist.
2. Die Beamten zielen auf Weiteranstellung mit weitaus höherem Gehalt nach der frühen Pensionierung (ungefähr mit 55 Jahren) ab; durch das *amakudari* können die relativ schlecht bezahlten Beamten ihr gesamtes Lebenseinkommen erheblich steigern.
3. Die Unternehmen verfolgen drei Ziele gleichzeitig: a) Durch Einstellung eines ehemaligen Beamten erlangen sie direkten Zugang zu Informationen aus den Ministerien; dies ist in Japan wichtiger als in westlichen Ländern, da Regulierung in Japan zu einem großen Teil auf wenig transparenter und situativer administrativer Lenkung beruht. Weiterhin verfolgen die Unternehmen das Ziel, b) bei Konflikten mit der Regierung einen „Schlichter" mit direktem Zugang zum Ministerium im Hause zu haben, und c) im Umfeld umfassender Regulierung einen Lobbyisten mit „direktem Draht" zur Hand zu wissen.

Auf der Grundlage dieser Interessenstrukturen lassen sich die Funktionen der *amakudari*-Beamten in drei Gruppen aufteilen. Erstens glätten die pensionierten Beamten den Informationsfluß zwischen Regierung und Unternehmen. Zweitens beeinflussen sie die Formulierung von Unternehmensstrategien, indem sie als Vorstandsmitglieder die Diskussion innerhalb des Unternehmens beeinflussen. Drittens beeinflussen sie auch die Formulierung von Regulierung, da sie es verstehen, die Interessen der Unternehmen bei den Ministerien zu repräsentieren. Daraus ergibt sich ein System gegenseitiger Konsultation darüber, wie das nationale Ziel erreicht werden kann, und dies führt zu einer Abschwächung der Interessengegensätze zwischen Regierung und Wirtschaft. Das System der pensionierten Bürokraten ist ein institutionalisierter Mechanismus zur „Ölung" von Beziehungen zwischen Staat und Wirtschaft. Das Resultat ist ein System der „konsultativen Regulierung", das dazu führt, daß Regulierung einen positiven Charakter erhält.

3.3. Glaubwürdige Verpflichtungen

Nachdem ein langfristiges Ziel formuliert worden ist, und Regierung und Wirtschaft sich auf Strategien zu seiner Verfolgung geeinigt haben, bedarf es

---

16 Vgl. Johnson 1974 und Schaede 1994 für eine ausführliche Analyse der Mechanismen der *amakudari*-Pensionierung.

schließlich eines Mechanismus, der den involvierten Parteien versichert, daß alle „an einem Strick ziehen", um so die Kosten der Unsicherheit durch zielspezifische Investitionen für die Unternehmen zu senken. Solch ein Absicherungsmechanismus ist sowohl für die Firmen untereinander als auch zwischen Wirtschaft und Staat nötig.

Firmen müssen darauf bauen können, daß sie, wenn sie sich einer gewissen Regel zur Anstrebung eines Ziels beugen, nicht von anderen Firmen übervorteilt werden, die sich der entsprechenden administrativen Anweisung widersetzen. Die meisten neueren Analysen der industriellen Struktur Japans beruhen auf einem „Vertrauen"-Argument, das besagt, daß z.B. *keiretsu*-Verflechtungen zwischen Großunternehmen und deren Zulieferern langfristig angelegt sind und auf Vertrauen und Loyalität basieren (vgl. z.B. Smitka 1991, oder Sheard 1992 zur Vertrauensrolle der Hausbanken als loyale Überwacher). Allerdings ist „Vertrauen" genauso eine westliche, wenn nicht gar rein christliche, Vorstellung wie das „Prinzip". Selbst ein nur flüchtiger Blick in die japanische Geschichte bringt eine lange Reihe von Beispielen von Mißtrauen und Übervorteilung zum Vorschein (oder, in der Terminologie der Transaktionskosten-Ökonomen: Opportunismus und Selbstinteresse mit Arglist). Man denke an die Fujiwara und die Sôga, die Minamoto, die Hôjô und das *shikken*-System, in dem die regierende Familie de facto von der Macht verdrängt wird, oder aber die Rivalität unter den Daimyô in der Tokugawa-Zeit. All dies wird deutlich in beinahe jedem Kabuki-Stück, oder aber in Filmen von Kurosawa („Ran") und anderen. Es gibt keine Tradition von „Vertrauen" in Japan.

Eine alternative Erklärung für langfristige Allianzen wie Aktien-Querverbindungen, das Hausbanksystem, das *shukkô*-System der zeitweisen Entsendung von Angestellten zu anderen Firmen, oder sogar der Senioritätslohn, der mit der langfristigen Anstellung einhergeht, ist, daß all dies Mechanismen sind, die dazu dienen, das vorherrschende Mißtrauen zwischen Unternehmen zu überwinden und in ein funktionierendes System zu verwandeln. Wenn es eine Vertrauensgrundlage gäbe, wären solcherlei vertragsmäßig ausgearbeitete Abkommen der langfristigen Kooperation überflüssig. Da es aber ein „natürliches Vertrauen" in Japan ebensowenig gibt wie anderswo, würden sich Wettstreiter ohne solche Abkommen gegenseitig in scharfem Wettbewerb ruinieren. Um sicherzustellen, daß sich Unternehmen darauf konzentrieren, gute Produkte herzustellen, anstatt darauf, sich gegenseitig zu vernichten, bilden die Firmen Allianzen, die sie stärker und weniger anfällig für die Attacken der anderen Marktteilnehmer machen. Die Allianzen, die die Firmen abschließen, basieren auf „glaubwürdigen Verpflichtungen", insbesondere Aktien-Querverbindungen. Die gegenseitige Aktienhaltung kann sehr teuer sein, da Dividenden im allgemeinen gering sind und die Aktien unter keinen Umständen verkauft werden können (um die Glaubwürdigkeit zu bewahren). Die entgangenen Einnahmen, oder Opportunitätskosten, machen Aktien-Querverbindungen zwischen Firmen zu Signalen eines glaubwürdigen Engagements.

So wie grundlegendes Mißtrauen unter Unternehmen herrscht, trauen die Unternehmen auch der Regierung nicht. Als Beweis, daß die Regierung wirklich die Interessen der Unternehmen im Sinne hat, wenn sie ihre Regeln aufstellt und Visionen bekanntgibt, verlangen die Unternehmen glaubwürdige, tatsächliche Engagements. Diese finden sich in der Liste der „unterstützenden Maßnahmen" in Tab.1. Das Beispiel der Forschungskonsortien macht dies deutlich. Firmen sind kaum bereit, in ein von der Regierung als „strategisch" proklamiertes Gebiet zu investieren, solange nicht die Regierung selbst als erste in der neuen Richtung aktiv wird. Erst wenn die Regierung selbst einige Forschungsgelder zur Verfügung gestellt hat, sind die Unternehmer ihrerseits zu einer Investition bereit. Wenn die Forschung erfolgreich war, und eine neue Technologie in marktfähige Produkte umgesetzt werden kann, ziehen sich alle aus den finanziellen (glaubwürdigen) Verpflichtungen zurück und beginnen den Wettbewerb um Marktanteile.

Alle „unterstützenden Maßnahmen" in Tab.1 können als glaubwürdige Engagements der Regierung verstanden werden. Wie oben gezeigt verändert die Regierung ihre Regulierungsmaßnahmen in Reaktion auf wirtschaftliche Entwicklung und neue Ziele sowie strategische Absichten. Ungeachtet der Funktion der einzelnen Instrumente zu einem bestimmten Zeitpunkt in der wirtschaftlichen Entwicklung erfüllen alle diese Instrumente dieselbe grundlegende Funktion: sie machen Visionen (und Ziele) der Regierung glaubwürdig, und sie verstärken den Hebeleffekt der administrativen Lenkung.

4. Schlußfolgerungen

In vierzig Jahren Wirtschaftswachstum hat sich Japan von einem „developmental" (Johnson 1982) zu einem industrialisierten Land entwickelt. Diese Entwicklung wurde seitens der Regierung geleitet und gefördert durch eine Reihe von regulativen Instrumenten, die alle auf das überragende Ziel des Wirtschaftswachstums ausgerichtet waren. Mit der Veränderung im „Status" haben sich sowohl die Ziele als auch entsprechend die Instrumente verändert. Um diese Veränderungen richtig interpretieren zu können, müssen das Konzept der „Regulierung" sowie die ihm zugrundeliegenden Denkweisen in die Analyse einbezogen werden.

In den meisten westlichen Ländern hat das Wort „Regulierung" einen negativen Beigeschmack, da es eine Einmischung der Regierung in Unternehmensentscheidungen und die freien Marktkräfte andeutet. In Japan hat „Regulierung" nicht notwendigerweise eine negative Konnotation, da es eine

Vielzahl von Mechanismen und Institutionen gibt, die die Interessengegensätze zwischen Regierung und Industrie abschwächen helfen. Der eher positive Ansatz in der Regulierung spiegelt sich in Tab.1 in den „unterstützenden Maßnahmen" wider. Der Grund, warum Regierung und Unternehmen weniger adversativ eingestellt sind als in den USA oder England, ist nicht, daß diese Beziehungen auf einem wundersamen oder konfuzianischen Konsens beruhen. Vielmehr ist die Beziehung positiver als in anderen Ländern, weil es viele Institutionen gibt, die dazu beitragen, daß beide Seiten in die Entscheidung darüber eingebunden werden, welches Ziel auf welche Art und Weise erreicht werden soll (z.B. die *amakudari* „Old Boys", die *shingikai*, die intermediary firms, oder auch Bestechung). Das System, das aus diesen Beziehungen erwächst, kann mit „konsultativem Kapitalismus" bezeichnet werden. „Konsultativer Kapitalismus" ist von institutionalisierten Mechanismen geprägt, die dazu beitragen, die inhärent gegensätzlichen Interessen von Regierung und Wirtschaft positiver zu gestalten. Da dieses System in Japan über viele Jahre sehr gut funktioniert hat, gibt es nur wenig Anlaß, es zu verändern. Viele der Veränderungen, die die Regierung Hosokawa vorgeschlagen hat, beziehen sich entweder auf marginale Bestimmungen, oder aber auf „Überreste" aus den Jahren des steilen Wirtschaftswachstums (d.h. der Zeit der „aktiven Regulierung"), die sowohl der Industrie als auch der Bürokratie bereits seit geraumer Zeit lästig waren.

Regulierung in Japan ruht auf drei Stützpfeilern, die eine lange Geschichte haben und sich wohl auch in Zukunft nicht ändern werden. Es sind dies:

1. grundlegende Denkweisen: Zielorientierung ohne einschränkende Prinzipien,
2. institutionalisierte Mechanismen des „konsultativen Kapitalismus", und
3. glaubwürdige Verpflichtungen.

Einrichtungen wie z.B. die *keiretsu* oder Aktien-Querverbindungen bestehen, weil die Japaner sich gegenseitig – ceterus paribus – genauso wenig trauen wie Wettstreiter in anderen Ländern. In gleicher Weise muß die Regierung sich glaubwürdig zu ihren Programmen verpflichten und ihre „Visionen" durch unterstützende Maßnahmen attraktiv machen. Der Erfolg solcher (finanziellen) Verpflichtungen der Regierung wird durch quasi-private Firmen, die von pensionierten Beamten geleitet werden, überwacht.

Da diese drei grundlegenden Stützpfeiler Veränderungen in der Formulierung neuer Regulierung nicht nur gestatten, sondern geradezu erzwingen, rufen Veränderungen im Umfeld Japans (seine Rolle in der Welt, der Ölschock, etc.) Umorientierungen hervor, sowohl im Ziel als auch in den Instrumenten. Dabei bleiben die grundlegende Denkweise zu Regulierung und die daraus erwachsenen Institutionen unberührt. Veränderungen im regulativen Instrumentarium und in der ihm zugrundeliegenden strategischen Absicht signalisieren daher keine Veränderungen in der regulativen Denkweise, und ganz bestimmt keine Angleichung an andere Systeme des Kapitalismus, wie z.B. das amerikanische. Bei der Untersuchung der derzeitigen Veränderungen und „Reformen" in Japan sollten wir unsere Analyse auf die japanischen Denkweisen zu Regulierung und der Beziehung zwischen Staat und Industrie bauen. Es wäre sicherlich falsch, die Implikationen der Reformen und scheinbare Veränderungen überzubewerten, indem wir sie nach unseren Maßstäben von Regulierung, Reform und Prinzipien bemessen.

Literatur

Anchordoguy, Marie (1989), Computers Inc. – Japan's Challenge to IBM, Cambridge.

Hanano, Akio; Tetsune, Haruhito und Morita, Yoshinori (1991), Zaisei tôyûshi, Tôkyô.

Johnson, Chalmers (1974), The Reemployment of Retired Government Bureaucrats in Japanese Big Business, *Asian Survey*, Vol. 14 (November 1974), S. 953-965.

Johnson, Chalmers (1978), Japan's Public Policy Companies, Washington.

Johnson, Chalmers (1982), MITI and the Japanese Miracle – The Growth of Industrial Policy, 1925-1975, Stanford.

Matsushita, Mitsuo (1993), International Trade and Competition Law in Japan, Oxford.

Levy, Jonah D. und Samuels, Richard J. (1992), Institutions and Innovation: Research Collaboration as Technology Strategy in Japan. The MIT Program in Science, Technology, Management Working Paper MITJSTP 89-02, o.O.

Ramseyer, Mark und Rosenbluth, Frances McCall (1993), Japan's Political Marketplace, Cambridge MA.

Schaede, Ulrike (1989), Geldpolitik in Japan 1950-1985 (Marburger Japan-Reihe, Bd. 1), Marburg.

Schaede, Ulrike (1993), Securities Financing in Japan, in: Takagi, Shinji (Hrsg.), Japanese Capital Markets, Oxford, S. 517-556.

Schaede, Ulrike (1994), The Old Boys Network and Government-Business Relationships in Japan: A Case Study of „Consultative Capitalism", Working Paper, UC Berkeley.

Schwartz, Frank (1993), Of Fairy Cloaks and Familiar Talks: The Politics of Consultation, in: Allison, Gary D. und Sone, Yasunori (Hrsg.), Political Dynamics in Contemporary Japan, Ithaca, S. 217-241.

Sheard, Paul (1992), Interlocking Shareholding, Corporate Governance, and the Japanese Firm, Working Paper 4, Osaka.

Smitka, Michael J. (1991), Competitive Ties – Subcontracting in the Japanese Automotive Industry, New York.

Upham, Frank K. (1987), Law and Social Change in Postwar Japan, Cambridge, MA.

Wood, Christopher (1992), The Bubble Economy – Japan's Extraordinary Speculative Boom of the '80s and the Dramatic Bust of the '90s, New York.

Anhang

Tabelle 1: Regulierung in den Phasen des steilen und des stabilen Wirtschaftswachstums

Regulierung	1950-1975 „Phase des steilen Wirtschaftswachstums"	1980er/1990er Jahre „Phase des stabilen Wirtschaftswachstums"
strategische Absicht	o Entwicklung und Wirtschaftswachstum	o Steigerung der Wettbewerbsfähigkeit
		o Verhinderung des „hollowing out"
	– Industriepolitik in allen Bereichen	– gezielte Industriepolitik, basierend auf Stufen im Industrie-Lebenszyklus
Instrumente	a) Unterstützung	a) Unterstützung
	– Niedrigzins-Kredite	– Steueranreize
	– Direktsubventionen über FILP	– öffentliche Projekte und Stimulans-Pakete über FILP
	– Einkauf ausländischer Technologie	– Forschungskonsortien
	– Industrieparks	– seed money/ Industrieparks
	– „promotion firms"	– „regulatory firms"
	– 5-Jahres-Pläne	– mehr Gewicht für die „deliberation councils"
		– „Visionen"
	b) Protektionismus	b) Deregulierung
	– Schutzzölle	– Revision des Außenhandelsgesetzes 1980
	– Importbeschränkungen	– Zinsliberalisierung
	– Währungskontrollen	– Abschaffung einiger spezifischer Industriegesetze
Umsetzungsmechanismen	– spezifische Industriegesetze	– Lizenzen und Genehmigungen
	– Lizenzen und Genehmigungen	– mehr administrative Lenkung
	– administrative Lenkung	
Fokus	– *amakudari* „Old Boys"	– *amakudari* „Old Boys"
	– direkt	– indirekt
	– umfassende Regulierung	– situative Regulierung
	– Ausschaltung des Preismechanismus	– Wiedereinführung des Preismechanismus
	o aktive Regulierung	o reaktive Regulierung
	o Dominanz und Kontrolle	o Konsultation und Kontrolle

Arne Holzhausen und Sung-Jo Park

Industriepolitik in Japan: ein schlankes Management?

1. Einleitung

Die wirtschaftliche Erfolgsbilanz Japans wird oft in engem Zusammenhang mit seiner Industriepolitik gesehen, für die vor allem in der Vergangenheit das Ministry of International Trade and Industry (MITI) verantwortlich zeichnete. Dabei gehört das MITI keinesfalls zu den Ministerien, die über einen großen Etat verfügen können, noch stehen einflußreiche Staatsunternehmen unter seiner Leitung. Es scheint sich beim MITI und seiner Politik vielmehr um das Paradebeispiel eines „schlanken Staates" bei gleichzeitig hoher Effizienz zu handeln. Nicht wenige Experten bewundern daher auch die japanische Industriepolitik und das MITI und liebäugeln mit der Einführung einer ähnlichen Institution bzw. mit einer Kopie des MITI in ihrem eigenen Lande. Zugleich wird auf der anderen Seite das MITI aber auch mit einer Art planwirtschaftlichen Lenkung der Industrie assoziiert und perhorresziert.

In unserem Beitrag soll diese These vom Erfolg der japanischen Industriepolitik anhand der Betrachtung der Nachkriegszeit überprüft werden. Dabei geht es zum einen um die Frage, inwieweit tatsächlich ein eindeutiger kausaler Zusammenhang zwischen industriepolitischen Aktivitäten und wirtschaftlichem Wachstum besteht, zum anderen um die Analyse, in welcher Form sich dieses Staatshandeln vollzieht, d.h. um die funktionelle und institutionelle Dimension der Industriepolitik.

Zuvor erscheinen jedoch einige Anmerkungen hinsichtlich des japanischen Verständnisses von Industriepolitik, mithin der Programmatik der Politik des MITI angebracht:

1. Der Begriff „Industriepolitik" ist relativ neu. In Japan wird er mit dem Ausdruck *sangyô seisaku* umschrieben, der seit den 70er Jahren auch vom MITI selbst verwendet wird. Vor diesem Zeitpunkt fanden eher die Begriffe „industrielle Rationalisierung" (*sangyô gôrika*), „Unternehmensrationalisierung" (*kigyô gôrika*), „Industriestrukturverbesserung" (*sangyô kôzô no kôdoka*) oder „Umstrukturierung der Industrie" (*sangyô saihensei*) Anwendung (Komiya u.a. 1984, S. 2f.). Offensichtlich sind manche Konzepte und Verhaltensmuster in Japan so internalisiert, daß die dazugehörigen, in der westlichen Perzeption geprägten Begriffe nur zögerlich ihren Weg zurück nach Japan finden. Ebenso verhält es sich auch mit dem Begriff der „Lean Produc-

tion", der erst vor drei Jahren in Japan bekannt wurde.

2. *Sangyô seisaku* bezieht sich nicht nur auf die herstellende Industrie, sondern auf fast alle Wirtschaftsbereiche einschließlich Energie, Umwelt und Infrastrukturmaßnahmen; lediglich die Landwirtschaft, die Bauwirtschaft und das Verkehrswesen sind nicht direkt Objekte der japanischen Industriepolitik bzw. stehen nicht unter der Jurisdiktion des MITI. Ausgerichtet werden die konkreten Maßnahmen an den jeweiligen wirtschaftspolitischen Präferenzen, wobei sich inhaltlich folgende Aspekte durchgängig unterscheiden lassen:

1. Mit der Ressourcenallokation zusammenhängende Aktivitäten:
    a) Maßnahmen, die die allgemeine Infrastruktur der Industrie betreffen;
    b) Interindustrielle Ressourcenallokation betreffende Maßnahmen.

2. Die Struktur der einzelnen Industrien betreffende Maßnahmen:
    c) Maßnahmen, die die innere Struktur jeder einzelnen Branche betreffen (Reorganisation der Industriestruktur, Intensivierung, Arbeitszeitverkürzung, Regulierung/Anpassung von Produktion bzw. Investitionen);
    d) Maßnahmen für Klein- und Mittelunternehmen (Komiya u.a. 1984 S. 3f.).

3. Das ordnungspolitische Verständnis des Staates unterscheidet sich ursprünglich von den westlichen Vorstellungen grundlegend. Die Industrialisierung Japans, die lediglich auf eine hundertjährige Geschichte zurückblickt, und die am Anfang weder nennenswerte Industrialisierungsträger noch eine Vorbereitung in Form etwa einer Agrarrevolution aufweisen konnte, war am Beginn die Hauptaufgabe des Staates. Der Staat mußte den Privatsektor, der sich zunächst vor allem aus der alten Samurai-Schicht rekrutierte, erst aufbauen, entwickeln und fördern.

Alsbald aber zog sich der japanische Staat aus der direkten Förderung der Wirtschaft zurück und beschränkte sich auf eine mehr indirekte Einflußnahme. Besonders deutlich wird dies zum Beispiel im Energiesektor, einem Bereich, in dem in den anderen Industrieländer durchweg die Präsenz des Staates im Markt sehr stark ist, in dem der japanische Staat aber mehr oder weniger durch Abwesenheit glänzt (vgl. Samuels 1987).

Die Geschichte der japanischen Industriepolitik der Nachkriegszeit läßt sich grob in zwei Abschnitte gliedern, die Zäsur liegt ungefähr Anfang der 70er Jahre. Als sichtbare Wendepunkte der Entwicklung fungierten der Zusammenbruch des Bretton-Woods-Systems und der erste Ölschock im Jahr 1973/74. Allerdings waren sie weniger Ursache oder Auslöser einer Neuorientierung, als daß sie vielmehr eine schon im Gang befindliche Entwicklung (z.B. im Bereich der Forschungs- und Technologiepolitik) beschleunigten und ihre Dringlichkeit unterstrichen. Etwa Mitte der 60er Jahre setzte ein Prozeß ein, in dessen Verlauf sich der „Charakter der Industriepolitik von einer aktiven, interventionistischen und regulierenden Politik zu einer passiven, indikativen und vermittelnden Politik wandelte" (Ito u.a. 1989, S. 26).

Der folgende historische Abriß wird die stattgefundenen Veränderungen darstellen und versuchen, die Ursachen für diesen Bruch aufzuzeigen. In diesem Prozeß spiegelt sich im Kontext der Industriepolitik der Übergang von einem „starken" Staat in Form einer weitgehend autonomen Bürokratie zu einem „schwachen", stärker pluralistischen Mustern folgenden Staat wider. In beiden Fällen stellt sich jedoch die wirtschaftliche Erfolgsbilanz positiv dar, denn trotz niedrigerer Wachstumsraten seit den 70er Jahren sind sowohl die schnelle Erholung nach der Ölkrise als auch die technologische Dominanz in vielen Bereichen beeindruckend.

2. Von planwirtschaftlichen Ansätzen zur Liberalisierung

2.1. Amerikanische Besatzung

Die Bemühungen der USA, das besiegte Japan in einen demokratischen Staat nach westlichem Verständnis umzuformen, fanden ihren sichtbarsten Ausdruck in der neuen Verfassung von 1947, die hauptsächlich unter dem Druck der amerikanischen Behörden entstand. Für die japanische Industrie hatte jedoch vor allem die Zerschlagung der *zaibatsu*-Verbände eine große Tragweite. Dadurch wurde der nötige Freiraum für Wettbewerb geschaffen, und jungen, eher marktwirtschaftlich orientierten Unternehmern – viele führende Köpfe der Kriegszeit wurden aufgrund ihrer politischen Verstrickungen mit Berufsverbot belegt oder gar zu Gefängnisstrafen verurteilt – öffnete sich der Weg in verantwortungsvolle Positionen (Imai 1988, S. 10ff.).

Obwohl die Maßnahmen der *zaibatsu*-Auflösung gemessen an ihren Zielen sicherlich kein allzu großer Erfolg waren, denn um die Banken, die unangetastet blieben, bildeten sich schon bald die sog. *keiretsu*-Gruppen, kann man den Impuls, der von den Bemühungen zur Zerschlagung der *zaibatsu* in Richtung auf eine freie Marktwirtschaft ausging, nicht geringschätzen. Gleichzeitig stellten sie jedoch auch einen Eingriff in das Machtverhältnis zwischen Industrie und Regierung dar und verschoben es für die nächsten Jahre eindeutig zugunsten der letzteren; die USA schufen somit ungewollt eine wichtige Grundlage für eine aktive Industriepolitik, da sie die Kräfte, die den wirtschaftspolitischen Vorstellungen der Bürokratie oft konträr gegenüberstanden (neben den *zaibatsu* auch das Militär), entscheidend schwächten.

Eng mit der Politik der *zaibatsu*-Auflösung verbunden war das 1947 verabschiedete Antimonopolgesetz, das ebenso deutlich die amerikanische Handschrift trug. Allerdings blieb seine Wirkung, nachdem es 1949 und 1953 in zwei Novellen weitgehend verwässert wurde, auf die Industriestruktur und -politik sehr gering. Erst in den 70er Jahren wurden die Bestimmungen wieder verschärft, und die Fair Trade Commission wurde zu einer rele-

vanten Größe innerhalb der japanischen Industriepolitik (vgl. Audretsch
1989, S. 87ff.).

Die praktizierte Industriepolitik der ersten Jahre nach dem Kriegsende orientierte sich an den Notwendigkeiten des Wiederaufbaus der zerstörten Wirtschaft. Im Mittelpunkt stand die Doktrin von der sog. Vorzugsproduktion
(*keisha seisan*), die angesichts der Tatsache, daß Japan mehr oder weniger
vom internationalen Warenaustausch ausgeschlossen war, als eine Art „Im-
portsubstitutionspolitik" die Investitionsgüterindustrie anzukurbeln versuchte; Hauptadressaten waren die Stahl- und Kohlebranche. Ihre Instrumente
stammten aus der Kommandowirtschaft während des Krieges, umfaßten Ra-
tionierungen von Rohmaterial ebenso wie Preiskontrollen und -subventio-
nen. Auch wenn die Produktion in diesen Bereichen in dem Zeitraum von
1946-1948, in dem das System der Vorzugsproduktion praktiziert wurde,
stieg, hatte dieses System jedoch vor allem einen anderen Effekt: die Infla-
tionsraten stiegen dramatisch an. Die amerikanische Besatzungsbehörde
führte daher 1949 die Dodge-Line (benannt nach Joseph Dodge, ihrem damaligen Finanzberater) ein, deren Kernpunkte die Bestimmung eines festen
Wechselkurses zum Dollar und eine strikt deflationäre Fiskalpolitik waren;
das System der Vorzugsproduktion wurde damit aufgegeben.

Bei den japanischen Verantwortlichen herrschte zu dieser Zeit noch Unei-
nigkeit über den einzuschlagenden Kurs: es wurde debattiert, ob eher Autar-
kie oder Handel den Schlüssel für den ökonomischen Wiederaufbau bilden,
ob man eher die Konsum- oder die Investitionsgüterindustrie unterstützen
sollte. Das System der Vorzugsproduktion stellte in diesem Kontext nicht
mehr als einen Versuch dar, ad hoc das Problem der fehlenden Importe zu
überwinden.

Diese Auseinandersetzungen über ihre Richtung und die Erfahrungen der
ersten Jahre machen deutlich, daß sich auch die Industriepolitik nach 1945
keineswegs ihrer selbst sicher war, sondern vielmehr angesichts einer allgemeinen politischen Orientierungslosigkeit in einem trial-and-error-Prozeß
neue Möglichkeiten auslotete. Erst als die neue „Conservative Policy Line"
mit ihrem Schwerpunkt auf der Förderung der wirtschaftlichen Entwicklung
als Garant für soziale und politische Ordnung (Muramatsu und Krauss 1987,
S. 518), die sog. Yoshida-Doktrin, bestimmend wurde, fand die Machtposi-
tion der Bürokratie in einer stringenten Industriepolitik ihren Niederschlag.

Zuvor mußten aber noch 1949 und 1950 zwei Gesetze verabschiedet werden, das Gesetz über ausländische Devisen und Handel und das Gesetz über
ausländisches Kapital, die in der Folgezeit als wirksame Hebel dienen sollten, Importe, vor allem Technologieimporte, zu steuern. Und schließlich
wurde 1949 durch die Zusammenlegung des Ministry of Commerce and Industry und des Board of Trade das Ministry of International Trade and Industry (*Tsûshô Sangyôshô*, MITI) geschaffen.

2.2. Hochwachstumsphase

In den 50ern und Anfang der 60er Jahre, zur Zeit der uneingeschränkten Geltung der Yoshida-Doktrin, konnte das MITI weitgehend ungehindert seine Jurisdiktion über weite Teile der Industrie als eine Art Initiativrecht zur Gestaltung bestimmter Sektoren ausnutzen, es war die Zeit des „mighty MITI". Die Industriepolitik wird in dieser Zeit von den Ideen der Industrierationalisierung und -förderung beherrscht. Die Vertreter der Richtung, daß Japan aufgrund seiner natürlichen Ausgangslage kein anderer Weg verbliebe, als durch Handel, d.h. durch Import von Rohstoffen und Export von Fertigprodukten, Wohlstand zu erreichen und zu sichern, hatten sich in der industriepolitischen Debatte durchgesetzt, und folgerichtig stand nun die Stärkung der internationalen Wettbewerbsfähigkeit auf ihren Fahnen. Eine Vielzahl von Gesetzen, die die Förderung bestimmter Branchen betrafen, wurde erlassen; das Instrumentarium hatte seinen Schwerpunkt nun in fiskalischen Mitteln, in Steuererleichterungen, verbesserten Abschreibungsbedingungen und günstigen Darlehen, die aus den Mitteln des Fiscal Investment and Loan Program (FILP) in erster Linie via Export-Import Bank of Japan (gegründet 1950) und Japan Development Bank (JDB, gegründet 1951) den Firmen zur Verfügung gestellt wurden. Daneben spielten Importrestriktionen und die Steuerung der Technologieeinfuhr eine wichtige Rolle. In den Genuß all dieser Maßnahmen kamen in erster Linie die Eisen- und Stahlindustrie, Textil-, Petrochemie- und Elektroindustrie sowie der Schiffbau.

Auch wenn die wirtschaftliche Entwicklung in dieser Phase sehr positiv verlief, so daß das Wirtschaftsweißbuch des Jahres 1956 nicht ohne Stolz das Ende der Nachkriegszeit verkündete, ist es doch zumindestens voreilig, diesen Erfolg allein dem MITI anzurechnen; denn einige Faktoren schränken diese Behauptung erheblich ein. So gab es eine ganze Reihe von Branchen wie Kameras, Motorräder, Fahrräder, Kopiermaschinen oder Reißverschlüsse, die zwar international erfolgreich, aber kaum Empfänger nennenswerter Unterstützungen waren.

Auch ein Blick auf die Verteilung der zinsgünstigen Darlehen vor allem durch die JDB weckt Zweifel an der Bedeutung der Industriepolitik für den wirtschaftlichen Aufschwung. Die verarbeitende Industrie war zu keiner Zeit Empfänger nennenswerter Förderungen; selbst für die Eisen- und Stahlindustrie wie auch für die Autoindustrie stellten die JDB-Darlehen im Verhältnis zu den jeweiligen Investitionsvolumina eine zu vernachlässigende Größe dar; den Löwenanteil erhielten die Bereiche Energie (Stromerzeugung und Kohle) und Schiffahrt/Schiffbau (vgl. Komiya u.a. 1988, S. 132ff.). Die Industriepolitik orientierte sich demnach hauptsächlich an der politischen Bedeutung der unterstützten Branchen und an allgemeinen, nationalen Stimmungen, die gewisse Basisindustrien für unverzichtbar erachteten. Offiziell wurde dies mit dem dehnbaren Slogan der Schwer- und Chemischen Industrialisierung umschrieben, hinter dem sich die beiden Kriterien hohe Einkommenselastizität und hohe Produktivitätszuwächse für die Zukunft verbergen. Beide Kriterien orientieren sich dabei vor allem an den dynamischen Aspekten der Entwicklung, wurden aber vom MITI selbst kaum konsequent als Maßstäbe seiner Industriepolitik verwendet (vgl. Komiya u.a. 1988, S. 542f.).

Für Japans wirtschaftlichen Aufstieg war dagegen vielmehr der unverhoffte Nachfrageboom von Relevanz, der infolge des Korea-Krieges (1950-53) durch die special procurements des amerikanischen Militärs ausgelöst wurde, und der von vielen Firmen dazu benutzt wurde, den technologischen Rückstand zu den führenden Industrieländern zu verkürzen. Zudem trugen die gemeinsam durchlebte Not der unmittelbaren Nachkriegszeit und das anerkannte Vorbild der USA zu der Schaffung eines umfassenden Konsenses bei, der eine Koordination der Aufbauanstrengungen der verschiedenen Gruppen sicherlich erleichterte. Murakami sieht in diesem „catch-up consensus" sogar „the most important internal condition for the successful rapid economic growth" (Murakami 1982, S. 38).

2.3. Liberalisierung

Obwohl Japan schon 1955 dem GATT beitrat, wurden konkrete Ansätze zur Handelsliberalisierung erst 1960 erkennbar. 1964 hoben einige Länder daraufhin ihre bisherigen Diskriminierungen gegenüber Japan auf; im selben Jahr wurde Japan auch Mitglied im IMF und in der OECD. In der Folgezeit bildete die Liberalisierung des Kapitalverkehrs einen Schwerpunkt der Politik; 1973 war auch dieses Programm größtenteils abgeschlossen.

Japan wurde damit in den 60er Jahren ein vollwertiges Mitglied der internationalen Wirtschaftsgemeinschaft. Wenn dieser Schritt auch in der Logik seiner stark wachsenden Exporte lag – als Sicherung der Exportmärkte –, brachte er doch im Innern erhebliche Verwerfungen mit sich. Denn plötzlich sah sich das MITI seiner wirkungsvollsten Instrumente, der Importrestriktion auf der einen und der Steuerung wichtiger Technologieimporte auf der anderen Seite, beraubt. Gleichzeitig war das Vertrauen in den freien Markt und in die internationale Konkurrenzfähigkeit der japanischen Unternehmen äußerst gering, da – nach Meinung des MITI – in Japan zum einen das Phänomen des „exzessiven Wettbewerbs" (*katô kyôsô*) vorherrschend sei, zum anderen die meisten Unternehmen nur ineffektive Firmengrößen erreichten. Das MITI wollte daher dieser in seinen Augen gefährlichen Entwicklung entgegensteuern und ging in die industriepolitische Offensive.

Die Vorstellungen einer neuen industriellen Ordnung, die in erster Linie in einer Konzentration der Industriestruktur und einer zentralen Kapitalallokation via JDB bestanden, fanden sich in dem „Gesetz über zeitliche Maßnahmen zur Förderung bestimmter Industrien" („*tokutei-sangyô-shinkô-rinji-so-chi-hô*") wieder. 1962 wurde der Entwurf dem Parlament zur Ratifizierung vorgelegt; die Beratungen verliefen äußerst kontrovers, die Industrie und vor allem die Finanzkreise opponierten gegen die Vorlage, da sie mit ihr weitreichende Einschnitte in ihre eigene Entscheidungsfreiheit befürchteten. Trotz mehrerer Anläufe wurde daher das Gesetz nicht verabschiedet und verschwand wieder in den Schubladen des MITI. Dieser Vorgang ist in der Geschichte der japanischen Industriepolitik in mehrfacher Hinsicht bedeutungsvoll: er setzt das Zeichen für den Übergang zu einem eher pluralistischen Modell („administered pluralism") der japanischen Politik; damit wird die These von der beherrschenden Bürokratie obsolet (vgl. Aoki 1988, S. 274ff.). Ebenso zeugt er von einem gewandelten Verhältnis zwischen der Industrie und dem MITI, der vielbeschworene gesellschaftliche Konsens Japans ist brüchig geworden.

Das Scheitern dieses Gesetzes markiert den Beginn des Abschieds von einer interventionistischen Industriepolitik, mit ihm setzte auch innerhalb des MITI ein Umdenkungsprozeß ein, in dessen Fortgang die „liberalen" Kräfte die Oberhand und damit die politische Initiative gewannen. Allerdings stellte sich dieser Prozeß als langwierig und schwierig heraus, das MITI versuchte im Anschluß an diese Niederlage, auf anderem Wege seine Position zu sichern. Statt der bisherigen direkten Steuerung der Industrie mit Hilfe von zahlreichen Gesetzen stand fortan die indirekte und konsensuale Einflußnahme auf die wirtschaftliche Entwicklung im Mittelpunkt.

3. Veränderungen der institutionellen Ausgestaltung der Industriepolitik

3.1. Gyôsei shidô

In dieser Zeit begann das MITI eine Praxis herauszubilden, die in den Augen vieler Beobachter zum Synonym einer eng verbundenen Interessengemeinschaft zwischen Staat und Industrie geworden ist: die Praxis der *gyôsei shidô* („administrative Führung" bzw. „administrative guidance"), die 1962 erstmals erwähnt wird (Johnson 1982, S. 265). Wakiyama, ein ehemaliger MITI-Mitarbeiter, definiert sie als einen legitimen Akt ohne gesetzliche Grundlage auf einer de facto-Basis; ihre Besonderheit liegt in ihrem Informalismus und ihrer Unbestimmtheit, da sie von den Betroffenen nicht immer klar von nur persönlichen Meinungsäußerungen der Bürokraten zu unterscheiden ist. Das Spektrum der *gyôsei shidô* reicht von direkten Aufforderungen über Bitten und Ermunterungen bis hin zu Warnungen; ihr großer Vorteil liegt in ihrer Flexibilität, da sie nicht an zeitraubende Gesetzgebungsverfahren gebunden sind (Wakiyama 1987, S. 211ff. und Johnson 1982, S. 265ff.). Ihr Ziel ist es meistens, innerhalb eines Sektors eine Koordination der Investitionen, des Output und/oder der Preise zu erreichen. Auch wenn enge Beziehungen zwischen der Behörde und der Industrie, die zu einem bestimmten Verhalten mittels *gyôsei shidô* bewegt werden soll, unabdingbare Voraussetzung für deren Handhabe sind (Wakiyama 1987, S. 220), kann man jedoch nicht allein von der Existenz dieser Praxis her auf eine Interessenkoalition schließen; schon die Entstehungsgeschichte als Reflex auf den Verlust weitreichender gesetzlicher Mittel macht das spannungsreiche Verhältnis deutlich, in dem sich *gyôsei shidô* entfalteten. Ihr Erfolg war von vielen Faktoren abhängig, von der Möglichkeit, andere Instrumente als Hebel zur Durchsetzung einzusetzen, von der Homogenität der Industrie, der Anzahl der betroffenen Unternehmen und von einer Interessenkongruenz ex ante. Waren diese Bedingungen jedoch nicht oder nur zum Teil erfüllt, konnte sich das MITI mit seinen Vorstellungen auch auf diesem Wege nicht durchsetzen.

Ein berühmtes Beispiel für solcherart vergebliche Bemühungen stellt der Versuch des MITI dar, die Autoindustrie neu zu organisieren, wobei die Zahl der Hersteller auf zwei, später drei reduziert werden sollte (vgl. Genther 1990, S. 135ff.). In einigen anderen Branchen, wie der Petrochemie und der Mineralölindustrie, wo es über weitreichende legale Macht verfügte, oder der Stahlindustrie, wo es auf das Betreiben des MITI hin zu dem Zusammenschluß von Fuji und Yawata zu Nippon Steel kam, war es dagegen durchaus erfolgreich.

3.2. Beirat-System

In Verbindung mit der Praxis des *gyôsei shidô* steht auch eine weitere Neuerung innerhalb der Industriepolitik: mit den 60er Jahren hält das Beirat-System auf breitem Raum Einzug in die politische Entscheidungsbildung. 1964 wird das Industrial Structure Council (*Sangyô Kôzô Shingikai*, ISC) gegründet, das in erster Linie Vertreter aus den Ministerien und der privaten Industrie vereint. Offiziell nur in einer beratenden Funktion, verfügt dieses Gremium bis heute tatsächlich über eine Art Richtlinienkompetenz in der Industriepolitik und ist in seiner Bedeutung nicht zu unterschätzen. Neben diesem obersten Kommitee entstanden in diesen Jahren noch eine Reihe weiterer Beiräte, die sich mit Teilaspekten oder Sektoren befassen.

Auch der extensive Meinungs- und Informationsaustausch zwischen MITI und Industrie im Rahmen der Beiräte deutet dabei weniger auf eine prästabilisierte Harmonie, auf eine Art Interessenverquickung hin, als vielmehr gerade auf die Notwendigkeit, eine akzeptable Entscheidung erst gemeinsam zu finden. Dafür spricht vor allem die Tatsache, daß das Beiratsystem sich in der Zeit voll entwickelte, als die Macht des MITI und der catch-up-Konsens im Schwinden begriffen waren. Aber auch wenn das Verhältnis seit dieser Zeit spannungsreicher geworden ist, bildet die Geschichte der gegenseitigen Beziehungen zwischen Industrie und Bürokratie ein Fundament, dessen Tragfähigkeit ungebrochen ist. Diese Beziehungen begannen mit der Meiji-Restauration 1868, dem Startschuß zu Japans Industrialisierung, und waren sowohl von der wechselseitigen Abhängigkeit in Japans besonderer Rolle als Spätstarter als auch von konfuzianischen Elementen geprägt (vgl. Boyd 1987, S. 65ff.).

Neben den Vertretern der Ministerien und der Industrien spielen die Repräsentanten relevanter öffentlicher Gruppen oder der öffentlichen Meinung wie Arbeitnehmervertreter, Professoren oder Journalisten in den Beratungsgremien nur eine untergeordnete Rolle. Die Mitarbeit in diesen Gremien ist eine ehrenvolle und prestigeträchtige Aufgabe, die Mitglieder sind dementsprechend renommierte Persönlichkeiten. Aber wie auch in anderen japanischen Gruppen wird die eigentliche Arbeit nicht von der Spitze erledigt, die vielmehr in erster Linie lediglich Integrationspflichten zu erfüllen hat, sondern vom Unterbau. Im Fall der Beiräte besteht dieser aus zahlreichen Unterausschüssen, in denen sich die jüngeren Mitarbeiter sowohl der Ministerien als auch der Unternehmen versammeln. Auf dieser Ebene bestehen auch die persönlichen Kontakte, deren Intensität die Grenzen von formellen Beratungen im Rahmen der Ausschüsse und informellen Gesprächen in Form eines lockeren oder geselligen Beisammenseins ineinander übergehen lassen. Ein weiteres Merkmal des Beiratsystems ist die indirekte Kontrolle, die die Beamten über die Arbeit dieser Gremien ausüben; sie leiten die Sitzungen, verfassen die Protokolle wie auch die Abschlußberichte. Man kann in diesem Verfahren eine Rückversicherung der Ministerien sehen, die sie vor unliebsamen oder gar kompromittierenden Berichten schützt; die Beiräte stellen daher auch keine think tanks dar, in denen radikal neue Lösungen diskutiert und formuliert werden, sondern dienen in erster Linie der Konsensfindung.

Zu den Aufgaben des ISC gehört die Publikation von „Visionen", die am Beginn jeder Dekade (1975 erfolgte allerdings aufgrund der Ölkrise eine Aktualisierung der 70er Visionen) die Richtungen der strukturellen Entwicklung und die Schwerpunkte der Industriepolitik aufzeigen sollen. Diese „Visionen" stellen nicht nur die Grundlage der kommenden industriepolitischen Maßnahmen dar, sondern sind selbst ein Instrument der Industriepolitik. Denn sie versorgen die Unternehmen auf der einen Seite mit einer Menge an Informationen über ihre Umwelt und über zukünftige Entwicklungen, versuchen auf der anderen Seite aber gleichzeitig das Verhalten der Unternehmen, indem sie potentielle Gefahren und mögliche Gegenmaßnahmen aufzeigen, in die gewünschte Richtung zu dirigieren (Komiya u.a. 1988, S. 99ff. und S. 241). Darüberhinaus entfalten sie aufgrund ihrer weiten Verbreitung durch die Medien auch eine gesellschaftliche Wirkung, da sie frühzeitig auf Probleme aufmerksam machen und so die Voraussetzungen für einen gesamtgesellschaftlichen Konsens oder für die Akzeptanz bestimmter Entwicklung mitschaffen (Ozaki 1984, S. 55). Probleme einer technologiefeindlichen Einstellung der Bevölkerung oder eine breite Ablehnung der Einführung von Robotern in den Produktionsprozeß kann man in Japan nicht beobachten. Neben anderen Ursachen kommt sicherlich auch den „Visionen" ein Verdienst an dieser dem Fortschritt allgemein aufgeschlossenen Haltung zu.

Doch die Bedeutung des ISC und der anderen Beiräte läßt sich nicht allein an den Ergebnissen ihrer Arbeit, den Abschlußberichten und „Visionen" bemessen. Mindestens ebenso wichtig ist der Arbeitsprozeß selbst. Denn im Rahmen ihrer Tätigkeit sammeln diese Gremien vielfältige Informationen und werten sie aus; ein riesiger Informationsapparat wird in Betrieb gesetzt (McMillan 1989, S. 63). Daneben geben die Sitzungsperioden Gelegenheit zu einem persönlichen Meinungsaustausch, der auf beiden Seiten Vertrauen und Verständnis für die jeweilige Position schafft. Dieser Informationsfluß findet dabei nicht nur zwischen den Vertretern des Ministeriums und der Industrie statt, sondern auch zwischen den beteiligten Unternehmen untereinander. Neben den allgemeinen Umweltinformationen werden in diesen Foren also auch konkrete Marktinformationen getauscht: Unternehmen können bis zu einem gewissen Grad Einblick in die Einschätzungen und Absichten ihrer Konkurrenten gewinnen. Die Gefahr wettbewerbswidriger Absprachen liegt da natürlich nahe; doch es ist sicherlich nicht verfehlt anzunehmen, daß diese, sofern sie im Interesse aller betroffenen Unternehmen liegen, auch ohne den Transmissionsriemen der Beiräte zustandegekommen wären.

Dieses Beziehungsgeflecht zwischen Bürokratie und Industrie bildet den Hintergrund der Industriepolitik, auf dem die einzelnen Maßnahmen Gestalt gewinnen. Doch auch wenn es nicht zum Einsatz bestimmter Instrumente kommen sollte, ist durch den Prozeß der Konsultationen und Vorabsprachen eine Bewegung in der Sache eingetreten. Es verwundert daher kaum, daß es zu den Hauptverpflichtungen eines MITI-Mitarbeiters gehört, die informellen persönlichen Beziehungen zu Vertretern der Industrie zu pflegen. In diesem Kontext wird auch der unscharfe und diffuse Charakter der *gyôsei shidô* verständlich: *gyôsei shidô* ist der Versuch der Indoktrination der Industrie auf der Tastatur der vielfältigen Beziehungsformen. Auch die Vorliebe des MITI für protektionistische Maßnahmen und seine Furcht vor exzessivem Wettbewerb, sofern er mit dem Eintritt neuer Wettbewerber in den Markt verbunden ist, erscheinen vor diesem Hintergrund in einem neuen Licht. Beides ist Ausdruck der Bemühungen, die aufgebauten Verbindungen zu einer Branche stabil und übersichtlich zu erhalten; neue Marktteilnehmer erfordern neue Anstrengungen der Kontaktpflege und stellen eine potentielle Bedrohung des Konsenses oder zumindest des gefundenen *modus vivendi* dar. Ausländische Unternehmen gar lassen sich kaum in dieses System integrieren und unterminieren daher seine Effektivität (vgl. Murakami 1987, S. 49). Das Verhältnis zu Ausländern in Japan ist daher auch heute noch, trotz der offiziellen Politik der Unterstützung von Direktinvestitionen nach Japan, zwiespältig. Die Befürchtung, diese könnten aus Unkenntnis und Unverständnis einen Störfaktor innerhalb des fein strukturierten Systems bilden, das das Verhältnis zu den Regierungsstellen ebenso wie das Verhältnis der Unternehmen untereinander umfaßt, ist oft die Ursache für Ressentiments.

Mit den Instrumenten *gyôsei shidô* und Beirat-System wurde in den 60er Jahren der Rahmen für eine effiziente Industriepolitik auch im Zeichen des Macht- und Kompetenzverlustes geschaffen. Als weitaus schwieriger erwies es sich jedoch, entsprechend diesen institutionellen Möglichkeiten auch ein neues, der veränderten Umwelt angepaßtes Selbstverständnis der japanischen Industriepolitik zu entwicklen. Anstelle der Steuerung und Lenkung der Wirtschaft sah sich das MITI in einer freien Marktwirtschaft auf die Funktionen der Orientierung, Vermittlung und Organisation beschränkt. Zusätzlich zu diesen internen Auseinandersetzungen, die die Züge eines Generationenkonfliktes innerhalb der Beamtenschaft trugen, spitzte sich auch die allgemeine Wirtschaftslage zu.

4. Krise und Neuorientierung der Industriepolitik

4.1. Neukonzeption

Zu dieser Zuspitzung der Entwicklung trugen mehrere Faktoren bei: das Ende der catch-up-Phase, d.h. das Schließen der technologischen Lücke mit dem damit einhergehenden Verlust von Investitions- und Produktivitätsspielräumen, wodurch Kostensteigerungen und auch Überkapazitäten entstanden; das gestiegene Selbstbewußtsein der erfolgreichen Unternehmen auch gerade gegenüber dem MITI; die spektakulär sichtbar werdenden Umweltbelastungen, die zu einer allgemeinen Sensibilisierung der Bevölkerung für die Kosten des Wachstums führten; der wachsende internationale Druck auf die vollkommene Öffnung des japanischen Marktes. Hinter all diesen Faktoren steht als gemeinsame Ursache der überwältigende wirtschaftliche Erfolg Japans in den vorangegangenen Jahren. Gleichzeitig zerbricht mit dem Erreichen eines gewissen Grades an Wohlstand der gesellschaftliche „catch-up consensus" der Nachkriegsjahre (Eads und Yamamura 1987, S. 459).

Dieser nationale wie internationale Druck erhöhte innerhalb des MITI die Dringlichkeit einer neuen Konzeption der Industriepolitik. Die ersten Ansätze zu einer Neuformulierung der industriepolitischen Ziele lassen sich 1969 in dem sog. Amaya-Papier feststellen, in dem sich schon die zentralen Punkte der späteren Politik, die Akzentverschiebung hin zu den „knowledge-intensive industries" und die Propagierung eines „private-sector industrial guidance model" finden lassen (vgl. Johnson 1982, S. 289f.). Zur offiziellen

Politik des MITI wurden diese Konzepte dann 1971 mit dem Erscheinen der Schrift „MITI's Politik für die 70er Jahre", die in der Verantwortung des ISC entstand und heute oft in Anlehnung an spätere Veröffentlichungen als „Vision for the 1970's" bezeichnet wird. Diese „Vision" bildete die konsistente Grundlage für die Industriepolitik der folgenden Jahre. In ihr sind vor allem drei Punkte bemerkenswert, die die logischen Konsequenzen aus den Erfahrungen der vorangegangenen Dekade ziehen. Erstens wird die sozio-ökonomische Dimension in den Mittelpunkt der Politik gerückt. Das schließt nicht nur die Umwelt ein, sondern reicht über die Erziehung und Ausbildung bis hin zu Wohlfahrtseinrichtungen. Zweitens wird erstmals der Marktmechanismus zum obersten Prinzip erhoben, Eingriffe des Staates sollen nur in den Fällen eines Marktversagens erfolgen. Schließlich wird von der Doktrin der Schwer- und chemischen Industrie als Leitsektoren Abschied genommen; an ihre Stelle treten die wissensintensiven Industrien. Dieses neue Ziel wirkt zwar wie ein vager Slogan, unter dem sich verschiedene Industrien subsumieren lassen. Zugleich bildet es aber eine Klammer, die die scheinbar disparaten Ziele, wie Umweltschutz (die neuen Industrien sind emissionsarme Industrien) und Ausbildung oder Wohlfahrt (als Stärkung des Humankapitals, dem entscheidenden Faktor der neuen Industrien), mit dem wirtschaftlichen Wachstum zusammenfaßt und versöhnt. Hier zeigt sich deutlich, daß die programmatische Wende in den Staatsausgaben hin zu vermehrten Sozialausgaben auch von der Industriepolitik mitgetragen wird, aber dennoch keinen einschneidenden Paradigmenwechsel darstellt. Denn nach wie vor bleibt das wirtschaftliche Wachstum das Ziel; es scheint daher angemessener, nur von einer Modifikation der Yoshida-Doktrin zu sprechen.

Im Rahmen des neuen Konzepts verstärkte sich das Engagement im Bereich der Forschung und Entwicklung, wobei zunehmend auch direkte Zuschüsse gewährt wurden. Einen anderen, diametral entgegengesetzten Schwerpunkt bildeten die Hilfen für strukturschwache Industrien. Hier versammelten sich viele Sektoren, die auch vormals vom MITI unterstützt worden waren, nun jedoch, meist durch die starke Konkurrenz aus den Schwellenländern, in eine Phase der Stagnation und Schrumpfung eingetreten waren; zu ihnen zählten unter anderen sowohl die Petrochemie, der Schiffbau als auch die Textilindustrie. In den 70er Jahren bildete sich also das typische Bild der Industriepolitik als industrial targeting heraus: auf der einen Seite die sunrise-Industrien, auf der anderen Seite die sunset-Industrien. Diesem Muster liegt das Konzept des industriellen Lebenszyklus zugrunde: industriepolitische Aktivitäten in der frühen und der späten Phase des Lebenszyklus (Okimoto 1989, S. 50f.).

4.2. Technologiepolitik

Diese beiden Aspekte der Industriepolitik sollen hier kurz betrachtet werden. Die Gemeinschaftsforschungsprojekte, unter denen das VLSI-Projekt (1976-79) mit seiner großen Bedeutung für die Entwicklung der Computerindustrie eine herausragende Stellung einnimmt, stehen für die Förderung der sunrise-Industrien. Die Besonderheit dieser Gemeinschaftsforschungsprojekte liegt in der Tatsache, daß hier auf dem Produktmarkt konkurrierende Unternehmen unter der Führung des MITI einen Teil ihrer Forschungsressourcen für einen begrenzten Zeitraum und für ein begrenztes Ziel zusammenlegen. Dies evoziert natürlich sofort den Verdacht eines monopolistischen Zusammenschlusses und fügt dem Bild der Japan AG eine weitere Facette hinzu. Diese Betrachtungsweise ist jedoch zu oberflächlich. Denn die Bereitschaft zur Zusammenarbeit ist auch bei den japanischen Unternehmen nicht sehr ausgeprägt. Meist werden auch im Rahmen dieser Projekte die einzelnen Forschungsanstrengungen lediglich koordiniert, gemeinsame Forschungslabore der beteiligten Unternehmen bilden die Ausnahme. Den Projekten gehen langwierige Konsultationen voraus, und die Unternehmen sind in erster Linie nur durch die in Aussicht gestellten öffentlichen Hilfen zur Teilnahme zu bewegen. Auch der technologische Erfolg dieser Projekte ist eher ambivalent zu betrachten: bahnbrechende Innovationen finden nicht statt, der Schwerpunkt der Zielsetzung liegt auf der Aneignung der grundlegenden Produktionstechnologien. Vor allem das Fifth Generation Computer Project (1982-92) ist daher von verschiedenen Seiten heftig kritisiert worden.

Die Bedeutung dieser Projekte ist daher wohl vor allem auf der organisatorischen Ebene zu suchen. Für Fransman sind sie integraler Bestandteil des „Japanese Technology-Creating System" (Fransman 1990, S. 8), das in seiner Gesamtheit für die japanische Wettbewerbsfähigkeit verantwortlich zeichnet. Die Gemeinschaftsprojekte fördern den Informationsaustausch unter den beteiligten Unternehmen erheblich. Dabei findet sowohl eine Kommunikation im Rahmen der Vorbereitung solcher Projekte auf Managerebene über strategische Unternehmensziele als auch ein Technologietransfer im Zuge der höheren Mobilität der Forscher statt. Auf diese Weise konnte die unter informationstheoretischen Gesichtspunkten negative Starrheit des japanischen Arbeitsmarktes teilweise überwunden werden. Diese Art der horizontalen Vernetzung im Bereich der Forschung von Konkurrenten auf dem Produktmarkt hat jedoch nicht zu einem wettbewerbsfeindlichen Verhalten geführt; im Gegenteil scheint es eher so, daß der Austausch über wichtige Technologien die Angleichung der technologischen Niveaus bewirkte und so den Wettbewerb unter den gleichwertigen Konkurrenten förderte (Wakasugi 1988, S. 14ff.). Durch den Informations- und Technologieaustausch konstituiert sich eine gemeinsame Basishaltung gegenüber den Marktmöglichkeiten, die Anstoß dynamischer und kontinuierlicher Innovationsprozesse ist.

Die Computerindustrie zeigt deutlich die Stärken und Schwächen dieser Entwicklungsform. Während es in Japan einen dynamischen, oligopolistischen Markt mit hohen Wachstumsraten gibt (im Gegensatz zu den überwiegend monopolartigen Strukturen in anderen Ländern), werden die tatsächlich bahnbrechenden Innovationen, vor allem im Software-Bereich, in den USA getätigt (Vgl. Fransman 1990 und Okimoto 1986, S. 51ff.).

4.3. Strukturpolitik

Den zweiten Schwerpunkt der Industriepolitik seit den 70er Jahren stellten – wie bereits erwähnt – die Hilfen für strukturschwache Industrien dar. Durch den ersten Ölpreisschock (1973/74) wurden die Probleme vieler Sektoren der Schwerindustrie wie Stahl, Petrochemie oder Schiffbau evident, hinzu kam die starke Konkurrenz aus den NICs, die vor allem der Textilindustrie große Schwierigkeiten bereitete. Es dauerte allerdings bis zum Jahre 1978, ehe mit dem auf fünf Jahre begrenzten Krisenbranchen-Stabilisierungsgesetz ein legaler Rahmen für die Unterstützung dieser Industrien geschaffen wurde. Dabei lag der Hauptakzent der Maßnahmen auf einem koordinierten Kapazitätsabbau; zu diesem Zweck war es statthaft, sogenannte Rezessionskartelle zu bilden, auch standen den Unternehmen finanzielle Hilfen bereit. Allerdings lassen sich kaum signifikante Unterschiede zwischen Branchen, in denen Kartelle gebildet und finanzielle Hilfen in Anspruch genommen wurden, und denen, die ohne besondere Hilfe Kapazitäten abbauten, feststellen. 1983 wurde ein neues Gesetz, wiederum für fünf Jahre, verabschiedet, das Branchenstruktur-Verbesserungsgesetz. Im wesentlichen stellte es eine Fortführung der bisherigen Praktiken dar; statt Kartellen waren nun aber sogar Firmenzusammenschlüsse erlaubt, daneben spielte der Modernisierungsgedanke eine größere Rolle: durch die Einführung neuester Technologien sollten die Unternehmen wieder wettbewerbsfähig werden oder aber gänzlich in eine high-tech-Branche überwechseln (von der Petrochemie zum Beispiel in die Biotechnologie). Dieses Gesetz wurde 1988 nicht regelrecht verlängert, sondern Strukturhilfe wird heute in dem weiten Rahmen des Gesetzes zur Erleichterung von Strukturanpassungen (1987 für neun Jahre verabschiedet) betrieben, ohne sich inhaltlich allerdings allzu sehr verändert zu haben (vgl. Peck u.a. 1987 sowie Laumer und Ochel 1985).

Sowohl die Technologiepolitik als auch die Politik für die strukturschwachen Industrien zeigen, daß sich das MITI seit den 70er Jahren in seiner Industriepolitik tatsächlich weitgehend auf die Funktionen der Orientierung, Organisation und Vermittlung beschränkt hat. Die Wirtschaft wird nunmehr nicht mehr direkt gelenkt, sondern die politischen Ziele werden stattdessen auf dem Wege der indirekten Einflußnahme angestrebt. Möglich wurde diese Art der Industriepolitik, da mit den Neuerungen der 60er Jahre ein institutio-

neller Rahmen zur Verfügung steht, der sich durch eine relative Durchlässigkeit der Regelungen (*gyôsei shidô*) und Offenheit gegenüber bzw. Integration der Industrie (Beirat-System) auszeichnet.

Wie gering dagegen der Einfluß monetärer Leistungen des Staates auf die
Effizienz seiner Politik ist, soll zum Abschluß ein kurzer Blick auf die Mittelvergabe im Rahmen der JDB zeigen (vgl. Komiya u.a. 1988, S. 135ff.).
Wie nicht anders zu erwarten, ging nach den beiden Ölkrisen ein großer und
wachsender Teil der Darlehen (1980 erreichte er die 40%-Marke) in den
Energiesektor. Daneben spielten Umweltschutzmaßnahmen (gegen Ende der
Dekade aber mit rückläufiger Tendenz) und Technologieentwicklung eine
große Rolle. Nach Berechnungen von Sako sank der Anteil der verarbeitenden Industrie an den ausgegebenen Darlehen unter 30% (Sako 1984, S. 527).
Betrachtet man den größeren Rahmen des FILP, so wird zudem deutlich, daß
der Faktor Wohlfahrt ständig an Bedeutung gewonnen hat, 1980 macht der
Posten „Verbesserung des Lebensstandards" ungefähr die Hälfte des Pro-
grammes aus. Hierin und in der den wirtschaftlichen Entwicklungen entge-
genstehenden Konstanz politisch sensitiver Sektoren wie Landwirtschaft und
Bauwirtschaft bestätigt sich die Tendenz der politischen Beeinflussung der
Mittelvergabe, die schon in den 50er und 60er Jahren zu beobachten war.
Horne kommt daher mit Blick auf das FILP zu dem Schluß, „that government had a major impact on the allocation of resources" (Horne 1988, S.
157). Ökonomische Überlegungen treten demgegenüber in den Hintergrund,
der Beitrag für die wirtschaftliche Entwicklung ist daher nur begrenzt.

5. Industriepolitik in den 80er und 90er Jahren

Die Industriepolitik der letzten Jahre ist mehr oder weniger in den Bahnen
und Entwicklungslinien, die mit der Neuorientierung Anfang der 70er Jahre
vorgegeben waren, verlaufen. Es haben sich seitdem keine grundlegenden
Veränderungen mehr ergeben, nur sind das Ziel der wissensintensiven Industriestruktur und die Betonung der sozialen Aspekte im Laufe der Zeit stärker akzentuiert worden. Dabei hat sich im Laufe der 80er Jahre die beinahe
schon paradoxe Entwicklung eingestellt, daß in dem Maße, wie Japan sich
den Prinzipien des freien Marktes verschreibt, eine liberale Handelspolitik
betreibt und seine Antimonopolgesetze verschärft, sich in den anderen Ländern eine Wendung hin zu mehr Protektionismus und Staatsinterventionen
abzeichnet – mit dem Hinweis auf das japanische Beispiel. Dabei ist natürlich auch Japan, wie die Diskussion der Strukturhilfemaßnahmen gezeigt hat,
von der Rolle eines Vorbildes für freien Wettbewerb weit entfernt, doch sind
die Industriepolitik und das MITI mit Blick auf direkte Eingriffe zurückhal-
tender geworden.

Das Strukturziel der wissensintensiven Industrien wurde in den 80er Jahren noch um das Epitheton „kreativ" erweitert. Damit wurde der Tatsache Rechnung getragen, daß Japan nicht länger nur den vorgegebenen technologischen Bahnen zu folgen hatte, sondern selbst die Grenzen des Wissens erweitern mußte. Ausgesprochene high-tech-Bereiche wie die Biotechnologie und die neuen Materialien wurden verstärkt gefördert und großangelegte Forschungsprojekte gestartet.

Die veränderte Situation für Japan im Technologiebereich drückt sich auch in den Ergebnissen einer Studie des MITI zu diesem Themenbereich aus (vgl. Watanabe und Honda 1992). Sowohl unter den konventionellen wie den high-tech-Produkten kann nur ein verschwindend geringer Anteil dem internationalen Vergleich im Hinblick auf das Technologieniveau nicht standhalten, nämlich 6% bzw. 10%. Die Rate der Technologieimporte befindet sich seit den 70er Jahren im Fallen, die technologische Abhängigkeit Japans besteht nicht mehr. Dadurch wird aber ein Charakteristikum der japanischen Forschungslandschaft, der geringe staatliche Anteil und die damit einhergehende Schwäche in den Basistechnologien bzw. der wissenschaftlichen Forschung, zu einem Problem. Während in der Phase des catch-up gerade die Konzentration auf kommerzielle Forschung und Entwicklung Vorteile bot und das MITI folgerichtig solche Projekte unterstützte, versucht nun die Politik, die Defizite in der Grundlagenforschung auszugleichen. Ein weiterer Akzent liegt in der Forcierung des internationalen Technologietransfers, denn die Zahlen für den Technologieexport wie den Forscheraustausch nach Japan belegen eine unzureichende Einbindung Japans in den internationalen Forschungskreislauf. Das MITI ist daher bestrebt, auch ausländische Unternehmen in die Gemeinschaftsforschungsprojekte mit einzubeziehen.

Doch auch wenn zweifelsohne die Technologiepolitik den Schwerpunkt der Industriepolitik der letzten Zeit ausmachte, gestaltete sich ihre Durchführung nicht immer einfach. Vor allem in der Telekommunikationsindustrie führten die neuen Entwicklungen, Privatisierung der nationalen Telephongesellschaft NTT, ISDN-Techniken und Marktöffnung, zu erheblichen Kompetenzstreitigkeiten zwischen dem Postministerium und dem MITI (Hills 1991, S. 222ff.). Die Tatsache, daß sich hier wie auch in der Frage der Liberalisierung des Agrarmarktes das MITI als Vertreter einer liberaleren Haltung mit seinen Vorstellungen nicht oder nur partiell durchsetzen konnte, signalisiert eindeutig die schwindende Macht des MITI, den Verlust des intraindustriellen Konsenses, als dessen Sprachrohr das MITI erfolgreich seine Politik betreiben konnte. Im Hintergrund dieser Entwicklung steht, wie auch schon bei der JDB und dem FILP, der wachsende parteipolitische Einfluß auf die Bürokratie bzw. die Pluralisierung des politischen Prozesses.

Als Ausblick auf die Industriepolitik der 90er Jahre sollen an dieser Stelle die Schwerpunkte der „Visionen für die Industriepolitik der 90er Jahre" vorgestellt werden (vgl. Tsûshô-sangyô-shô 1990, S. 5ff.). Die drei Ziele dieser

Dekade lauten: „Förderung des internationalen Engagements und der inneren Reformen" (*„kokusai shakai e no kôken to jiko kaikaku no suishin"*), „Realisierung eines hohen Lebensstandards" (*„yutori to yutakasa no aru seikatsu no jitsugen"*) und „Sicherung der langfristigen Grundlagen für die Wirtschaftsentwicklung" (*„chôki-teki na keizai hatten kiban no kakuho"*), denen als gemeinsame Grundidee die „Schaffung humaner Werte im globalen Zeitalter" (*„chikyû jidai no ningen-teki kachi no sôzô"*) zugrundeliegt. Hinter diesen etwas blumigen Formulierungen verbergen sich jedoch konkrete Vorstellungen, die die Leitbilder der früheren Jahre konsequent fortschreiben.

Mit den „langfristigen Grundlagen" wird die Entwicklung der Industriestruktur angesprochen; in Analogie zu den kreativen, wissensintensiven Industrien wird die enorme Bedeutung der Wissenschaft und Technologie für die Zukunft hervorgehoben; daneben wird die fortschreitende Informatisierung der Gesellschaft betont und der Aufbau einer leistungsfähigen Informationsinfrastruktur zu einem Schlüsselproblem erhoben. Weitere Aspekte der Industriestruktur sind die gestiegene Wertschätzung der Klein- und Mittelbetriebe als Quelle der Kreativität und Dynamik und die Sicherung der verarbeitenden Industrie als Kern der Industriegesellschaft; explizit wird vor den Folgen der Entindustrialisierung gewarnt und konkrete Maßnahmen zur Steigerung der Attraktivität der verarbeitenden Industrie vor allem bei der jungen Generation eingefordert (ebd. S. 143ff.). Unvermindert wird auch auf die Energie- und Umweltproblematik hingewiesen, wobei letztere allerdings eher in einem globalen Rahmen, Stichwort Treibhauseffekt, gesehen wird.

Die beiden anderen Ziele gehen über den engen Bereich der Industriepolitik hinaus. Die „Realisierung eines hohen Lebensstandards" soll die „Paradoxie des Wohlstandes" (*„yutakasa no paradokkusu"*) beseitigen. MITI zählt zu den Faktoren, die dazu führten, daß sich in Japan eine Lücke zwischen dem wirtschaftlichen Erfolg und dem persönlichen Wohlstand auftat, unter anderen die Wohnsituation, fehlendes Sozialkapital, lange Arbeitszeiten und einen schlechten Verbraucherschutz. Dabei scheut sich das MITI auch nicht, seine frühere Politik zu kritisieren, die einseitig an den Interessen der Produzenten orientiert war; für die Zukunft soll eine konsumentenfreundliche Sichtweise in den Mittelpunkt rücken (ebd. S. 102ff.). Das Leitbild für die 90er Jahre ist eine „humane Industriepolitik" (*„ningen-shikô no tsushô-sangyô-seisaku"*).

Das dritte Ziel, die „Förderung des internationalen Engagements und der inneren Reformen", steht in den „Visionen" an erster Stelle und ist ein Reflex auf die verschlechterten Beziehungen zu den USA. Mit Sorge wird auf die ausländische Kritik an Japan hingewiesen, der einerseits durch eine verbesserte Selbstdarstellung, bei der Japans feste Verankerung in der westlichen Wertegesellschaft betont wird, und andererseits durch mehr Offenheit und Transparenz begegnet werden soll. Das Handelsbilanzungleichgewicht versucht man, durch die Förderung von Importen abzubauen, ebenso sollen

Direktinvestitionen nach Japan unterstützt werden. Darüberhinaus wird die Übernahme umfassender internationaler Verantwortung durch Japan angestrebt, von seiner Rolle in den GATT-Verhandlungen über Hilfen für Entwicklungsländer bis hin zu Beiträgen zur Lösung des globalen Umweltproblems.

Neben diesen drei Zielen stellt das MITI für seine zukünftige Industriepolitik sieben Prinzipien auf, von denen aber nur das erste besondere Aufmerksamkeit verdient: es ist das Bekennntnis zum Marktprinzip als der Grundlage aller Aktivitäten. In diesem Zusammenhang wird auch indirekt Abschied von der Vorstellung des exzessiven Wettbewerbs genommen, indem auf die negativen Auswirkungen der Regelungen zu dessen Eindämmung hingewiesen wird (ebd. S. 16).

6. Erfolgsbilanz der japanischen Industriepolitik

6.1. Die „sichtbare" Industriepolitik

Am Anfang unseres Beitrages standen zwei Fragen an die japanische Industriepolitik der Nachkriegszeit: welchen Anteil hat sie am ökonomischen Erfolg Japans und wie sieht ihre konkrete Ausgestaltung aus? Diese beiden Fragen stehen dabei natürlich in einem engen Zusammenhang. Betrachtet man das klassische Instrumentarium der Industriepolitik, Subventionen, zinsvergünstigte Darlehen, Steuererleichterungen etc., war die Industriepolitik kaum der Motor der dynamischen Wirtschaftsentwicklung, sondern gab bestenfalls, wie es Uekusa formuliert, „some support from the sideline" (Komiya u.a. 1988, S. 115). Angesichts der manchmal geradezu abenteuerlichen Pläne des MITI zur Reorganisation bestimmter Industrien und den sich daran anschließenden Auseinandersetzungen scheint die Industriepolitik sogar teilweise eher ein Hindernis denn eine Hilfe oder Unterstützung für die Unternehmen gewesen zu sein. Ein Beispiel dafür ist der Fall Honda, der nach eigenem Bekunden durch die Konzentrationspläne des MITI in der Autobranche mindestens ein Jahr für seinen Einstieg in die Autoproduktion verlor (Genther 1990, S. 142). Allerdings ist auf der anderen Seite die Schaffung von allgemeinen Rahmenbedingungen, die konduktiv für wirtschaftliches Wachstum und das Erreichen der internationalen Wettbewerbsfähigkeit waren – hierzu zählt vor allem der Protektionismus der frühen Jahre –, positiv für die Entwicklung der privaten Industrie gewesen.

Dennoch erscheint es mit Blick auf diese „sichtbare" Industriepolitik (Holzhausen 1993, S. 58) naheliegend, die Kausalität auf den Kopf zu stellen: nicht das Wachstum hat von der Industriepolitik profitiert, sondern die Industriepolitik vom Wachstum. Die 50er und 60er Jahre in Japan, die Zeit

der sprunghaften Wirtschaftsentwicklung, schufen ein Umfeld, in der sich
die Industriepolitik und vor allem die Überzeugung ihrer Wirksamkeit entfalten konnte. Die Fortschritte in der Wirtschaft schufen stabile Verhältnisse
und einten die verschiedenen Interessengruppen, da sie alle an den Gewinnen der Entwicklung direkt oder indirekt partizipierten, in einem gesellschaftlichen Konsens. Darüberhinaus befand sich Japan in der Phase des
catch-up, wobei die USA als industrielles Vorbild die Entwicklungsrichtung
bestimmten. Fehler in der Industriepolitik zu begehen war nachgerade ein
schwieriges Unterfangen geworden. Die Aufgabe und Politik des MITI bestand in nichts anderem, als diese Vorgaben und allgemeinen Prioritäten in
konkrete Politik umzusetzen. Entscheidungen des MITI waren „enunciation
of a consensus among the most significant actors" (Vogel 1979, S. 76).
Deutlich wird dieses Vorgehen auch, wenn die Kriterien für die Förderung
bestimmter Sektoren betrachtet werden. Hinter den Formeln der hohen
Nachfrageelastizität und der hohen erwarteten Produktivitätszuwächse ver-
birgt sich nämlich nichts anderes als das Eingeständnis, die Industriepolitik
an den bestehenden Möglichkeiten auszurichten bzw. sich den Marktkräften
unterzuordnen. Denn Industrien, die diese Voraussetzungen erfüllen, werden
sich auch ohne staatliche Unterstützung entwickeln, höchstens vermag hier
die Industriepolitik das Tempo zu beschleunigen. Wenn daher auch Audretsch und Yamawaki in ihrer Untersuchung (Audretsch und Yamawaki
1986) zu dem Ergebnis kommen, daß die geförderten Industrien im Handel
mit den USA besser abschneiden, ist dies kein Beleg für eine erfolgreiche japanische Industriepolitik, wie Audretsch und Yamawaki meinen, sondern
spricht für die erfolgreiche Auswahl der industriepolitischen Objekte durch
das MITI in Übereinstimmung mit den wirtschaftlichen und gesellschaftlichen Gegebenheiten. Sobald das MITI aber mit seinen Maßnahmen den Boden dieses Konsenses verließ und das Gesetz über zeitliche Maßnahmen zur
Förderung bestimmter Industrien durchsetzen wollte, mußte es nahezu
zwangsläufig scheitern.

6.2. Die „unsichtbare" Industriepolitik

Von der „unsichtbaren" Industriepolitik dagegen, die sich nicht im Budget
niederschlägt, sondern die sich in der Wahrnehmung der Orientierungs-, Or-
ganisations- und Vermittlungsfunktionen durch das MITI manifestiert, kann
durchaus ihre Effizienz und wirtschaftliche Wirkung behauptet werden.
Denn durch diese Politik und ihren institutionellen Rahmen mit seiner Offenheit und Durchlässigkeit werden die Voraussetzungen für eine effiziente
Informationsstruktur geschaffen (Holzhausen 1993, S. 51f.). Die einzelnen
Wirtschaftssubjekte verfügen nicht nur für sich selber über eine große
Menge an Informationen, sondern die Industrie hat sowohl Zugang zu politi-

schen Informationen, wie auch die Regierung Informationen aus dem Privatsektor erhält. Dies führt zur einer erhöhten Sicherheit der jeweiligen Pla-
nungs- und Entscheidungsprozesse.

Darüberhinaus wird in der regen Kommunikation zwischen MITI und Industrie eine Art Marktparadigma herausgearbeitet, das ex ante die Richtung
der Technologie- und Marktentwicklung bestimmt. Denn Innovationen be-
nötigen die Unterstützung aller Marktteilnehmer, und in dem Maße, wie sich
der Wissensstand überall angleicht bzw. sich eine allgemeingültige „Sprache" herauskristallisiert, wird auch ein Grundkonsens über die Möglichkeiten der Zukunft geschaffen: das „technological and market paradigm" (Imai
1988, S. 25ff.). Entscheidend dabei ist, daß die gemeinsame Grundüberzeugung einen gewissen Gleichschritt bei den unternehmerischen Aktivitäten
hervorruft und somit den Boden für regen Wettbewerb und weitergehende
Differenzierungen bereitet; es kommt zum Prozeß der kontinuierlichen in-
krementellen Innovationen, da alle Marktteilnehmer ihre Kräfte in dieselbe
Richtung hin konzentrieren. In diesem Verhalten liegt der Schlüssel für die
Dynamik der japanischen Entwicklung. Es kommt zu einer Art pooling der
Informationen; die japanische Haltung, Kontroversen durch den Einbezug
neuer Informationen zu begegnen, führt nicht nur zu einer Fülle relevanter
Informationen, die Beachtung finden, sondern hat auch eine Selbstverstär-
kung der aufgespürten Trends zur Folge: neue Entwicklungen, da relevante
Information, finden sofort Eingang in den Entscheidungsprozeß der unmit-
telbar oder auch mittelbar davon Betroffenen.

Dabei muß jedoch zwischen diesem technologischen Marktparadigma, das
sich vor allem in den 70er Jahren entfaltete, und dem gesamtgesellschaftlichen Konsens der früheren Jahre unterschieden werden. Ersteres entsteht, da
on the spot Informationen gesammelt, verarbeitet und ausgetauscht werden;
in diesem Prozeß kristallisiert sich unter den Beteiligten eine gemeinsame
Grundüberzeugung über die technologische Entwicklungsrichtung heraus.
Darauf aufbauend kommt es zu einer Vielzahl kleiner, aber kontinuierlicher
Verbesserungen und Innovationen. Der gesellschaftliche Konsens der 50er
Jahre dagegen bezog sich nicht allein auf die technologische Komponente,
sondern schloß auch den Bereich der Einkommensverteilung mit ein; die Interessen der einzelnen Gruppen waren dem gesamtwirtschaftlichen Wohl-
fahrtsziel untergeordnet bzw. fanden sich mit ihm in Übereinstimmung. Es
ist sicherlich ein großes Verdienst der Industriepolitik, zu der Zeit, als dieser
allgemeine „große" Konsens im Schwinden begriffen war, durch die Inten-
sivierung des Dialogs via Beiratsystem begrenzte und temporäre Agreements
ermöglicht und an der Formulierung des Marktparadigmas, dem „kleinen"
technologischen Konsens, mitgearbeitet zu haben.

7. Schlußbetrachtung

Die Ergebnisse unserer Untersuchung lassen es gerechtfertigt erscheinen, von einem schlanken *und* effizienten Management der Industriepolitik in Japan zu sprechen. Dies allerdings nicht aus dem Grunde, daß die relativ bescheidenen Mittel besonders effektiv eingesetzt würden – vielmehr ist die japanische Industriepolitik in ihrem „traditionellen" Bereich genauso ineffektiv wie in den meisten anderen Industrieländern –, sondern deshalb, weil daneben noch ein zweiter Bereich existiert, in dem sowohl das funktionelle Selbstverständnis der Politik als auch das institutionelle Arrangement die Menge und Verfügbarkeit an Informationen erhöhen. Da aber das Gut Information essentiell für die Leistung des ökonomischen Systems ist (vgl. Stiglitz 1985, S. 36), übt die Industriepolitik auf diese Weise einen positiven Einfluß auf die wirtschaftliche Entwicklung aus. Die Gleichzeitigkeit von schlank und effizient läßt sich also mit Hilfe informationsökonomischer Überlegungen erklären. Damit ist aber keineswegs ein stabiler Zusammenhang beschrieben, andere Kombinationen erscheinen ebenso möglich. Denn entscheidend ist nicht die Tatsache des geringen Mittelaufwandes, sondern die Ausgestaltung der funktionellen und institutionellen Dimension des Staates. Analog zur Organisationstheorie der Unternehmen könnte man die These vertreten, daß dabei in einer sicheren und überschaubaren Umwelt hierarchische Strukturen, in einer unsicheren und chaotischen Umwelt dagegen partizipative Strukturen erfolgreicher sind. Für den japanischen Fall zeigt sich dieses Muster in der autonomen und dominanten Bürokratie der unmittelbaren Nachkriegszeit und in den offenen und durchlässigen Regelungen und Institutionen wie *gyôsei shidô* oder dem Beirat-System seit den 70er Jahren.

Diese funktionelle und institutionelle Ausgestaltung der japanischen Industriepolitik führt im Verhältnis zur westlichen Industriepolitik zu zwei erheblichen Vorteilen: einer vor allem in der letzten Zeit ausgeprägten Zukunftsorientierung aufgrund der Formulierung eines Marktparadigmas, das die Richtung der Investitionen in neue Technologien mitbestimmt, und einer stärkeren Integration in das gesamte ökonomische System, die in erster Linie aufgrund des Informationsflusses von der Industrie zur Politik erreicht wird; japanische Industriepolitik ist ein Teil der übergreifenden Netzwerkstrukturen.

Die Frage, inwieweit diese Form der japanischen Industriepolitik als Emanation des sozio-kulturellen Kontextes zu begreifen ist, berührt dabei das weite Feld der Interdependenz von Ökonomie und Kultur und soll an dieser Stelle nicht weiter untersucht werden. Auf alle Fälle jedoch muß man diese enge Korrelation zwischen Industriepolitik und gesellschaftlichen Rahmenbedingungen im Auge behalten. Damit wird auch eine einfache Übernahme der japanischen Praxis im Westen zumindestens problematisch.

Für Japan selbst bleibt abzuwarten, ob sich der über die Jahre herausgebildete institutionelle Rahmen der japanischen Industriepolitik auch angesichts der gegenwärtigen Rezession nach dem Platzen der Bubble Economy den veränderten Umweltbedingungen gewachsen zeigt.

Literatur

Aoki, Masahiko (1988), The Japanese Bureaucracy in Economic Administration: a Rational Regulator Or Pluralist Agent?, in: Shoven, John B. (Hrsg.), Government Policy Towards Industry In the United States and Japan, Cambridge u.a., S. 265-300.

Audretsch, David B. (1989), The Market and the State. Government Policy Towards Business in Europe, Japan and the United States, New York u.a.

Audretsch, David B. und Yamawaki, Hideki (1986), Industrial Policy, R&D, and the U.S.-Japanese Trade, Discussion Paper IIM/IP 86-13, Wissenschaftszentrum Berlin für Sozialforschung, Berlin.

Boyd, Richard (1987), Government-Industry Relations in Japan: Access, Communication, and Competitive Collaboration, in: Wilks, Stephen und Wright, Maurice (Hrsg.), Comparative Government-Industry Relations. Western Europe, the United States, and Japan, Oxford, S. 61-90.

Dore, Ronald (1986), Flexible Rigidities. Industrial Policy and Structural Adjustment In the Japanese Economy 1970-80, London.

Eads, George C. und Yamamura, Kozo (1987), The Future of Industrial Policy, in: Yamamura, Kozo und Yasuba, Yasukichi (Hrsg.), The Political Economy of Japan, Bd. 1: The Domestic Transformation, Stanford, S. 423-468.

Fransman, Martin (1990), The Market and Beyond. Cooperation and Competition in Information Technology Development in the Japanese System, Cambridge u.a.

Genther, Phyllis A. (1990), A History of Japan's Government-Business Relationship. The Passenger Car Industry, Ann Arbor, Michigan.

Hills, Jill (1991), Techno-Industrial Innovation and State Policies in the United States and Japan, in: Hilpert, Ulrich (Hrsg.), State Policies and Techno-Industrial Innovation, London und New York, S. 213-233.

Holzhausen, Arne (1993), Industriepolitik in Japan. Die Rolle der Information, Social and Economic Research on Modern Japan, Occasional Paper Nr. 78, Berlin.

Horne, James (1988), The Economy and the Political System, in: Stockwin, James Arthur A. (Hrsg.), Dynamic and Immobilist Politics in Japan, Honolulu, S. 141-170.

Imai, Ken'ichi (1988), Patterns of Innovation and Entrepreneurship in Japan, Paper presented at the second congress of International Schumpeter Society to be held in Siena, Italy, on May 24-28, Siena.

Ito, Motoshige u.a. (1988), Sangyô-seisaku no keizai-bunseki , Tokyo.

Johnson, Chalmers (1982), MITI and the Japanese Miracle. The Growth of Industrial Policy, 1925-1975, Stanford.

Komiya, Ryutaro (1988), Japan's International Trade and Trade Policy, in: derselbe (1990), The Japanese Economy: Trade, Industry, and Government, Tokyo, S. 3-63.

Komiya, Ryutarô u.a. (1984), Nihon no sangyô seisaku, Tokyo.

Komiya, Ryutaro u.a. (1988), Industrial Policy of Japan, Tokyo u.a.

Laumer, Helmut und Ochel, Wolfgang (1985), Strukturpolitik für traditionelle Industriezweige in Japan, Berlin und München.

Lavoie, Don (1984), Two Varieties of Industrial Policy: A Critique, in: *Cato Journal* , Jg. 4, Nr. 2, S. 457-484.

Magaziner, Ira C. und Hout, Thomas M. (1980), Japanese Industrial Policy. Policy Papers in International Affairs Nr. 15, Berkeley.

McMillan, Charles J. (1989), The Japanese Industrial System, 2. Auflage, Berlin und New York.

Murakami, Yasusuke (1982), Toward a Socioinstitutional Explanation of Japan's Economic Performance, in: Yamamura, Kozo (Hrsg.), Policy and Trade Issues of the Japanese Economy. American and Japanese Perspectives, Seattle and London, S. 3-46.

Murakami, Yasusuke (1987), The Japanese Model of Political Economy, in: Yamamura, Kozo und Yasuba, Yasukichi (Hrsg.), The Political Economy of Japan, Bd. 1: The Domestic Transformation, Stanford, S. 33-90.

Muramatsu, Michio und Krauss, Ellis S. (1987), The Conservative Policy Line and the Patterned Pluralism, in: Yamamura, Kozo und Yasuba, Yasukichi (Hrsg.), The Political Economy of Japan, Bd. 1: The Domestic Transformation, Stanford, S. 516-554.

Okimoto, Daniel I. (1989), Between MITI and the Market. Japanese Industrial Policy for High Technology, Stanford.

Ozaki, Robert S. (1984), How Japanese Industrial Policy Works, in: Johnson, Chalmers (Hrsg.), The Industrial Policy Debate, San Francisco, S. 47-70.

Patrick, Hugh (1986), Japanese High Technology Industrial Policy in Comparative Context, in: derselbe (Hrsg.), Japan's High Technology Industries. Lessons and Limitations of Industrial Policy, Seattle u.a., S. 3-33.

Peck, Merton J. u.a. (1987), Picking Losers: Public Policy Toward Declining Industries in Japan, in: *Journal of Japanese Studies,* Jg. 13, Nr. 1, S. 79-123.

Pugel, Thomas A. (1984), Japan's Industrial Policy: Instruments, Trends, and Effects, in: *Journal of Comparative Economies,* Jg. 8, Nr. 4, S. 420-435.

Sako, Katsuro (1984), Japanese Economic Success: Industrial Policy or Free Market?, in: *Cato Journal* , Jg. 4, Nr. 2, S. 521-543.

Samuels, Richard J. (1987), The Business of the Japanese State. Energy Markets in Comparative and Historical Perspective, Ithaca und London.

Stiglitz, Joseph E. (1985), Information and Economic Analysis: A Perspective, in: Supplement to the *Economic Journal* , Nr. 95, S. 21-41.

Tatsuno, Sheridan (1986), The Technopolis Strategy. Japan, High Technology, and the Control of the Twenty-first Century, New York.

Tsûshô-sangyô-shô (1990), Kyûjû-nendai no tsûshô-sangyô-seisaku no bijon, Tokyo.

Vogel, Ezra F. (1979), Japan as Number One. Lessons for America, Cambridge, Massachusetts und London.

Wakasugi, Ryuhei (1988), A Consideration of Innovative Organization: Joint R&D of Japanese Firms, Paper presented for the Schumpeter Conference in Siena, Italy, May 24-28, Siena.

Wakiyama, Takashi (1987), The Implementation and Effectiveness of MITI's Administrative Guidance, in: Wilks, Stephen und Wright, Maurice (Hrsg.), Comparative Government-Industry Relations. Western Europe, the United States, and Japan, Oxford, S. 211-232.

Watanabe, Chihiro und Honda, Yukio (1992), Japanese Industrial Science & Technology Policy in the 1990's. MITI's Role at a Turning Point, in: *Japan and the World Economy* , Jg. 4, S. 47-67.

Anhang: Stand der Forschungsprojekte beim MITI (1992)

(Quelle: Kôgyô Gijutsu (Industrial Science and Technology) 1992 Vol. 33, No. 4)

Forschungsgemeinschaften können seit 1961 im Rahmen des Gesetzes über die Gemeinschafts-
forschung in Bergbau und verarbeitender Industrie gegründet werden.
Verschiedene Projekte werden dabei im Rahmen der folgenden Programme gefördert:

FuE in Grundlagentechnologien der Zukunftsindustrien
seit 1981, zur Zeit 11 Projekte in den fünf Bereichen Supraleitung, Neue Materialien, Biotechnologie, Neue Funktionsteilchen und Software; Budget: 8,157 Mrd. Yen, darunter knapp 3
Mrd. Yen für Supraleitung und 3,5 Mrd. Yen für Neue Materialien)

FuE in umfangreichen Industrietechnologien
seit 1966, zur Zeit 9 Projekte, Budget: 14,651 Mrd. Yen, darunter 3,7 Mrd. Yen für Ultra-
schall-Transportsysteme, 2,6 Mrd. Yen für modernste Fertigungssysteme (laser, ion beam etc.)
und 2 Mrd. Yen für humane bzw. menschenfreundliche Technologien

Sunshine Program
seit 1974, zur Zeit 5 Projekte; Budget: 25,925 Mrd. Yen, darunter 13,3 Mrd. Yen für Steinkohle (Verflüssigung), 7 Mrd. Yen für Sonnenenergie und 4,9 Mrd. Yen für Erdwärme

Moonlight Program
seit 1978, zur Zeit 5 Projekte; Budget: 11,923 Mrd. Yen, darunter 4,3 Mrd. Yen für Brennstoff-
Batterien, 3,7 Mrd. Yen für Supraleitung und 2,1 Mrd. Yen für Keramik-Gasturbinen

Daneben werden in den folgenden Themenbereiche verschiedene Projekte durchgeführt:

Informationstechnologie
zur Zeit folgende Projekte: Computer der vierten Dimension (Anfangsstadium), Computer der
Fünften Generation (1982-1992, Abschluß mit Prototyp), offene Software, FRIEND 21 (Future
Personalized Information Environment Development); Gesamtbudget: 5, 018 Mrd. Yen

Luft- und Raumfahrt
zur Zeit 9 Projekte, davon 3 in der Luftfahrt (internationale Kooperationen) und 6 in der Raumfahrt (unbemannte Raumfahrt, Erdbeobachtung etc.; Budget: 14,166 Mrd. Yen)

Energie-Ressourcen
neben Sunshine- und Moonlight-Programmen auch Projekte zu Erdöl (Gewinnung, Raffinerie
etc.; Budget: 27,839 Mrd. Yen), Steinkohle (Abbau, Nutzung etc.; Budget: 5,849 Mrd. Yen)
und Atomkraft (Leichtwasserreaktoren etc.; Budget: 26, 919 Mrd. Yen)

Forschungsprogramm für Medizinische Geräte
seit 1976, zur Zeit 10 Projekte

Projekte im Bereich des Wohnungsbaus
„Wohnen im 21. Jahrhundert Projekt" (1989-1996), in den Bereichen Baumaterialien, Energie-
nutzung etc.; Budget: 1,723 Mrd. Yen

Einrichtung eines Forschungszentrums für humane Technologien (1991)
Forschungsaufträge, Datenbank, Symposien etc.

Weitere Schwerpunktthemen der gegenwärtigen Forschung sind die Supraleitung, Fein-Kera-
miken und die Biotechnologie (Projekte werden hauptsächlich im Rahmen der obengenannten
Programme durchgeführt.)

Hartmut Deyda

Forschungspolitik in Japan

In kaum einem anderen Land spielen Forschung und technologische Entwicklung (FuE) eine vergleichbar bedeutende Rolle in der Politik wie in Japan. Früher als andere Länder hat Japan die Bedeutung von FuE für die weitere Entwicklung des Landes, vor allem für seine Wirtschaft, erkannt. FuE sind daher seit langem Gegenstand der Politik, wobei FuE in nahezu alle Politikbereiche Eingang gefunden hat. Politische Maßnahmen werden auf ihre Interaktion mit FuE geprüft; nachteilige Wirkungen auf FuE werden weitgehend vermieden. Der wirtschaftliche Erfolg Japans gibt dem hohen Stellenwert von FuE seine Rechtfertigung: Japan ist heute Exporteur von technischen Spitzenprodukten und ist in einigen Bereichen führend im Weltmarkt. Diese Spitzentechnologien sind durch einen hohen Anteil von FuE am Umsatz (mindestens 8,5%) gekennzeichnet. Forschungspolitik scheint daher ein besonders geeignetes Beispiel für die Untersuchung der Rolle des Staates und des Beziehungsgeflechtes zwischen Staat, Wissenschaft und Wirtschaft zu sein. Im folgenden soll versucht werden, diesen Fragestellungen auf den Grund zu gehen[1].

1. Charakteristika der Forschungspolitik in Japan

Forschungspolitik in Japan ist durch folgende Merkmale charakterisiert:

- Forschung und technische Entwicklung haben in Politik, Wirtschaft und Gesellschaft einen hohen Stellenwert.
- Japan leistet gemessen am Bruttosozialprodukt weltweit die höchsten Ausgaben für FuE.
- Die Wirtschaft beteiligt sich erheblich stärker als in anderen Ländern an der Finanzierung des nationalen Forschungsbudgets.
- FuE in Japan ist auf praktische Anwendung, auf wirtschaftliche Produkte und technisch nutzbare Verfahren orientiert.
- Die staatliche Forschungspolitik in Japan ist zentral organisiert.

---

1 Die Darstellung baut im wesentlichen auf Erfahrungen des Autors als Leiter des Wissenschaftsreferats an der deutschen Botschaft in Tokyo während des Zeitraums von 1987 bis 1992 auf.

1.1 Stellenwert von FuE

Früher als in anderen Staaten ist die Bedeutung von FuE für den technischen Fortschritt und für die wirtschaftliche Entwicklung des Landes erkannt worden. Nirgendwo sonst ist FuE zu einem derart zentralen Gegenstand der Politik geworden wie in Japan. In nahezu allen Politikbereichen spielt sie eine wichtige Rolle; Auswirkungen auf FuE werden bei allen politischen Entscheidungen berücksichtigt. Ihre Bedeutung ist in das Bewußtsein der japanischen Bevölkerung eingedrungen. Man ist sich durchaus der Tatsache bewußt, daß das Land seinen Wohlstand den technisch-wirtschaftlichen Erfolgen verdankt. Japans Lebensstandard hängt von der technischen und ökonomischen Intelligenz seiner Menschen ab; von seinen natürlichen Ressourcen könnte das Land nicht leben. Nahezu alle Rohstoffe; 84,5% seiner Primärenergie müssen importiert werden. Nicht einmal die Landwirtschaft wäre in der Lage, die Bevölkerung auch nur annähernd ausreichend zu ernähren. Die Erfahrungen Japans im Laufe der letzten hundert Jahre tun ein übriges: Nach 250 Jahren selbstgewählter Isolation erkannte Japan in der zweiten Hälfte des letzten Jahrhunderts die technisch-wirtschaftliche und technisch-militärische Überlegenheit der westlichen Welt und setzte zu einer beispiellosen Aufholjagd an, die es heute in vielen technischen Bereichen an eine weltweit führende Position katapultiert hat, die ihrerseits von anderen Industrienationen als Bedrohung empfunden wird.

Die japanische Wirtschaft hat FuE als entscheidenden Wirtschaftsfaktor in nahezu allen Unternehmensentscheidungen integriert. Die Bevölkerung begegnet technischen Neuerungen grundsätzlich positiv. Tageszeitungen berichten täglich über Themen aus FuE, über Forschungspolitik, über neuere technische Entwicklungen oder über wissenschaftliche Entdeckungen, während in unseren Zeitungen Forschung allenfalls einmal in der Woche und dann nur auf den vorletzten Seiten stattfindet. Fernsehen und andere Medien – hier spielt das in Japan weitverbreitete Comic (jap. Manga) eine bedeutende Rolle – nehmen FuE-Themen auf. Durchweg überwiegt die positive Grundeinstellung gegenüber Technik und Wissenschaft. Technoskeptizismus und Technikkritik sind mir in Japan – von Ausnahmen abgesehen – nicht begegnet.

Dieser positive Stellenwert von FuE wird auch in der Produktwerbung genutzt und breit angewendet; Produkte, die neue Technologien einsetzen, besitzen einen positiven Werbeeffekt. Der Staubsauger mit Fuzzy Electronic ist hierfür nur eines von vielen Beispielen. Ich möchte daher behaupten, daß Politik, Wirtschaft und Bevölkerung in Japan Wissenschaft und Technik positiv gegenüberstehen. Damit ist eine wichtige – vielleicht die wichtigste – Voraussetzung für weitere technische Entwicklungen gegeben. (Für uns in Deutschland ist mittlerweile das Akzeptanzproblem zum entscheidenden

Hindernis weiterer technischer, aber auch wissenschaftlicher Entwicklung geworden.)

1.2. Das Forschungsbudget Japans

Das Forschungsbudget Japans betrug 1991 rd. 72 Mrd. Dollar (Deutschland zum Vergleich: 1991 35,5 Mrd. Dollar). Darin sind öffentliche und private Mittel zusammengefaßt. Damit gibt Japan 3,04% seines BSP für FuE aus. Es liegt an der Spitze aller Industrieländer, noch vor den USA mit 2,78% und Deutschland mit 2,66%. Man hat sich zu vergegenwärtigen, daß Japan mehr als das Doppelte der Bundesrepublik Deutschland für FuE aufwendet. Darüber hinaus muß man berücksichtigen, daß militärische FuE in Japan etwa im Vergleich zu den USA eine untergeordnete Rolle spielt. D.h. nahezu das ganze FuE-Budget Japan steht der zivilen FuE zur Verfügung.

1.3. Aufwendungen der Wirtschaft

Die japanische Wirtschaft finanzierte 1991 81,7% des FuE-Budgets; Deutschland zum Vergleich: etwa 60,3%. Nahezu alle Aufwendungen verbrauchte die japanische Industrie für eigene FuE. Verhältnismäßig wenig Mittel werden vom Staat der Industrie für FuE zur Verfügung gestellt; auch hier bestätigt sich wieder das Bild vom zurückhaltenden Staat. Im wesentlichen finanziert die Industrie ihre FuE selbst. Höhe der Aufwendungen und Eigenengagement der Industrie sind ein weiterer Beleg für die hohe Bedeutung, die die japanische Wirtschaft der FuE beimißt.

1.4. Schwerpunkte japanischer Forschungspolitik

Forschung in Japan ist anwendungsorientiert, genauer: Sie zielt auf vermarktbare Produkte und Verfahren. Grundlagenforschung ist dagegen schwach ausgebildet. Hochschulen, auch in Japan Hort der Grundlagenforschung, klagen über mangelnde Ausrüstung, fehlendes Personal, überalterte Labors. Esaki, der japanische Nobelpreisträger von 1971, klagt in einem kürzlich gegebenen Interview über schlechte Ausbildung der Grundlagenwissenschaftler und über fehlende Kreativität. Mit dieser Auffassung steht er nicht allein, er erhält Unterstützung von vielen seiner prominenten Kollegen. Umso erstaunlicher ist die außerordentliche Leistungsfähigkeit der japanischen Industrie, die gerade im Bereich der Spitzentechnologien durch einen hohen Anteil an Forschung gekennzeichnet ist. Japan ist heute auf dem

Weltmarkt führend in einigen der wichtigsten Hochtechnologiebereichen; dazu gehören z.b.

- Halbleitertechnologie, insbesondere Speicherchips
- Halbleitermaterialien und Fertigungseinrichtungen
- Unterhaltungselektronik
- Fotokameratechnik
- Industrieroboter
- Telefaxgeräte
- Peripheriegeräte und Komponenten von Computern.

Japan ist auf dem besten Wege, sich auch in anderen Bereichen zum Marktführer zu entwickeln: Hierzu gehören die gerade für unsere Exportindustrie so kritischen Bereiche des Automobilbaus und der Werkzeugmaschinenindustrie. In allen diesen Bereichen wird in Japan intensiv FuE betrieben, wobei die Schwerpunkte in den Schlüsseltechnologien liegen, d.h. in denen „Technik für Technik" entwickelt wird.

Ich erwähnte bereits eine Schwäche der japanischen Forschungspolitik, die in der lange vernachlässigten Grundlagenforschung liegt. Für uns Europäer ist es ein Phänomen, daß praktisch ohne eigene Impulse aus der Grundlagenforschung Spitzentechnologien entstehen und forciert weiterentwickelt werden können. Die Japaner beschreiben selbst mit einem sehr drastischen Ausdruck, woran das liegt: Japan ist „Trittbrettfahrer" der Nationen, die Grundlagenforschung in breitem Umfange und – wie es der europäisch-amerikanischen Tradition entspricht – für jeden frei zugänglich fördern.

In der Tat stammen sämtliche Grundlagen und Schlüsselentwicklungen der Hochtechnologien, mit denen Japan heute die Weltmärkte beherrscht, vor allem aus den USA und zum kleineren Teil aus Europa:

- Der Transistor – und damit der entscheidende Schritt in die Halbleitertechnologie – wurde 1947 in den USA erfunden.
- Der erste Elektronenrechner, der erste Telekopierer, der erste Chip, der Laser, die Glasfasertechnologie kommen aus den USA.
- Der erste Videorecorder wurde in den USA von der Firma Ampex vorgestellt.
- Die Gentechnik wurde in den USA entwickelt. Klassische Technologien, die gleichwohl von Japans Industrieunternehmen perfektioniert wurden, sind die Kameratechnik, die Uhrentechnik, die Kfz-Technik, die Fernsehtechnik, um nur einige besonders wichtige zu nennen.

Man sollte sich davor hüten, in einer Wertung europäischen und amerikanischen Erfindungsgeist über die japanische Fähigkeit zur Umsetzung in praktische Nutzung zu setzen. Imitation ist und bleibt eine entscheidende Antriebsgröße für technischen Fortschritt; Innovation und Imitation sind gleichermaßen erforderliche Voraussetzungen für wirtschaftliche Entwicklung.

1.5. Zentralismus in der Forschungspolitik

Staatliche Forschungspolitik ist in Japan in der Zentralregierung angesiedelt. Die 46 Präfekturen spielen nur eine untergeordnete Rolle in der Forschungspolitik. Hierin liegt ein weiterer Unterschied zu Deutschland, wo wir es mit einer förderalistischen Struktur der Forschungspolitik zu tun haben. Innerhalb der japanischen Regierung obliegen die wesentlichen Aufgaben der Forschungspolitik drei Ministerien:

- Dem Erziehungsministerium, das zentral für das ganze Land für die (staatlichen) Universitäten und die dort angesiedelte Forschung verantwortlich ist, und das darüber hinaus für eine Reihe von nationalen Forschungseinrichtungen zuständig ist. Das Erziehungsministerium verfügt über den größten Anteil an finanziellen Mitteln für Forschung (1993: 1.056 Mrd. Yen).
- Der Science and Technology Agency (STA), die direkt dem Premierminister untersteht und deren Leiter Kabinettsrang hat. Sie fördert staatliche Langfristprogramme; so z.B. Weltraumforschung, Kernenergieforschung, usw. Sie verfügt nur über etwa die Hälfte der dem Erziehungsministerium zustehenden Mittel (1993: 582 Mrd. Yen).
- Dem Ministerium für internationalen Handel und Industrie (MITI), das für die Industrieforschung zuständig ist und das wiederum nur über die Hälfte der dem STA zugeteilten Mittel verfügen kann (1993: 282 Mrd. Yen).
- Alle übrigen Ministerien verfügen zusammen über Forschungsmittel, die insgesamt nur wenig höher als die des MITI sind (1993: 357 Mrd. Yen).

Zu einer vollständigen Beschreibung der Forschungspolitik gehört ein Blick ins Erziehungswesen: Allgemein gilt die Ausbildung in der Primar- und in der Sekundarstufe als qualitativ und quantitativ gut – allerdings verbunden mit einer für unsere Wertvorstellungen strikten Schuldisziplin. Der Druck der Prüfungen, insbesondere der Zugangsprüfungen zu den Hochschulen ist hoch, läßt jedoch in dem Moment nach, in dem der Zugang zur Universität geschafft ist. Der künftige Forscher besucht nach dem Schulabschluß mit 18 oder 19 Jahren die Universität. (In Japan gibt es keine allgemeine Wehrpflicht.) Nach einem anderthalbjährigen Grundstudium in Sprachen, Naturwissenschaften und anderen Disziplinen beginnt ein zweieinhalbjähriges Studium in einer natur- oder ingenieurwissenschaftlichen Disziplin. Der häufigste Hochschulabschluß mit dann 22 bis 23 Jahren ist der „Bachelor". Nur vergleichsweise wenige Studenten entschließen sich zu einem weiterführenden Studium (15% bei Ingenieuren), das mit einem „Master" abschließt. Wenige beginnen mit einer Doktorarbeit (8% bei Ingenieurwissenschaften). Der Weg des überwiegenden Teils der Hochschulabsolventen führt nach dem Master-Abschluß direkt in die Wirtschaft. Die Hochschulkarriere ist in Japan nicht attraktiv. Man wählt als Ingenieur oder Naturwissenschaftler die angesehenere Industriekarriere.

Es ist offensichtlich, daß mit dem Ausbildungsniveau eines Bachelors ein junger Hochschulabsolvent – er ist dann wie erwähnt 22 oder 23 Jahre alt – den Anforderungen der heutigen Industrieforschung bei weitem nicht genügen kann. Die forschenden Industrieunternehmen betreiben daher eine fir-

meninterne Weiterbildung, die von der Vermittlung einer breiteren Wissens-
basis ausgeht und dann schnell in die Spezialisierung führt. Diese schließt
eine wissenschaftliche Arbeit ein, die etwa dem Niveau einer Diplomarbeit
an einer deutschen Hochschule entspricht. Bei geeigneter Qualifikation kann
der junge Forscher sogar innerhalb des Industrieunternehmens eine Doktorarbeit fertigen.

Das Ansehen eines Industrieforschers ist traditionell höher als das eines
Universitätswissenschaftlers. Anders als bei uns wenden sich insbesondere
höherqualifizierte junge Leute oft eher einer Industrie- als einer Hochschul-
laufbahn zu. Hohe Spezialisierung und junges Lebensalter erklären zumindest zu einem Teil die erstaunlichen Leistungen japanischer Unternehmen in
den Hochtechnologien. Wenn auch gerade die großen und renommierten japanischen Firmen relativ autark ihre Forschungen durchführen, sind doch die
Querverbindungen zu anderen wissenschaftlichen Einrichtungen nicht zu
vernachlässigen. So werden z.B. während der firmeninternen Ausbildung
Hochschullehrer zu Vorlesungen innerhalb der Firmen gebeten. Umgekehrt
werden besonders qualifizierte Industrieforscher zu weiterer Fortbildung und
Spezialisierung an Hochschulinstitute gesandt – häufig übrigens auch an
amerikanische Hochschulen. Japanische (und seltener auch ausländische)
Hochschulinstitute erhalten von der Industrie auch Forschungsaufträge. Ähn-
lich wie bei uns ist das jedoch keineswegs die Regel. Im Gegenteil: Auch in
Japan beklagen Forschungsmanager die mangelhafte Zusammenarbeit von
Industrie und Hochschule. Das mag zunächst überraschen, ist aber verständ-
lich, wenn man sich die Stärken der japanischen Industrieforschung vor Augen führt, die von der Hochschulforschung weitgehend unabhängig ist. Die
Interaktion zwischen Industrie und Hochschule findet im wesentlichen im
Bereich der Lehre statt, seltener durch Forschungsaufträge und noch seltener
durch gemeinsame Forschungsprojekte.

Eine Ausnahme – wenn auch eine sehr bemerkenswerte – bilden
bestimmte Projekte des MITI. Das MITI organisiert Forschungsprojekte in
wichtigen Hochtechnologiebereichen häufig in der Form sogenannter „Institute auf Zeit". In diesen Instituten arbeiten Forscher aus Industrielabors kon-
kurrierender Unternehmen und manchmal unterschiedlicher Branchen sowie
öffentliche Forschungseinrichtungen zusammen. Diese öffentlichen Forschungseinrichtungen sind unseren Großforschungseinrichtungen vergleichbar. Manchmal beteiligen sich an diesen Instituten auf Zeit auch Hochschulinstitute.

Das Besondere an den „Instituten auf Zeit" des MITI ist die Tatsache, daß
die beteiligten Institutionen Personal in das „Institut auf Zeit" entsenden, das
weiterhin von diesen Institutionen finanziert wird. Im Schnitt werden die
entsandten Forscher alle 2-3 Jahre ausgewechselt. Nach Ablauf von maximal
10 Jahren wird das Institut geschlossen, das Personal kehrt in die Heimatein-
richtungen zurück. Das MITI braucht daher keine Sozialpläne auszuarbeiten!

Neben diesem organisatorischen Vorteil gibt es eine Reihe von Vorteilen für die Beteiligten: Industrieunternehmen erhalten einen direkten und kontinuierlichen „know-how"-Transfer. Informationen und Ideen werden optimal ausgetauscht. Die Forscher im „Institut auf Zeit" orientieren sich am praktischen Bedarf der Industrie. Es entstehen Informationsnetzwerke, die unternehmensübergreifend sind. Die konkurrierenden Unternehmen, die übrigens zunächst durchaus nicht gerne und nicht immer ganz freiwillig in dieser „präkompetitiven" Phase zusammenarbeiten und sich nur durch mehr oder weniger sanften Druck des MITI auf die Mitwirkung in gemeinsamen Forschungsprojekten einlassen, lernen ihre Stärken und Schwächen kennen, was später zu Kooperationen in bestimmten Bereichen führen kann. Ein Beispiel für ein „Institut auf Zeit" ist das VLSI-Projekt, das zur Entwicklung von 16 k bit-Speichern geführt hat und Japan schlagartig zu einer Führungsrolle im Weltmarkt im Bereich der Speicher-Chips verholfen hat; ein neueres Beispiel ist das „Hochtemperatur-Supraleiter-Institut"; in Vorbereitung sind Projekte wie das „Micromachine Project" und das „Intelligent Manufactoring Project". Übrigens sind diese neueren Projekte für internationale Beteiligung geöffnet. Der Zuspruch aus Deutschland ist begrenzt; bisher hat sich meines Wissens kein deutsches Unternehmen beteiligt. Das Instrument des „Instituts auf Zeit" ist praktisch das einzige, das in Japan Industrie und Forschungseinrichtungen gezielt zusammenführt. Wir haben in Deutschland seit vielen Jahren versucht, über die sogenannte Verbundforschung Industrie und öffentliche Einrichtungen zusammenzuführen, durchaus mit einem gewissen Erfolg. Das „Institut auf Zeit" scheint mir auch für uns ein hervorragendes Instrument zu sein, das ich zur Nachahmung empfehlen möchte.

Die Rolle des Staates in der Forschungspolitik beschränkt sich zum einen also auf die Sicherung der Ausbildung und auf die Finanzierung der Forschung außerhalb der Industrie, d.h. in den Hochschulen und in nationalen Forschungseinrichtungen sowie in zeitlich befristeten Projekten bei Industrie und öffentlichen Einrichtungen. Bei großen Projekten des MITI übernimmt der Staat im wesentlichen die Rolle eines Moderators, zeitweise auch die eines Koordinators.

Auf eine – wie mir scheint – Besonderheit der staatlichen Rolle in der japanischen Forschungspolitik möchte ich noch kurz eingehen: Es handelt sich um die Formulierung von langfristigen Zielen. Hierfür stehen im wesentlichen zwei Instrumente zur Verfügung:

Das eine ist die von der STA angewandte Methode der Delphi-Befragung, mit der landesweit die zukünftig erwarteten wichtigen Forschungsfelder und die voraussichtlichen technischen Anwendungen erfragt werden. Interessant sind weniger die dabei erzielten konkreten Aussagen, als vielmehr der Prozeß der Befragung selbst: Er wirkt letztlich konsensbildend.

Das andere Verfahren wird vom MITI angewandt. Das MITI entwickelt alle 10 Jahre „Visionen" für das kommende Dezennium. Auch hier ist der

Prozeß der Ermittlung mindestens so wichtig wie die sich daraus ergebenden Zielsetzungen; MITI setzt hierfür ein Beratungsgremium ein, das seinerseits Ausschüsse mit Einzelfragen und diese wiederum Unterausschüsse mit Detailfragen befaßt. Auf diese Weise wird eine große Anzahl in der Forschung maßgeblicher Persönlichkeiten in einen Konsensprozeß eingebunden.

2. Gründe für die technisch-wirtschaftlichen Erfolge Japans

Worin liegen die Gründe für die japanischen Erfolge im High-Tech-Bereich? Man ist leicht geneigt, nach monokausalen Ursachen zu suchen. In der Presse und in manch einem populären Buch über Japan sind solche einfachen Erklärungsmuster nur allzu häufig anzutreffen. Man kann sich des Eindrucks nicht erwehren, daß einige dieser Erklärungen lediglich dazu dienen sollen, von den eigenen Schwächen und Unzulänglichkeiten abzulenken. Einer dieser naiven Erklärungsversuche, gleichzeitig der am häufigsten zu hörende, schreibt dem MITI eine zentrale Lenkung der industriellen Entwicklung einschließlich der Steuerung der Industrieforschung und der angewandten Forschung außerhalb der Industrie zu. Diese These ist nicht haltbar. Ich möchte im Sinne einer Stoffsammlung einige offenkundige Gründe zusammenstellen, die Eingang in eine umfassendere Analyse finden müßten. Einige dieser Gründe sind schon genannt:

- Orientierung der Forschungspolitik auf angewandte Forschung, auf marktfähige Produkte und Verfahren,
- hohe Akzeptanz von Technik und Wissenschaft in der Bevölkerung,
- hoher Stellenwert von FuE in der Politik,
- ausgeprägte Spezialisierung der Forscher in jungen Lebensjahren.

Einige weitere Gründe sind:

- Die Industrieunternehmen sind im Unterschied zu Unternehmen in anderen Industrieländern zu langfristigen Planungen in der Lage und bereit. Kurzfristige Rückschläge werden zugunsten einer Langfrist-Perspektive in Kauf genommen, die Aktionäre zeigen Geduld.
- Die in Japan an der Forschung Beteiligten, also Politiker, Unternehmer, Forscher und Bürger, sind kommunikationsfähig. Japaner sind zum Konsens in der Lage, um den z. T. lange gerungen wird, der aber umso länger trägt und zielführend ist.
- Die Interaktion von Management und Angestellten ist erheblich größer als bei uns. In japanischen Unternehmen werden die Beschäftigten sehr frühzeitig in Entscheidungsprozesse eingebunden. Die Beschäftigten tragen auf diese Weise Mitverantwortung am Geschick des Unternehmens.
- Das Management rekrutiert sich aus den Beschäftigten des Unternehmens. Ein Wechsel des Managers von einem Unternehmen in ein anderes kommt so gut wie nie vor. Die Folge ist eine erheblich höhere Identifikation mit dem Unternehmen und seinen Produkten. Kaum ein japanischer Manager wird sich an die Devise anderer westlicher Manager halten: In jedem Falle werden Chips verkauft – egal ob Kartoffelchips oder Mikrochips!
- Kommunikation und Verhalten der Manager, vielleicht aber auch religiöse Prägung führen zu einer hohen Motivation der Beschäftigten innerhalb des Unternehmens.

- Die japanische Wirtschaft kann sich auf ein hervorragend organisiertes Informationssystem stützen, das alle Industrieländer umfaßt. JETRO vor allen Dingen, Korrespondenten großer japanischen Medien und Außenstellen von Hochschulen und Forschungseinrichtungen im Ausland erfassen Trends und Neuentwicklungen weltweit und zeitnah. Die moderne Informationstechnik, die ja wesentlich durch Japan mitentwickelt wurde, ist bestens geeignet, die richtige Information an den richtigen Interessenten zu transportieren.
- Beim japanischen Ministerpräsidenten ist ein forschungspolitischer Beraterkreis eingerichtet worden, der „Council for Science and Technology". Ihm gehören kraft Amtes der STA –, der Erziehungsminister und der Minister für wirtschaftliche Planung sowie der Finanzminister und der Präsident des Science Council of Japan – einer Selbstverwaltungsorganisation der Wissenschaft in Japan – an; vier bis fünf hochrangige Wissenschaftler bzw. Industrievertreter sind externe Mitglieder. Geleitet wird der Ausschuß vom Ministerpräsidenten selbst. Die Empfehlungen des Ausschusses haben demzufolge beinahe den Charakter von Kabinettsbeschlüssen. Der Council for Science and Technology vermag auf diese Weise Konflikte zwischen den Ressorts, die durchaus gravierend sein können, zu überbrücken.

3. Stärken und Schwächen der japanischen Forschungspolitik

Den Stärken der japanischen Forschungspolitik stehen jedoch auch Schwächen gegenüber:

Die Fähigkeit zur Konsensbildung und das damit erzielbare geschlossene Vorgehen auf ein gemeinsam abgestecktes Ziel ermöglicht die Durchsetzung auch längerfristiger Aufgaben; Rückschläge werden hingenommen, sogar Verluste werden akzeptiert, wenn nur am Ende ein überzeugendes Ergebnis erreichbar erscheint, bei dem man „Weltspitze" sein kann. Diese besondere Fähigkeit verleiht der FuE Japans eine besondere Stärke. Die Gefahr allerdings besteht darin, daß man sich auch kollektiv irren kann. Vielleicht entpuppt sich das in Anologtechnik verfolgte hochauflösende Fernsehen (HDTV) als ein Beispiel für diese Gefahr.

Die Ausrichtung der Forschungspolitik auf angewandte Forschung und marktfähige Produkte und Verfahren hat das wissenschaftliche Potential in Japan entsprechend gebündelt, die Erfolge sind offensichtlich und scheinen überzeugend zu sein. Gleichzeitig mußte dementsprechend die Grundlagenforschung – wie schon erwähnt – vernachlässigt werden. Die technische Entwicklung schreitet heute so rasch voran, daß sich die Innovationszeiträume stetig verkürzen. Das bedeutet, daß derjenige im Vorteil ist, der schneller neue Ideen aufgreifen und weiterentwickeln kann. Nicht zuletzt aus diesem Grund ist es heute wichtiger als früher, einen raschen und möglichst unmittelbaren Zugang zu den Ergebnissen der Grundlagenforschung zu sichern. Ziel der japanischen Forschungspolitik ist daher, so schnell wie möglich eine eigene tragfähige Grundlagenforschung aufzubauen, um die Abhängigkeit in dieser Frage vom Ausland, vor allem von den USA, abzubauen. Ob das in einem vernünftigen Zeitraum leistbar ist, bleibt fraglich. Es fehlen unabhängige Köpfe, die für Grundlagenforschung die wesentliche Voraussetzung sind, und es fehlt eine breitere Basis, die aus den Schulen und Universitäten erwachsen müßte, aus der sich unabhängige, kreative Wissenschaftler entwickeln könnten. Die strenge Disziplin und das auf Gedächtnisschulung ausgerichtete Schulwesen fördern nicht gerade Kreativität. Die starre hierarchische Gliederung innerhalb der japanischen Universitäten wirkt ebenfalls eher hinderlich. Das extrem konservative Erziehungsministerium zeigt sich in dieser Frage trotz mehrerer Vorstöße des modernen MITI unbeweglich. In ihrer Unzufriedenheit hinsichtlich der Situation in der Grundlagenforschung und in ihrer Ungeduld sind japanische Unternehmen dazu übergegangen, erfahrene Wissenschaftler aus dem westlichen Ausland in ihren Unternehmen anzustellen. Darüber hinaus errichten japanische Unternehmen Forschungslabors in unmittelbarer Nähe renommierter Hochschulen in den USA und in Europa. Ziel aller dieser Maßnahmen ist die Sicherung des Zugangs zu den Ergebnissen der Grundlagenforschung. Dennoch bleibt ohne eigene Grundlagenforschung die japanische FuE an dieser Stelle höchst verletzlich.

Der frühe Abschluß des Hochschulstudiums und der Eintritt der Absolventen in die Wirtschaft im jungen Lebensalter sind von erheblichem Vorteil für die aufnehmenden Unternehmen. Die jungen Leute können dem Bedarf der Unternehmen entsprechend weiter ausgebildet und spezialisiert werden. Andererseits muß man bedenken, daß nur große, forschende Unternehmen zu diesen Maßnahmen befähigt sind. Kleine und mittlere Unternehmen haben in der Regel keine Möglichkeit zu wissenschaftlicher Weiterbildung. Sie sind auf den Ausbildungsstand der Hochschulabgänger angewiesen – und der ist nicht sehr hoch. Damit wird eine Schwäche der Hochschulausbildung offenbar: Kleine und mittelständische Unternehmen können sich in der Regel keine eigene FuE leisten; Forscher in den großen forschenden Unternehmen sind u.U. zu hoch spezialisiert, um sich rasch wandelnden Themen zuwenden zu können, auf die das Unternehmen reagieren muß.

Abschließend sei auf eine Eigenschaft im japanischen Forschungssystem hingewiesen, die nach meiner Ansicht alle potentiellen Schwächen überwiegt: Die breite Akzeptanz von Wissenschaft und Technik in der japanischen Bevölkerung, die Japan im Vergleich zu Deutschland einen unermeßlichen Wettbewerbsvorteil verleiht – eine Akzeptanz, die letztlich von einer nüchternen, pragmatischen Betrachtung genährt wird. Wenn Deutschland wieder mit Japan kompetitiv werden will, müssen wir vor allem unser Akzeptanzproblem lösen.

Literatur

Bundesministerium für Forschung und Technologie (Hrsg.) (Juli 1993), Bundesbericht Forschung, Bonn.

The Commission on the History of Science and Technology Policy (Hrsg.) (Juni 1991), Historical Review of Japanese Science and Technology Policy, Tokyo.

Kodama, Fumio (1990), How Research Investment Decisions Are Made in Japanese Industry (sowie weitere Artikel), in: *NISTEP Review*, Jg. 1 (Dezember 1990), Tokyo.

Nakayama, Fumio (1984), Academic and Scientific Traditions in China, Japan and the West, Tokyo.

Pohl, Manfred (Hrsg.) (laufende Jahrgänge), Japan, Politik und Wirtschaft, Hamburg.

Science and Technology Agency (Hrsg.) (laufende Jahrgänge), Science Indicators (Jahrbuch), Tokyo.

Sugimoto, Masayoshi und Swain, David L. (1989), Science and Culture in Traditional Japan, Rutland, Vermont and Tokyo.

Botho von Kopp

Der „schlanke Staat" und das japanische Bildungssystem: die Reform des Hochschulwesens

1. Vorbemerkung: Schlankheit als Prinzip

Kritik an der Unbeweglichkeit öffentlicher Verwaltung bzw. an einer hypertrophen Rolle des Staates sind weder in Japan noch anderswo neu. Spezifisch für den gegenwärtigen Hintergrund dieser Kritik ist das Zusammenspiel eines Kontextes des neoliberalen Thatcherismus/ Reaganismus, der Krise des Sozialismus, einer Krise staatlichen Managements und weltweiter Rezessionserscheinungen. Dieser Kontext, dessen Faktoren detaillierter zu untersuchen wären, hat dazu beigetragen, Strategien als Problemlösungen zu empfehlen – und in einigen Ländern in nicht unbeträchtlichem Maße durchzusetzen –, die auf einen Rückzug der Rolle des Staates abzielen. Dieser Rückzug hat verschiedene Ausdrucksformen, die vom politisch-ökonomisch-kulturellen Kontext des jeweiligen Landes abhängen. Sie beziehen sich in jedem Fall auch ausdrücklich auf Bereiche, die bisher als genuin öffentliche Aufgaben angesehen wurden, wie Bahn, Post, Telekommunikation, Strafvollzug, Gesundheits- und eben auch das Bildungswesen. Die verschiedenen Strategien beinhalten dabei eine Straffung und Effektivierung des staatlichen Sektors, eine quantitative Reduzierung seines Personals bzw. seines finanziellen Engagements, aber auch ein Abstoßen ganzer Bereiche durch Privatisierung.

Von Japan kann man eigentlich nicht behaupten, daß der staatliche Sektor an sich besonders hypertroph sei. Jedenfalls ist er, gemessen an der Zahl der in diesem Sektor Beschäftigten, im Vergleich mit allen anderen Hochindustrieländern am kleinsten. Dennoch ist an Japan der Thatcherismus/ Reaganismus nicht spurlos vorbeigegangen, ja man kann sogar sagen, daß zumindest ein zentrales Versatzstück der neoliberalen Politik, das „lean"-Prinzip, aus Japan kommt. Es hat seinen Ursprung in der Feststellung erstaunlicher Produktivitätssprünge bestimmter japanischer Industriesegmente (vor allem der Automobilindustrie), die seit den 70er Jahren zunehmend deutlich zu werden begannen.

Zunächst suchten die westlichen Konkurrenten nach einzelnen Faktoren dieses Phänomens. Inzwischen, so Beobachter, „wird weitgehend erkannt, daß das Geheimnis der japanischen Produktivitätsüberlegenheit nicht in einzelnen Systemmerkmalen, sondern in der Interdependenz einer Vielzahl solcher Merkmale besteht" (Jürgens 1992, S. 307). Eine besonders relevante Summierung entsprechender Merkmale erhielt die Bezeichnung „lean production". Ihre einzelnen Komponenten ergeben eine Geringhaltung von (Material- und Personal-) Reserven und damit Kostensenkung bzw. erhöhte Produktivität. Die Antwort auf diese „japanische Herausforderung" zeigte drei Grundmuster: den japanischen Weg ganz oder modifiziert zu kopieren, die Produktion forciert zu automatisieren und schließlich die „humanzentrierte Strategie" (also etwa die Produktion in teilautonomen Gruppen des „schwedischen Modells").

Offensichtlich liegen den verschiedenen Modellen unterschiedliche „Produktionsphilosophien" (U. Jürgens) zugrunde: Die euro-amerikanischen Modelle arbeiten darauf hin, die Produktion möglichst optimal vorauszuplanen und im Hinblick auf den Produktionsablauf selbst ungestörte Höchstleistungen zu erwarten, „selbst wenn die gefertigten Teile sich im Anschluß stapeln, weil dort die Produktion im folgenden Abschnitt zum Stillstand gekommen ist und die Teile dort zunächst nicht gebraucht werden" (ebd., S. 318). Das System ist ausgelegt auf Massenproduktion. Die lean production dagegen ist „ungepuffert", d.h. der Weg von der Markt-Bedarfsmeldung bis zur Produktion ist kurzgeschaltet, was u.a. ermöglicht, schnell und auf unterschiedliche Bedarfsmeldungen zu reagieren. Gefertigt wird nach konkreten Aufträgen (und meist in schnellerem Modellwechsel und in geringeren Auftragsgrößen als dies in der Massenproduktion der Fall ist). Dafür ist dieses System in der Produktion selbst höchst „störsensibel" und offensichtlich ist dies ein gewollter Effekt:

„Im LPS [lean production system] wird dem Prozeß gezielt die Sicherheit entzogen, die Zwischenlager, Puffer, Sonderzeiten und Sonderpersonal für allfällige Zwischenfälle und Probleme bieten. Fehler *sollen* durchschlagen und mit ihnen der Streß und Druck, Fehlerursachen zu beseitigen und Prozeßverbesserungen vorzunehmen" (ebd., S. 317).

Wie dieser Streß und Druck sozusagen „künstlich" erzeugt werden, wird aus einer Charakterisierung deutlich, die die Implementierung dieses Systems bei Toyota beschreibt:

„For example, let's suppose a start-up department has the requirement to make 100 cars per day. Mr. Ohno [der Hauptinitiator dieses lean production-Modells bei Toyota] would give the department the resources to make 90% of what was required. Specifically they receive 90% of the manpower required, 90% of the space, 90% of the equipment, etc. The manager would have no choice but to work overtime to meet this quota. As time went on, the department team would find problems or obstacles that would be resolved or overcome...until the department was able to put out 100% of the requirements without any overtime. As soon as no overtime equilibrum was met, Mr. Ohno would come in and again remove 10% of the resources. His way of managing came to be known as the OH! No! system...The role of management is to walk a very fine line between pressuring the system for improvement and positively reinforcing the people for the work that they have done" (ebd., S. 319).

Im Erziehungsbereich gibt es Beobachtungen über den Erziehungsstil schon in der Vorschule, der eine frappierende Ähnlichkeit zu dem zitierten Managementstil aufweist: Diesen Beobachtungen nach wurden etwa in einer Gruppe, die sich anschickte zu malen, von den Erzieherinnen bewußt weniger Malpinsel bereitgestellt als Kinder vorhanden waren und Spielsachen entfernt,

„um die Gelegenheiten für Kontakte der Kinder untereinander zu erhöhen. Auch entwarfen die Erzieherinnen Aufgabenstellungen, die von den Kindern erforderten, in kleinen, festen Gruppen ihre jeweiligen Ideen aus ihnen herauszulocken und diese untereinander in Übereinstimmung zu bringen" (Lewis 1986, S. 187; vgl. von Kopp 1987).

Zwar kann man kaum von einem die Gesellschaft von der Vorschulerziehung bis zur Organisation von Arbeitsprozessen konsistent durchziehenden „Lean-Prinzip" sprechen, aber die Feststellung solcher „Korrespondenzen" ist doch eine nähere Betrachtung wert. Im folgenden wird freilich nicht hiervon die Rede sein, sondern, im Sinne der Fragestellung dieses Beitrags, von den gegenwärtig – sich im Wandel befindlichen – relevanten strukturellen und funktionalen Bedingungen der japanischen Hochschulen im Kontext „staatlicher Schlankheit".

2. Der schlanke Staat und das Hochschulwesen: Expansion und Finanzierung

Für den Zusammenhang der vorliegenden Fragestellung ist es notwendig zu sehen, daß seit Etablierung des modernen Schulsystems in der Meiji-Ära der Staat in Bezug auf das höhere und das Hochschulwesen traditionell ein höchst selektives finanzielles Engagement betrieben hat. Gefördert wurden gezielt Eliteeinrichtungen. Noch heute zeigt sich das insgesamt relativ geringe Engagement des Staates im internationalen Vergleich: Demnach hat Japan unter den wichtigsten Industrieländern den geringsten Anteil an Aufwendungen für das Hochschulwesen gemessen am Nationaleinkommen, und den höchsten Anteil an Finanzierung über Studiengebühren (s. Tab. 1, S. 161).

Entwicklungen, die nicht unter die staatliche Prioriätenliste fielen, wurden dem privaten Sektor überlassen. Während im Bereich des höheren Fachschulwesens die privaten Einrichtungen von Anfang an gegenüber den öffentlichen deutlich in der Mehrheit waren, gab es außer den zunächst fünf, später sieben Kaiserlichen Universitäten bis zur Revision der entsprechenden Gesetze 1918 keine privaten Universitäten. Unmittelbar hierauf setzte jedoch ein Welle von Anträgen auf Anerkennung bestehender privater Fachschulen und Akademien als Universitäten ein, was auf die entsprechende Nachfrage hinweist. Schon 1923 überstieg die Zahl der Studenten im privaten Sektor die der öffentlichen Universitäten (The Japan Association of Private Colleges and Universities, 1987, S. 12). Dieses Verhältnis hat sich dann auch nicht mehr geändert. Im Nachkriegsjapan hat in erster Linie der private

Hochschulbereich die enorme Expansion zur Massenuniversität ermöglicht: Während die Neuzulassungen zu den öffentlichen Universitäten zwischen 1955 und 1991 um etwas weniger als das Dreifache stiegen, haben sie sich im privaten Sektor mehr als verfünffacht (Monbushô 1991, S. 88).

Tabelle 1: Quellen der Hochschulfinanzierung Anteile in %

Land Quelle	Japan (1986)	USA (1985)	GB (1986)	Frank- reich (1984)	BRD (1985)
Studiengebühren	34	22	–	–	–
Zentralregierung	41	–	43	90	–
Bundesstaatl. Regierung	–	13	–	–	10
Bundesstaaten/Länder	–	30	–	–	90
Lokale/regionale Haushalte	6	3	57	2	–
anderes	19	32		8	–
zusammen	100	100	100	100	100
öffentliche Ausgaben in % des Nationalein- kommens	0,8	1,5	1,6	0,9	1,8

Quelle: Monbushô 1990, S. 69-70.

Heute liegt der Anteil des privaten Sektors im universitären Bereich bei 73% aller Institutionen, im Bereich der Junior Colleges bei knapp 84%. Obwohl es einige hochklassige und nicht wenige respektable private Universitäten und Colleges gibt, kann die große Masse der Institutionen kaum (und will dies auch teilweise nicht, denn ihre Klientel sind die weniger erfolgreichen Examenskandidaten) mit den im staatlichen Bereich üblichen Standards für die Zulassung mithalten. Ein Symptom hierfür ist auch, daß über 46% aller privaten Universitäten überhaupt kein Postgraduiertenstudium (Magister-, Doktorkurse) anbieten. Im öffentlichen Bereich sind dies nur 13%, und zwar vorwiegend lokale Schulen (Monbushô 1992, S. 73). Auch sind die privaten Einrichtungen überfüllter, so kommen auf die 84% der privaten Junior Colleges knapp 92% aller Collegestudenten, oder sie sind weniger gut mit regulären Lehrkräften versorgt (45% aller regulären Professoren sind im öffentlichen Sektor beschäftigt, der jedoch nur 27% der Studenten ausbildet) (Zahlen für 1988 nach Monbushô 1989, S. 22).

Tabelle 2a: Zahlen und Anteile der Studenten* in öffentlichen und
                privaten Universitäten

Hochschule Jahr	nationale Universitäten	andere öffentliche Universitäten **	private Universitäten	zusammen
1955	186.055	24.936	312.364	523.355
(in %)	(35,5)	(4,8)	(59,7)	(100)
1975	357.772	50.880	1.325.430	1.734.082
(in %)	(21,7)	(2,9)	(76,4)	(100)
1991	528.687	66.694	1.610.135	2.205.516
(in %)	(24,0)	(3,0)	(73,0)	(100)

Tabelle 2b: Zahlen und Anteile der Studenten in öffentlichen und privaten
                Junior Colleges

Trägerschaft der Hochschule Jahr	nationale Junior Colleges	andere öffentliche Junior Colleges **	private Junior Colleges	zusammen
1955	3. 637	11.080	63.168	77.885
(in %)	(4,7)	(14,2)	(81,1)	(100)
1975	13.143	17.973	322.666	353.782
(in %)	(3,7)	(5,1)	(91,2)	(100)
1991	18.018	22.651	463.418	504.087
(in %)	(3,6)	(4,5)	(91,9)	(100)

Tabelle 2c: Zahlen und Anteile der Studenten im Postgraduiertenstudium
                in öffentlichen und privaten Universitäten

Trägerschaft der Hochschule Jahr	nationale Universitäten	andere öffentliche Universitäten **	private Universitäten	zusammen	Frauen
1955	5.022	409	4.743	10.174	593
(in %)	(49,4)	(4,0)	(46,6)	(100)	(5,8)
1975	27.735	2.323	18.406	48.464	4.547
(in %)	(57,2)	(4,8)	(38,0)	(100)	(9,4)
1991	63.222	4.183	31.478	98.650	16.827
(in %)	(64,9)	(4,2)	(30,9)	(100)	(17,1)

Quelle: Monbushô 1992, S. 74 u. S. 80-84.

* einschließlich Postgraduiertenstudium u.a. Formen wie Abendstudium
** kommunale und von der Präfektur getragene Einrichtungen zusammen

Obwohl, wie gesagt, der Staat im Hinblick auf das finanzielle Engagement
im Hochschulbereich traditionell schon „schlank" ist, haben sich in den letzten zwei Jahrzehnten einige wichtige Verschiebungen ergeben, die zeitweise

eine Ausweitung des staatlichen Engagements, dann eine drastische Zurücknahme, Stagnation, und erst jüngst wieder zaghaft ansteigende Zahlen mit sich brachten. Typisch für diese Phase ist auch, daß die verschiedenen Typen von Institutionen sowie die verschiedenen Typen von Finanzierung von diesen Veränderungen unterschiedlich betroffen waren.

Einer Befragung nach, die vom Autor 1991 durchgeführt wurde, beurteilte eine klare Mehrheit der befragten Professoren und Professorinnen, nämlich 80%, die finanzielle Situation des Hochschulsektors heute schlechter als zehn Jahre zuvor. Wiederum mit überwiegender Mehrheit (89%) schrieben sie dies den Auswirkungen einer staatlichen Sparpolitik zu (von Kopp 1993, S. 38). Die Situation ist allerdings nicht eindeutig: Nach den finanziellen Bedingungen des eigenen Lehrstuhls/ Fachbereichs gefragt, sahen immerhin rund 28% keine Veränderung und knapp 38% sahen gar eine Verbesserung – was wohl mit der nicht repräsentativen Zusammensetzung der Befragten zusammenhängt, aber eben auch die Differenziertheit der Situation im einzelnen widerspiegeln dürfte (ebd., S. 38f.).[1] Jedenfalls interpretiert sich der Hochschulsektor im Selbstbild der Professoren als Opfer einer Sparpolitik, die auch in den entsprechenden Angaben zur Finanzierung des Hochschulsektors ihren Ausdruck findet. Diese Sparpolitik soll im folgenden, schwerpunktmäßig getrennt nach privatem und öffentlichem Sektor, skizziert werden.

2.1. Der schlanke Staat und der private Hochschulsektor

Finanzielle Unterstützung der Privatuniversitäten gab es vor dem Zweiten Weltkrieg lediglich in Form einiger außerordentlicher Kreditgewährungen. Nach 1945 gab es zunächst nicht einmal eine juristische Möglichkeit, aus öffentlichen Mitteln das Privatschulwesen zu subventionieren, Artikel 89 der Nachkriegsverfassung schloß dies ausdrücklich aus (The Japan Association 1987, S. 160). 1948 wurde dieser Artikel revidiert und 1950 ein Privatschulgesetz verabschiedet. Dennoch blieben die Zuschüsse (wiederum meist Kredite) marginal. Erst 1970 setzte eine wirkliche Subventionierung ein, die in einem entsprechenden Gesetz von 1975 auch festgeschrieben wurde. Die Zuwachsraten dieser Subventionierung – sie wird verteilt über eine eigens hierfür gegründete Stiftung – waren zunächst enorm: sie erhöhte sich von 13,2 Milliarden Yen im Jahre 1970 auf 283 Milliarden Yen im Jahre 1981 (ebd., S. 163). Im nächsten Jahr wurden diese Zuwendungen jedoch einge-

---

1   Bei der Befragung (Fragebogen und Interviews) handelt es sich um eine Pilotstudie. Die Fächer Medizin und Pharmazie waren nicht mit eingeschlossen, gesellschaftswissenschaftliche Fächer und nationale Universitäten überwogen, ziemlich hoch war auch der Anteil der Inhaber von sog. „experimentellen Lehrstühlen", die finanziell überdurchschnittlich ausgestattet sind.

froren und begannen sogar zu sinken. Insgesamt sind seither die staatlichen
Zuwendungen an die privaten Hochschulen anteilig an deren Gesamtein-
kommen wieder gesunken.

Über die Anteile, die diese Zuwendungen am Gesamthaushalt der privaten
Universitäten ausmachen, werden allerdings unterschiedliche Angaben gemacht. Sie beruhen auf unterschiedlichen Bezugsmodi. Zum einen werden
die Anteile staatlicher Zuwendungen an den Gesamteinkünften der Universitäten erfaßt, zum anderen die Anteile an den laufenden Kosten (operating
costs). Zu den ersteren nennt eine Publikation des Bildungsministeriums einen Anteil an den Gesamtausgaben, der von 13,4% im Jahre 1984 auf einen
Tiefpunkt von 11,1% im Jahre 1987 gesunken und im folgenden Jahr 1988
wieder geringfügig auf 11,3% gestiegen war. Er stagniert offenbar seitdem in
etwa auf demselben Niveau (Monbushô 1990, S. 113 u. 116).

Tabelle 3: Anteile der verschiedenen finanziellen Quellen der privaten
Universitäten in %

Art des Ein-kommens Jahr	Studien-gebühren	verschiedene andere Gebühren	Zuwendun-gen der Regierung	Vermietung von Anlagen und Einrich-tungen	Schenkungen
1984	50,7	26,2	13,4	6,1	3,6
1987	48,9	31,7	11,1	5,0	3,3
1988	50,6	29,5	11,3	5,1	3,5

Quelle: Monbushô 1990, S. 116; The Japan Association 1987, S. 164f..

Betrachtet man nicht die Anteile der staatlichen Zuwendungen an den Ein-
künften, sondern an den laufenden Gesamtkosten, so zeigt sich ein stetiges
Ansteigen von 1970 bis 1980 und danach ein ebenso stetiges Absinken:

Tabelle 4: Anteil der staatlichen Zuwendungen an der Gesamtsumme der
laufenden Kosten der Privatuniversitäten

Jahr	1970	1975	1980	1984	1987	1988	1989	1990
Anteil in %	7,2	20,6	29,5	20,3	17,0	16,0	15,0	(14,1)*

Quelle: Monbushô 1990, S. 116; the Japan Association 1987, S. 164f.; *geschätzt, s. Text.

Für die Zeit Ende der 80er Jahre wird einer anderen Quelle nach ein Anteil
von 20% angegeben, was möglicherweise auf einen anderen Berechnungs-
modus hindeutet (Kitamura 1991, S. 313). Eine jüngere Pressemeldung jedenfalls nennt für 1990 14,1%, was ein weiteres starkes Absinken bedeuten
würde. Gleichzeitig war dort davon die Rede, daß das Finanzministerium –

gegen den Protest des Kultusministeriums (Monbushô) – im November 1992 beschlossen habe, die Zuschüsse für den gesamten Privatschulsektor für das Rechnungsjahr 1993 um 35 Milliarden Yen, d.h. um 10% zu kürzen und zwar mit dem Argument, andere private Einrichtungen erhielten ja auch keine Zuwendungen (*The Daily Yomiuri*, 29.11.1992). Eine Reihe von privaten Universitäten hat in der Vergangenheit großzügig Gebrauch von der Möglichkeit gemacht, Kredite aufzunehmen. Für viele Universitäten sind diese Kreditsummen stark angewachsen. Insgesamt, d.h. im Durchschnitt aller privaten Universitäten, war die Summe der Kreditaufnahmen 1988 doppelt so hoch wie die Summe der staatlichen Zuwendungen für die privaten Universitäten im selben Jahr (Monbushô 1990, S. 112-114).

Der Verlauf der staatlichen Zuwendungen an die privaten Universitäten und Colleges ist aus der Tab. 5 ersichtlich:

Tabelle 5:   Gesamtsumme der staatlichen Zuwendungen an den privaten Hochschulsektor in Milliarden Yen

Jahr	1982	1983	1984	1985	1986	1987	1988	1989	1990
Summe	283,5	277,0	243,85	243,85	243,85	244.35	245,35	248,65	252,05

Quelle: Monbushô 1990, S. 115.

Die staatlichen Zuwendungen sind unterteilt in „reguläre" und „spezielle" Zuwendungen. Der Anteil dieser „speziellen" an der Gesamtsumme aller Zuwendungen wuchs von 3,5% im Jahre 1982 auf 10,4% im Jahre 1990 (ebd., S. 115). Diese Umverteilung insgesamt gesunkener Mittelzuweisungen deutet weniger auf einen Rückzug des Staates, als – paradoxerweise – auf eine erhöhte *Kontrolle* hin, denn die gezielte, sachgebundene Mittelvergabe dient dazu, die Befolgung bestimmter bildungspolitischer Prioritäten zu stimulieren. Dazu gehören z.B. die „Dezentralisierung" d.h. Auslagerung von Lehr- und Forschungsstätten aus den metropolen Agglomerationen (besonders Tokyo), der Aufbau spezieller Programme für japanische jugendliche Rückkehrer aus dem Ausland, besondere Aktivitäten bei der Teilnahme am Regierungsprogramm, den Anteil ausländischer Studenten wesentlich auszuweiten (nämlich von rd. 6.500 im Jahre 1980 und knapp 24.000 im Jahre 1990 bis zum Jahr 2000 auf 100.000[2]), usw.

Die Universitäten haben die Möglichkeiten, von Stiftungen oder der Privatindustrie in Form von Forschungs- und Kooperationsverträgen weitere

---

2 Die Zahlen für 1990 beinhalten nicht knapp 8.000 Studenten in den post-sekundären „Colleges of Technology" und „Special Training Schools", die im vorliegenden nicht zum Hochschulbereich im engeren Sinne gerechnet werden. Die Zielvorgabe von 100.000 Studenten bezieht offensichtlich diese Schulformen mit ein. Zahlen nach Monbushô 1990, S. 236.

Mittel einzuwerben. In dieser Hinsicht hat sich, möglicherweise unter dem
Druck der staatlichen Sparpolitik, in den letzten 10 Jahren ein dramatischer
Wandel vollzogen: Zwischen 1983 und 1990 hat sich die Zahl der Universi-
tätsforscher (in privaten und öffentlichen Einrichtungen zusammen), die in
joint research-Projekte mit der Industrie eingebunden sind, von 66 auf 1.031
und die Zahl der entsprechenden Zuwendungen im gleichen Zeitraum von
700 Millionen auf 3,8 Milliarden Yen erhöht.[3] Was die reinen Drittmittel-
projekte angeht, so hat sich ihr Volumen ebenfalls ausgeweitet:

Tabelle 6:   Staatliche Drittmittel für Forschungsprojekte in Universitäten
                und Hochschulen (private und öffentliche zusammen)

	1982	1985	1989	1990	1991
Anträge	45.000	53.000	61.000	64.000	66.000
Bewilligungen	14.000	15.000	19.000	20.000	21.000
Zuwendungen in	38,0	42,0	52,6	55,8	58,9
Milliarden Yen					

Quelle: Monbushô 1990, S. 21.

Während die Drittmittelgelder anstiegen, sind im selben Zeitraum die Gelder
für die Ausstattung der Forschungseinrichtungen insgesamt von einem Höhepunkt von 37,1 Milliarden Yen im Jahre 1983 auf 24,4 Milliarden Yen gefallen und seither (bis 1991) nur wieder langsam auf 27,9 Milliarden Yen gestiegen. Die großen Verlierer waren dabei die nationalen Universitäten, während die privaten Universitäten mit einem von 1,8 auf 6,4 Milliarden Yen gestiegenen Anteil die relativen Gewinner waren (Monbushô 1990, S. 23).
    Der Zugang zu privaten Finanzquellen und industrierelevanter Forschung
in Form von joint-research-Projekten ist je nach Fachbereich sehr unterschiedlich. Manche Fachbereiche können oft mit guten Dotierungen rechnen,
andere sind nahezu völlig auf öffentliche Gelder angewiesen. Der schon weiter oben zitierten Befragung nach gaben über die Herkunft von momentan
laufenden Drittmitteln 62,5% öffentliche Quellen an, nur 6,3% hatten Drittmittel ausschließlich aus privaten Quellen (private Stiftungen, Privatwirtschaft), und der Rest bezog momentan Drittmittel sowohl von öffentlichen
wie auch von privaten Geldgebern. Auf die Frage, welcher Geldgeber,
abgesehen von den aktuellen Projekten, insgesamt am wichtigsten sei, nann-
ten 95,2% den Staat an erster Stelle (von Kopp 1993, S. 25f.).
    Die Finanzquelle schließlich, die für die privaten Hochschulen die wich-
tigste ist, sind die Zulassungs- und Studiengebühren. Hierbei ist der Staat
zwar nicht unmittelbar involviert, aber indirekt übt er auf zweierlei Weise

---

3   Informationen, die mir freundlicherweise von Mrs. Sanae Aoki, International Affairs Plan-
    ning Division, Ministry of Education, Science and Culture, zugänglich gemacht wurden.

Einfluß aus: Zum einen ist die Zahl der zum Studium zugelassenen Studenten vom Staat für jede einzelne Hochschule reguliert und von daher die Finanzierung über Studiengebühren begrenzt. Zum anderen ist die Höhe der Studiengebühren in gewissen Maßen abhängig von der Höhe (und den Schwankungen) der öffentlichen Zuwendungen: sinken diese, so sind die privaten Hochschulen gezwungen (oder haben eine gute Legitimation), die Gebühren entsprechend oft und nachhaltig zu erhöhen. Hier sind die Preise in einigen Bereichen geradezu explodiert: manche privaten medizinischen Hochschulen hoben die Studiengebühren auf eine Höhe von jährlich 3,5 Mill. Yen, beim heutigen Kurs um die 50.000 Mark.[4] Hinzu kommt eine Gebühr für die Benutzung universitärer Einrichtungen und Apparate (rd. 20.000 Mark), sowie eine einmalige Studienzulassungs-Gebühr (rd. 15.000 Mark). In manchen Fällen fordern Hochschulen zusätzlich zu den Gebühren noch „freiwillige" Schenkungen. Freilich, die Situation in den Medizinberufen ist extrem, aber die durchschnittliche jährliche Studiengebühr in den „billigen" Humanwissenschaften liegt immerhin bei rd. 13.000 Mark, in den Naturwissenschaften bei 15.000 Mark (Keisetsu jidai 1991, S. 691-769).

Neben den angesprochenen Gebühren gibt es jedoch noch einen Posten, der bisher nicht erwähnt wurde. Dabei handelt es sich um Gebühren für die Teilnahme am Hochschulzulassungs-Test. Diese Gebühren sind mit rd. 350 bis 450 Mark zwar angesichts des Finanzbedarfs der Hochschulen relativ bescheiden (sie werden übrigens auch von den öffentlichen Universitäten erhoben), können aber in nicht unwesentlichem Maße dann zur Finanzierung der Hochschulen beitragen, wenn die Hochschule ein hohes Renommee – und damit viele Zulassungstest-Teilnehmer hat. Im Falle der renommierten und auch quantitativ bedeutenden Waseda-Universität waren das im Jahre 1990 immerhin 146.357 Personen. 15.639 Bewerber bestanden die Prüfung. Die vom Staat festgelegte Quote (*teiin*) für Neuzulassungen an diese Universität (die in bestimmtem Umfang überschritten werden darf), lag dagegen bei nur 7.440 Personen (Zenkoku ... 1991, Anhang, S. 23). Wieviele Personen zugelassen wurden, geht aus der zitierten Quelle nicht hervor. Nach eigenen Angaben der Waseda waren es, ebenfalls für 1990, 8.070 Personen (Waseda University 1988, Beilage, S. 7).[5]

Eine Diskrepanz zwischen den Zahlen derer, die die Prüfung bestehen und denen, die tatsächlich ein Studium beginnen, ergibt sich allgemein dadurch, daß viele Studenten sich an mehreren Universitäten bewerben und im Falle des Bestehens mehrerer Prüfungen sich an der für sie günstigsten einschrei-

---

4 Die öffentlichen Universitäten fordern nur einen Bruchteil dieser Summe, 1988 z.B. in Medizin ca. 7.000 DM.
5 Allerdings ist in der Quelle wiederum nicht die Zahl derer angegeben, die die Prüfung bestanden haben. Dagegen ist eine etwas abweichende Zahl bei den Bewerbungen angeführt: 159.514. Da der Monat nicht angeführt ist, kann es sich im Vergleich mit der vorauszitierten Quelle um verschiedene Schuljahre, also 1989/90 und 1990/91 handeln.

ben. Natürlich haben nur wenige Universitäten vergleichbar hohe Bewerberzahlen wie die angeführte Waseda-Universität. Auch ist die Relation zwischen Bewerbern und Zugelassenen bzw. denen, die die Prüfung bestanden
haben (im vorliegenden Falle rd. 1:10), nur an einigen Hochschulen vergleichbar hoch[6], erreicht aber in manchen Fakultäten gelegentlich noch höhere Werte. Insgesamt hat aber die besonders für die renommierten Universitäten wichtige und angenehme „Nebeneinnahme" durch die Prüfungsgebüh-
ren auch mit dazu beitragen, daß solche Universitäten einen höheren Anteil
der Finanzierung über Gebühren aller Art bestreiten können, als dies im Landesdurchschnitt der Fall ist. Sind dies, wie schon angeführt, rd. 50%, so waren es im Falle der Waseda-Universität 1990 knapp 65% (ebd., S. 13).

Einer der grundlegenden Faktoren, die Einfluß auf die weitere Entwicklung des Hochschulwesens haben werden, ist die demographische Entwicklung. Beginnend mit dem Jahr 1993 nimmt die Zahl der 18jährigen kontinuierlich ab. Da bisher ältere Studierende an den japanischen Hochschulen in
nur sehr geringem Umfang zu finden sind,[7] stellt diese Bevölkerungsgruppe
das fast ausschließliche Rekrutierungsreservoir für die Universitäten dar.
Dieses Reservoir wird sich in den nächsten 15 Jahren aber fast halbieren.

Tabelle 7: Zahl der 18jährigen (in Millionen)

Jahr	1992	1994	1996	1998	2000	2002	2004	2006	2007
Anzahl	2,05	1,86	1,72	1,61	1,51	1,48	1,39	1,30	1,25

Quelle: *Nikkei Entertainment,* 12.5.1990, S. 7 und Monbushô S. 21.

Nachdem im vorangehenden gezeigt wurde, in wie hohem Maße besonders
die privaten Universitäten von diesem Reservoir abhängig sind, und zwar
selbst noch von den Bewerbern, die gar kein Studium aufnehmen, sondern
lediglich an der Zulassungsprüfung teilnehmen, ist klar, daß diese Entwicklung einen enormen direkten und indirekten Einfluß auf den Universitätsbe-
reich haben wird. Die offensichtlichste Konsequenz dürfte sein, daß die
Konkurrenz zwischen den Hochschulen um Studienbewerber und Studenten
anwachsen wird. Diese Konkurrenz wird noch verschärft durch die Tatsache,
daß kurz vor dem demographischen Hoch noch „in letzter Minute" eine nicht
unbeträchtliche Zahl neuer (teilweise inhaltlich und organisatorisch innovativer) Institutionen und Fakultäten gegründet wurde; einmal, um im Wettbe-

---

6 Der landesweite Durchschnitt liegt bei 1:2.
7 Eine Quelle nennt 3.949 eingeschriebene „erwachsene" reguläre Studierende (d.h. Studien-
    aufnahme nach Unterbrechung einer Berufstätigkeit) für das Jahr 1981 (Yano 1986, S. 78).
    Daneben gibt es noch die Abendkurse in den Hochschulen, deren Teilnehmerzahl von ca.
    16.000 im Jahr 1981 auf über 120.000 im Jahre 1991 gestiegen ist (Monbushô 1992, S.
    74). Allerdings überwiegen auch in diesen Kursen die Studenten jüngerer Jahrgänge bei
    weitem.

werb um den bis 1993 fortgesetzten Zuwachs an potentiellen Studienbewer-
bern mithalten zu können, zum anderen aber auch, um vom Angebot her gut
für den verstärkten Wettbewerb nach 1993 gerüstet zu sein. Zwischen 1985
und 1991 erhöhte sich so die Anzahl der Universitäten von 460 auf 514, wobei dieser Zuwachs (abgesehen von 7 öffentlichen Institutionen) fast gänzlich im privaten Sektor stattfand. Die Zahl der Junior Colleges stieg im selben Zeitraum von 543 auf 592 (davon 7 neue öffentliche Junior Colleges).

Bewarb sich – um es einmal von dieser Seite zu sehen – 1965 jede Hochschule im statistischen Durchschnitt um 284 potentielle Bewerber (d.h. zu
diesem Zeitpunkt 18jährige Jugendliche), so waren es 1991 nur noch 185 potentielle Bewerber.[8] Man rechnet damit, daß eine Reihe von privaten Hochschulen in ernste Schwierigkeiten kommen könnte und daß möglicherweise
sogar einige Institutionen werden schließen müssen. Der Staat jedenfalls hat
keine Signale gegeben, daß er bereit sei, nicht wettbewerbsfähige Institutionen über verstärkte Subventionen „mitzuziehen". Im Gegenteil, er scheint
auf einen Selbstreinigungsprozeß zu setzen, der die „Spreu vom Weizen"
trennen soll, wobei von vielen Hochschulangehörigen der staatlichen Bildungspolitik unterstellt wird, daß ihr diese Phase ganz gelegen kommt, und
daß Pläne, die Herausbildung eines (wieder) auch formal vertikal gegliederten Hochschulwesens zu forcieren, durch die gegenwärtigen Trends erleichtert werden.

2.2. Der schlanke Staat und der öffentliche Hochschulsektor

Nur einige Jahre nach Einsetzen einer relevanten finanziellen Zuwendung
für den privaten Hochschulsektor, nämlich im Jahre 1975, begannen auf der
anderen Seite die Zuwendungen für die öffentlichen Universitäten zu sinken:

„Beginning in 1975 curbs were placed on state-run university budget outlays. Funding declin-
ed annually, beginning in fiscal 1979. In fiscal 1986, funding for state-run universities was
trimmed to 78,8 billion yen – about half of the record high in the 1970s of 124,6 billion yen.
Although some increases have been made since 1988, the fiscal austerity measures instituted
from 1975 to 1987 left research facilities and equipment in need of replacement or repairs"
(*The Daily Yomiuri*, 10.3.1993).

Abgesehen von Kürzungen der Gesamtaufwendungen an die öffentlichen
Hochschulen wurden 1972 deren Studiengebühren auf Beschluß des Erzie-
hungsministeriums verdreifacht. Diese Maßnahme stand in direktem Zusammenhang mit den steigenden staatlichen Aufwendungen für den privaten
Sektor (Teichler 1975, S. 296). Beides zusammen, die sinkenden Zuwen-

---

8 1965: 195.000 18jährige und 686 Hochschulen (317 Universitäten, 369 Junior Colleges),
1991: 205.000 18jährige und 1.106 Hochschulen (514 Universitäten, 592 Junior Colleges)
(Monbushô 1992, S. 60f. u. S. 73).

dungen für den öffentlichen Hochschulsektor und die in ihm gestiegenen Studiengebühren andererseits deuten darauf hin, daß es sich bei der neuen finanziellen Fürsorge des Staates für den privaten Hochschulbereich nicht um ein eindeutig erhöhtes Engagement handelte, sondern, zumindest teilweise, um eine *Umschichtung* der Mittel. Mit anderen Worten, der Staat versuchte, seine traditionelle „schlanke Linie" beizubehalten.

Was zudem weiter oben für die Bildungspolitik insgesamt konstatiert wurde, nämlich eine ausgesprochene Selektivität bei der Vergabe von Mitteln, gilt traditionsgemäß auch innerhalb des öffentlichen Hochschulsektors selbst: Obwohl formal die Prinzipien der Finanzierung der nationalen Universitäten einheitlich sind, läßt sich eine klare Präferenz der ehemaligen kaiserlichen Universitäten, und unter ihnen Tokyo und Kyoto an der Spitze, feststellen. Mitte der 70er Jahre wies eine Studie dies im Detail nach. Zu diesem Zeitpunkt waren in den beiden genannten Institutionen zusammen 8,6% aller „nationalen" Studenten eingeschrieben, jedoch entfielen auf beide Universitäten 14,6% des gesamten Budgets für die nationalen Universitäten zusammen. Alle sieben ehemaligen „kaiserlichen Universitäten" erhielten, mit einem Anteil von 24% an der entsprechenden Studentenschaft, 35,7% des Gesamtbudgets. Eine weitere Gruppe von 11 älteren (und renommierten) nationalen Universitäten mit einem Anteil von 20,9% an der entsprechenden Studentenschaft erhielt immerhin noch 23,7% des Budgets. Der Rest von 64 neueren Institutionen mit einem Anteil von 55,5% der Studenten kam auf einen Anteil am Budget von lediglich 40,6% (Ichikawa 1979, S. 44).

Wie erwähnt, verlangen auch die öffentlichen Hochschulen nicht nur Studiengebühren, sondern (in ähnlicher Höhe wie die privaten) ebenfalls Gebühren für die Teilnahme an der Hochschulzulassungsprüfung. Die öffentlichen Universitäten sind aber nicht nur wegen ihrer gesicherten Finanzierung durch den öffentlichen Haushalt unabhängiger von Populationsschwankungen als die privaten Institutionen, sondern es spielen auch die Bewerberzahlen insofern eine geringere finanzielle Rolle, als der Überhang im allgemeinen geringer ist als in den (guten, renommierten) privaten Universitäten: er liegt im Landesdurchschnitt der nationalen Universitäten bei 1:3,4 (Daigaku nyûshi sentâ 1986, S. 226). Das hat nicht zuletzt damit zu tun, daß die Oberschulen eine Vorausselektion betreiben und von vornherein nur einem sehr begrenzten Kreis von Schülern die Empfehlung geben, sich an der Zulassungsprüfung zu den nationalen Top-Universitäten zu beteiligen.

Bekanntlich ist das japanische Hochschulsystem – so einheitlich es formal auch sein mag – intern höchst differenziert. In den letzten Jahren zeigen sich nun Tendenzen einer *Umschichtung in der Hierarchie*, die die öffentlichen Universitäten betreffen und die, neben anderen Faktoren, damit zu tun haben, daß der Staat die öffentlichen Institutionen in wachsendem Maße dem Marktwettbewerb ausgesetzt hat – allerdings ohne ihnen bisher die entsprechende Freiheit von Marktsubjekten zuzugestehen. Traditionell findet man an der Spitze der Hierarchie-Pyramide eine sehr kleine Gruppe nationaler und privater Top-Universitäten. Dieser Teil der Hierarchie bleibt im wesentlichen unverändert und dürfte auch in Zukunft kaum größere Erschütterungen erfahren.

Auf der nächsten Ebene, etwa dem oberen Viertel der Pyramide, hielten die weiteren öffentlichen (nationalen, präfekturalen und kommunalen) Institutionen eine dominante Position. Das nächste Viertel hat immer noch die Reputation eines guten Durchschnitts oder besser.

Wenige Veränderungen gab es bisher in der unteren Hälfte oder gar am Boden der Pyramide, dagegen sind es die zweite und die dritte Ebene, die in Bewegung geraten sind: seit einigen Jahren deuten Anzeichen darauf hin, daß sich die Universitäten der zweiten Ebene (hier liegt die Mehrheit der öffentlichen Institutionen) auf dem Weg nach unten, dagegen (private) Universitäten der dritten Ebene auf dem Weg nach oben befanden. Dazu beigetragen hat nicht zuletzt die Tatsache, daß die Studienkosten in den öffentlichen Institutionen dabei sind, sich denen der privaten Universitäten anzunähern. Dabei ist die bauliche Ausstattung vieler öffentlicher Hochschulen jahrelang vernachlässigt worden und außerdem haben viele privaten Universitäten in den letzten Jahren verstärkt eine Imagepflege betrieben, die den Campus als Hort des modernen Lebensstils, des In-Seins vorstellt, eine Entwicklung, die auch durch verstärkte Einrichtung innovativer Studienfächer ergänzt wurde.

Die tatsächliche Reihenfolge der Hierarchie hängt von einer Reihe von Faktoren ab. Die wichtigsten sind: traditionelles Prestige (das wie oben gezeigt, keineswegs eine platonische Angelegenheit ist, sondern Hand in Hand geht mit konkreten finanziellen Begünstigungen), zweitens der „Abweichungs-Faktor" (*hensachi*), eine komplizierte Berechnung der Zulassungsprüfungs-Ergebnisse in Bezug auf einen Mittelwert und drittens der „Konkurrenzquotient" (*kyôsôritsu*), d.h. das Verhältnis zwischen der Anzahl der Studenten, die an der Zulassungsprüfung teilnehmen und der Anzahl derer, die sie bestehen. Das entsprechende Ranking ist natürlich nicht offiziell und wird in der Regel von privaten Unternehmen (vor allem solchen, die Prüfungs-Vorbereitungsschulen betreiben) erstellt, ist aber dennoch – jedes Jahr in unzähligen Publikationen detailliert aufgeschlüsselt und interpretiert – Bestandteil des Fremd- wie des Eigenverständnisses der Institutionen.

Der Staat hat im allgemeinen mit diesem Ranking direkt überhaupt nichts zu tun. Jüngst hat er aber doch, und zwar im Falle der Tokyo-Universität (Tôdai), versucht, direkt Einfluß auf deren Monopolstellung (die bisher vom Staat abgedeckt gewesen war) zu nehmen: Im Frühjahr 1992 regte das Büro des Premierministers an, die Einstellung von Absolventen dieser Institution, die das höchste Ansehen im Lande genießt, wesentlich zu reduzieren. Gegenwärtig sind im Finanz- und im Innenministerium um die 90%, in sechs weiteren Ministerien 70-90% aller höheren Beamten Absolventen der Tôdai.

Die Absolventen dieser Institution machen auch heute noch rund die Hälfte der jährlich in allen Ministerien zusammen neueingestellten Hochschulabsolventen aus. Eine Voraussetzung dafür sei, so das Nationale Personalbüro, daß die Angabe der absolvierten Universität vom Bewerbungsbogen gestrichen wird (*The Daily Yomiuri*, 22.2.1992 u. 26.8.1992). Diese Maßnahme wird die hervorragende Stellung dieser Universität kaum wesentlich erschüttern können, zumal sie in den einzelnen Ministerien, deren Absolventen überwiegend Tôdai-Absolventen sind, auf wenig Gegenliebe gestoßen ist (vgl. ebd.). Sie zeigt aber dennoch, daß der Staat sich auch aus einem solchen wie dem geschilderten Bereich – im vorliegenden Falle als „Protektor" einer bestimmten Institution – zurückzuziehen gedenkt.

3. Der schlanke Staat und die Eigenverantwortlichkeit des Hochschulwesen: Curriculare Reformen und „Deregulierung"

Ein im September 1987 gegründeter Universitätsreformrat (*daigaku shingikai*) sollte eine zunehmend akut gewordene Reformdiskussion vorantreiben und entsprechende Maßnahmen initiieren. Ich möchte hier auf einzelne Aspekte dieser Reform nur insoweit eingehen, als sie die vorliegende Fragestellung betreffen. Ein immer wieder in den Vordergrund gestelltes Grundprinzip der Reform ist dabei die „Deregulierung". Diese Deregulierung hat zwei Aspekte: zum einen die Lockerung der bisherigen direkten Kontrolle universitärer Strukturen und Prozesse, zum anderen eine Förderung „marktregulativer" Kräfte bei der Herausbildung einer neuen Hochschullandschaft, die den aktuellen und als künftig zentral erachteten Herausforderungen besser begegnen kann als die heutige.

Es war bisher nicht nur vorgeschrieben, wie viele Credits in welcher Zeit und mit wie vielen Studenten pro Gruppe abzuleisten waren, sondern es gab auch Vorschriften über die Tageszeiten, zu denen Übungen zu halten waren. Detaillierte Regelungen bezogen sich auf räumliche und bauliche Aspekte des Campus sowie auf Ausstattungen usw. Das Motiv hierfür lag, abgesehen von einem generell hohen Stellenwert von Kontrolle in der japanischen Gesellschaft, eben auch darin, daß man meinte, gerade angesichts der faktischen institutionellen Heterogenität und großen Liberalität gegenüber den Bedingungen, die an eine Eignung als Betreiber einer Hochschule gestellt sind, bestimmte Standards sichern zu müssen.

Was den inhaltlichen Aspekt der Reform angeht, so betreffen die wichtigsten organisatorischen Konsequenzen der Deregulierung die Grundeinteilung des Studiums in Japan in Grund-, Haupt- und Postgraduiertenstudium. Sehr

verkürzt gesagt zielen die in ihrer Diktion recht allgemeinen Reformempfeh-
lungen erstens auf die Abschaffung von faktischen und formalen Grenzen
zwischen diesen einzelnen Phasen und Verwaltungseinheiten und zweitens
auf eine verstärkte Professionalisierung und Akademisierung des Studiums
durch erweiterten Einsatz von Fachstudienelementen in der Grundphase sowie eine wesentliche Ausweitung des sog. Postgraduiertenstudiums nach
Abschluß des Haupstudiums, also die Schaffung stärker integrierter Studien-
zyklen unter einem Dach. Die bisherige Einteilung ist übrigens schon in den
meisten nationalen Universitäten reformiert worden.

Das Grundstudium war bisher eine besondere zweijährige Phase, die den
obligatorischen Besuch bestimmter allgemeinbildender Fächer wie Sport,
Fremdsprachen und Gesellschaftskunde (je nach Fachbereich in den einzelnen Gewichtungen variierend) vorsah. Dieser Unterricht wurde über eine eigene organisatorische Einheit, die *kyôyôbu*, realisiert und organisiert. Der
Professor für englische Sprache des Grundstudiums war also Angehöriger
der Betriebseinheit *kyôyôbu*, der Englischprofessor des Hauptstudiums im
Fach Anglistik dagegen war Angehöriger des entsprechenden Fachbereichs
(der Fakultät). Im Unterschied zu den öffentlichen Universitäten war das
Vorhandensein dieser eigenen Betriebseinheit in den privaten Universitäten
nicht vorgeschrieben, es gab sie aber teilweise, ggf. auch in modifizierter
Form. Obligatorisch war aber, wie im öffentlichen Bereich auch, der Pflicht-
besuch der entsprechenden Veranstaltungen. Mit der laufenden Reform ist
erstens der Pflichtcharakter dieser Fächer generell entfallen, die einzelnen
Institutionen können also darüber entscheiden, welchen Unterricht in welchem Umfang sie anbieten wollen und zweitens sind im öffentlichen Bereich
die *kyôyôbu* dabei aufgelöst zu werden, bzw. größtenteils schon aufgelöst.
Man will freilich, neben einer verstärkten Betonung eines früher einsetzenden Fachstudiums, für die ersten Studienjahre doch eine gewisse Berücksichtigung allgemeiner Studien aufrechterhalten. Zu deren Koordinierung
sind neue „Hochschulforschungszentren" eingerichtet worden. Die Lehr-
kräfte der *kyôyôbu* sind zum Teil von anderen Abteilungen oder Fakultäten
übernommen worden, zum Teil aber sind vor allem Sprach- und Sportlehrer
(deren obligatorischer Unterricht schon gestrichen wurde und sich im Umfang reduziert hat) nirgendwo untergekommen. Um diese Lehrer nicht alle
entlassen zu müssen, wurden eigens Institute für Sport bzw. Institute für
Sprachstudien eingerichtet.

Der zweite Aspekt der curricularen Reform betrifft das Postgraduiertenstudium (im Sinne der angelsächsischen Systeme), das sich in zwei jeweils
zweijährige Phasen („Magisterkurs" und „Doktorkurs") mit hochselektiven
Zulassungsprüfungen gliedert. Die postgraduate schools sind ihrerseits eigene, fachbereichsübergreifende organisatorische Einheiten, obwohl sie sich de
facto nach Fachbereichen gegliedert haben und den einzelnen Fakultäten zu-
geordnet wurden (Teichler 1975, S. 170). Finanzierung und Verwaltung wa-

ren auf das Hauptstudium konzentriert, das Postgraduiertenstudium, *daigakuin,* hatte einen zusätzlichen Etat. In den nationalen Universitäten zeichnet sich eine Entwicklung ab, wonach unter dem Schlagwort „*daigakuin-daigaku*" also Postgraduierten- oder besser Graduierten-Universität nun die graduate school zur zentralen Haupteinheit wird.

Die in ihrer Terminologie, ihren Absichten und konkretem Verlauf teilweise recht verwirrende Reform hat zwei Hintergründe: Zum einen den Aspekt der Rationalisierung und Optimierung von hochschulinternen und curricularen Prozessen, zum zweiten die schon angesprochene Professionalisierung und Akademisierung. Auf beide Aspekte soll hier nicht näher eingegangen werden. Immerhin ist auffallend, daß mit der Diskussion um die „*daigakuin-daigaku*" eine Konzeption vertreten wird, die wahrscheinlich im wesentlichen der Entwicklung in den USA folgt, in denen der Sektor der 4jährigen Ausbildungsgänge seit einiger Zeit üblicherweise in „doctoral", „comprehensive", „general baccalaureate" und „specialized institutions" eingeteilt wird.

Im Gegensatz zu den USA ist der Anteil der Studenten in den postgraduate courses in Japan aber bisher marginal: Gab es 1980 bei einer Gesamtstudentenzahl von rd. 1,3 Mio. Studenten in den USA 295.000 Magister- und 32.000 Doktor-*Abschlüsse,* so gab es in Japan, bei einer Gesamtstudentenzahl von 1,8 Millionen, im selben Jahr nur 16.000 Magister- und gar nur knapp 4.700 Doktor-*Studenten* (Kurian 1988, S. 69 u. Monbushô 1992, S. 92).

Tabelle 8: Zahl der Studierenden im Magister- und im Doktorkurs

Studienform/ Hochschulart	Jahr 1955	1970	1980	1990	1991
Öffentliche Universitäten, Magisterkurs	2.176	7.842	11.591	21.084	23.683
private Universitäten, Magisterkurs	1.694	4.515	5.253	9.649	11.244
Öffentliche Universitäten, Doktorkurs	738	2.347	3.095	5.587	6.139
private Universitäten, Doktorkurs	164	989	1.574	2.226	2.366

Quelle: nach Monbushô 1992, S. 92f..

Insgesamt bieten 40 der 136 öffentlichen Universitäten nur den Magisterkurs an, 78 bieten Magister- und Doktorkurs; für die privaten Universitäten lauten die entsprechenden Zahlen 59 bzw. 143 von 378 Institutionen. Wenn sich also eine vertikale Gliederung des Hochschulsektors aufgrund der alleinigen oder zusätzlichen Hinzuziehung dieses Kriteriums (Volluniversitäten werden dann nur solche sein, die integrierte Studiengänge mit der Möglichkeit des Magisterabschlusses anbieten) einbürgern würde – und die gegenwärtigen Tendenzen deuten darauf hin –, so wird die ganze bisherige Hierarchie noch stärker als jetzt schon in Bewegung geraten und, ein sicher beabsichtigter Nebeneffekt, das bisherige Kriterium von Zulassungsprüfung und „Prüfungshölle" durch ein Kriterium akademischer Qualität ersetzt (ergänzt) werden.

Die nationalen, in erster Linie die ehemaligen kaiserlichen Universitäten beeilen sich offensichtlich, unter Benutzung des Slogans von der Postgraduierten-Universität, sich einen guten Platz in der neuen Hierarchie zu sichern. Auf der anderen Seite des Spektrums könnte es passieren, daß, unter dem Druck der erwähnten demographischen Entwicklung plus der geschilderten Tendenzen, einige Institutionen überhaupt nicht mehr mithalten können. Es ist auch nicht ausgeschlossen, daß das bisherige Tabu einer *formalen* vertikalen Gliederung in Zukunft aufgegeben wird und sich, ähnlich wie in den USA aus den bisherigen „Universitäten" eine in drei oder vier Ebenen gegliederte Hochschulstruktur herausbilden wird.

Es bleibt noch kurz anzumerken, daß die Studiengangstruktur, die nach dem zweiten Weltkrieg entstanden war, keineswegs unumstritten war, im Gegenteil, der Widerstand war groß, denn

„die alten Universitäten erfuhren eine Niveausenkung auf dreifache Weise: Die Vorbildungsdauer wurde verkürzt, das Vorbildungsniveau ging mit der Bildungsexpansion zurück...und schließlich nahm auch die Dauer des Fachstudiums an der Universität durch die Einführung des Studium Generale von drei auf zweieinhalb Jahre ab" (Teichler 1975, S. 153).

Angesichts der Strukturreform, die von der amerikanischen Besatzung als Maßnahme einer angestrebten Demokratisierung durchgesetzt worden war, aber in den Augen vieler Kritiker die beschriebenen Konsequenzen hatte, machte schon 1950 Erziehungsminister Amano den Vorschlag, die berühmtesten Universitäten in Graduate Schools, also *daigakuin daigaku*, umzuwandeln (vgl. ebd.)! Die heutigen Tendenzen orientieren sich also nicht nur am US-amerikanischen Vorbild, sondern auch an der eigenen Tradition und beides läßt sich heute offenbar widerspruchslos verknüpfen. Die oben angesprochenen Aspekte einer (gewissen weiteren) „Verschlankung" des Staates dürften dabei diesen Reformzielen ganz gut dienen.

Das *Verfahrensprinzip* der Reform betont, wie auch die curricularen Reformen, das Prinzip der „Deregulierung". Das bedeutet, jede Institution soll sich nach gründlicher Analyse ihre Stellung im neuen System selbst suchen und behaupten. Das ist auch der Grund, weshalb die Reform in der akademischen Welt auf ein eher ambivalentes Echo gestoßen ist. Einerseits wird die Tendenz zu Deregulierung und Diversifizierung in einem Land, das häufig gerade im Hinblick auf seine zentralistische Kontrolle und seine Uniformität kritisiert wird, von der akademischen Gemeinde, die sich von dieser Tendenz größere Spielräume versprechen kann, positiv beurteilt. Andererseits war man in vielen Universitäten sehr nervös, als 1991 die ersten Empfehlungen publik wurden. Es begann eine Phase ständiger, intensiver, gelegentlich hektischer Konsultationen in den Universitäten.

Die Unsicherheit hatte zwei Gründe: Zum einen gibt es (wohl nicht nur in Japan) so etwas wie ein „gegenseitiges Mißtrauen" zwischen Regierung und den akademischen Institutionen (Mizushima-Regur 1991, S. 31), denn man war sich nicht sicher, ob Deregulierung wirklich mehr Freiheit oder nur einen raffinierteren Modus von Kontrolle bedeutete, und zweitens war zunächst unklar, was die Konsequenzen der – in den schriftlichen Empfehlungen eher harmlos klingenden – Reformvorschläge und der aus ihnen folgenden Veränderungen für das Hochschulsystem insgesamt und für die Stellung jeder einzelnen Institution in ihm sein würden. Die psychologische Komponente im japanischen Hochschulwesen ist ziemlich kompliziert, jedenfalls ist das System der bisherigen rigiden Hierarchisierung keineswegs beliebt, andererseits bietet es Sicherheit und einen verläßlichen Maßstab für die Stellung der eigenen Institution. Diese Sicherheit ist jetzt in einer Situation sich abzeichnender neuer Konkurrenz- und Behauptungskämpfe auf dem „Bildungsmarkt" zur Disposition gestellt.

Die „Unsicherheit" der Universitäten bezieht sich auf die Konsequenzen der zwei Haupttendenzen der Reform: Die größere curriculare Freiheit hat die Konsequenz einer größeren Profilierung und Diversifizierung der einzelnen Institutionen, die sich gut überlegen müssen, in welche Richtung sie ihre Profilierung treiben sollen. Die stärkere Professionalisierung (Akademisierung) hat die Konsequenz, daß jede Entscheidung der Institution (etwa über die Einrichtung integrierter Studiengänge, die Ausweitung des Postgraduiertenstudiums usw.) unmittelbar Einfluß auf die sehr labile Stellung in der vertikalen Hierarchie haben wird und umgekehrt eine angestrebte Stellung in der Hierarchie bestimmter Voraussetzungen bei der Qualität der Lehrerschaft, der Gebäude und der Curricula bedarf.

Ein Symptom für die Verwirrung war die Behandlung der – ganz im Sinne der Deregulierung gemachten – Empfehlung des Ministeriums, die Institutionen sollten sich *selbst evaluieren*. Was offensichtlich als ein Mittel dazu gedacht war, die jeweilige Stellung im Hochschulsystem im Hinblick auf die Reformen zu reflektieren und gegebenenfalls zu etablieren, ließ sich zunächst eher nichtssagend, teilweise bizarr an. So begann z.B. im Oktober 1991 ein privates Unternehmen, Videokassetten mit dem Titel „Feuert solche Professoren" zu verkaufen. Im Film, der im wesentlichen auf Interviews von Studenten basierte, wurde – unter voller Namensnennung von Hochschullehrern – generell empfohlen, alle Professoren zu feuern (bzw. zu boykottieren),

„die jedes Jahr dieselben Unterlagen für ihre Veranstaltungen ablesen, häufig die Veranstaltung ausfallen lassen, niemals neue Ideen aufnehmen und nie publizieren, die Studenten zwingen, für Veranstaltungen Bücher zu kaufen, die sie selber geschrieben haben, die undeutlich sprechen und die die Fragen der Studenten nicht beantworten können" (*The Daily Yomiuri*, 27.10.1991).

Andere Reaktionen, wie die der Tokyo University College of Arts and Letters, eine der ersten Institutionen, die Anfang 1992 eine „Selbstevaluierung" publizierte, waren eher harmlos, denn es handelte sich dabei um nicht viel mehr als Informationsbroschüren über die einzelnen Fakultäten, in denen die Professoren ihren Lebenslauf, ihre Forschungs- und andere Aktivitäten vorstellten (*The Daily Yomiuri*, 20.5.1992).

Inzwischen ist diese Entwicklung aber wesentlich weitergeschritten: Eine *Akkreditierungsgesellschaft* wurde gegründet (Japan University Accreditation Association), die vom Monbushô anerkannt wurde und der inzwischen schon 358 Universitäten beigetreten sind. Die Mitgliedsinstitutionen verpflichten sich, regelmäßig und nach festgelegten Kriterien ihre Lehr- und Forschungsaktivitäten zu evaluieren und an die Assoziation rückzumelden. Eine vorläufige Liste solcher Kriterien nannte 12 Punkte, wie z.B. die Philosophie und die Ziele der Universität, die Lehrbedingungen, die Organisation, Lehr- und Forschungsaktivitäten, das Management der Universität usw. Die Assoziation sammelt diese Daten und sie hat die Aufgabe, aus ihnen ein System einer objektivierbaren Qualitätsmessung des Hochschulsystems zu erarbeiten. Vorgesehen ist eine Vorort-Evaluation durch ein Komitee der Assoziation alle zehn Jahre. Die Ergebnisse der Evaluationen werden von der Assoziation nicht veröffentlicht, aber die einzelnen Universitäten können die Ergebnisse ihrer internen Evaluationen publizieren. Zu Beginn des Jahres 1993 hatten schon 59 Universitäten solche Reports veröffentlicht (*The Daily Yomiuri*, 21.5.1993).

4. Zusammenfassung

Der Aspekt des „schlanken Staates" wurde hier unter zwei Gesichtspunkten betrachtet, die miteinander verknüpft sind: Zum einen unter dem Gesichtspunkt des Rückzugs (bzw. der Zurückhaltung) des Staates aus seiner Rolle als direkter, wirtschaftlicher Betreiber (d.h. Eigentümer oder Teilfinanzier) von Institutionen, zum anderen unter dem Gesichtspunkt des Rückzugs als direkter Kontrolleur von Organisationen und Inhalten des Hochschulwesens. Im Hinblick auf den Staat als Betreiber von Hochschulen zeigt der historische Vergleich, daß man in Japan traditionell durchaus von einem „schlanken Staat" im vorliegenden Sinne sprechen kann. Allerdings gibt es auch in Japan hinsichtlich der „Abstinenz des Staates" deutlich unterschiedliche Phasen. Für die gegenwärtige Situation ist bedeutsam, daß eine Phase größeren (und im Trend schnell wachsenden) Engagements, das besonders in der in den 70er Jahren eingeleiteten Subventionierung des privaten Hochschulwesens zum Ausdruck kam, wieder zum Stillstand gekommen ist bzw. teilweise rückgängig gemacht wurde. Diese Entwicklung wird von den Hochschulen selbst als Sparpolitik empfunden.

Die Sparmaßnahmen im einzelnen sind sehr wohl differenziert, punktuell gibt es auch Erhöhungen von Zuwendungen; privilegierte Hochschulen (etwa die ehemaligen kaiserlichen Universitäten und private Institutionen mit hohem Bewerberandrang), bzw. Abteilungen (z.B. die sog. experimentellen Lehrstühle an den öffentlichen Universitäten) stehen finanziell besser da als der Durchschnitt. Die gegenwärtigen Tendenzen deuten auf eine angestrebte *Umverteilung* der Mittel hin, die zum einen punktuell kurzfristige bildungspolitische Vorgaben flankierend begleiten soll: Gegenüber der früheren Politik von Pauschalzuwendungen haben differenzierte, auf bestimmte Schwerpunkte ausgerichtete Dotierungen an Bedeutung gewonnen. Zum anderen soll offenbar diese Umverteilung, die an Bestrebungen zur Etablierung einer objektivierbaren Qualitätsprüfung der Hochschulen geknüpft ist, und die in ihrer Konsequenz auf die Konzentrierung des staatlichen Engagements vorrangig für die guten Institutionen zielt, langfristige, weittragende (großenteils implizite) bildungspolitische Ziele einer Neuordnung des Hochschulsektors vorantreiben.

Die laufende inhaltliche Reform des öffentlichen Hochschulwesens zielt darauf ab, die Stellung eben dieses öffentlichen Bereichs im neugeordneten Hochschulsystem sicherzustellen. Ein wirklicher Rückzug des Staates ist – berücksichtigt man die Aspekte direkter und indirekter Kontrolle – nicht eindeutig nachzuweisen. Dennoch kann man feststellen, daß Marktelemente im Bildungssystem stark an Bedeutung gewonnen haben – wobei bestimmte Monopole (wie das der Tôdai-Absolventen) Angriffen ausgesetzt sind, andere wiederum neu „gemischt" werden (die der nationalen Universitäten durch die Stärkung des Postgraduiertenstudiums).

Verstärkt wird die Bedeutung der Marktelemente durch die angesprochene Populationsentwicklung, die zu einer Verschärfung der Anbieterkonkurrenz führen wird: Eine nie dagewesene Zahl von Anbietern wird um eine ständig sinkende Zahl von „Kunden" werben müssen. Voraussichtlich werden nicht alle Privatuniversitäten imstande sein, die inhaltlichen Reformen der angedeuteten Professionalisierung und Akademisierung des Studiums auf einem ausreichend hohen Niveau mitzuvollziehen. Sie werden dann auch offiziell zu dem werden, was viele „Universitäten" heute faktisch schon sind: Einrichtungen des tertiären Bildungssystems mit dem Schwerpunkt in der Lehre, ohne wissenschaftlichen Anspruch und ohne wissenschaftliche (Postgraduierten-) Ausbildung. Es scheint aber, daß gerade diese Akademisierung ein Kriterium mit entscheidend gewachsener Bedeutung für die vertikale Differenzierung des Hochschulsektors werden könnte.

Interpretieren lassen sich die laufenden Veränderungen als Maßnahmen weniger zum Abbau, als zur Modernisierung der Rolle und Funktionsweise des Staates. „Rückzug" und „Deregulierung" einerseits, wachsende Kontrolle über organisatorische und inhaltliche Aspekte von Forschung und Lehre andererseits schließen sich keineswegs von vornherein aus. Deregulierte Kontrolle erscheint hier somit als ein Moment der Modernisierung gegenüber der bisher betriebenen konventionellen, „tayloristischen" direkten Kontrolle über den „Produktionsprozeß" vermittels Vorschriften und Interventionen.

Insgesamt verläuft die hier beschriebene japanische Entwicklung trotz ihrer Spezifik durchaus in einem Kontext international ähnlicher Tendenzen eines staatlichen Rückzuges aus Bereichen des Bildungssystems, namentlich des Hochschulsystems, der auch ganz ähnliche Ursachen und Auswirkungen zu haben scheint und der sich besonders deutlich in der von Japan aus immer sehr aufmerksam verfolgten angelsächsischen Welt abspielt (vgl. Lawton 1992). Diskutiert (und teilweise vollzogen) wird er unter den Schlagworten „Deregulierung", „Dezentralisierung", „Privatisierung", „Managerialism" usw. Auch die entsprechenden Auswirkungen einer stärkeren Hierarchisierung (vertikalen Differenzierung) des Bildungssektors sind im globalen Vergleich zu beobachten. Eine Vorbedingung für die Schaffung einer Marktsituation ist das Vorhandensein einer objektivierbaren Tauschwertrelation. Diese Funktion wird erfüllt (oder soll erfüllt werden) von der Evaluierung (Fremd- oder Selbstevaluierung), die integraler Bestandteil aller entsprechenden Tendenzen ist. Nur wenn sie funktioniert, ist es möglich, (in einem dem ökonomischen äquivalenten Sinne) rationale Investitions- bzw. „Kauf"-Entscheidungen zu treffen.

Neben einem eingangs schon erwähnten theoretisch untermauerten, sozusagen positiven Argumentationszusammenhang über rationaleren Mitteleinsatz als eine durchdachte Managementstrategie zur Effektivierung des Mitteleinsatzes und der „Produktivität" unter den Bedingungen von „lean production" gibt es jedoch auch eine „negative" Variante der Begründung, nämlich den Mangel, ausreichende Mittel überhaupt auftreiben zu können. Neben krisenbedingter Abnahme von Mitteln in Gesellschaften mit hochentwickelter ökonomischer und sozialer Infrastruktur gibt es das typische Muster öffentlicher Armut versus privaten Reichtum in den weniger entwickelten Volkswirtschaften – in denen sich die öffentliche Hand entweder nicht ausreichend gegen Partikularinteressen durchsetzen kann oder selber von Gruppen gehalten wird, die die entsprechenden Mittel als ihre Pfründe ansehen.

Wie auch immer, interessant in diesem argumentativen Zusammenhang ist vor allem, ob die Verschlankungsmaßnahmen eine größere (zu definierende) Effizienz bewirken. Hierzu gibt es nun unterschiedliche Aussagen. Eine jüngere, umfangreiche Studie mit Daten aus 47 wirtschaftlich unterentwickelten Ländern will festgestellt haben, daß der (aus der jüngsten Weltwirtschaftskrise resultierende und somit primär externe) Zwang zu sparen, keineswegs zu

einer besseren und effektiveren Allokation der Mittel geführt hat. Die Autoren bringen diese Beobachtung in Zusammenhang mit der gegenwärtig
populären „public choice theory", die – im Gegensatz zu klassischen Annahmen – nicht davon ausgeht, daß die Handlungen des Staates per se vom
„öffentlichen Wohl" diktiert sind:

> „Until recently, most economists had tools of analysis that treated economic man as ‚selfish‘,
> seeking to maximize his own benefits, while viewing government as a maximizer of society's
> welfare. More recent analysis tended to see government as a unit seeking to maximize its own
> welfare and having an agenda quite separate and different from that of society as a whole"
> (Gallagher 1993, S. 94; vgl. a. Ogbu und Gallagher 1991).

Die Tatsache, daß die unterschiedlichen gesellschaftlichen Gruppen divergierende Bildungsinteressen haben (und die dominierenden Gruppen diese
auch meist durchzusetzen wissen), ist keineswegs neu und oft empirisch untersucht worden. Die hier zitierten Studien zeigen offenbar, daß – erwar-
tungsgemäß – partikulare Interessenprioritäten auch bei einer staatlichen
Sparpolitik ganz dezidiert zur Auswirkung kommen, da sie bei Mittelknapp-
heit relevanter werden. Daher zeigte sich: „Tight budgets in the public arena
do not generally lead to improved resource allocation: instead, allocative effectiveness tends to deteriorate with budget tightness" (ebd., S. 96).

Ob sich eine solche Hypothese auch auf den vorliegenden Untersuchungs-
gegenstand und in Bezug auf Japan anwenden läßt, müßte im Detail freilich
erst weiter analysiert werden. Auch ist die erwähnte „public-choice-theory"
in diesem Zusammenhang keineswegs unumstritten (vgl. Gordon und Pearce
1993). Ohnehin, so die These, die ich aus der vorliegenden Studie resümie-
ren möchte, gibt es verschiedene Schichten von „Systemrationalität" (und
„-effektivität"), und die konstatierte – für Japan wohl: relative – Verschlankung des Staates im Hinblick auf den Hochschulsektor zielt auf ein komplexes Bündel von Funktionen ab, die mit dem summarischen Begriff von Effizienz nur unzureichend erfaßt werden. Jedenfalls ist die Struktur des japanischen Hochschulwesens in Bewegung geraten, und die Aspekte der Verschlankung spielen sowohl bei der Dynamisierung dieses Prozesses als auch
bei der Konstituierung der sich neu bildenden Struktur- und Funktionszu-
sammenhänge eine nicht unwesentliche Rolle.

Literatur

Daigaku nyûshi sentâ (1986), Daigaku nyûshi sentâ – nenpô, shôwa 60 nendo, Tôkyô.
Gallagher, Mark (1993), A Public Choice Theory of Budgets. Implications for Education in
    Less Developed Countries, in: *Comparative Education Review*, Nr. 2 (1993), S. 90-105.
Gordon, Liz und Pearce, Diane (1993), Why compare? A Response to Stephen Lawton, in:
    Journal of Education Policy, Jg. 8 (1993), Nr. 2, S. 175-181.

Ichikawa, Shogo (1979), Finance of Higher Education, in: Cummings, W. u.a., Changes in the Japanese University. A Comparative Perspective, New York, S. 40-63.

Jürgens, Ulrich (1992), Die japanische Produktions- und Arbeitsorganisation als Leitbild der Produktionsmodernisierung in der Weltautomobilindustrie, in: Matthes, J. (Hrsg.), Zwischen den Kulturen? Die Sozialwissenschaften vor dem Problem des Kulturvergleichs, Göttingen, S. 306-322.

Keisetsu jidai: keisetsu 1991. Zenkoku daigaku juken nenkan, Tôkyô.

Kitamura, Kazuyuki (1991), The Future of Japanese Higher Education, in: Beauchamp, Edward R. (Hrsg.), Windows on Japanese Education, New York, S. 307-319.

von Kopp, Botho (1987), Japan – eine Erziehungsgesellschaft, in: *Zeitschrift für internationale erziehungs- und sozialwissenschaftliche Forschung,* Nr. 2 (1987), S. 253-274.

von Kopp, Botho (1993), Japanese Professors and Their University. Teaching and Research in a Changing Context. Report on a survey in Japanese colleges and universities, (Forschungsbericht), Frankfurt a.M..

Kurian, George T. (1988), Vereinigte Staaten, in: Kurian, George T. (Hrsg.), World Education Encyclopedia, III (1988), New York, S. 1344-1385.

Lawton, Stephen B. (1992), Why Restructure? An International Survey of the Roots of Reform, in: *Journal of Educational Policy,* Jg. 7 (1992), Nr. 2, S. 175-181.

Lewis, C. (1986), Children's Social Development in Japan: Research Directions, in: Stevenson, H.; Azuma, H. und Hakuta, K. (Hrsg.), Child Development and Education in Japan, New York, S. 239-261.

Mizushima-Regur, Nana (1991), Japan's Colleges, Given Go-Ahead for Reform, Face Big Decisions, in: *The Chronicle of Higher Education* v. 24.07.1991, S. 31.

Monbushô (Hrsg.) (1989), Education in Japan 1989. A Graphic Presentation, Tokyo.

Monbushô (Hrsg.) (1990), Japanese Government Policies in Education, Science and Culture 1990. Towards the Creation of New Structures for Higher Education, Tokyo.

Monbushô (Hrsg.) (1991), Monbu tôkei yôran 1991, Tôkyô.

Monbushô (Hrsg.) (1992), Statistical Abstract of Education, Science and Culture, Tokyo.

Ogbu, Osita und Gallagher, Mark (1991), On Public Expenditures and Delivery of Education in Sub-Saharan Africa, in: *Comparative Education Review,* Nr. 2 (1991), S. 295-318.

Teichler, Ulrich (1975), Hochschule und Gesellschaft in Japan. Bd. 1: Geschichte und Struktur des japanischen Hochschulwesens, Stuttgart.

The Japan Association of Private Colleges and Universities (Hrsg.) (1987), Japan's Private Colleges and Universities. Yesterday, Today and Tomorrow, Tokyo.

Waseda University (Hrsg.) (o.J.), Bulletin 1988-1990, Tokyo.

Yano, Masakazu (1986), Adult Learning in Japanese Higher Education: A Consideration of Economic Aspects, in: Klingler, J. und Posch, P. (Hrsg.), Studierende mit Berufserfahrung. Eine Herausforderung für die Universitäten, (Beiträge zu einer internationalen Tagung an der Universität für Bildungswissenschaften Klagenfurt), Wien und Köln, S. 72-86.

Zenkoku '92 nen jukenyô. Daigaku juken annai (1991), Tôkyô.

Harald Dolles und Kathrin Köster

Der Rückzug des Staates – Zur Privatisierung der japanischen Staatsbahn

1. „Schlank" im Trend – Privatisierung als Schlagwort

„Die Idee ist nicht schlecht, der Eifer gefährlich", kritisiert Zahn (1994, S. 11) Politiker und Journalisten, die von der Privatisierung öffentlicher Leistungen wie von einer großen Erfindung ohne Konsequenzen sprechen. Nach Zahn sehen in letzter Zeit immer mehr kommunale Verwaltungen in der Bundesrepublik Deutschland in der Privatisierung einen Königsweg zur Sanierung ihrer Haushalte. Nicht nur auf kommunaler, sondern auch auf Bundesebene soll in den nächsten Jahren die Privatisierungspolitik weitergeführt werden. Im Zuge einer Entwicklung, die auch in anderen europäischen Ländern[1] zu beobachten ist, sollen von fast 1.000 Unternehmensbeteiligungen des deutschen Staates Anfang der 80er Jahre in nächster Zeit mehrere Großunternehmen[2] privatisiert sowie einige staatliche Minderheitsbeteiligungen an verschiedenen Unternehmen verkauft werden. Dies geschieht offensichtlich mit dem Ziel, die öffentlichen Kassen zu füllen (*Frankfurter Allgemeine Zeitung (FAZ)*, 16.10.1993, S. 18; 31.12.1993, S. 14).

Privatisierung als „Rettung" – so sehen es neben den Politikern auch die Vorstände der betroffenen Unternehmen. Die Zeit ist reif, „die Telekom von einer Behörde in ein profitables Unternehmen umzuwandeln", meint Telekom-Vorstandschef Ricke (Luber 1994, S. 143). Die Umwandlung in eine privatwirtschaftlich organisierte Aktiengesellschaft sah Dürr, 1993 noch als Vorsitzender der Vorstände von Bundesbahn und Reichsbahn, als einzigen Weg, „um die Bahn aus der wettbewerbsbehindernden Zwitterstellung zwischen Behörde und Unternehmen herauszuführen" (*FAZ*, 13.9.1993, S. 17).

Als „leuchtendes Vorbild" wird in diesem Zusammenhang Japan bezeichnet, ein Staat, der bereits seit Mitte der 80er Jahre durch Privatisierungsmaßnahmen versuchte, schlanke Strukturen zu schaffen, die den Ansprüchen einer modernen, wettbewerbsorientierten Marktwirtschaft genügen sollten. Im April 1985 wurde die staatliche Telekommunikationsgesellschaft Nippon Telegraph and Telephone Corporation (Nihon denshin denwa kôsha, im fol-

---

1 Vgl. hierzu z.B. Clarke und Pitelis 1993, Hirn 1993, FAZ, 6.1.1994, S.14.
2 Wie die Deutsche Telekom, die Deutsche Lufthansa AG, die Autobahn Tank Und Rast AG, die Neckar AG, die Rhein-Main-Donau Ag, die Bundesanzeiger Verlagsgesellschaft mbH, die Heimbetriebsgesellschaft mbH, oder die Bayerische Lloyd AG.

genden NTT) privatisiert (Kobayashi 1987, S.11-25), zwei Jahre später folg-
te die Privatisierung (Umstrukturierung) der Staatsbahn Japan National
Railway Corporation (Nihon kokuyû tetsudô kôsha, im folgenden JNR), die
in diesem Beitrag näher untersucht werden soll.

Bei eingehender Betrachtung der oben referierten Auffassungen scheinen
in zweierlei Hinsicht Vorbehalte angebracht. Zum einen ist die Handlungsweise von Politikern und Vorständen, die Privatisierung als „Schlagwort"
benutzen, zu hinterfragen; zum anderen ist gegenüber der Sichtweise „Japan
als leuchtendes Vorbild" Skepsis angebracht. Was „Privatisierung als
Schlagwort" betrifft, so muß zuerst geklärt werden, ob es sich im jeweiligen
Kontext um eine Privatisierung handelt. Zum Beispiel verkaufte 1988 die
Hansestadt Hamburg ihren Anteil an der Hamburger Gaswerke AG an die
Hamburgischen Elektrizitäts Werke AG, an der die Hansestadt die Aktien-
mehrheit hält (*FAZ*, 31.12.1993, S. 14). In diesem „Privatisierungsfall" kann
wohl nur von einer „Schein-Privatisierung" gesprochen werden. Selbst bei
einer „wirklichen" Privatisierung können folgende Formen im Hinblick auf
die zugrundeliegenden Motive unterschieden werden (Laux 1993, Sp. 749):
erstens der Verkauf (Überlassung) von Vermögensteilen der öffentlichen
Hand, überwiegend von Betriebsvermögen an Private (Vermögensprivati-
sierung, Eigentumsprivatisierung), zweitens der gänzliche oder teilweise
Verzicht der Wahrnehmung öffentlicher Aufgaben und Tätigkeiten zugunsten des Marktes (Aufgabenprivatisierung), drittens die Übertragung der
Durchführung öffentlicher Aufgaben und Tätigkeiten ganz oder teilweise an
Private (Verrichtungsprivatisierung, Ausführungsprivatisierung) und vier-
tens, als spezielle Form zwischen öffentlich und privat, die Annäherung
wirtschaftlicher Verwaltungsteile an den Wettbewerb durch Anwendung von
Handlungs- und Organisationsformen privatwirtschaftlicher Unternehmun-
gen (formelle Privatisierung).

Obige Privatisierungsformen sind gekennzeichnet durch die Delegation
von Aufgaben, die der Staat an Private vergibt. Sowohl Delegation als auch
Übernahme von Aufgaben sind mit bestimmten Motiven und Anreizen der
am Privatisierungsprozeß Beteiligten verknüpft, deren komplexes Zusammenspiel innerhalb des Rahmens, den die Prinzipal-Agent-Theorie bietet, systematisch dargestellt werden kann. Somit ist es möglich, die Beweggründe,
die zur Privatisierung der JNR führten, analytisch aufzuarbeiten und vor diesem Hintergrund das Ergebnis der Privatisierung zu interpretieren.[3]

3　Diese Vorgehensweise orientiert sich an der sogenannten positivistischen Prinzipal-Agent-
Theorie, die ausgehend von der Realität die Gestaltung von Auftragsbeziehungen zwischen Institutionen bzw. Gruppen beschreibt und erklärt. Diese Forschungsrichtung ist ab-
zugrenzen von der Prinzipal-Agent-Theorie im engeren Sinne, dem sogenannten normativen oder entscheidungslogischen Zweig, die aus Annahmen durch logische Deduktion, gestützt durch mathematische Beweise, Empfehlungen über die Gestaltung von Vertragsbe-
ziehungen ableitet. Zur Abgrenzung vgl. z.B. Eisenhardt 1989, S. 59f.; Elschen 1991, S. 1006.

Bei der Rede von „Japan als leuchtendem Vorbild" sollte das spezifische
Umfeld und seine Einbettung in den Gesamtkontext, unter Einbeziehung der
historischen Perspektive, berücksichtigt werden (vgl. ausf. Ackermann, Dolles und Köster 1993, S. 262-265; Köster und Dolles 1994). Dies bedeutet für
das im folgenden zu untersuchende Thema „Der Rückzug des Staates – Zur
Privatisierung der japanischen Staatsbahn", daß, ausgehend von der historischen Entwicklung, systematisch die Motive, die zur Privatisierung der JNR
führten, rekonstruiert werden müssen.

Ein Zugriff, der die historische Perspektive integriert und mit Hilfe der Prinzipal-Agent-Theorie Ursache-Wirkungszusammenhänge verständlich darzustel-
len vermag, soll zur Klärung der Frage beitragen, ob sich im Fall der JNR der
japanische Staat nach der Privatisierung tatsächlich so weit zurückgezogen hat,
wie es in seinen entsprechenden Selbstdarstellungen zu lesen ist (u.a. Ministry of
Transport 1991, S. 30f.), und wie es vom Ausland aus gesehen erscheint (u.a.
Heinrich 1992, S. 1-3).

2. Der theoretische Analyserahmen – die Prinzipal-Agent-Theorie

Im Mittelpunkt der hier verwendeten sogenannten positivistischen Prinzipal-
Agent-Theorie (im folgenden Agency-Theorie)[4] steht die Beschreibung und
Erklärung der Gestaltung von Auftragsbeziehungen (Agency-Beziehungen)
zwischen einem Auftraggeber (dem sogenannten Prinzipal) und einem Auf-
tragnehmer (dem sogenannten Agenten). Der Prinzipal delegiert einen Auftrag und überläßt dem Agenten zu dessen Ausführung Verfügungsgewalt
über Ressourcen. Die Nutzenfunktionen beider Vertragspartner sind dabei
nicht identisch, beide verfolgen unterschiedliche Interessen und versuchen
ihren individuellen Nutzen zu maximieren.

Im Rahmen der Agency-Beziehung wird ein unterschiedlicher Informati-
onsstand (Informationsasymmetrie) bei Prinzipal und Agent unterstellt, der
folgende zwei Aspekte beinhaltet: Erstens wird davon ausgegangen, daß der
Agent über die Inhalte der durchzuführenden Aufgaben besser informiert ist
als der Prinzipal (sogenannte hidden information des Agenten). Diesen Informationsvorsprung soll der Agent bei der Ausführung des Auftrags zum
Vorteil des Prinzipals nutzen, weswegen Vorschriften, die dem Agenten ein-

---

4   Der verwendete Ansatz der Agency-Theorie wird in der vorliegenden Untersuchung nicht
    auf seine Kulturgebundenheit hin untersucht (vgl. zu dieser Problematik und der Anwen-
    dung der Agency-Theorie im japanischen Kontext Koyama 1991, S. 279-282; Koyama
    1993, S. 243-258; speziell zur JNR-Privatisierung vgl. Hirooka 1991, S.9; Yamamoto
    1993, S.348-351).

deutig und vollständig vorschreiben, welche Entscheidungen er in welcher Weise zu treffen hat, verfehlt sind (Elschen 1991, S. 1004). Zweitens kann der Prinzipal nach der Aufgabendelegation die Handlungen des Agenten nicht ständig überwachen (sogenannte hidden action des Agenten), sondern erhält nur das Resultat (Wenger und Terberger 1988, S. 507; Hartmann-Wendels 1989, S. 714-716; Hartmann-Wendels 1992, S. 72). Dieses hängt allerdings nicht deterministisch von der Aktion des Agenten ab, sondern auch von nicht beeinflußbaren Umweltfaktoren (sogenannte random components) (Elschen 1988, S. 249). So können zum Beispiel günstige Umwelteinflüsse über ein negatives Ergebnis der Tätigkeit des Agenten hinwegtäuschen.

Da die Vorgabe konkreter Handlungsweisen durch den Prinzipal aufgrund der Unmöglichkeit, diese Umweltwelteinflüsse ex ante zu kalkulieren und

Abb. 1: Beziehungen in der Agency Theorie

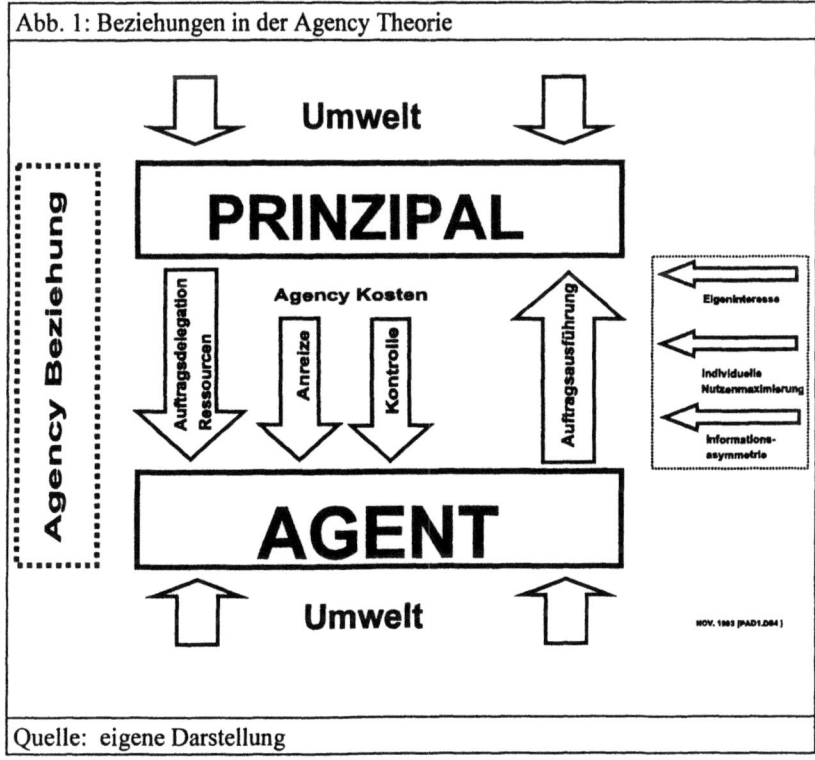

Quelle: eigene Darstellung

infolge asymmetrischer Informationsverteilung ausscheidet, muß der Prinzipal zur Wahrung seiner Interessen versuchen, den Agenten zu einer auch für ihn günstigen Handlung zu bewegen. Dies kann einerseits durch verstärkte Kontrolle (monitoring), und andererseits mit Hilfe von Anreizen (incentives) geschehen (vgl. ausführlich Laux 1990, S. 4-26).

Die folgende, praktische Anwendung der Agency-Theorie als Rahmen für die Betrachtung der JNR-Privatisierung ermöglicht es, verschiedene Agency-Beziehungen aufzuzeigen, so z.b. zwischen Regierung und Parlament, zwischen Regierung und JNR-Management, zwischen JNR-Management und Bahngewerkschaften. Innerhalb jeder dieser Agency-Beziehungen lassen sich Interessen, die Tendenz zur individuellen Nutzenmaximierung und Informationsasymmetrie feststellen, was im folgenden, ausgehend von der historischen Entwicklung, veranschaulicht wird.

3. Die Situation der JNR – eine Rekonstruktion mit Hilfe der Prinzipal-Agent-Theorie

Zu Beginn der Meiji-Ära (1868-1912) entschloß sich der Prinzipal Regierung, die Entwicklung eines modernen Verkehrsnetzes voranzutreiben. Dies geschah aus der Erkenntnis heraus, daß infrastrukturelle Vernetzung unabdingbar ist, und zwar für die Festigung des Zentralstaats, für die wirtschaftliche Entwicklung (Anbindung der Märkte, Senkung der Transportkosten), für militärische Effizienz und zur Erweiterung der bewohnbaren Fläche (Smith 1955, S. 42; Kreiner, Mathias-Pauer und Pauer 1983, S. 62).

Die erste Eisenbahnstrecke zwischen Tokyo und Yokohama (1872) mußte der kapitalschwache Prinzipal Regierung mit einem britischen Darlehen finanzieren (Lockwood 1954, S. 14; Bochem 1992/93, S. 27-39). Unter Zuhilfenahme ausländischen Know-Hows übernahm der Prinzipal ebenfalls Bau und Betrieb. Trotz verschiedener Investitionsanreize, die der Prinzipal Regierung bot, konnte aufgrund technischer Schwierigkeiten und des hohen Kapitalbedarfs kein Agent gefunden werden, der durch Übernahme dieser Aufgabe den Prinzipal finanziell entlastet hätte. Erst nachdem die Regierung weitere Strecken, z.B. zwischen Kôbe und Osaka (1874) oder Osaka und Kyoto (1877) gebaut hatte, konnte 1881 das erste Eisenbahninvestitionsprojekt in die Hände von Agenten, d.h. einer privaten Eisenbahngesellschaft (Nihon Tetsudô Kaisha), gelegt werden.

Anteilseigner dieser privaten Eisenbahngesellschaft waren Adlige, deren Investitionsbereitschaft durch die Pilotprojekte der Regierung sowie durch erhöhte Anreize seitens des Prinzipals Regierung geweckt wurde, wie z.B. die Befreiung von der staatlichen Grundstückssteuer und die zusätzliche Verzinsung des eingezahlten Kapitals in Höhe von 8% (Smith 1955, S. 43f.). Das erfolgreiche Wirtschaften der Nihon Tetsudô Kaisha erzeugte ein Eisenbahnfieber in Japan, das die Gründung zahlreicher privater Gesellschaften, wie der Sanyô-, Osaka-, Sanuki-, Kansai-, Kôbu-, Kyûshû-Eisenbahngesellschaft zur Folge hatte. Dadurch umfaßte das private Eisenbahnnetz im Jahr 1891 bereits 1.486 Kilometer, fast das Doppelte des staatlichen Netzes mit einer Streckenlänge von insgesamt 881 Kilometern (Matsuda 1984, Sp. 2061f.). Unterschiedliche Interessen von Prinzipal und Agenten behinderten jedoch das Nebeneinander von staatlichen und privaten Eisenbahnen. Ein Ziel des Prinzipals Regierung bestand in der Errichtung eines integralen nationalen Transportsystems mit niedrigen Kosten und Tarifen aufgrund von Größendegressionsvorteilen (economies of scale). Dies sollte sich preissenkend auf die japanischen Exportgüter auswirken, wodurch zumindest teilweise die nach dem russisch-japanischen Krieg (1904/05) aus dem Gleichgewicht geratene Zahlungsbilanz ausgeglichen werden sollte. Dieses Ziel sowie militärische Überlegungen, die eine stärkere zentrale Kontrolle seitens des Prinzipals nahelegten, führten dazu, daß im Jahre 1906 das Gesetz zur Verstaatlichung von Eisenbahnen (*tetsudô kokuyû hô*) erlassen wurde (DVWG 1972, S. 27). Im folgenden Jahr kaufte der Prinzipal Regierung die wichtigsten 17 privaten Eisenbahngesellschaften (vgl. Un'yushô tetsudôkyoku 1993, S. 3087) mit 4.549 Kilometern[5] von insgesamt 5.231 Kilometern auf (Kokurô 1986, S. 3), begann sie zu einem zusammenhängenden Netz auszubauen (Ôishi 1984, Sp. 2311) und unterstellte sie dem neu gegründeten Eisenbahnamt (*Tetsudôin*). So befand sich ein Großteil der Eisenbahn wieder direkt, ohne Zwischenschaltung von Agenten, unter der Kontrolle des Prinzipals Regierung. Lokale Vorortbahnen und industrielle- sowie später touristische Zubringerstrecken blieben jedoch weiterhin in der Hand von Agenten, d.h. privater Eisenbahngesellschaften (Flunkert 1989, S. 66).

Diese Struktur änderte sich nach dem Zweiten Weltkrieg, der der Staatsbahn – seit 1945 dem neu gegründeten Verkehrsministerium unterstellt – Schäden durch Sonderzahlungen an das Militär, durch permanente Überlastung und durch Zerstörungen bei Bombenangriffen zugefügt hatte. Diese Schäden sowie eine zusätzliche Belastung durch Arbeitskräfte – Eisenbahner aus den ehemaligen Kolonialgebieten – führten zu einem ständig steigenden Defizit. Schon damals empfahl das Mitsubishi Research Institute dem Prinzipal Regierung den Verkauf der staatlichen Eisenbahn an Agenten. Dieser wählte jedoch einen anderen Weg, um dem Problem des Defizitanstiegs zu begegnen; er änderte das Eisenbahnrecht. Die Staatsbahn wurde im Juni 1949 in ein öffentlich-rechtliches Unternehmen, eine Körperschaft (*kôsha*) umgewandelt, die das Ziel haben sollte, als „Eigentum der Nation" den Wohlstand der Allgemeinheit zu fördern (Kobayashi 1987, S. 26).

---

5 Eine andere Quelle gibt an, daß etwa 7.000 Kilometer von der Regierung aufgekauft wurden (Flunkert 1989, S. 66).

Diese neue Rechtsform führte dazu, daß die JNR der direkten Verwaltung durch die Regierung entzogen wurde. Die JNR wurde zum Agenten, der durch die gewonnene Autonomie seine Effizienz bei der Aufgabenerfüllung steigern und so das Defizit verringern sollte (Imashiro 1988, S. 10f.). Um den vorhandenen Informationsvorsprung nutzen zu können, sollte der Agent unabhängig von politischer Einflußnahme Entscheidungen in technischen und wirtschaftlichen Fragen treffen können. Da jedoch das Grundkapital der JNR weiterhin dem Prinzipal Regierung gehörte, behielt dieser sich Möglichkeiten zur Kontrolle der JNR vor, was dazu führte, daß die JNR-Autonomie nur de jure bestand.

Neben dem Prinzipal Regierung, der durch das Verkehrsministerium die JNR allgemein überwachte, den Präsidenten der JNR direkt ernannte und über die Kreditgewährung aus Staatsmitteln verfügte, hatte auch das Parlament gegenüber der JNR eine Stellung als Prinzipal. Beispielsweise bedurfte es der Zustimmung des Parlaments zu Änderungen der Basistarife im Personen- und Güterverkehr (DVWG 1972, S. 28). Politisches Kalkül der Parteien im Parlament, sprich die individuelle Nutzenmaximierung der Politiker, führte sowohl zum Scheitern notwendiger Tariferhöhungen als auch zu ständigen Lohnerhöhungen im öffentlichen Sektor, d.h. auch bei der JNR (Calder 1990, S. 174; vgl. ausführlich Kusano 1989, S. 27-30). Erst eine Änderung des Tarifgesetzes im Jahre 1977 machte Tarifänderungen allein mit Billigung des Verkehrsministers möglich, was die Rolle des Parlaments als Prinzipal der JNR stark einschränkte (Flunkert 1989, S. 66f.).

Neben den Eingriffsmöglichkeiten in die Fahrpreisgestaltung reichte der Durchgriff des Prinzipals auch in die Streckenplanung. Aufgrund der veränderten Umwelt nach dem Zweiten Weltkrieg, u.a. durch rasch ansteigendes Wirtschaftswachstum, wurden seitens der Regierung Pläne zur Verbesserung und Modernisierung des Bahnbetriebs aufgestellt (vgl. ausführlich Tanaka 1972, S. 114-125). Zur Unterstützung dieser Pläne wurde 1964 die Railway Construction Public Corporation (Tetsudô Kensetsu Kôdan) eingerichtet. Sie hatte die Aufgabe, auf Anweisung des Prinzipals Regierung Eisenbahnlinien zu bauen, die zwar nicht im wirtschaftlichen Interesse der JNR lagen, wohl aber im „öffentlichen Interesse". Dies hieß jedoch nicht, daß die Regierung als Agent des Wählers in dessen Interesse handelte. Das sogenannte „öffentliche Interesse" spiegelte vielmehr die individuelle Nutzenmaximierung führender Politiker wider, was sich bei der Planung und dem Bau der 1982 eröffneten Shinkansen-Linien Tôhoku und Jôetsu zeigt, auf die der Prinzipal Regierung in der Person des damaligen Finanzministers Tanaka Kakuei – sein Wahlkreis war Niigata – massiv Einfluß nahm (Ochiai und Hino 1983, S. 100-104).

Auf der einen Seite vom Prinzipal Regierung zum Bau und Betrieb defizitärer Shinkansen-Strecken gezwungen, hatte die JNR auf der anderen Seite keine Möglichkeit, sich aufgrund wirtschaftlicher Überlegungen von existierenden Strecken zu trennen, da die Stillegung defizitärer Strecken der Zustimmung des Prinzipals in Person des Verkehrsministers bedurfte. Spezifische Interessen und individuelle Nutzenmaximierung des Prinzipals führten demnach zur Unterminierung der ursprünglichen Autonomie des Agenten JNR, d.h., der Informationsvorsprung, den der Agent gerade zum Vorteil des Prinzipals nutzen sollte, wurde durch direkte Eingriffe mißachtet. Dies ist ein wichtiger Grund für die wachsende Ineffizienz des Agenten JNR und somit für die Anhäufung eines enormen Defizits.

Ein weiterer Grund für die steigenden roten Zahlen liegt bei den Umweltfaktoren, konkret in der Veränderung der Verkehrsstruktur, die mit dem erwähnten starken Wirtschaftswachstum nach Kriegsende einherging. Insgesamt gesehen nahm zwar bis Anfang der 80er Jahre das Verkehrsaufkommen der JNR im Personenverkehr zu, die Monopolstellung der JNR in der landesweiten Personenbeförderung wurde allerdings durch den motorisierten Individualverkehr (PKW und LKW) und den Flugverkehr auf einen Anteil von 24,3% im Jahr 1981 reduziert. Im Güterverkehr nahm die Bedeutung der JNR ebenfalls rapide ab. Lag der Anteil der JNR am landesweiten Güterverkehr 1955 noch bei 52%, sank er auf 7,8% im Jahr 1981 (Kusano 1989, S. 24-27; Abe 1992, S. 136; Statistics Bureau... 1988, S. 302).

Abbildung 2: Entwicklung des Transportvolumens im Personenverkehr

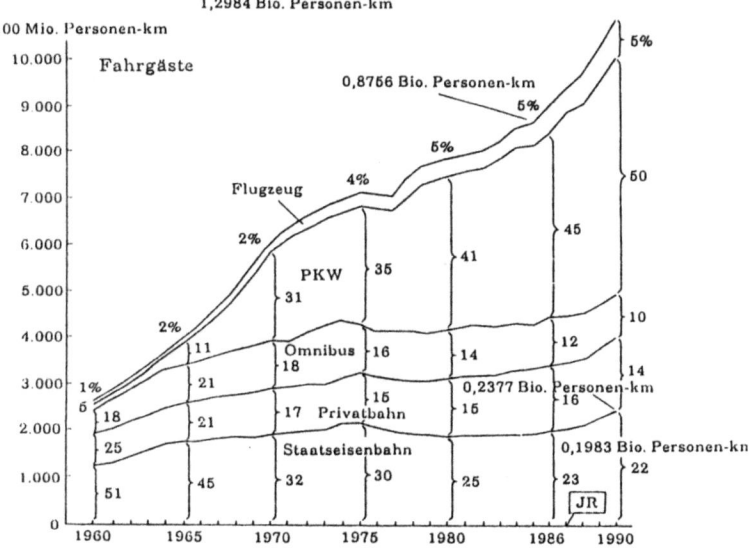

Quelle: Niwa 1992, S. 1331

Einschränkungen der Autonomie der JNR seitens des Prinzipals, aus ihrer Struktur als Körperschaft resultierende Ineffizienz sowie steigende Zinsbelastungen kumulierten im Jahr 1987 schließlich zu einem Jahresdefizit von 1.361 Milliarden Yen (ca. 17 Milliarden DM) und langfristigen Verbindlichkeiten von etwa 25 Billionen Yen[6] (ca. 312 Milliarden DM), unter Einbeziehung der anhängigen Rentenlasten für die Beschäftigten sogar auf 30 Billionen Yen (ca. 375 Milliarden DM) (Niwa 1992, S. 1332). Diese beständig anwachsende JNR-Verschuldung führte zu einer zunehmenden Belastung des Staatshaushaltes.

4. Anreize zur Privatisierung

In den 70er Jahren nahm die Verschuldung des japanischen Staates rasch zu. Zwischen 1974 und 1979 stieg das Defizit des Staatshaushaltes von 1,6% auf 6,1% des Bruttosozialprodukts an [7] (Yamamoto 1993, S. 339). Eine Ursache dafür ist in der keynesianisch geprägten Wirtschaftspolitik des deficit spending zu suchen, mit der die Regierung als Agent des Wählers die wirtschaftliche Rezession, bedingt durch die erste Ölkrise, bekämpfte.

Angesichts eines abnehmenden Handlungsspielraums durch Überschuldung war es Anfang der 80er Jahre ein wichtiges Ziel der Regierung, in der Rolle des Prinzipals und als Agent des Wählers, die Staatsfinanzen zu sanieren. Dies hätte zum einen durch Einnahmensteigerung, genauer gesagt durch Steuererhöhungen, geschehen können, was jedoch dem Interesse der Regierung als Agent des Wählers zuwider lief. Ein anderer Weg führte über die Ausgabenkürzung. Als die größten Ausgabeposten im Staatshaushalt galten schlagwortartig die drei „Ks" kokutetsu (Staatsbahn), kenkô hoken (Krankenversicherung) und kome (Reis)[8] (Imashiro 1988, S. 12). Angesichts des enormen Defizits der JNR lag es im Interesse der Regierung, die Staatsverschuldung dadurch abzubauen, daß sie sich des ersten „Ks" entledigte. Doch hatte die Regierung als Prinzipal weitere Anreize zur Privatisierung der JNR.

Zu Beginn der 80er Jahre lagen die Machtverhältnisse für die Regierung, dominiert durch die Interessen der Liberaldemokratischen Partei (Jimintô; im

---

6   Eine andere Quelle gibt die Höhe der langfristigen Verbindlichkeiten im Jahre 1987 mit insgesamt 37,5 Billionen Yen an (Kusano 1989, S. 19).

7   Zum Vergleich: 1981 betrug das Defizit des Staatshaushaltes in Japan 6,45%, in den USA 2,66% und in der Bundesrepublik Deutschland 2,37% (International Monetary Fund 1992, S. 82).

8   Mit „Reis" sind die Gelder gemeint, die der Staat zur Subventionierung des Reispreises zahlt, wofür jährlich 3 Billionen Yen (ca. 37,5 Milliarden DM) ausgegeben werden (Kobayashi 1987, S. 6).

folgenden LDP), günstig. Die Sozialdemokratische Partei Japans (Shakaitô; im folgenden SDPJ), die traditionell auf politischer Ebene die Interessen des öffentlichen Sektors unterstützte und gegen die LDP opponierte, mußte von 1976 bis 1986 ein beständiges Schrumpfen ihrer Macht bei gleichzeitigem Machtzugewinn der LDP sowie allgemein des privatwirtschaftlichen Sektors mit seinem Gewerkschaftsdachverband Dômei hinnehmen (Calder 1990, S. 175). Forderungen der Privatwirtschaft, also potentieller Wählerschaft und Prinzipal der LDP-Regierung, nach Abschaffung eines ineffizienten öffentlichen Sektors, wurden lauter (Calder 1990, S. 176). In diesem Zusammenhang verlangte der Keidanren-Vorsitzenden Dokô Toshio die Durchführung einer Verwaltungsreform (*gyôsei kaikaku*).

Diese Verwaltungsreform zielte sowohl im Interesse des Wählers, oder zumindest eines Teils davon, als auch im Interesse der Regierung auf eine Reduzierung des Staatsanteils (*chiisa na seifu*) und eine sich daraus ergebende höhere Effizienz (Kobayashi 1987, S. 10f.). In diesem Sinne erfolgte die Privatisierung der drei Körperschaften NTT, Japan Monopoly Corporation (Nihon sembai kôsha; bzw. Japan Tobacco And Salt Corporation, im folgenden JTS) und der JNR. Im Falle der JNR wurde nach der Umwandlung der Staatsbahn in eine Körperschaft (vgl. Kap. 3) ein erneuter Versuch seitens des Prinzipals Regierung unternommen, Aufträge im Bereich des Bahnbetriebs an Agenten zu vergeben.

Da durch die im Rahmen der Verwaltungsreform durchgeführten Privatisierungen der öffentliche Sektor reduziert wurde, ging mit den Privatisierungen eine Schwächung des Gewerkschaftsdachverbandes Sôhyô einher, unter dem die teilweise linksorientierten bzw. gegen den Prinzipal Regierung eingestellten Gewerkschaften des öffentlichen Sektors organisiert waren, unter anderem die radikalen JNR-Gewerkschaften Kokurô und Dôrô, die heftig gegen die JNR-Privatisierung opponierten (Mayer 1987, S. 72). Mit der Durchführung der Privatisierungen optimierte die LDP-Regierung ihren politischen Nutzen, indem sie die Macht ihrer politischen Gegner nachhaltig schwächte (vgl. Törkel 1992, S. 65).

Weitere Interessen des Prinzipals Regierung, die Privatisierungen zwischen 1985 und 1987 durchzuführen, lagen auch im Abbau der gespannten Beziehungen zum Ausland, das sich besonders durch die Privatisierung von NTT und JTS eine Öffnung des japanischen Marktes in diesen Bereichen erhoffte. Ferner beabsichtigte die Regierung, aufgrund des Booms am japanischen Aktienmarkt, mit den Privatisierungen möglichst hohe Einnahmen zu erzielen und sich somit möglichst umfangreich zu entschulden (Yamamoto 1993, S. 339).

Dies waren die Anreize, die schließlich im April 1987 dazu führten, daß die JNR privatisiert und aufgespalten wurde (vgl. Abb. 3). Es entstanden sieben Japan Railway-Gesellschaften (im folgenden JR-Gesellschaften), und zwar sechs Personenbeförderungsgesellschaften (JR Hokkaidô, JR East, JR

Abb. 3: Aufspaltung der JNR 1987

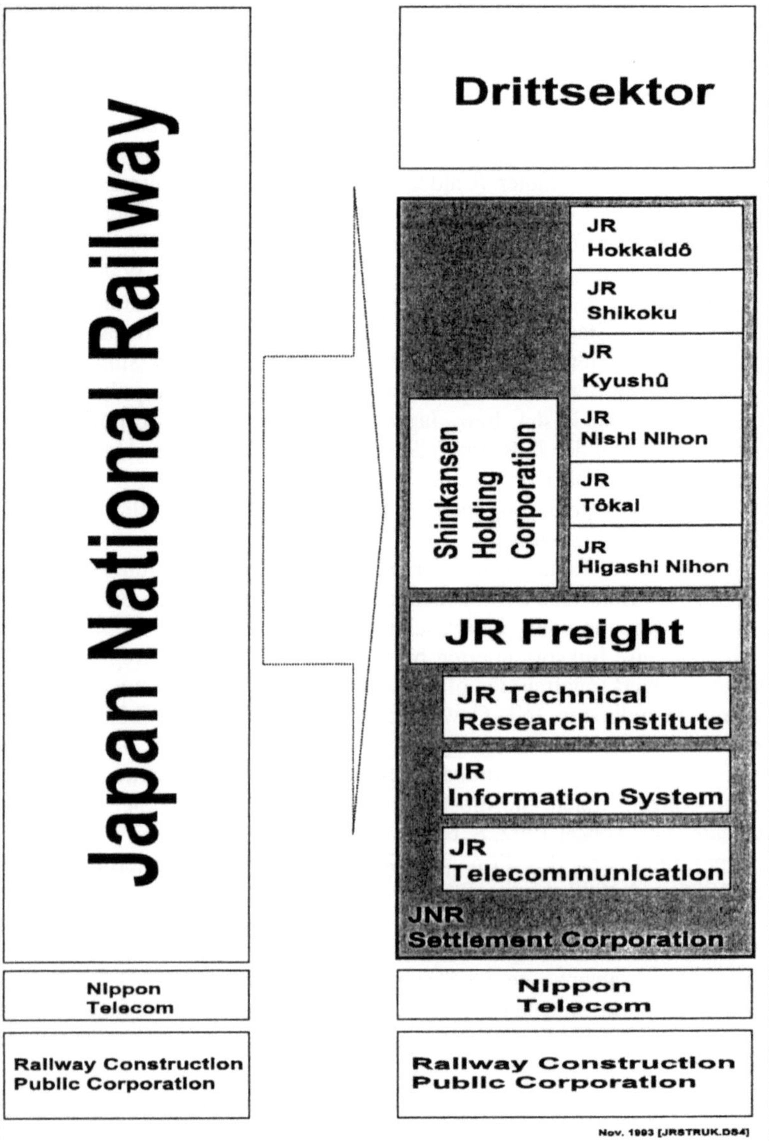

Japan National Railway

Drittsektor

Shinkansen Holding Corporation

| JR Hokkaidô |
| JR Shikoku |
| JR Kyushû |
| JR Nishi Nihon |
| JR Tôkai |
| JR Higashi Nihon |

JR Freight

JR Technical Research Institute

JR Information System

JR Telecommunication

JNR Settlement Corporation

| Nippon Telecom | Nippon Telecom |
| Railway Construction Public Corporation | Railway Construction Public Corporation |

Nov. 1993 [JRSTRUK.D84]

Quelle: eigene Darstellung

Central, JR West, JR Shikoku, JR Kyûshû) als 100%ige Töchter einer neugegründeten JNR Settlement Corporation, und eine Gütertransportgesellschaft (JR Freight)[9]. Ferner wurden die Shinkansen Holding Corporation, zwei kleinere Gesellschaften (JR Telecommunication, JR Information Systems) und ein Forschungsinstitut (JR Technical Research Institute) gegründet.

Auf die Darstellung der einzelnen Maßnahmen, die zur Durchführung der JNR-Privatisierung ergriffen wurden, soll hier verzichtet werden.[10] Vielmehr steht die Frage im Vordergrund, ob und inwieweit es dem Prinzipal Regierung gelang, mit der JNR-Privatisierung den Staatsanteil zu reduzieren, damit die Effizienz zu steigern und zur Entschuldung des Staatshaushaltes beizutragen. Dabei muß auch hinterfragt werden, ob sich der Staat, der Prinzipal Regierung, wirklich im Sinne einer vollständigen Eigentumsprivatisierung zurückgezogen hat, oder ob es sich um einen „Scheinrückzug" handelt, da er sich aufgrund von spezifischen Interessen eventuell gar nicht zurückziehen kann.

5. Rückzug des Staates?

5.1. Management

Durch die Umwandlung der JNR (mit öffentlich-rechtlichem Status) in JR-Gesellschaften (mit privatrechtlicher Form) zog sich der Staat, insbesondere das Parlament, mit seinen Möglichkeiten zur Einflußnahme zurück. Die neue Rechtsform der JR-Gesellschaften als Agenten brachte allgemein mehr Unabhängigkeit vom Prinzipal. Diese Unabhängigkeit spiegelt sich in folgenden Bereichen wider.

Ein Beispiel für das flexiblere Management der JR-Gesellschaften ist die Tarifgestaltung im Wettbewerb zu den bereits bestehenden Privatbahnen, d.h., je nach Nachfrage und Bedürfnissen werden Ausflugstickets, Seniorentickets und ähnliches angeboten, was jedoch auch ohne Privatisierung möglich ist wie im Fall von British Railway. Die neue Rechtsform ermöglicht auch eine Diversifizierung der Geschäftsbereiche. Die JR-Gesellschaften engagieren sich z.B. im Bau und Verkauf von Eigenheimen, im Leasing-Geschäft, in der Entwicklung von Software usw. So sollen die Einnahmen der JR-Gesellschaften erhöht und die Effizienz gesteigert werden (Andô 1992, S.

---

9 Im folgenden werden unter dem Begriff JR-Gesellschaften nur die sechs Personenbeförderungsgesellschaften subsumiert. Aufgrund des geringen Anteils der JR Freight am Transportvolumen im japanischen Güterverkehr von ca. 5 Prozent (siehe hierzu z.B. Große 1992/1993, S. 49f.), wird in diesem Beitrag auf eine gesonderte Darstellung der JR Freight verzichtet.

10 Hierzu vgl. die ausführliche Darstellung z.B. bei Watanabe 1993, S. 4-13.

207). Innovationen, z.B. die Einführung neuer Wagentypen mit ansprechendem Design (Hirooka o.J., S. 5), wurden begünstigt. Außerdem wurde der
Service verbessert, indem u.a. auf stark frequentierten Pendlerstrecken Doppelstockwagen eingeführt wurden (Hirooka 1991, S. 6). Zur Kostensenkung
wurden Rationalisierungsmaßnahmen wie die Einführung von Ein-Mann-
Zügen, die Ausweitung der Verbreitung von Fahrkartenautomaten usw.
durchgeführt (Watanabe 1993, S. 21). All diese Veränderungen deuten auf
eine erhöhte Effizienz der neugeschaffenen JR-Gesellschaften im Vergleich
zur JNR hin.

Betrachtet man die Effizienzsteigerung in Form der Betriebsergebnisse der
JR-Gesellschaften im Vergleich zur früheren JNR, ergibt sich ebenfalls ein
positives Bild. Die JR-Gesellschaften erzielten im Personenverkehr im Zeitraum 1987-1991 einen Zuwachs im Transportvolumen von durchschnittlich
4,9% zum jeweiligen Vorjahr. Die JNR hingegen hatte in der Periode von
1982-1986 nur einen Zuwachs von jährlich einem Prozent aufzuweisen. Seit
1987 operiert die JR-Gruppe mit Betriebsgewinnen, während die JNR von
1964 bis 1986 kontinuierlich Verluste einfuhr (Niwa 1992, S. 1336).

Die nackten Zahlen sagen jedoch nichts über die Anreize aus, die der
Prinzipal Regierung den Agenten gegeben hat, um deren Bilanzen positiv
werden zu lassen. Hiervon wird in den anschließenden Kapiteln noch die
Rede sein. Ferner ist anzufügen, daß sich die allgemeine wirtschaftliche Lage
Ende der 80er, sprich die Umweltfaktoren (random components im Sinne der
Agency-Theorie), positiv auf die Betriebsergebnisse der JR-Gesellschaften
auswirkten. Dasselbe gilt für infrastrukturelle Verbesserungen, wie der im
März 1988 eröffnete Seikan-Tunnel (Verbindung zwischen Honshû und
Hokkaidô) sowie die im April 1988 eröffneten Honshû-Shikoku-Brücken
(Setô Ôhashi) (Watanabe 1993, S. 14).

5.2. Nebenstrecken

Gemäß dem Gesetz über die Umstrukturierung (Wiederaufbau) der JNR
(*Nihon kokuyû tetsudô saiken sokushin tokubetsu sochi hô*) aus dem Jahre
1980 wurden in Japan alle Betriebsstrecken nach Beförderungsdichte
(beförderte Personen/Tag/km) unterteilt. Danach existieren 70 Hauptstrecken
mit einer Beförderungsdichte von über 8.000 Personen, 175 Nebenstrecken
mit einer Beförderungsdichte unter 8.000 Personen sowie „besondere
Nebenstrecken" mit einer Beförderungsdichte unter 4.000 Personen (Sakurai
1989, S. 315).

Während die Haupt- und Nebenstrecken von den JR-Gesellschaften übernommen werden mußten, wurden die „besonderen Nebenstrecken" von vorneherein von der Privatisierung ausgenommen, um einer wahrscheinlichen
Stillegung im Zuge der Privatisierung vorzubeugen (Sakurai 1989, S. 315f.).

Diese Vorgehensweise lag darin begründet, daß die Regierung in diesem Falle nicht als Prinzipal, sondern als Agent des Wählers handelte. Der Widerstand der Wähler gegen derartige Streckenstillegungen wäre der langfristigen Interessenwahrung der Regierung, sprich der Erhaltung der Macht, zuwidergelaufen.

Um dennoch die Agency-Kosten zu minimieren, beauftragte die Regierung als Prinzipal andere Agenten damit, die „besonderen Nebenstrecken" zu betreiben. Die Anzahl der Gesellschaften des dritten Sektors (*daisan sekutâ kigyô*) stieg in diesem Zusammenhang stark an. Diese können in drei verschiedene Typen unterteilt werden. Beim ersten Typ werden die Strecken ausschließlich von autonomen Gebietskörperschaften (*chihô jichitai*) betrieben. Als Anreiz für die Übernahme dieser Aufgabe diente zum einen die Gewährung von Subventionen des Prinzipals Regierung an die Agenten, d.h. die Gebietskörperschaften. Von 1987 bis 1992 erhielten sie pro Kilometer 30 Millionen Yen (ca. 375.000 DM) (Sakurai 1989, S. 315). Zum anderen lag es im Interesse der betroffenen Gemeinden, Städte und Präfekturen, die für die wirtschaftliche Entwicklung relevante Infrastruktur aufrecht zu erhalten. Der zweite Typ ist eine Mischform, bei der sich am Betrieb der Strecken neben den autonomen Gebietskörperschaften auch Privatunternehmen beteiligen. Der Anreiz für diese Agenten liegt in ihrem Interesse begründet, zur Sicherung des betroffenen Wirtschaftsstandortes beizutragen (Demery und Higgins 1988, S. 522). Beim dritten Typ, es handelt sich hier eher um einen Ausnahmefall, befinden sich die Strecken ausschließlich in privater Hand. Beispiele sind Zuliefererbahnen bestimmter Betriebe, die durch die Übernahme dieser Bahnen ihren individuellen Nutzen optimieren.

Zwar werden die „besonderen Nebenstrecken" als Drittsektorbahnen meist effizienter bewirtschaftet als unter JNR-Verwaltung (beispielsweise durch Einstellung billiger pensionierter Arbeitskräfte, durch Rationalisierung, durch Umstellung auf leichte Diesel-Triebwagen), doch liegt die durchschnittliche Kostendeckung bei nur 70% (Demery und Higgins 1988, S. 523). Die Agenten müssen die Verluste ausgleichen, was den autonomen Gebietskörperschaften seit dem Wegfall der Subventionen im Jahr 1993 voraussichtlich schwerfallen wird. Angesichts dieser Problematik stellt sich die Frage, ob der Prinzipal Regierung nicht nur eine kurzfristige Umschuldung betrieben hat und langfristig gesehen selbst, also ohne Agenten, die „besonderen Nebenstrecken" übernehmen oder den Agenten neue Anreize bieten muß.

Auch im Falle der Hauptstrecken und normalen Nebenstrecken, die von den JR-Gesellschaften übernommen werden mußten, hat sich der Staat nicht vollständig zurückgezogen; er übt weiterhin Kontrolle über die Agenten aus. In Artikel 28 des Gesetzes über Eisenbahnunternehmen (*tetsudô jigyôhô*) heißt es, daß der Verkehrsminister dem Unternehmen das Gesuch zum Abbau oder Stillegung der Strecke genehmigen muß, wenn das öffentliche

Wohl dadurch nicht maßgeblich beeinträchtigt wird (Un'yushô tetsudôkyoku 1993, S. 8).

Hier treten Zieldivergenzen zwischen dem Eisenbahnunternehmen, das möglichst alle unrentablen Strecken stillegen möchte, um Gewinnmaximierung zu erreichen, und der Regierung auf, die hier wieder im Auftrag des Prinzipals Wähler handelt, d.h. den Auftrag bekommen hat, die Interessen des Wählers zu schützen. Das wiederum steht im Konflikt zu seiner individuellen Nutzenmaximierung, die aus einer Minimierung der Agency-Kosten in seinem Prinzipal-Agenten-Verhältnis zu den JR-Gesellschaften besteht.

5.3. Rechtsform

Eine weitere Besonderheit im Falle der japanischen Bahn-Privatisierung, die einen nur teilweisen Rückzug des Staates und Aufrechterhaltung von Regulierung und Kontrolle bedeutet, ist die Rechtsform, in die die neuen JR-Gesellschaften überführt wurden, die Aktiengesellschaft durch Sondergesetzgebung (*tokushu kaisha*). Diese Rechtsform bietet dem Prinzipal Regierung, genauer gesagt dem Verkehrsminister, weiterhin umfassende Eingriffsmöglichkeiten in die Handlungen der Agenten, was im Eisenbahnreformgesetz festgelegt ist (Kobayashi 1987, S. 38).

Gesetzliche Regulierungen liegen u.a. vor (Un'yushô tetsudôkyoku 1993, S. 2416f.):

– Bei der Entscheidung über die Bestellung und Entlassung des Vorstandes und interner Aufsichtskomitees (*kansayaku*),
– bei Entscheidungen der strategischen Unternehmensplanung,
– bei Entscheidungen über die Verwendung der Gewinne und Deckung der Verluste,
– und schließlich bei der Ausgabe von Aktien und Schuldverschreibungen sowie Aufnahme langfristiger Kredite.

Zum letzten Punkt ist anzumerken, daß sich bis Herbst 1993 sämtliche Aktien der JR-Gesellschaften im Besitz des Staates, genauer gesagt der JNR Settlement Corporation (Nihon Kokuyû Tetsudô Seisan Jigyôdan) befanden. Am 26. Oktober 1993 wurde die Hälfte der JR East-Aktien (Nennwert 50.000 Yen, Verkaufspreis 380.000 Yen) an der Börse plaziert und zum Kurs von 600.000 Yen (ca. 9.240 DM) gehandelt (*FAZ*, 27.10.1993, S. 27; *Nihon keizai shimbun*, 27.8.1993, S. 1 u. S.19). Im Zuge der jüngsten, allgemeinen Kursverluste an der Börse in Tokyo mußten die JR East-Aktien große Einbußen hinnehmen.

Beim eigentlichen Schritt der Privatisierung (im Sinne von Eigentumsprivatisierung), d.h. dem Verkauf der Aktien, treten die Interessengegensätze zwischen Prinzipal Regierung und Agent JR East deutlich hervor. Die Regierung strebt einen möglichst hohen Ausgabewert der Aktien im Sinne einer raschen Entschuldung an. Sie zielt ferner auf einen hohen Kurs der Aktien, damit die Nachfrage nach den noch im Staatsbesitz befindlichen Aktien wächst und die Privatisierung so schnell wie möglich umgesetzt werden kann. Die JR East hingegen hat kein großes Interesse an einem hohen Ausgabewert, da dies wie im Fall von NTT die Gefahr eines starken Kursverfalls birgt, der sich negativ auf den Ruf des Unternehmens auswirken kann.

5.4. Stabilisierungsfonds

Aufgrund der geringen Verkehrsdichte auf den drei Inseln Hokkaidô, Shikoku und Kyûshû, d.h., den nicht beeinflußbaren Umweltfaktoren, mußte man davon ausgehen, daß die dortigen JR-Gesellschaften nicht gewinnbringend operieren könnten, ohne massive Streckenstillegungen durchzuführen. Solche Stillegungen lagen nicht im Interesse der Regierung als Agent des Wählers. Um einerseits Streckenstillegungen zu verhindern und andererseits den JR-Gesellschaften Anreize zu gewähren, richtete die Regierung einen Stabilisierungsfonds ein (*antei kikin*), der die Finanzgrundlage der betroffenen drei JR-Gesellschaften stützen sollte. Der Fonds wird unmittelbar aus der JNR Settlement Corporation mit ca. 16 Milliarden DM gespeist (Hirooka 1991, S. 5; Niwa 1992, S. 1334-1336; Abe 1991, S. 120f.).

5.5. Schuldenabbau

Nur die drei JR-Gesellschaften auf Honshû, die JR Freight sowie die Shinkansen Holding Corporation mußten Altschulden der JNR übernehmen, wobei auf die Shinkansen Holding Corporation 8,4 Billionen Yen (ca. 105 Milliarden DM) und die drei JR-Personenbeförderungsgesellschaften sowie die Gütertransportgesellschaft zusammen 6 Billionen Yen (ca. 75 Milliarden DM) entfielen (Kobayashi 1987, S. 36).

Der „Rest", d.h. etwa 23 Billionen Yen (ca. 288,75 Milliarden DM), wurde der JNR Settlement Corporation mit dem Ziel aufgebürdet, etwa ein Drittel dieser Schulden durch den Verkauf von Aktien der JR-Gesellschaften, der Einnahmen in einer Gesamthöhe von 700 Milliarden Yen (ca. 8,75 Milliarden DM) bringen soll, sowie durch die Veräußerung von übernommenem JNR-Grundstücksvermögen mit erwarteten Erträgen von etwa 7,7 Billionen Yen (ca. 96,25 Milliarden DM), zu tilgen. Die restlichen zwei Drittel der verbliebenen JNR-Schulden, also 14 Billionen Yen (ca. 175,76 Milliarden DM), die bei der JNR Settlement Corporation und deren alleinigem Eigentümer, dem Prinzipal, verbleiben, soll langfristig gesehen die „Öffentlichkeit", sprich der Steuerzahler bzw. der Wähler, übernehmen (Mayer 1987, S. 71; Abe 1991, S. 122; Kobayashi 1987, S.36).

Diese große, sich weiterhin in den Händen des Prinzipals befindliche Schuldenlast steht zwar im Gegensatz zum Entschuldungsziel der Regierung, muß aber als Anreiz für die Agenten gesehen werden, damit diese überhaupt den Auftrag zum Betrieb der Bahnen übernehmen. Langfristig soll dieses Vorgehen die Wirtschaftlichkeit der JR-Gesellschaften sichern, was im Interesse sowohl der Agenten, der JR Gesellschaften, als auch der Regierung liegt. Letztere muß in der Funktion als Agent des Wählers das Ziel der Bereitstellung notwendiger Infrastruktur verfolgen. Das große Ziel der Entschuldung mußte daher zunächst zurückgestellt werden.

Diese Zurückstellung wird offensichtlich, wenn man die Schuldenentwicklung der JNR Settlement Corporation betrachtet. Zu den Altschulden der JNR addierten sich Schulden aus dem Stabilisierungsfonds (vgl. Kap. 5.4), Ausgaben für Abfindungen, Rentenlasten sowie Kapitallasten für den Streckenneu- und -ausbau (Sakurai 1989, S. 321). Die Verschuldung der JNR Settlement Corporation wuchs dadurch von ca. 313 Milliarden DM im Jahr 1987 auf rund 330 Milliarden DM im Jahr 1991 an (vgl. ausführlich Sakurai 1993, S. 33-35).

5.6. Weiterführung der Railway Construction Public Corporation

Die Railway Construction Public Corporation (Tetsudô Kensetsu Kôdan, im folgenden JRCC) wurde, wie bereits in Kap. 3 erwähnt, im Jahre 1964 auf Vorschlag der LDP eingerichtet, um den Neubau der sogenannten „politischen" Strecken, die die JNR aus wirtschaftlichen Gründen abgelehnt hatte, zu forcieren. Es handelte sich also um ein Instrument, das der Regierung als Prinzipal zur individuellen Nutzenmaximierung den Eingriff in die Aufgaben des Agenten ermöglichte.

Die JRCC wurde jedoch auch im Zuge der Privatisierung nicht abgeschafft. Als einzige Trägerin des Shinkansen-Neubaus soll sie weiterhin im Interesse der Regierung als Prinzipal den Neubau der Shinkansen-Strecken vorantreiben. Den Informationsvorsprung des Agenten ignorierend greift die Regierung somit direkt in das operative Geschäft der JR-Gesellschaften ein, ungeachtet der Tatsache, daß diese die potentielle wirtschaftliche Rentabilität geplanter Strecken besser beurteilen können. Ein Beispiel dafür bietet der Neubau der Hokuriku-Shinkansen-Linie, deren Wirtschaftlichkeit JR East bezweifelte. Dennoch mußte JR East in diesen Streckenbau investieren, da damit die Gewährung günstiger Bedingungen beim Kauf der bestehenden Shinkansen-Infrastruktur von der Shinkansen Holding Corporation verknüpft war.

5.7. Shinkansen Holding Corporation

Bis Oktober 1991 betrieb der Staat in Form der Shinkansen Holding Corporation (Shinkansen Tetsudô Hoyû Kikô, im folgenden SHC) eine „interne Subventionierung" der drei JR-Gesellschaften auf Honshû, an die die Shinkansen-Infrastruktur vermietet wurde. Die Leasinggebühren wurden, gestaffelt nach der Verkehrsdichte auf den jeweiligen Shinkansen-Strecken, von den drei JR-Gesellschaften getrennt bezahlt. Die JR Central mußte demnach für die Tokaido-Strecke am meisten zahlen. Auf diese Weise wurde mittels der Leasinggebühren Gewinnausgleich zwischen den drei JR-Gesellschaften betrieben, d.h. der Prinzipal mischte sich in deren laufendes Geschäft ein (Hirooka 1991, S. 5).

Im Oktober 1991 wurde die SHC aufgelöst und als Eisenbahnanlagenfonds (*tetsudô seibi kikin*) weitergeführt. Die Shinkansen-Strecken wurden von den drei JR-Gesellschaften auf Honshû für 61,33 Milliarden US-Dollar übernommen (Große 1992/1993, S. 59). Die Gründe für die Auflösung der SHC lagen darin, daß sie den Aktienverkauf der JR-Gesellschaften aufgrund folgender zwei Punkte behinderte: Erstens konnten Shinkansen-bezogene Abschreibungen nicht in die Bilanzen aufgenommen werden. Die JR-Gesellschaften neigten zur Finanzierung von Investitionen daher zu vermehrter Schuldenaufnahme, was die Bilanz verschlechterte. Zweitens konnten Vermögen und Verbindlichkeiten der JR-Gesellschaften nicht abgeschätzt werden, da die Übergabebedingungen der Shinkansen-Infrastruktur erst nach dreißigjähriger Leasingperiode verhandelt werden sollten (Watanabe 1993, S. 5).

Dieser Eisenbahnanlagenfonds ist eine staatliche Einrichtung, die u.a. Vorhaben wie den Bau von Shinkansen-Linien finanzieren soll und am Bau neuer Bahnlinien in Großstadtgebieten beteiligt ist. Aufgrund der hohen produktionsspezifischen Kosten gerade im Hochgeschwindigkeitsbereich muß der Prinzipal Regierung den Agenten, sprich den JR-Gesellschaften Anreize in Form einer finanziellen Beteiligung bieten, damit diese im Hochgeschwindigkeitsbereich investieren, was sowohl im Interesse der Agenten als auch des Prinzipals liegt. Das Interesse der Agenten liegt darin begründet, daß im Hochgeschwindigkeitsbereich „die Zukunft liegt" (Shioda 1993, S. 54-114). Das Interesse der Regierung liegt in der Notwendigkeit, Infrastruktur bereitzustellen, um den Bedürfnissen des Wählers gerecht zu werden. Dies spiegelt sich in der langfristigen Verkehrspolitik wider, konkret beim Ausbau der Städteverbindungen auf mittlere Entfernung sowie beim Ausbau des Verkehrs im Einzugsbereich von Großstädten.

6. Zusammenfassung

Anhand der dargestellten Punkte wird offensichtlich, daß sich der Staat in
Form der Regierung auch nach der sogenannten „Privatisierung" der JNR im
April 1987 nicht zurückgezogen hat. Der Grund, weswegen man nur von ei-
ner „sogenannten Privatisierung" sprechen kann, liegt darin, daß bislang nur
eine formelle Privatisierung, d.h. eine Annäherung an privatwirtschaftliche
Handlungs- und Organisationsformen, erfolgte. Eine Eigentumsprivatisie-
rung wurde bisher in nur sehr beschränktem Rahmen realisiert. Tatsächlich
wechselten erst 50% der JR East-Aktien durch Börsenkapitalisierung und ein
Teil der Drittsektorbahnen sowie ein Teil von Nippon Telecom in private
Hand über.

Warum erfolgte bisher nur eine formelle Privatisierung? Diese Frage läßt
sich anhand der Ursache-Wirkungszusammenhänge, die die Agency-Theorie
aufzeigt, kurz zusammengefaßt folgendermaßen beantworten.

Auf der einen Seite handelt es sich um die Regierung als Prinzipal, der den
Auftrag zur Übernahme des Bahnbetriebs an Agenten, die JR-Gesellschaften,
delegiert hat. Damit die Agenten diesen Auftrag überhaupt übernahmen,
mußte der Staat Anreize (z.B. Stabilisierungsfonds, Eisenbahnanlagenfonds)
bieten, die ihm einen völligen Rückzug nicht ermöglichten. Daneben erfordern Kontrollmechanismen, die vom Prinzipal zur Überwachung der Auf-
tragsausführung der Agenten etabliert wurden, ohnehin staatliche Präsenz in
diesem Bereich. Beides, Anreiz und Kontrolle, dient der Optimierung der
Effizienz im Eigeninteresse des Prinzipals, dessen individuelle Nutzenmaximierung vermutlich in der Erhöhung der Wahrscheinlichkeit seiner Wiederwahl liegt, also in der Festigung seiner Macht. Eine Wiederwahl hängt via
Parlament vom Wähler ab, dessen Agent die Regierung auf der anderen Seite
ist. Daher kann es sich die Regierung als Agent des Wählers nicht leisten,
massive Streckenstillegungen zuzulassen, weswegen regulierende Maßnahmen notwendig sind, die einem Rückzug des Staates entgegenstehen.

Warum kann es sich aber die Regierung als Agent des Wählers leisten, daß
zum einen die Verschuldung der JNR Settlement Corporation nach der „sogenannten Privatisierung" noch zugenommen hat, und daß zum anderen ein
Großteil dieser Schulden letztendlich vom Steuerzahler, d.h. vom Wähler,
gezahlt werden muß? Dies mag in der Informationsasymmetrie zwischen
dem Prinzipal Wähler und dem Agenten Regierung begründet liegen. Der
Wähler verfügt eventuell nicht über die notwendigen Informationen, um die
Umschuldungsaktionen der Regierung kontrollieren zu können,[11] zumal diese durch positive Selbstdarstellung hinsichtlich der JNR-Privatisierung die
Wähler zu beeinflussen versucht. Im Gegensatz dazu würde der Wähler di-

---

11 Vgl. zu dieser speziellen Agency-Beziehung die Diskussion bei Vickers/Yarrow 1988, S.
    30f.

rekt die Folgen einer Verschlechterung der Bahninfrastruktur spüren und gegebenenfalls seine „Aufgabendelegation" widerrufen. Ob der Wähler als institutionalisierte Gruppe jedoch für einen solchen Widerruf einflußreich genug ist, muß angesichts von Individualinteressen jedes einzelnen Wählers sowie von Informationsdefiziten in Zweifel gezogen werden.

Literatur

Abe, Seiji (1991), Privatization of Japanese National Railways and its Consequences, in: *Keiei Kenkyû (Business Review)*, 41. Jg. (1991), Nr. 5/6 (Januar), S. 111-130.

Abe, Seiji (1992), Rinchô to kokutetsu: bunkatsu – mineika, in: Shimizu, Yoshihiro (Hrsg.), Kôtsû seisaku to kôkyôsei , Tôkyô, S.123-143.

Ackermann, Peter; Dolles, Harald und Köster, Kathrin (1993), Privatization of the Japanese National Railway: Model for the Transformation of the Deutsche Bundesbahn/Deutsche Reichsbahn, in: Kumar, Brij und Dolles, Harald (Hrsg.), New Management Concepts and Changing Managerial Roles in Euro-Asia Business. Diskussionsbeitrag des Lehrstuhls für Betriebswirtschaftslehre, insbesondere Internationales Management der Friedrich-Alexander Universität Erlangen-Nürnberg, Nr. 3, Nürnberg, S. 257-289.

Andô, Akira (1992), JR gurûpu no genjô to kadai, in: Shimizu, Yoshihiro (Hrsg.), Kôtsû seisaku to kôkyôsei, Tôkyô, S. 195-219.

Bochem, Andrea (1992/1993), Das Eisenbahnwesen der Meiji-Zeit – zwischen privater und staatlicher Initiative, Magister-Arbeit (Japanologie), Rheinische Friedrich-Wilhelm-Universität zu Bonn.

Calder, Kent E. (1990), Public Corporations and Privatization in Modern Japan, in: Suleiman, Ezra N. und Waterbury, John (Hrsg.), The Political Economy of Public Sector Reform and Privatization, Boulder, San Francisco u.a., S. 163-183.

Clarke, Thomas und Pitelis, Christos (Hrsg.) (1993), The Political Economy of Privatization, London und New York.

Demery, Leroy W. und Higgins, J. Wallace (1988), Third Sector Companies Revive Japan's Rural Lines, in: *Railway Gazette International*, (August 1988), S. 521-523.

Deutsche Verkehrswissenschaftliche Gesellschaft (DVWG) (Hrsg.) (1972), Verkehr in Japan, Schriftenreihe D der DVWG, Köln.

Eisenhardt, Kathleen (1989), Agency-Theory: An Assessment and Review, in: *Academy of Management Review*, 14. Jg. (1989), Nr. 1, S. 57-74.

Elschen, Rainer (1988), Agency-Theorie, in: *Die Betriebswirtschaft*, 48. Jg. (1988), Nr. 2, S. 248-250.

Elschen, Rainer (1991), Gegenstand und Anwendungsmöglichkeiten der Agency-Theorie, in: *Zeitschrift für Betriebswirtschaftliche Forschung*, 43. Jg. (1991), Nr. 11, S. 1002-1012.

Flunkert, Ute (1989), Die Privatisierung der japanischen Staatsbahnen, in: *WSI Mitteilungen*, 42. Jg. (1989), H. 2, S. 65-71.

Große, Wolfgang (1992/1993), Ergebnisse der Privatisierung der Japanischen Staatsbahn, Interne Veröffentlichung der Bundesbahndirektion Stuttgart, Stuttgart.

Hartmann-Wendels, Thomas (1989), Principal-Agent-Theorie und asymmetrische Informationsverteilung, in: *Zeitschrift für Betriebswirtschaft*, 59. Jg. (1989), Nr. 7, S. 714-734.

Hartmann-Wendels, Thomas (1992), Agency Theorie, in: Frese, Erich (Hrsg.), Handwörterbuch der Organisation, 3. Aufl., Stuttgart, Sp. 72-79.

Heinrich, Jürgen (1992), Dürr setzt auf konsequente Reform des Unternehmens Bahn à la Nippon, in: *VDI-Nachrichten*, 2.10. (1992), S. 1-3.

Hirn, Wolfgang (1993), Coup d'etat, in: *Manager Magazin*, 23. Jg. (1993), Nr. 11, S. 163-169.

Hirooka, Haruya (o.J.), Verkehrsmittel in Japan, in: *Japan im Spiegel*, International Society for Educational Information (Hrsg.), Tokyo.

Hirooka, Haruya (1991), Privatization of Japanese Railways, in: *Keiei Shirin (The Hôsei Journal of Business)*, 28. Jg. (1991), Nr. 3, S. 1-12.

Imashiro, Mitsuhide (1988), Restructuring of JNR and its Problems, in: The Institute of Business Research (Hrsg.), Research Paper, No. 5 (1988), Tokyo.

International Monetary Fund (Hrsg.) (1992), Government Finance Statistics Yearbook, Washington D.C.

Kobayashi, Hiroaki (1987), Privatisierung in Japan, in: Institut der deutschen Wirtschaft (Hrsg.), Beiträge zur Wirtschafts- und Sozialpolitik, Köln.

Kokurô (1986), A Comparative Study of State Railways and Private Railways, the 8th International Trade Union Seminar, o.O.

Köster, Kathrin und Dolles, Harald (1994), Privatisierung der japanischen Staatsbahn. Diskussionsbeitrag des Lehrstuhls für Japanologie der Friedrich-Alexander Universität Erlangen-Nürnberg, Erlangen, (im Druck).

Koyama, Akihiro (1991), Eigenarten des japanischen Managements – Eine Interpretation als Principal-Agent-Problem, in: *Zeitschrift für betriebswirtschaftliche Forschung*, 43. Jg (1991), Nr. 3, S. 275-284.

Koyama, Akihiro (1993), Keiei zaimu ron, 2. Aufl., Tôkyô.

Kreiner, Josef; Mathias-Pauer, Regine und Pauer, Erich (1983), Japans Wandel von der Agrar- zur Industriegesellschaft – Fallstudien regionaler Entwicklungen, Opladen.

Kusano, Atsushi (1989), Kokutetsu kaikaku. Seisaku kettei gêmu no shuyakutachi, Tôkyô.

Laux, Eberhard (1993), Deregulierung, in: Wittmann, Waldemar u.a. (Hrsg.), Handwörterbuch der Betriebswirtschaft, 5. Aufl., Teilband 1, Stuttgart, Sp. 747-753.

Laux, Helmut (1990), Risiko, Anreiz und Kontrolle, Berlin u.a.

Lockwood, William W. (1954), The Economic Development of Japan. Growth and Structural Change 1868-1938, Princeton.

Luber, Thomas (1994), Jetzt geht's los, in: *Capital*, 33. Jg. (1994), Nr. 4, S. 142-148.

Matsuda, Tomoo (1984), Die Entwicklung der Wirtschaft nach 1868, in: Hammitzsch, Horst (Hrsg.), Japan-Handbuch, 2. Aufl., Wiesbaden und Stuttgart , Sp. 2059-2082.

Mayer, Hans Jürgen (1987), Die Reform der japanischen Staatsbahnen (JNR), in: Pohl, Manfred (Hrsg.), Japan 1986/87. Politik und Wirtschaft, Hamburg, S. 57-76.

Ministry of Transport (Hrsg.) (1991), Smooth Progress in JR Reform, in: Annual Report on the Transport Economy. Summary (Fiscal 1990), Tokyo, S. 30-31.

Niwa, Akira (1992), Die Reform der Japanischen Staatsbahnen, in: *Die Deutsche Bahn*, Nr.12 (1992), S. 1331-1338.

Ochiai, Hiromitsu und Hino, Masahiko (1983), Tanaka Kakuei und die „politische" Shinkansen-Linie, in: *KAGAMI*, Nr. 2/3 (1983), S. 98-120.

Ôishi, Yasuhiko (1984), Verkehrswesen, in: Hammitzsch, Horst (Hrsg.), Japan-Handbuch, 2. Aufl., Wiesbaden und Stuttgart , Sp. 2309-2322.

Sakurai, Tôru (1989), Privatisierung der Japan National Railways (JNR): Ziele, Besonderheiten und Probleme, in: *Zeitschrift für öffentliche und gemeinwirtschaftliche Unternehmen*, Bd. 12 (1989), H. 3, S. 306-328.

Sakurai, Tôru (1993), Kôkigyô no rekishi to genjô, in: Tamamura, Hiromi (Hrsg.), Mineika no kokusai hikaku, Tôkyô, S. 9-60.

Shioda, Michio (1993), JR kabu wa môkaru!, Tôkyô.

Smith, Thomas C. (1955), Political Change and Industrial Development in Japan: Government Enterprise, 1868-1880, Stanford.

Statistics Bureau, Management and Coordination Agency (Hrsg.) (1988), Japan Statistical Yearbook, Tokyo.

Tanaka, Kakuei (1972), Building a New Japan. A Plan for Remodeling the Japanese Archipelago, Tokyo.

Törkel, Holger (1992), *Does Labour Matter?* – Die Neokorporatismus-Theorie und der Fall Japan, Magister-Arbeit (Japanologie), FU-Berlin.

Un'yushô tetsudôkyoku (Hrsg.) (1993),Tetsudô roppô. Chûkai, Tôkyô.

Vickers, John und Yarrow, George (1988), Privatization: An Economic Analysis, 2. Aufl., Cambridge (Mass.) und London.

Watanabe, Susumu (1993), The Restructuring of the Japanese National Railways: Effects on Labour and Management, Sectoral Activities Programme, Working Paper SAP 2.31/ WP.54, Genf.

Wenger, Ekkehard und Terberger, Eva (1988): Die Beziehung zwischen Agent und Prinzipal als Baustein einer ökonomischen Theorie der Organisation, in: *Wirtschaftswissenschaftliches Studium*, 17. Jg. (1988), Nr. 10, S. 506-514.

Yamamoto, Tetsuzo (1993), An Analysis of the Privatization of Japan National Railway Corporation, in: Clarke, Pitelis (1993), S. 337-358.

Zahn, Karl-Christian (1994), Die Privatisierung ist kein Allheilmittel, in: *Frankfurter Allgemeine Zeitung (FAZ)*, Nr. 3 (5.1.1994), S. 11.

Volker Fuhrt

Staats- und Politikvisionen nach dem Ende der LDP-Herrschaft – Ozawa Ichirôs „Plan zur Umgestaltung Japans" und Hosokawa Morihiros „verantwortungsvolle Reformen"

1. Zum Hintergrund von Politikervisionen in der aktuellen Reformdebatte in Japan

Seit geraumer Zeit hängt Japan der Ruf an, seine Wirtschaft sei erstklassig, sein Lebensstandard zweitklassig und seine Politik drittklassig. Die derzeitige Diskussion über Defizite des politischen Systems in Japan ist also beileibe nicht neu. Neu ist aber, daß die Diskussion eine in Japan seit Jahrzehnten nicht mehr erlebte politische Dynamik in Gang setzte, die wie bekannt ihren einstweiligen Höhepunkt in der Ablösung der 38jährigen LDP-Herrschaft durch eine Koalition aller bisherigen Oppositionsparteien außer der KPJ fand. Schon aus diesem Grund erscheint es angebracht, sich der Reformdiskussion und ihren Protagonisten genauer zu widmen, auch wenn wir bei der Beantwortung der Frage nach ihren Ergebnissen und weiteren Auswirkungen auf Spekulationen angewiesen sind.

Die aktuelle Debatte über Staatshandeln und politisches System in Japan ist weniger bestimmt von einer kühlen Analyse aus der Perspektive des internationalen Vergleichs als vielmehr von einer tiefen Verunsicherung, die das Land nach dem Ende des gewohnten und für Japan verläßlichen internationalen Systems des Kalten Krieges ergriffen hat. Hinzu kommen Rezessionserscheinungen, die immer deutlicher Merkmale einer strukturellen Krise annehmen. So verwundert es kaum, daß, während außerhalb Japans noch das „japanische Modell" propagiert wird, es in der aktuellen Diskussion kaum Beiträge gibt, die dieses Modell im Inneren verteidigen mögen. Selbst die bis vor nicht langer Zeit unantastbare japanische Bürokratie hat in der Bevölkerung an Vertrauen eingebüßt, nachdem ruchbar wurde, daß auch Ministerialbeamte in etliche Korruptionsaffären verwickelt sind und der Verwaltungsapparat nur allzu häufig weniger das Gemeinwohl als die Selbsterhaltung zum Maßstab seines Handelns macht.

Es entbehrt sicher nicht einer gewissen Ironie, daß ausgerechnet in dieser Situation die am meisten in Verruf geratene Klasse der Politiker sich in weit ausholenden Visionen für eine strahlende Zukunft Japans als Hoffnungsträger präsentiert. Zweifellos kann der Boom von Politikerschriften schlicht mit der Notwendigkeit der Profilierung und Selbstbehauptung in Zeiten des Umbruchs erklärt werden. Andererseits bietet die Auseinandersetzung mit dem

Staatsverständnis der beiden Protagonisten der politischen Wende – Ozawa Ichirô und Hosokawa Morihiro – unabhängig von ihrem weiteren politischen Schicksal wertvolle Einblicke in den innerjapanischen Reformdiskurs, der nicht zuletzt ein Ausdruck der Suche nach einem neuen Staatsverständnis in Japan ist.

2. Die Bedeutung Ozawas und Hosokawas als Wegbereiter des Endes der LDP-Herrschaft

Von den Lebensläufen anderer aufstrebender Jungpolitiker in der LDP unterschied sich die politische Karriere Ozawa Ichirôs lange Zeit bestenfalls durch die Zielstrebigkeit und das Tempo, mit denen Ozawa seinen Weg nach oben verfolgte. Der 1942 in der nordostjapanischen Präfektur Iwate geborene Sohn eines führenden LDP-Politikers wurde bereits 1969 im Alter von 27 Jahren als Nachfolger seines plötzlich verstorbenen Vaters in dessen Heimatwahlkreis erstmals ins Unterhaus gewählt. Als Protegé einflußreicher LDP-Größen wie Tanaka Kakuei, Takeshita Noboru und Kanemaru Shin machte Ozawa schon früh durch Bestimmtheit und Durchsetzungsvermögen auf sich aufmerksam. Diese für japanische Politiker eher untypischen Eigenschaften verhalfen ihm in den 80er Jahren zu bemerkenswerten Karrieresprüngen in LDP und Regierung. Seit dieser Zeit galt Ozawa als „Kronprinz" der Tanaka- (später Takeshita-) Faktion, die nach dem Ende der großen ideologischen Auseinandersetzungen in der japanischen Politik der 50er und 60er Jahre sowie der innerparteilichen Machtkämpfe der 70er Jahre zur dominierenden Kraft in der LDP wurde. Die Dominanz des größten Parteiflügels, ohne dessen Zustimmung keine Regierungsbildung zustandekam, ging mit einer „Bürokratisierung" der LDP-Faktionen einher, die von Ozawa und ihm nahestehenden Politikwissenschaftlern als Prozeß des völligen Verlustes politischer Richtlinienkompetenz an die Bürokratie aufgefaßt wurde (vgl. Kitaoka 1993)[1].

Daß diese Entwicklung sowie sein eigener Anspruch als – vor allem außen- und sicherheitspolitischer – Vordenker der LDP ihn in Zeiten wachsender, von außen an Japan herangetragener Anforderungen zwangsläufig in eine Konfrontation mit dem Parteiestablishment trieb, zeigte sich deutlich während der Golfkrise 1990/91, als Ozawa sich mit dem damaligen Ministerpräsidenten Kaifu Toshiki vergeblich um einen aktiveren Beitrag Japans bemühte. Die von ihm geleitete LDP-Sonderkommission zur „Rolle Japans in

---

1 Diese Interpretation ist natürlich in der japanischen Politikwissenschaft nicht unumstritten. Vgl. allgemein zum Diskussionsstand über das Kräfteverhältnis von Politik, Bürokratie und Wirtschaft Foljanty-Jost 1993.

der internationalen Gemeinschaft", die in ihrem Bemühen, durch eine extensive Verfassungsauslegung außenpolitischen Spielraum zu gewinnen, weit über das hinausging, was in der LDP als konsensfähig angesehen wird, wurde Anfang 1993 stillschweigend aufgelöst. Ozawas stets bestimmtes, wenn auch nicht immer konsequentes Auftreten verschaffte ihm zwar einen hohen Bekanntheitsgrad und den Ruf eines Politikers mit Führungsqualitäten, begründete andererseits seinen negativen Leumund eines rücksichtslosen Machtmenschen.

Der Regierungswechsel von 1993 war sicherlich mehr ein Produkt des Spaltungsprozesses einer von zahlreichen Korruptionsaffären gebeutelten, dabei in sich erstarrten und damit zu einer Reform von innen nicht fähigen LDP als das Ergebnis eines gegen sie gerichteten Wählervotums. Dabei war es die von Ozawa mit dem späteren Ministerpräsidenten Hata Tsutomu als Aushängeschild betriebene Spaltung zunächst der Takeshita-Faktion und schließlich der LDP, die dieser Entwicklung zu einer ungeahnten Dynamik verhalf. Die von Hata und Ozawa aus Anlaß des Scheiterns der politischen Reformen unter dem bislang letzten LDP-Ministerpräsidenten Miyazawa im Juni 1993 mit 36 Unterhausabgeordneten gegründete Shinseitô (Erneuerungspartei) konnte ihre Mandatsstärke nach den vorgezogenen Neuwahlen vom Juli 1993 auf 60 ausdehnen und bildete den Kern der Koalitionsregierung Hosokawa, deren Zustandekommen zum großen Teil auf Ozawas Wirken hinter den Kulissen zurückgeführt wird. Seine häufig durch Absprachen im Hinterzimmer nach altem LDP-Muster vorbereiteten Manöver sowie seine bislang nicht geklärte Verwicklung in die Korruptionsaffären seiner politischen Ziehväter Takeshita und Kanemaru bieten jedoch Anlaß für viele Zweifel an der Tiefe seines Reformglaubens. Viele Beobachter und politische Gegner unterstellen ihm, mit dem Verlassen des ohnehin sinkenden Schiffes LDP eine Abkürzung auf dem Weg zur Macht eingeschlagen zu haben.

Der 1938 als Nachfahre einer südwestjapanischen Fürstenfamilie geborene Hosokawa Morihiro begann nach einer Tätigkeit als Journalist einer führenden japanischen Tageszeitung seine politische Karriere 1971 mit der Wahl zum Oberhausabgeordneten der LDP. 1983 wurde er zum Gouverneur seiner Heimatpräfektur Kumamoto gewählt und übte dieses Amt zwei Wahlperioden lang aus, verzichtete aber 1991 auf eine erneute Kandidatur. Hosokawa, der sich in seiner Zeit als Gouverneur intensiv um eine größere Selbständigkeit der Regionen bemühte und in seiner Heimatpräfektur etliche Hochtechnologieprojekte anzusiedeln suchte, war danach Mitglied im „Außerordentlichen Beratungsausschuß für die Förderung von Verwaltungsreformen". Der von ihm im Mai 1992 ins Leben gerufenen Nihon Shintô (Neue Partei Japans) gelang es, zahlreiche der etablierten Parteien überdrüssige Bürger anzusprechen und errang nur zwei Monate nach ihrer Gründung 4 Mandate bei den Oberhauswahlen. Ein Jahr später wurde sie bei den Stadtverordnetenwahlen in Tokyo auf Anhieb mit 20 Sitzen zur drittstärksten Partei und zog im Juli 1993 mit 35 Abgeordneten ins neugewählte Unterhaus ein. Schon bald war Hosokawa als Kontrastprogramm zur bisherigen LDP-Gerontokratie als neuer Regierungschef im Gespräch, wenn auch von Anfang an Zweifel an seiner politischen Durchsetzungsfähigkeit laut wurden, die sich später bestätigen sollten. Hosokawa erwies sich aber zumindest in der Entstehungsphase seiner Regierung als nicht ungeschickter Taktierer, der sowohl die von Ozawas Helfern gesammelte Parteiengruppe als auch die LDP auf sein Programm für politische Reformen verpflichtete, ehe er sich für eine Regierungskoalition ohne LDP entschied. Damit hatte Hosokawa schon den Großteil seiner selbstgestellten historischen Mission erfüllt, mit deren Verwirklichung er selbst erst für 1995 gerechnet hatte.

3. Staatsperzeptionen und Rezepte für effizientes staatliches Handeln bei Ozawa und Hosokawa

In ihren vor dem Sturz der LDP veröffentlichten programmatischen Schriften stimmen beide Politiker darin überein, daß sie Japans Politik, Wirtschaft und Gesellschaft unter einem enormen Reformdruck sehen, der auch veränderte Muster staatlichen Handelns zur Folge haben muß. Ozawa sucht mit seinem *Nihon kaizô keikaku* offensichtlich an die politische Vision seines früheren Mentors Tanaka Kakuei (*Nihon rettô kaizô ron*) anzuknüpfen, die 1972 kurz vor dessen Regierungsübernahme erschien und zur inoffiziellen Regierungsrichtlinie der Kabinette Tanaka wurde. Im Gegensatz zu Tanakas Programm werden aber Ozawas Vorstellungen von einer Umgestaltung Japans von seinen außenpolitischen Interessen bestimmt, während seine Beiträge zur aktuellen Verwaltungsreform-, Deregulierungs- und Dezentralisierungsdebatte einen nachgeordneten Rang einnehmen und selten über bekannte neoliberale Plädoyers für einen Rückzug des Staates zugunsten der kommunalen Selbstverwaltung und Selbstbestimmung des Individuums hinausreichen.

Im Mittelpunkt steht bei Ozawa Japans Rolle in der Welt als (wirtschaftliche) Großmacht, die das Land bisher wegen seiner Defizite an internationalem Bewußtsein und politischer Führungsstärke nicht wahrgenommen habe. Die auf eine Verteilung von Ressourcen beschränkte Politik der Nachkriegszeit sei in der Zeit des wirtschaftlichen Wiederaufbaus Japans im Rahmen der Ordnung des Kalten Krieges angemessen gewesen, habe jedoch nach deren Zusammenbruch ihre Funktion und Existenzgrundlage verloren (Ozawa 1993, S. 18). Um wachsenden internationalen Aufgaben gerecht werden zu können, müsse Japan ein „normaler Staat" (*futsû no kokka*) werden. Voraus-

setzung hierfür ist nach Ozawa die Umsetzung der in der Verfassung vorge-
sehenen politischen Richtlinienkompetenz des Ministerpräsidenten durch die
Straffung politischer Entscheidungsprozesse.

Auch für Hosokawa ergeben sich wichtige Reformanstöße für Japan aus
den veränderten Rahmenbedingungen des internationalen Umfelds nach dem
Ende des Kalten Krieges, doch legt er im Gegensatz zu Ozawa das Schwergewicht seiner Argumentation auf den inneren Reformdruck, der aus einer
wachsenden Politikverdrossenheit der japanischen Bevölkerung angesichts
zahlreicher Korruptionsskandale bei gleichzeitigen Zweifeln am Krisenma-
nagement des Staates in Zeiten langfristiger Rezessionserscheinungen resultiert.

3.1. Staats- und Demokratieverständnis und daraus resultierende innenpolitische Reformkonzepte

Schlüsselbegriff in Ozawas Staatsverständnis ist der „normale Staat", zu dem
Japan sich entwickeln müsse. Seine direkten Bezugnahmen auf die Frage,
was denn einen „normalen" Staat eigentlich charakterisiere, bleiben auf for-
melhafte Bekenntnisse zur internationalen Kooperation beschränkt. Deutli-
chere Schlüsse auf sein Staats- und Demokratieverständnis lassen sich aus
seinen Vorschlägen für politische Reformen ziehen, die insofern auf die Errichtung eines starken Staates abzielen, als er den Leitideen größerer Partizipation und Gerechtigkeit zurückhaltend bis ablehnend gegenübersteht. Hingegen strebt er in klassischen Politikfeldern wie Wirtschafts- und Sozialpolitik den weitgehenden Rückzug des Staates an.

Hosokawas Reformansatz setzt nicht aus Prinzip auf Deregulierung und
damit Rückzug des Staates, sondern weist dem Staat anstelle der Festsetzung
von allgemein verbindlichen Normen und Regeln eine zwischen den einzelnen Interessengruppen moderierende Funktion zu. Ozawas Paradigma des
„normalen", d.h. entscheidungsstarken Staates hält Hosokawa seine Vision
vom „noblen und reifen Staat" (*hinkaku aru, kyôyô aru kokka*) entgegen.
Dieser zeichnet sich dadurch aus, daß er sich in den die zukünftige Politik
bestimmenden Interessenkonflikten zwischen Zentrum und Peripherie sowie
zwischen Produzenten und Verbrauchern mehr an den Interessen der Peripherie und der Verbraucher orientiert. Für Hosokawa ist Deregulierung nicht
nur ein Mittel zur Effizienzsteigerung und Kostensenkung, sondern gleichzeitig ein Weg zu mehr Partizipation des Bürgers und damit mehr Demokratie.

Als Rezept gegen eine „Politik, die nichts entscheidet" strebt Ozawa die
Schaffung einer „tatsächlichen politischen Führung" durch eine institutionelle Reorganisierung von Entscheidungsprozessen und Änderung demokrati-
scher Verfahrensregeln an. Im Mittelpunkt aller Reformüberlegungen Oza-

was steht die Stärkung der Regierung mit dem Ministerpräsidenten im Zentrum als von der Verfassung vorgesehene Trägerin politischer Richtlinien- und Entscheidungskompetenz. Dies bedeutet zunächst einmal mehr Staat in Form eines größeren Regierungsapparates, von dem sich Ozawa eine bessere Kontrolle der politisch Verantwortlichen über den Verwaltungsapparat verspricht. Eine Vergrößerung des Apparats im Amt des Ministerpräsidenten sowie des Kabinetts soll zur Stärkung der Stellung des Regierungschefs führen. Die stärkere Einbindung der Regierungspartei in den Regierungsapparat durch Unterordnung der mit einzelnen Politikfeldern befaßten Parteiausschüsse unter das Kabinett, die Vergrößerung des Kreises der Staatsminister und -sekretäre sowie die Besetzung von Ämtern mit führenden und fachlich ausgewiesenen Parteimitgliedern soll Parteipolitikern einen größeren Anreiz zur Erarbeitung eigener Sachkompetenz in bestimmten Politikfeldern bieten (Ozawa 1993, S. 45-64).

Auch eine Reform des Wahlrechts hat nach seinen Vorstellungen in erster Linie der Stärkung der politischen Führung zu dienen, daher favorisiert Ozawa ein reines Mehrheitswahlsystem nach britischem Vorbild, das nach seinen Erwartungen das Parteiensystem in Japan durch Ausschaltung kleiner Parteien bereinigen und für einen vom Wähler gut durchschaubaren Wettbewerb zwischen zwei großen politischen Lagern um die Macht sorgen würde. Vom Bemühen um größere Gerechtigkeit bzw. Partizipation getragene Vorschläge für die Einführung des Verhältniswahlrechts lehnt Ozawa ab. Dabei geht er sogar so weit, nicht näher spezifizierte Verhältniswahlelemente im derzeitigen Wahlsystem für die von ihm diagnostizierte Führungsschwäche in der japanischen Politik verantwortlich zu machen (Ozawa 1993, S. 65-71). Ebensowenig sind seine Vorschläge für eine Parlamentsreform vom Streben nach mehr Demokratie und Partizipation geprägt. Oberstes Gebot ist die Effizienz des Gesetzgebungsmechanismus, die Ozawa durch Abschaffung von seiner Meinung nach nur die Ineffektivität der Parlamentsarbeit fördernden Vorschriften hergestellt sehen möchte. Dabei greifen seine Vorschläge wie z.B. Begrenzung der Sitzungszeit und Beschränkung der Ausschußarbeit zum Teil erheblich in die Rechte des Parlaments und seiner Mitglieder ein. Es geht Ozawa offenkundig um eine deutliche Kräfteverschiebung zugunsten der Regierung, und zwar nicht nur gegenüber der Bürokratie, sondern auch gegenüber der Legislative – eine gründliche Änderung der demokratischen Spielregeln.

Bei der Korruptionsbekämpfung setzt Ozawa auf die Verbindung von stärkerer Kontrolle über den einzelnen Politiker und staatlicher Subvention von Politik. Konkret bedeutet dies die Einführung einer umfassenden Pflicht zur Offenlegung der finanziellen Verhältnisse und eine weitreichende öffentliche Parteienfinanzierung. Die Verlagerung politischer wie finanzieller Aktivitäten vom individuellen Politiker und seinen Unterstützungsgruppen (*kôenkai*) auf die Parteienebene wirke automatisch in hohem Maße korruptionseindämmend, so daß weitergehende Verbotsvorschriften eher als begleitende Maßnahmen eingesetzt werden sollten (Ozawa 1993, S. 71-77).

Einen völlig anderen Ansatz verfolgt dagegen Hosokawa, nach dessen Demokratieverständnis eine starke politische Führung ohne das Vertrauen der Bevölkerung in die Politik nicht möglich ist. Politische Reformen müssen daher darauf ausgerichtet sein, das nach einer nicht abreißenden Kette von Korruptionsskandalen tief erschütterte Vertrauen der Bevölkerung zurückzugewinnen. Der von Hosokawas Nihon Shintô vorgelegte Maßnahmenkatalog für politische Reformen (Hosokawa 1993, S. 50-60) setzt entsprechend auf drei Grundpfeiler:

1. Schaffung einer größeren Transparenz von Politikerfinanzen und Verwirklichung von nicht vom großen Geld der Industrie bestimmten Wahlen durch Einführung einer öffentlichen Parteienfinanzierung und Verschärfung der einschlägigen Gesetze,
2. grundlegende Revision des Wahlrechts mit dem Ziel eines den Wählerwillen widerspiegelnden Wahlsystems,
3. Reformen der Parlamentsgeschäftsordnung, die eine den Interessen der Bevölkerung gerecht werdende Beratung von Gesetzen und der Regierungspolitik ermöglichen.

Bleiben die Aussagen zum neuen Wahlsystem auch vage und ohne Festlegung auf ein bestimmtes System, so verdeutlichen viele der von Hosokawas Nihon Shintô vorgeschlagenen Einzelmaßnahmen die zu Ozawa konträre Zielrichtung politischer Reformen. Während Ozawa die Straffung politischer Entscheidungsprozesse durch eine Verlagerung der politischen Aktivitäten vom einzelnen Politiker auf die Parteien sowie der faktischen Richtlinienkompetenz von Parlament und Bürokratie auf die Regierung vorschwebt, setzt Hosokawa auf die Demokratisierung und größere Transparenz politischer Prozesse, die Rationalisierung der Parlamentsarbeit *und* eine stärkere Partizipation der Bevölkerung. Dies findet konkreten Ausdruck in seinen Forderungen nach zahlreichen Änderungen der Wahlgesetzgebung (u.a. Senkung des Mindestalters für das aktive Wahlrecht von 20 auf 18 Jahre, Einführung des Wahlrechts für im Ausland lebende Staatsbürger, Abschaffung des Fraktionszwangs bei parlamentarischen Abstimmungen, Herabsetzung der Abgeordnetenzahlen in den Parlamenten auf nationaler und regionaler Ebene, Begrenzung der Wiederwahl von Inhabern öffentlicher Ämter oder Ausschluß einer Kandidatur von Mitgliedern der Zentralbürokratie für öffentliche Ämter für die Dauer von drei Jahren nach Ausscheiden aus dem Dienst).

Bezeichnend für die Diskrepanz zwischen seinem Plädoyer für eine für den Bürger offene und von dessen Zustimmung getragene Politik und Ozawas Begriff vom „normalen" und entscheidungsstarken Staat ist schließlich Hosokawas Bekenntnis zu einer offenen Informationspolitik des Staates gegenüber dem Bürger durch eine gesetzlich sanktionierte Öffnung staatlicher und öffentlicher Archive. Dies ist eine Forderung, die keine Berücksichtigung in Ozawas politischem Programm fand und auch kaum kompatibel mit seinem Konzept vom entscheidungsstarken Staat ist.

3.2. Reformkonzepte für Verwaltung, Wirtschaft und Gesellschaft

Beide Politiker stimmen darin überein, daß die japanische Bevölkerung bislang noch nicht in den Genuß eines der Wirtschaftsleistung Japans angemessenen Lebensstandards gekommen sei und daß die zentralstaatliche Verwaltung in Japan durch eine unangemessene Häufung von Kompetenzen und Regelbefugnissen die Regionen an einer effektiven Resourcennutzung hindere. In dieser für Japan wahrlich nicht neuen Debatte um Deregulierung und Dezentralisierung machen sowohl Ozawa als auch Hosokawa deutliche Anleihen bei dem Unternehmensberater Ômae Ken'ichi, der seit Jahren mit großem publizistischem Aufwand für radikale „Heisei-Reformen" plädiert, mit denen er eine Anpassung der nach dem Ende des Kalten Krieges anachronistisch gewordenen Strukturen in Japans Politik, Verwaltung und Wirtschaft an künftige Anforderungen einer grenzenlosen Weltwirtschaft anstrebt (Ômae 1989, 1992).

Im Zentrum der Kritik stehen dabei die als überkommen bewertete zentralistische und auf die Metropole Tokyo ausgerichtete Verwaltungsstruktur sowie die kontinuierliche Fortführung einer auf das (Groß-)Unternehmen als Einheit wirtschaftlichen Handelns zugeschnittenen Wirtschaftspolitik auf Kosten der Bevölkerung. Die von Ômae vehement verfochtenen Forderungen nach einem Umschwung zu einer verbraucherorientierten Politik gipfelten in der Ausrufung der „Souveränität des Verbrauchers" (*seikatsusha shuken*) als neuem Paradigma effizienter Politik. Dies hat auch Eingang in die Programmatik Hosokawas und Ozawas gefunden, wenn sie auch seiner Radikalrezeptur, die u.a. eine territoriale Neugliederung Japans in elf Großregionen (*dôshû*, vgl. Ômae 1989, S. 50-55) und die Schaffung grenzüberschreitender Wirtschaftszonen (vgl. Ômae 1992, S. 167-179) beinhaltet, nicht in allen Punkten folgen mögen.

Eine verbraucherfreundliche Politik ist besonders bei Ozawa nicht mit dem Ausbau wohlfahrtsstaatlicher Maßnahmen gleichzusetzen. Seine Vorstellungen von Wirtschaftspolitik sind konsequent von neoliberalem Denken geprägt, wonach die Zurückhaltung des Staates zugunsten des kreativen Individuums das denkbar effektivste Staatshandeln darstellt. So plädiert er für eine grundlegende Änderung des Steuersystems durch Halbierung der Steuersätze für die Lohn- und Bürgersteuer bei gleichzeitiger Erhöhung des Mehrwertsteuersatzes von derzeit drei auf zehn Prozent. Ziel dieser Steuerreform ist die Schaffung von mehr Freiraum für eine individuelle Lebensplanung, die aber, wie Ozawa durchblicken läßt, auch die Verpflichtung beinhaltet, verstärkt für die eigene soziale Sicherung zu sorgen (Ozawa 1993, S. 206-218).

Ozawa wie Hosokawa stimmen darin überein, daß öffentliche Aufgaben in Japan bislang viel zu stark von der zentralstaatlichen Ebene her angegangen worden seien, so daß den kommunalen Selbstverwaltungsorganen oft nur die Rolle von Erfüllungsgehilfen bei der Umsetzung von in Tokyo vorgedachten und von dort finanzierten Entwicklungs- und Förderprojekten für die Regionen geblieben sei. Beide wollen die von der zentralstaatlichen Ebene zu erfüllenden Aufgabenbereiche auf ein Minimum begrenzen. Bei Ozawa sind dies die Außen- und Sicherheitspolitik, innere Sicherheit, Zivil- und Katastrophenschutz, große Infrastrukturinvestitionen (Shinkansen, Schnellstraßen, internationale Flughäfen etc.), Rentensystem, grundlegende medizinische Versorgung, Bildungswesen. Alle anderen das Alltagsleben der Menschen berührenden Kompetenzen sollten wie die dafür nötigen Finanzressourcen per Gesetz auf die Kommunen übertragen werden (vgl. Ozawa 1993, S. 84-85, 94-95, ähnlich auch Hosokawa 1993, S. 100-101). Offen läßt Ozawa jedoch, welche Kompetenzen und Aufgaben denn seiner Ansicht nach von den Kommunen selbständig zu bewältigen sind und wie er den Bedarf nach einer Abstimmung unter den Kommunen einschätzt.

Ein weiterer Schritt zur Erhöhung der Selbständigkeit und Effizienz kommunaler Selbstverwaltung stellt in Ozawas recht holzschnittartig gehaltenem Dezentralisierungskonzept die Neueinteilung der Verwaltungseinheiten in rund 300 „Kommunen" (*shi*) als einziger Verwaltungsebene unterhalb der Zentralregierung dar. Diese sei möglichst gleichmäßig nach Bevölkerungsdichte, Infrastruktur und lokaler Identifikation aufzuteilen. Denkbar ist für ihn aber auch die von Ômae verfochtene Neueinteilung Japans in Großregionen (*dôshû*) als den Kommunen übergeordnete Verwaltungseinheiten (Ozawa 1993, S. 81-89).

Noch weiter ins Unverbindliche gleitet Ozawas Beitrag zur Deregulierungsdebatte ab (Ozawa 1993, S. 243-250). Tenor seiner plakativen Ausführungen sind sein Bekenntnis zu den regulierenden Kräften des Marktes und sein Glaube an die effizienzsteigernde Wirkung der Privatisierung von Staatsbetrieben wie Japan Railways (vgl. hierzu den Beitrag von Köster und Dolles in diesem Band) und NTT. Dort, wo Unternehmen jedoch versuchten, zu ihren Gunsten die Gesetze des Marktes außer Kraft zu setzen, müßten bestehende Regeln wie die Antimonopolgesetze mit größerer Konsequenz als bisher angewendet werden.

Für den ehemaligen Präfekturgouverneur Hosokawa ist die Forderung nach Abtretung von Kompetenzen der Zentralregierung an die regionalen Selbstverwaltungseinheiten ein zentraler Punkt seines politischen Programms. Im Gegensatz zu den weit ausholenden, in den Einzelheiten aber vage bleibenden territorialen Neugliederungsvisionen Ômaes und Ozawas hält er die bestehenden Präfekturen in ihren gegenwärtigen Strukturen als Verwaltungseinheiten für durchaus angemessen (Hosokawa 1993, S. 79-80). Wichtiger als eine Neueinteilung von Selbstverwaltungseinheiten sei die Befreiung der Regionen aus ihrer Abhängigkeit von den finanziellen Zuwendungen und Planvorgaben der Zentralverwaltung in Tokyo. Um das Grundübel, die Abhängigkeit der Kommunen von staatlichen Zuschüssen aus Tokyo an der Wurzel zu packen, plädiert die Nihon Shintô für eine radikale

Neuordnung des Steuersystems von unten inklusive der Umwandlung von bisher dem Staat zufallenden Steuern (u.a. Einkommens-, Körperschafts-, Mehrwert- und Erbschaftssteuern) in „Gemeinschaftssteuern". Das so entstehende Steueraufkommen sollte in Abkehr vom derzeitigen Verteilungsverhältnis von 2:1 zugunsten des Staates in Zukunft gleichmäßiger zwischen Staat und Kommunen aufgeteilt werden. Damit würden die Kommunen in die Lage versetzt werden, die ihre Interessen unmittelbar berührenden Belange selbst zu regeln (Hosokawa 1993, S. 70-74). Die den Kommunen neu zufallenden Kompetenzbereiche werden allerdings wie bei Ozawa nur indirekt durch den Ausschluß der vom Staat auszuführenden Aufgaben definiert (vgl. dazu oben).

Differenzierter als Ozawa äußert sich Hosokawa zur Deregulierungsfrage. Grundsätzlich müßten alle vom Staat vorgegebenen Regulierungen des Wirtschaftslebens dem Verbraucher zugutekommen, da die Zeiten, als Unternehmen oder ganze Industriezweige noch auf staatliche Schutzbestimmungen angewiesen waren, nun vorüber seien. Hosokawa unterscheidet dabei zwischen wirtschaftlichen und sozialen Regulierungen. Erstere, wie z.B. Zugangsbeschränkungen zu bestimmten Gewerben und Preisbindungen, dienten nur dem Schutz etablierter Wettbewerber vor neuer Konkurrenz. Bezahlt werde dieser Schutz aber vom Verbraucher mit marktwirtschaftlich nicht zu rechtfertigenden hohen Preisen und einer Beschränkung des Warenangebots. Derartige wirtschaftliche Regulierungen seien daher ebenso abzuschaffen wie die zahlreichen Ausnahmeregelungen von der Antimonopolgesetzgebung, die Kartellbildungen mit ähnlich negativen Auswirkungen für den Verbraucher begünstigten. Unter den sozialen Regulierungen sollten nur jene Normen – etwa im Bereich der Produkthaftung – erhalten oder sogar verschärft werden, die tatsächlich zum Schutz der Verbraucher dienen, indirekt ein Hinweis darauf, daß auch soziale Regulierungen häufig zur Aussperrung neuer Konkurrenten eingesetzt werden (vgl. Hosokawa 1993, S. 114-124).

3.3. Japans zukünftige Rolle in der Welt

Zielsetzung japanischer Außenpolitik muß nach Ozawa die Anerkennung und Achtung Japans als „normaler Staat" sein. Dazu zählt er neben dem Eintreten für einen freien Welthandel und dem Engagement bei der „zivilen" Bewältigung überregionaler Probleme wie Unterentwicklung, Umweltzerstörung, Drogenhandel und Terrorismus auch ausdrücklich die Übernahme militärischer Aufgaben im Rahmen kollektiver Friedenssicherung. Wichtigster Bezugspunkt in Ozawas außenpolitischem Konzept sind auch nach dem Ende des Kalten Krieges die Beziehungen zu den USA. Eine zukünftige UN-zentrierte japanische Außenpolitik sei nur im Einklang mit dem wichtigsten Partner und nicht ohne die Beteiligung an UN-Friedensaktivitäten denkbar.

Um die Voraussetzungen hierfür zu schaffen, ist Ozawa auch zur Tabuverletzung in Form einer Ergänzung des Verfassungsartikels 9 bereit, der in weiten Kreisen der politischen Klasse als Verbot der Teilnahme an kollektiven Sicherheitsaktivitäten interpretiert wird. Zwar sieht er die Abstellung von Mitgliedern oder Einheiten der Selbstverteidigungsstreitkräfte (*jieitai*) an UN-Kontingente nicht einmal für verfassungswidrig an, da im UN-Einsatz keine souveränen japanischen Truppen operieren würden; um aber die Verfassungsdebatte ein für allemal zu beenden, hält er die Einfügung eines dritten Abschnitts in Art. 9 der Verfassung denkbar, in dem die Unterhaltung der *jieitai* sowie die Abstellung von Kontingenten für die UN ausdrücklich erlaubt werden (Ozawa 1993, S. 122-125).

Hosokawa setzt sich in seinen Überlegungen zur Außenpolitik (Hosokawa 1993, S. 203-232) vor allem darin von Ozawa ab, daß er Japans zukünftige Rolle nicht in der Schärfung des eigenen nationalstaatlichen Profils in der Weltgemeinschaft sieht. Seine Vorstellungen von einer UN-zentrierten Außenpolitik sehen eine Abkehr vom bisherigen, stark auf bilaterale Beziehungen konzentrierten außenpolitischen Kurs zugunsten einer aktiven Mitarbeit Japans an Reformen der Weltgemeinschaft zu einem von demokratischen Grundsätzen geleiteten und effektiven Instrument der friedlichen Krisenbewältigung vor. Auch Hosokawa bekennt sich unter dieser Voraussetzung zu einer japanischen Beteiligung an friedenserhaltenden Maßnahmen unter dem Mandat der UNO, lehnt aber einen Einsatz der *jieitai* zu diesem Zweck kategorisch ab. Diese Aufgabe will Hosokawa in strenger Trennung von den Selbstverteidigungsstreitkräften nach skandinavischem Vorbild neu zu schaffenden Einheiten übertragen. Folglich ist für ihn eine Änderung von Art. 9 der japanischen Verfassung nicht erforderlich, wenn er auch grundsätzlich eine Verfassungsrevision etwa im Sinne der Bekräftigung des Pazifismus als Staatsprinzip nicht grundsätzlich ausschließen mag. Unter den bilateralen Beziehungen räumt die Nihon Shintô in ihrem außenpolitischen Programm den asiatischen Nachbarn eine größere Priorität ein als dem bisher wichtigsten Partner, den USA, ohne allerdings im Detail auf die Konsequenzen eines solchen Paradigmenwechsels einzugehen.

4. Perspektiven und Grenzen der aktuellen Reformdebatte

Die Perspektiven für einen realen Ertrag der gegenwärtigen Reformdebatte in Japan werden hier zumindest auf kurze Sicht pessimistisch beurteilt, eine Einschätzung, die auf etliche Grenzen zurückgeführt wird, die der Verwirklichung von Politikervisionen und Reformkonzepten in Japan gesetzt sind. Diese Grenzen lassen sich anhand des Schicksals der von Hosokawa und

Ozawa maßgeblich getragenen ersten Regierung nach dem Ende der LDP-Herrschaft und ihrer Reformanstrengungen anschaulich verdeutlichen.

Die erste Grenze ist immanenter Natur und liegt in der Vagheit der Ausführungen Hosokawas und Ozawas in entscheidenden Details ihrer politischen Programme begründet. Häufig bleiben die beiden Autoren eine Auskunft über die beabsichtigten Methoden der Umsetzung ihrer Maßnahmenkataloge schuldig, bisweilen verharren sie sogar bei der bloßen Zielvorgabe, ohne konkrete Maßnahmen vorzuschlagen, so etwa Ozawa bei seinen Ausführungen zu den finanziellen Grundlagen seines Dezentralisierungskonzepts und Hosokawa bei seinem Plädoyer für ein neues Wahlrecht, in dem er auf eine Festlegung auf ein bestimmtes Wahlsystem verzichtet.

Die nächste Grenze betrifft die politische Meinungsbildung und die Fähigkeit zur Herstellung einer stabilen Mehrheit für eine reformwillige und -fähige Regierung. Die Regierung Hosokawa wurde aus sieben Parteien und der im Oberhaus vertretenen Abgeordnetengruppe des Gewerkschaftsdachverbandes Rengô gebildet und umfaßte ein politisches Spektrum von linken Sozialisten innerhalb der SPJ bis hin zu nationalistischen Hardlinern innerhalb Ozawas Shinseitô, so daß es nicht weiter verwundert, daß diese Regierung in entscheidenden Fragen diametral entgegengesetzte Wahlkampfaussagen der sie tragenden Parteien unter einen Hut zu bringen hatte. Das daraus resultierende Manko an Entscheidungsfähigkeit deutete sich schon in der Koalitionsvereinbarung vom 29. Juli 1993 an, die außer einigen konkreten Versprechen im Bereich politischer Reformen und dem später von Ministerpräsident Hosokawa nachdrücklich bestätigten Eingeständnis japanischer Kriegsschuld nicht über ein Sammelsurium von Allgemeinplätzen hinauskam (vgl. *Asahi Shimbun kokusai eiseiban* [im folgenden abgekürzt *ASKE*], 30.7.1993, S. 3).

Noch deutlicher wurde das Dilemma der Regierung Hosokawa im Entstehungsprozeß der Wahlrechtsreform, ihres einzigen konkret in Angriff genommenen weitreichenden Reformprojekts. Nach einer überraschend schnellen Einigung unter den Regierungsparteien hatte die Regierung im Herbst einen Gesetzentwurf ins Unterhaus eingebracht, der die Einführung einer Mischung aus Mehrheits- und Verhältniswahlrecht vorsah. Um künftig den Wettbewerb zwischen Kandidaten aus ein und derselben Partei auszuschließen und im Wahlkampf die Aufmerksamkeit auf Parteien und ihre Programme zu lenken, sollte die künftige Gesamtzahl von 500 Mandaten je zur Hälfte nach einfacher Stimmenmehrheit in Einer-Wahlkreisen sowie durch Verhältniswahl in einem nationalen Wahlkreis verteilt werden. Flankierend sah der Regierungsentwurf zur Korruptionsbekämpfung die Abschaffung von Unternehmens- und Verbandsspenden an einzelne Politiker und die Einführung einer öffentlichen Parteienfinanzierung in Höhe von 41,4 Mrd. Yen (335 Yen pro Einwohner) sowie einer Drei-Prozent-Sperrklausel vor. Nach zähen Verhandlungen und geringen Zugeständnissen an die größte Oppositionspartei LDP – u.a. wurde das Verhältnis der Mandatsvergabe auf 274:226 zugunsten der große Parteien bevorteilenden Einer-Wahlkreise verändert und der Gesamtbetrag der öffentlichen Parteiensubventionen auf 39 Mrd. Yen (250 Yen pro Einwohner) reduziert – wurde der Regierungsentwurf im November 1993 auch gegen die Stimmen der meisten LDP-Abgeordneten im Unterhaus angenommen. Aufgrund des Widerstands einer erheblichen Anzahl von Abgeordneten aus den Reihen der damals größten Regierungspartei SPJ fiel der Entwurf aber im Januar 1994 im Oberhaus durch. Zwar gelang es der nun unter größtem Zeitdruck stehenden Regierung wenig später, die Reformgesetze im Vermittlungsausschuß der beiden Kammern zu retten, sie mußte dafür jedoch weitreichende Zugeständnisse an die LDP in Kauf nehmen (vgl. *ASKE* 29.1.1994, S. 1). So wurde der Anteil der Mandate mit 300:200 weiter zugunsten der Einer-Wahlkreise korrigiert, das Verbot politischer Spenden von Unternehmen und Verbänden an Einzelpersonen zugunsten der Beschränkung solcher Spenden auf eine Sammelorganisation pro Politiker aus dem Gesetz entfernt. Auch das Vorhaben, mit dem neuen Wahlrecht einer Neuordnung des Parteiensystems Vorschub zu leisten, erlitt durch die Senkung der Sperrklausel auf zwei Prozent der Stimmenanteile einen Rückschlag.

Die weitere Entwicklung des Jahres 1994 zeigte, daß eine Klärung der durch eine Kette von Parteiabsplitterungen und -fusionen mit ungewisser Lebensdauer undurchsichtig gewordenen Mehrheitsverhältnisse frühestens im Zuge der ersten nach dem neuen Wahlrecht abgehaltenen Unterhauswahlen erwartet werden kann. Sogar die Umsetzung des neuen Wahlsystems erscheint seit dem Austritt der Sozialisten aus der Regierungskoalition und Spekulationen über ein Zweckbündnis von SPJ und LDP zur Erzwingung von Neuwahlen nach dem die beiden größeren Parteien bevorzugenden alten Wahlrecht fraglich.

Zwei weitere Faktoren, die der Umsetzung von Politikervisionen Grenzen setzen, sind die sogenannten Sachzwänge sowie die Abhängigkeit von der Bürokratie. Neben den erwähnten Faktoren waren es dringende tagespolitische Zwänge wie die von der Öffentlichkeit geforderten Maßnahmen zur Konjunkturbelebung sowie die Ausarbeitung und Verabschiedung des Haushalts 1994. Da beide Aufgaben nur bedingt aufschiebbar waren, banden sie einerseits einen Großteil der Energien der politisch Handelnden und ließen sich andererseits leicht zu einem effektiven Mittel umfunktionieren, Reformprozesse zu verschleppen. Dabei gibt es durchaus auch aktuelle Sachzwänge, die Regierungen unter Reformdruck setzen und sich somit beschleunigend auf Reformprozesse auswirken. So erscheint die These nicht allzu gewagt, wonach entscheidende Reformanstöße und -fortschritte zum größten Teil auf die mit Sanktionsdrohungen unterstrichenen Forderungen der US-Regierung nach Zugangserleichterungen für amerikanische Unternehmen auf dem japanischen Markt zurückzuführen sind.

Die vielleicht größte Hürde für Reformeiferer in der politischen Szene Japans ist ihr Defizit an Fachwissen gegenüber und damit ihre Abhängigkeit von der Bürokratie. Diese wiegt umso schwerer, als die meisten Ansätze der Deregulierungs- und Dezentralisierungsdiskussion auf eine Kompetenzbeschneidung des Verwaltungsapparats abzielen. In den Führungsetagen von Ministerien und Behörden herrscht daher große Zurückhaltung gegenüber Konzepten, die traditionelle Rechte und Befugnisse antasten, vor allem wenn ganz offen die Machtfrage in Richtung Verwaltungsapparat gestellt wird, wie dies Ozawa tat (vgl. *ASKE* 1.4.1994, S. 3). Um den Rückstand der Politiker an fachlicher Kompetenz gegenüber der Bürokratie wettzumachen, griffen bisher sowohl Ozawa als auch Hosokawa auf altbewährte Mittel zurück. Ozawa sucht in der Shinseitô das System von einzelnen Fachressorts zugeordneten „Stamm-Parlamentariern" (*zoku giin*), die in der Endphase der LDP-Herrschaft zu Interessenvermittlern zwischen Bürokratie und Wirtschaft degeneriert waren, in einer effizienten Version wiederzubeleben, ein Versuch, der in Teilen der japanischen Politikwissenschaft Beifall findet (Inoguchi 1994). Hosokawa setzte auf die Expertise privater Beratergremien, von denen der „Forschungsausschuß für Wirtschaftsreformen" unter der Leitung des Präsidenten des Arbeitgeberverbandes Nikkeiren, Hiraiwa Gaishi, noch in der Regierungszeit Hosokawas zu einem Abschlußbericht kam und dort ebenso wie der noch von den LDP-Regierungen ins Leben gerufene „Außerordentliche Beratungsausschuß für die Förderung von Verwaltungsreformen" die nicht gerade neuen Forderungen nach Deregulierung und Dezentralisierung noch einmal unterstrich. Entscheidend wird aber sein, ob es zukünftigen Regierungen gelingt, effektive Kontrollorgane und -instrumente außerhalb der bestehenden Bürokratie zu schaffen, die nicht einfach eine weitere Aufblähung des Verwaltungsapparats darstellen, sondern in der Lage sind, Deregulierungsprozesse in die richtigen Bahnen zu leiten. Bei der dafür notwendigen Überzeugungsarbeit wird man sich auf Regierungsseite wohl wieder den Druck aus Washington zunutze machen müssen.

Literatur

Foljanty-Jost, Gesine (1993), Wie pluralistisch ist der Pluralismus? Ein Beitrag zur politikwissenschaftlichen Diskussion in Japan, in: *Politische Vierteljahresschrift*, Jg. 34 (1993), H. 1, S. 306-320.

Hosokawa, Morihiro (1993), Nihon Shintô, sekinin aru kaikaku, Tokyo.

Inoguchi, Takashi (1994), Shin zoku giin taibô ron, in: *Chûô Kôron*, Jg. 109 (1994), Nr. 3, S. 104-113.

Kitaoka, Shin'ichi (1993), Karuteru seiji to no ketsubetsu o, in: *Chûô Kôron*, Jg. 108 (1993), Nr. 3, S. 30-41.

Ômae, Ken'ichi (1989), Heisei ishin, Tokyo.

Ômae, Ken'ichi (1992), Heisei ishin, Part II, Tokyo.

Ozawa, Ichirô (1993), Nihon kaizô keikaku, Tokyo.

Paul Kevenhörster

Der „schlanke Staat": Japan in vergleichender Perspektive

Der japanische Staat ist „schlank", nicht „mager": Mit einer im internationalen Vergleich niedrigen Staatsquote und einer relativ niedrigen Zahl von Staatsbediensteten stellt er sich in zahlreichen Politikfeldern als durchaus leistungsfähig dar – in der Wirtschafts- und Verkehrspolitik, in der Forschungs- und Technologiepolitik, in der Umwelt- und Bildungspolitik. Allerdings können wir ihn nur unter zwei Bedingungen, die es zu prüfen gilt, als „schlank" bezeichnen: Einerseits muß sein quantitatives Gewicht gering sein, und zum anderen muß er eine beachtliche Leistung erbringen. Anders gesagt, seine Aufwand-Ertrags-Relation muß auch im internationalen Vergleich günstig sein: Einem bescheideneren Aufwand muß somit ein überdurchschnittlicher Ertrag entsprechen.

Aus dieser Sicht gilt es, „Aufwand" und „Ertrag" zu definieren. „Aufwand" meint den Einsatz finanzieller und personeller Ressourcen zur Verwirklichung gegebener politischer Ziele, „Ertrag" das Ergebnis (Outcome) der Politik. Dabei sind Zusammenhänge zwischen der Input-Seite des politischen Systems (Handlungsressourcen, politische Forderungen) und der Output-Seite (politische Entscheidungsinhalte) zu berücksichtigen. Der „Aufwand" des Staates läßt sich durch den Anteil der Staatsausgaben am Bruttosozialprodukt und die Zahl der öffentlich Bediensteten erfassen, der „Ertrag" dagegen durch Indikatoren, die den wirtschaftlichen Wohlstand ebenso messen wie den Bildungsgrad, die Gesundheit, die Struktur der Einkommens- und Vermögensverteilung sowie die Chancen politischer und gesellschaftlicher Beteiligung.

Diese Betrachtungsweise verzahnt die funktionelle, personelle und institutionelle Dimension des „schlanken Staates" in Japan (vgl. Foljanty-Jost in diesem Band). Vom politisch-administrativen System werden hier nicht in erster Linie wirtschaftliche und gesellschaftliche Interventionen, sondern vielmehr Orientierungs-, Organisations- und Vermittlungsleistungen erwartet. Staat und Gesellschaft distanzieren sich von dem Anspruch umfassender Daseinsvorsorge und entlasten sich durch ein leistungsfähiges System gesellschaftlicher Arbeitsteilung. In diesem Rahmen sucht ein kleiner Staatsapparat hohe Effizienz durch große institutionelle wirtschaftliche und gesellschaftliche Stabilität sowie durch hohe Qualifikation, Motivation und Homogenität des staatlichen Personals zu sichern. Die Entlastung vollzieht sich durch die Delegation vormals politischer Aufgaben an nichtstaatliche Organisationen und durch die politisch-administrative Nutzung sozialer Netze. Die Funktionsfähigkeit dieser Netze in Familie, Nachbarschaft und Verbänden kommt – etwa in der Bildungspolitik und in der Sozialpolitik – der Handlungsfähigkeit des Staates in erheblichem Maße zugute. Die Offenheit der staatlichen Institutionen und ihre Verflechtung mit diesen sozialen Netzwerken zeigen das Bild eines „kooperativen Staates“ (Foljanty-Jost 1993, S. 317): Im Mittelpunkt seiner Tätigkeit stehen nicht Steuerungs-, sondern Orientierungs- und Vermittlungsleistungen. Er moderiert wirtschaftliche und gesellschaftliche Interessen und organisiert die Selbstregulierung der Gesellschaft in jenen Bereichen, in denen gesellschaftliche Interessen und Leistungsmotivation weder staatlicher Steuerung noch staatlicher Moderation bedürfen.

Dieses Staatsauffassung wird nur verständlich, wenn man berücksichtigt, daß das hohe wirtschaftliche Wachstum der Nachkriegszeit Verteilungskämpfe durch wirtschaftlichen Wohlstand entschärfte und so den Handlungsspielraum der Politik erweiterte. Von der Bevölkerung wurde ein marktkonformes Handeln des Staates weitgehend akzeptiert. Zudem können Tradition und Selbstverständnis, Stabilität und Qualifikation, Motivation und Homogenität der Verwaltung hohe Effizienz und Legitimität staatlichen Handelns auch bei häufig wechselnden Regierungen, politischen Skandalen und Krisen sichern.

1. Der politische Aufwand: schmaler öffentlicher Sektor und aktive Regierung

Der *Aufwand* der staatlichen Tätigkeit soll durch Staatsquote und öffentlichen Personalbestand gemessen werden. Hier ist der Befund eindeutig: Wie Foljanty-Jost in diesem Band darlegt, ist im Vergleich zu anderen demokratisch verfaßten Industriestaaten der Anteil der Staatsausgaben am Bruttoinlandsprodukt in Japan niedrig. Der Anteil der staatlichen Ausgaben für soziale Sicherung am Bruttoinlandsprodukt in Japan war 1980 mit 10,9% am niedrigsten, gefolgt von den USA (11,1%), Großbritannien (11,7%), der Bundesrepublik Deutschland (15,3%), Italien (15,8%) und Frankreich (22,9%) (vgl. Noguchi 1993, S. 188). Zehn Jahre später – im Jahre 1990 – ist zwar in allen Industriestaaten eine deutliche Ausweitung des „Staatskorridors“ festzustellen; in Japan aber bleibt der Anteil der Steuern und Sozialabgaben relativ niedrig (vgl. Foljanty-Jost in diesem Band).

Berechnet man die Staatsausgaben im Verhältnis zum Bruttosozialprodukt für den gesamten Zeitraum von 1960 bis 1987, so ergeben sich folgende Werte: Frankreich 42,6%, Großbritannien 41,4%, Italien 40,8%, Bundesrepublik Deutschland 40,4%, Kanada 37,3%, USA 32,4% und Japan 26,4%. Im gleichen Zeitraum haben die sechs wirtschaftlich stärksten Industrieländer (außer Japan) im Durchschnitt 15% (1960) bis 18% (1986) ihres Bruttoinlandsprodukts für staatlichen Konsum aufgewendet, Japan dagegen nur 7% (1960) bis 9% (1986) (vgl. Eccleston 1993, S. 92ff.). Entsprechend hat Japan in den letzten drei Jahrzehnten etwa doppelt so viel für staatliche Investitionen ausgegeben wie die anderen führenden OECD-Länder. Diese Investitionen sind vor allem dem Ausbau der öffentlichen Verkehrswege, der Ansiedlung investitionswilliger Unternehmen und Investitionsanreizen in der Nähe von Verkehrsknotenpunkten zugutegekommen.

„Schlanker Staat" heißt: schmaler öffentlicher Sektor und aktive Regierung. Diese verfolgt ihre Ziele nicht in erster Linie durch den Ausbau des Verwaltungsapparates wie in den westlichen Industriestaaten, sondern durch wirksame Anreiz- und Kooperationsstrukturen. Während der Anteil des Staatshaushaltes am Bruttoinlandsprodukt in der Vorkriegszeit immerhin größer war als in den USA und in Deutschland, bewegte er sich in der Nachkriegszeit deutlich unter den vergleichbaren Werten in Großbritannien, den USA und Frankreich und entsprach in etwa dem der Bundesrepublik Deutschland (vgl. Sheridan 1993, S. 188ff., 213ff.). Die Privatisierung der drei großen Staatsbetriebe (Staatsbahn, Telegraphen- und Telephongesellschaft, Tabak- und Salzmonopolgesellschaft) sowie Umstrukturierungen und Abbau der Bürokratie reduzierten in den 80er Jahren den Staatsanteil.

Nach Überwindung der Ölkrise haben die LDP-Regierungen in der zweiten Hälfte der 70er und in den 80er Jahren drastische Maßnahmen ergriffen, die dem Ausgleich des Haushaltes dienten und auch die eigene Wählerklientel belasteten (vgl. Muramatsu 1993, S. 61). Hierzu zählen insbesondere Einschnitte in Sozialleistungen und Agrarsubventionen sowie das Einfrieren der Gehälter von Beschäftigten des öffentlichen Dienstes. Schließlich wurde nach einer Steuerdiskussion über eine Zeitspanne von neun Jahren 1988 eine Verbrauchssteuer eingeführt. Mit diesen Schritten entsprach die japanische Regierung zugleich dem wachsenden außenhandelspolitischen Druck der Vereinigten Staaten, ohne ihre innenpolitische Machtbasis zu gefährden (vgl. Hiwatari 1993).

Aufgrund des Ausbaus sozialer Leistungsprogramme in den 70er und des erheblich angestiegenen Altenanteils in den 80er Jahren ist der Anteil staatlicher Transferleistungen am Bruttosozialprodukt in Japan inzwischen dem anderer Industriestaaten durchaus vergleichbar (vgl. Pascha 1994, S. 117, S.125). Er liegt noch deutlich unter dem deutschen und schwedischen Wert und bewegt sich auf dem Niveau des britischen bzw. amerikanischen Anteils. Der Hauptanteil des staatlichen Sozialtransfers entfällt auf die Renten- und Krankenversicherung sowie auf die Wohlfahrtspflege für Kinder, Alte und Behinderte. Gleichwohl ist sich die japanische Regierung darüber im klaren, wie der Fünfjahresplan des Amtes für Wirtschaftsplanung aus dem

Jahre 1992 unterstreicht, daß eine Verbesserung der Lebensqualität etwa in den Bereichen Raumordnungsqualität, Umweltschutz, Wohnsituation, Urlaub und Freizeit vordringlich ist, wenn Japan eine „Großmacht der Lebensqualität" (*seikatsu taikoku*) mit einer „wohlhabenden Gesellschaft" (*yutakana shakai*) werden soll.

Ein Aspekt der im internationalen Vergleich niedrigen Durchschnittsbelastung der Steuerzahler in Japan weist auf zusätzliche Kosten des „schlanken Staates" für die Verbraucher hin: Einzelhandelspreise steigen seit jeher schneller als Großhandels- und Exportgüterpreise und fallen entsprechend langsamer. Was die japanischen Steuerzahler somit weniger für den Staatshaushalt aufwenden, bringen sie in Form überhöhter Preise für den Erhalt von Wirtschaftszweigen auf, die sich dem internationalen Wettbewerb nur langsam anpassen (vgl. Eccleston 1993, S. 121f.). Der Staat zahlt an diese Sektoren zwar keine Erhaltungssubventionen, sichert ihre überhöhten Preise aber durch bürokratischen Protektionismus, nicht-tarifäre Handelshemmnisse und „administrative Lenkung". Aufgabe der Ministerien ist es dabei, die Dynamik wirtschaftlichen Wachstums mit Prioritäten der Innenpolitik und dem Anpassungsschutz bevorzugter Wirtschaftszweige abzustimmen.

3. Der politische Ertrag: Wohlstand und soziale Stabilität

Der Ertrag der japanischen Politik kann an den Auswirkungen staatlichen Handelns auf die Lebenssituation der Bevölkerung gemessen werden. Auch wenn die ursächliche Zurechnung der Entwicklung der Lebenslage der Bevölkerung zu den Wirkungen politischer Programme bzw. staatlichen Handelns nicht ohne weiteres möglich ist und jeder Versuch einer systematischen Einschätzung der Lebenslage der Bevölkerung aus einer Vielzahl von Daten einige strategisch besonders wichtige Indikatoren herausgreifen muß, steht doch mit dem „Human Development Index (HDI)" des United Nations Development Program (UNDP) ein komplexer Ansatz zur Verfügung. Dieser Index faßt die drei Indikatoren wirtschaftlicher Wohlstand, Bildungsgrad und Gesundheit zusammen, die anhand der Basiskaufkraft, der Alphabetisierungsrate und der durchschnittlichen Lebenserwartung gemessen werden (vgl. UNDP 1991).

Im „Human Development Report 1993" hat UNDP den Human Development Index zum dritten Mal (nach den Berichten der Jahre 1990 und 1992) zum Gradmesser der Entwicklungseinstufung von Industrie- und Entwicklungsländern gemacht. Japan hat den bisherigen Spitzenreiter Kanada inzwischen aufgrund seines überdurchschnittlichen Pro-Kopf-Einkommens überrundet und nimmt unter allen Staaten die erste Position ein, gefolgt von Kanada, Norwegen, der Schweiz, Schweden, den USA, Australien, Frankreich, den Niederlanden, Großbritannien, Island, Deutschland, Dänemark, Finnland und Österreich (vgl. UNDP 1993, S. 11).

Von Wirtschaftswissenschaftlern ist demgegenüber bereits seit längerem vorgeschlagen worden, das Wohlstandsniveau eines Landes an sechs Indikatoren zu messen: 1. dem gegenwärtigen Lebensstandard, wie er sich in der Höhe des Bruttosozialprodukts pro Kopf niederschlägt, 2. dem voraussichtlichen Lebensstandard der Zukunft, gemessen an wirtschaftlichen Wachstumschancen, 3. der Einkommens- und Vermögensverteilung, 4. der konjunkturellen, technologischen und ökologischen Sicherheit des Lebensstandards, 5. der physischen und psychischen Gesundheit bzw. der Höhe der Lebenserwartung und 6. dem Grad politischer und gesellschaftlicher Freiheit (vgl. Bronfenbrenner/Yasuba 1987, S. 95). Diese Indikatoren entsprechen denjenigen des Human Development Index, insbesondere 1., 2., 5. und 6. Die Einkommensverteilung (Indikator 3) ist in Japan durch eine größere Gleichverteilung gekennzeichnet als in den meisten anderen Industriestaaten, während die Sicherheit des Lebensstandards in allen Staaten aufgrund fehlender tragfähiger Prognosen nur schwer einzuschätzen ist.

Bei der Interpretation der Ergebnisse des HDI-Index ist jedoch zu bedenken, daß dieser Index nicht alle wohlfahrtsrelevanten Indikatoren erfaßt (vgl. Pascha 1994, S. 12f.). Aber auch bei der Berücksichtigung der Einkommensverteilung wahrt Japan aufgrund einer im internationalen Vergleich relativ gleichen Verteilung seinen ersten Rangplatz (vgl. Hamm 1992, S. 111f.). Allerdings besitzen große Gruppen der Unterschicht (*burakumin*, Koreaner) nur geringe Chancen sozialen Aufstiegs. Zudem nimmt Japan bei der Frage der Chancengleichheit der Geschlechter bzw. der Gleichstellung der Frauen nur einen 17. Rangplatz ein. Auch der hohe Ausbildungsstand überlagert Probleme ungleicher Startchancen. Der hohe Anteil von Schülern, die einen Oberschulabschluß erzielen, signalisiert auf der einen Seite ein hohes Maß gesellschaftlicher Chancengleichheit als Folge des Ausbaus des Bildungssystems seit der Meiji-Reform, verdeckt aber zugleich erhebliche Zugangsdifferenzen zu den qualitativ besonders anspruchsvollen und prestigeträchtigen Oberschulen und Universitäten aufgrund hoher finanzieller Aufwendungen der Eltern für privaten Zusatzunterricht in *juku* (Privatschulen) und erhebliche psychische und soziale Kosten des Wettbewerbs beim Zugang zu den Bildungseinrichtungen (vgl. Refsing 1992).

Weitere gesellschaftliche und wirtschaftliche Indikatoren vermitteln ein differenzierteres Bild, stellen jedoch die Kernaussage des Human Development Index nicht grundsätzlich in Frage. So ist die Zahl der Verkehrs- und Drogentoten im internationalen Vergleich relativ niedrig, während die Selbstmordrate im Durchschnitt der Industieländer liegt. Die Zahl der Scheidungen ist unterdurchschnittlich, nimmt aber zu. Selbst unter Berücksichtigung der engen japanischen Definition von Arbeitslosigkeit ist die Arbeitslosenrate im internationalen Vergleich niedrig, ebenso die Inflationsrate (vgl. Sômushô tôkei kyoku 1990, S. 70). Die öffentliche Sicherheit ist hoch einzuschätzen. Seit Jahrzehnten weist die Kriminalitätsstatistik für Japan die niedrigsten internationalen Werte aus. Betrachtet man etwa die Zahl der Diebstähle und Tötungsdelikte, so ist für Japan nur ein Bruchteil (gegenüber den Staaten mit der höchsten Kriminalitätsrate weit weniger als ein Zehntel) der Delikte festzustellen, wie sie etwa in den Vereinigten Staaten, Frankreich, Kanada, Australien, Großbritannien, Deutschland, Schweden und Italien anfallen (vgl. Reed, 1993, S. 11).

Zu Erklärung dieses Befundes, die den Ertrag der Politik verdeutlichen, müssen mehrere Faktoren herangezogen werden (vgl. Kevenhörster 1993, S. 107ff.):

– Im Unterschied zu den Industriestaaten Europas und Nordamerikas hat die Industrialisierung erst spät und unter größerer geographischer und kultureller Isolierung eingesetzt. Die japanische Gesellschaft war weitaus homogener als die der industriellen „Frühstarter" und die politische Klasse durch einen stärkeren Zusammenhalt gekennzeichnet.

– Während das wirtschaftliche Wachstum in den ersten Nachkriegsjahrzehnten unter hohen sozialen und ökologischen Kosten gefördert worden ist, die ihren Niederschlag in einer drastischen Umweltverschmutzung und in niedrigen Sozial- und Bildungsausgaben gefunden haben, wurden die Sozial- und Bildungsausgaben in den 70er und 80er Jahren beträchtlich erhöht. Der Anstieg der Staatsausgaben, der auch effektiveren Maßnahmen zugunsten des Umweltschutzes zugute kam, zeigte in dieser Phase ein größeres soziales und ökologisches Problembewußtsein des Regierungsapparats.

– Bei dieser Politik kann sich die Regierung auf einen im Vergleich zu anderen Industriestaaten kleineren Verwaltungsapparat, eine größere Leistungsfähigkeit der Unternehmen und auf eine hohe Leistungsbereitschaft der privaten Bildungseinrichtungen stützen. Auf dieser Grundlage ließen sich Sozial-, Bildungs- und Umweltschutzprogramme ausbauen, während sich die öffentliche Verwaltung im Gegensatz zu den westlichen Wohlfahrtsstaaten nicht entsprechend ausweitete.

Es kann daher nicht verwundern, daß nach den Untersuchungsergebnissen international vergleichender Studien – auch unter Berücksichtigung von Kriterien gesellschaftlicher Chancengleichheit im Zugang zu Einkommen, Vermögen und öffentlichen Gütern – die japanische Politik den Zielen sozialer Stabilität, breiten Massenwohlstands und effektiver Regierungsweise auch in Zeiten häufiger innenpolitischer Skandale und Regierungswechsel bemerkenswert nahe kommt (vgl. McKean 1989).

Hierbei handelt es sich keineswegs um einen nur temporären Befund: Bereits im Jahre 1970 waren die untersten und obersten Einkommensschichten in Japan – das ärmste und reichste Fünftel der Bevölkerung auf der Einkommensskala – durch eine weit geringere Kluft getrennt als in allen anderen Industriestaaten.

Das egalitäre Muster der Einkommensverteilung hat Klassen- und Schichtengegensätze erheblich abgeschwächt. Nur so wird es verständlich, daß sich bei Repräsentativumfragen bis zu neun Zehntel der Befragten der Mittelschicht zuordnen. Dieses Bewußtsein hat sich als starke Stütze politischer

Stabilität erwiesen. Auch nach dem Umbruch des Parteiensystems, der mit der Unterhauswahl 1993 eingesetzt hat, bilden konservative Parteien – die geschrumpfte LDP und die neuen konservativen Reformparteien in der politischen Mitte (Erneuerungspartei, Neue Partei Japans, Neue Partei: Vorreiter) – die wählerstärkste Gruppierung im Parlament.

Am Beispiel der Gesundheitsversicherung und des Rentensystems ist zudem aufgezeigt worden, daß der Ausbau zentraler sozialpolitischer Leistungen in Japan keineswegs zaghafter gewesen ist als in den parlamentarischen Demokratien Europas mit alternierenden Regierungen (vgl. Collick 1988). Unter dem Einfluß internen Wandels und äußeren Drucks ist die japanische Politik in der Wirtschafts-, Sozial- und Bildungspolitik flexibler und innovationsfähiger, als es ihrem immobilen Image entspricht.

Während die Einkommensverteilung in Japan im Vergleich zu allen anderen Industriestaaten deutlich egalitärer ist, hat sich jedoch der Besitz von Grund und Boden nach der Landreform ungleichmäßiger unter den verschiedenen Bevölkerungsgruppen verteilt (vgl. Schnitzer 1974). Zwar hat die japanische Regierung die Gleichverteilung der Einkommen durch Subventionen an Landwirte und Kleinunternehmer gefördert, zugleich aber der Konzentration des Grundbesitzes nicht wirksam entgegengewirkt.

Trotz des Ausbaus sozialer Leistungen halten Kritiker der japanischen Sozialpolitik – von Journalisten und Wissenschaftlern bis zu Experten in der Regierung – den Umfang der derzeitigen Sozialleistungen immer noch für unzureichend (vgl. Economic Planning Agency 1991). Bei Repräsentativumfragen bezeichnen die meisten Befragten die öffentlichen Infrastrukturleistungen im Bereich des Verkehrswesens, der Gesundheitsvorsorge und der sozialen Sicherung als unzulänglich. Alte und Behinderte sind zudem noch weniger in die Gesellschaft integriert als in anderen Industrieländern. Im Bereich der Verkehrswege, der sozialen Sicherung, des Wohnungsbaus und der Naherholungsmöglichkeiten ist die öffentliche Infrastruktur quantitativ und qualitativ unzureichend.

„Schlank" – und nicht „mager" – ist das Politikergebnis dagegen in der Forschungs- und Technologiepolitik. Nach dem Ausgabenvolumen für Forschung und Entwicklung sowie der Zahl der Forscher gehört Japan zur internationalen Spitzengruppe der führenden Industrieländer (USA, Frankreich, Großbritannien, Deutschland). Das starke Wachstum der Forschungs- und Entwicklungsausgaben, das sich hier in den letzten Jahrzehnten feststellen ließ, ist in Japan aber vor allem auf eine starke Steigerung der industriellen Forschungs- und Entwicklungsausgaben zurückzuführen (vgl. Science and Technology Agency 1990, S. 18). Demgegenüber ist die finanzielle Förderung der industriellen Forschung und Entwicklung durch den Staat in Japan kleiner als in den anderen Industrieländern.

4. Das politische Management: Konsultation und Kooperation

In der politikwissenschaftlichen Diskussion werden als mögliche Ursachen der steigenden Staatsquote folgende Faktoren angeführt: 1. steigende Erwartungen und Ansprüche an den Staat aufgrund der wirtschaftlichen Entwicklung, der Veränderungen des gesellschaftlichen Bewußtseins sowie der Eigendynamik politischer Institutionen, 2. die höheren Besteuerungsmöglichkeiten des Staates infolge wirtschaftlichen Wachstums und der Segmentierung der mit der Steuererhebung befaßten Institutionen, 3. die expansive Wirkung des Ausbaus des Staatsapparates und der wachsenden Professionalisierung sowie des steigenden Organisationsgrads des öffentlichen Dienstes auf den Umfang der Staatsaufgaben (vgl. Lehner, 1979, S. 29ff.). Das Beispiel Japan zeigt, daß diese Faktoren kein zwangsläufiges Wachstum des öffentlichen Sektors verursachen.

Zwar sind auch in Japan wachsende Erwartungen von Wählern und Verbänden an den Staat zu konstatieren, aber der institutionelle Druck in Richtung auf eine Ausweitung der Staatsaufgaben ist im Vergleich zu anderen Industriestaaten relativ schwach. Eine entscheidende Ursache ist die geringe Intensität des politischen Wettbewerbs: Die bisher amtierenden Regierungen konnten nicht von einer starken, geschlossenen Opposition mit einem klar umrissenen Katalog politischer Leistungsforderungen unter Druck gesetzt werden. Zum anderen werden derartige Erwartungen mindestens in gleichem Umfang wie an den Staat an Unternehmen, Verbände, Nachbarschaft und andere soziale Organisationen gerichtet. Außerdem betrachtete die politische Klasse nicht die Expansion der Staatsaufgaben als ein Merkmal politisch-administrativer Professionalität, sondern – wenn auch unter dem „Diktat knapper Kassen“ – die kostengünstige Erbringung von Leistungen durch betriebswirtschaftlich kalkulierende Unternehmen. Damit lieferte sie den Beweis dafür, daß die steigenden Erwartungen und Leistungsansprüche zwar an den Staat gerichtet werden können, nicht aber auch durch den öffentlichen Sektor selbst erbracht werden müssen.

Neuere Studien zu politischen Machtstrukturen in Japan untermauern die These, daß die Erfolge der japanischen Wirtschaftspolitik nicht durch einen starken Staat zu erklären sind (vgl. McKean 1993). An die Stelle des Bildes eines starken Staates und bürokratischer Vorherrschaft treten Pluralismus, Korporatismus und ein schlanker Staat. Das politische Gravitätszentrum hat sich von der Bürokratie zur Politik und zu den sie stützenden Interessenkonstellationen, vom Zentralstaat zu lokalen Einflußgruppen und von zentralen Vorgaben zu komplexen Verhandlungssystemen verschoben. Diese Verlagerung ist auf den Pluralismus von Interessengruppen in der politischen Willensbildung zurückzuführen, wie sie sich etwa in den innerparlamentarischen

Interessengruppen (*zoku*) niederschlagen. Der Durchsetzung der Zentralregierung setzen außerdem Präfekturen und Gemeinden Grenzen, indem sie sich zu Anwälten lokaler Interessen machen. Die Interessen der Gewerkschaften werden im Beratungsapparat der Regierung inzwischen mehr berücksichtigt als in früheren Jahren. Die LDP ist diesen Interessengruppen stets entgegengekommen, hat entsprechende Vorgaben an die Verwaltung formuliert, und die Ministerialbeamten haben als „Agenten" des politischen „Prinzipals" diese Direktiven umgesetzt. Es bleibt abzuwarten, ob das Ende der LDP-Vorherrschaft im Jahre 1993 und die neue Phase heterogener Koalitionsregierungen diese Politisierung der Entscheidungsstrukturen wieder teilweise zugunsten einer stärkeren Position der Ministerialbürokratie aufhebt oder ob die Heterogenität der Koalitionen den Interessengruppen neue Wege politischer Einflußnahme eröffnet.

Die Regierung Hosokawa war 1993 mit dem Ziel angetreten, die politische Vormachtstellung der Ministerialbürokratie zurückzuschneiden und die politische Leitung und Kontrolle der Ministerien zu stärken. Doch eine Regierung, die nicht einmal ein Jahr im Amt bleibt, kann dieses ehrgeizige Ziel kaum verwirklichen. Erstrebenswert ist sicherlich, daß die Ministerien ihre politischen Programmvorstellungen und Planungsentwürfe früher offenlegen und so einer politischen Richtungsdiskussion rechtzeitig zur Verfügung stellen. Dies ist um so vordringlicher, als sich die innerparlamentarischen Interessengruppen gegenwärtig neu ordnen und ihr Selbstverständnis überprüfen. Auf die neue, heterogene Minderheiten-Koalition unter Hata Tsutomu trifft jedenfalls eine Aussage zu, die schon die Stellung der Ministerien früherer Regierungen kritisch beleuchtet hat: „Die Macht der Bürokratie wird durch die schlechte Qualität der Politiker verursacht" (Ina 1994, S. 7).

Das Zusammenwirken von Staat und Wirtschaft entschärft gesellschaftliche Konflikte und setzt erhebliche wirtschaftliche und soziale Dynamik frei. Dieses Ordnungsmodell wird auch als „gelenkte, kooperative Form des Kapitalismus" (Reed), „rational geplanter Entwicklungsstaat" (Johnson), „staatlich gelenkter Kapitalismus" (Pempel) oder „formierter Pluralismus" (patterned pluralism/Muramatsu) bezeichnet (vgl. Reed 1993; Johnson 1982; Pempel 1982; Muramatsu 1993). Sein wesentliches Merkmal sind aufwendige Abstimmungsverfahren zwischen Staat und Wirtschaft bei der Vorbereitung wirtschafts- und technologiepolitischer Entscheidungen. Es entlastet Regierung und Verwaltung von den finanziellen und politischen Kosten einer Vielzahl von Interventionen, fundiert die politischen Entscheidungen durch Sachverstand und Konsens beteiligter Gruppen und erhöht zugleich die Leistungserwartungen an Unternehmen und Verbände.

Hier wird deutlich, daß es bei der Beantwortung der Frage nach den Bestimmungsfaktoren des „schlanken Staates" mehr darum geht, nach strukturellen und institutionellen Grundlagen politischer, wirtschaftlicher und gesellschaftlicher Entscheidungsprozesse als nach kulturellen Eigenheiten der japanischen Politik zu suchen.[1] Trotz stärkerer politischer Kontrolle durch die Regierungsparteien und des erheblichen Gewichts von Sektorinteressen in der parlamentarischen Willensbildung kommt den Ministerialbeamten nach wie vor eine zentrale Koordinations- und Steuerungsfunktion bei der Austarierung politischer Vorgaben mit Interesseneinflüssen zu (vgl. Murakami 1987, S. 68f.). Auf diese Weise stimuliert der Staat wirtschaftlichen und sozialen Wettbewerb. Da er einzelnen Unternehmen keine dominierende Stellung zubilligt und stattdessen die Konkurrenz unter den Unternehmensgruppen fördert, können innovationsfeindliche Machtverkrustungen mehr als in den westlichen Industriestaaten eingegrenzt und die beteiligten Akteure zu Anpassungen an sich wandelnde Rahmenbedingungen veranlaßt werden.

Wie leistungsfähig dieses Kooperationsmodell ist, zeigen die Technologieerfolge der japanischen Industrie, aber auch der im internationalen Vergleich hohe Anteil der Ausgaben für Forschung und Entwicklung am Bruttosozialprodukt bei relativ niedrigen staatlichen Forschungs- und Entwicklungsausgaben. Der Anteil der Forschungs- und Entwicklungsausgaben am Bruttosozialprodukt betrug im Jahr 1990 in den Staaten der Europäischen Union durchschnittlich 2%, in den EFTA-Staaten[2] 2,2%, in Rußland 1,1%, in Kanada 1,4%, in den Vereinigten Staaten 2,8% – in Japan aber 3,1% (vgl. UNESCO 1993).

Der politische Einfluß der organisierten Interessen, Medien und Wählerschaft hat in den letzten beiden Jahrzehnten einen Rollenwechsel des Staates von einem „Entwicklungsstaat" zu einem „schlanken Staat" in der „Wohlfahrtsgesellschaft japanischen Stils" eingeleitet. So hat sich der Staatsanteil am Bruttosozialprodukt von 1970 bis zur Gegenwart um 50% gesteigert.

Der Druck organisierter Interessen und politischer Probleme könnte die Staatsquote künftig noch weiter in die Höhe treiben. Unter diesen Problemen sind besonders der anhaltend hohe Außenhandelsüberschuß, die Herausforderungen des Umweltschutzes vor dem Hintergrund eines hohen Energiebedarfs, die ungünstige Altersstruktur der Bevölkerung und die Eigendynamik steigender Erwartungen an Lebensqualität und soziale Sicherung zu nennen. Die japanische Politik kann dem Prinzip des „schlanken Staates" künftig nur folgen, wenn sie diesen Herausforderungen durch eigenständige Lösungen begegnet und das Innovationspotential von Wirtschaft und Gesellschaft nutzt. Die Imitation westlicher Modelle, die sich zunehmend als zu schwerfällig und zu aufwendig erweisen, wäre dabei ein Irrweg.

Die finanzielle Stimulierung von Investitionen und Wachstum durch den Staat ist schon bisher geringer gewesen, als es dem Anspruch des „Entwick-

---

1   Die Anwendung der Rational-Choice-Theorie auf politische Entscheidungsprozesse in Japan hat die Bedeutung institutioneller und struktureller Faktoren wieder in den Vordergrund gerückt. Beispielhaft für diesen Ansatz: Ramseyer und Rosenbluth 1993, hier insbesondere S. 3f.

2   Österreich, Finnland, Island, Liechtenstein, Norwegen, Schweden und Schweiz.

lungsstaates" entsprochen hätte. Eine strategische Finanz- und Geldpolitik
wird durch den zunehmenden politischen Druck von organisierten Interessen
unterlaufen: Die politischen Entscheidungsstrukturen werden komplexer,
und der „Klientelismus" dringt weiter vor (vgl. Calder 1993, S. 261ff.). Doch
der „schlanke Staat" wird auch künftig durch einen innovativen privaten
Sektor ergänzt, der zu langfristigen Zielsetzungen in der Lage ist. Diese
Kombination, ergänzt durch leistungsfähige Mechanismen der Konsultation
und Kooperation von Staat und Wirtschaft, setzt die Politik auch weiterhin in
die Lage, die Folgen des Klientelismus, bürokratischer Fragmentierung und
internationalen Drucks zu überwinden.

Die Organisation von Staat und Wirtschaft läßt sich somit zusammenfas-
send als eine Marktwirtschaft beschreiben, die durch intensiven Wettbewerb
ebenso gekennzeichnet ist wie durch verdeckte Kooperation (Collusion) von
Unternehmen, Verbänden und Verwaltung, ferner durch den Aufbau korpo-
ratistischer Institutionen der Interessenvermittlung mit starkem Arbeitgeber-
Bias und eine wachsende Responsivität der Regierung gegenüber neuen Interessengruppen (vgl. McKean 1993, S. 103). Aus diesem Befund ergeben
sich zwei Folgerungen: Aufgrund der korporatistischen Interessenvermittlung in Wirtschaft und Politik kann der Staat in Japan die wirtschaftspolitischen Ziele Vollbeschäftigung, Preisstabilität und Haushaltskonsolidierung
in größerem Umfang verwirklichen als die Regierungen in Amerika. Wegen
des geringeren Gewichts des staatlichen Sektors kann der Staat andererseits
wirtschaftliches Wachstum wirksamer fördern als die aufwendigeren, wohl-
fahrtsstaatlichen Regierungsapparate in Europa.

Der „schlanke Staat" Japans ist indessen janusköpfig. In einer langen
Phase aufholender Modernisierung hat er durch eine wirtschaftsfreundliche
Politik, gestützt auf vielfältige Verbundnetze von Wirtschaft und Politik, die
internationale Wettbewerbsfähigkeit des Landes gesichert und ausgebaut.
Jetzt steht diese Modernisierungs- und Wachstumspolitik auf dem Prüfstand.
Die japanischen Medien und Wähler, aber auch die Außenhandelspartner Ja-
pans fordern, den Interessen der Verbraucher einen höheren Rangplatz in der
Wirtschafts-, Sozial-, Außenhandels- und Technologiepolitik einzuräumen.
Die einst vom Maekawa-Bericht geforderte stärkere Verbraucherorientierung
der Wirtschaftspolitik ist auf halbem Wege stehengeblieben und hat Boden-
reform, Wohnungsbau und Handelssystem nicht ausreichend erfaßt (vgl. *Yomiuri Shimbun*, 15.8.1991).

Eine politische Strategie des „schlanken Staates", die auch für die Zukunft
eine günstige Relation zwischen budgetärem Aufwand und politischem Ertrag sichern will, wird mehrere politische Herausforderungen zugleich in
Angriff nehmen müssen: Sie muß die inflationären Tendenzen auf dem
Wohnungsmarkt wirksam kontrollieren, den Anteil von Frauen an der Gesamtzahl der Beschäftigten erhöhen, die Leistungsorientierung der Gesellschaft erhalten, die Qualität der Arbeits- und Lebensbedingungen erhöhen,

den Umweltschutz verbessern und das öffentliche Bildungssystem ausbauen (vgl. Sheridan 1993, S. 243f.). Ein Grundsatz bleibt dabei gültig, den Politik und Verwaltung bereits in den letzten Jahrzehnten erfolgreicher umgesetzt haben als die Regierungen anderer Industriestaaten: Staatliche Investitionen haben Vorrang vor staatlichem Konsum.

Literatur

Bronfenbrenner, Martin und Yasuba, Yasukichi (1987), Economic Welfare, in: Yamamura, Kozo und Yasuba, Yasukichi (Hrsg.), The Political Economy of Japan, Bd. 1: The Domestic Transformation, Stanford, S. 93-136.

Calder, Kent (1993), Strategic Capitalism. Private Business and Public Purpose in Japanese Industrial Finance, Princeton (N. J.).

Collick, Martin (1988), Social Policy: Pressures and Responses, in: Stockwin, J.A.A. u.a. (Hrsg.), Dynamic and Immobilist Politics in Japan, Honululu, S. 205-236.

Eccleston, Bernard (1993), State and Society in Post-War Japan, 2. Aufl., Cambridge.

Economic Planning Agency (1991), White Paper on the Life of the Nation, FY 1990 (Summary), Tokyo.

Foljanty-Jost, Gesine (1993), Korporatismus, Pluralismus und die Herrschaft der Bürokratie: zum politikwissenschaftlichen Forschungsstand der achtziger Jahre in Japan, in: *Politische Vierteljahresschrift*, 34. Jg. (1993), H. 2, S. 306-320.

Hamm, Brigitte (1992), Soziale Ungleichheit in Japan, Regensburg.

Hiwatari, Nobuhiro (1993), Sustaining the Welfare State and International Competitiveness in Japan: The Welfare Reforms of the 1980's and the Political Economy, 02.-05. September 1993, APSA Annual Meeting (mimeo), Washington D.C.

Ina, Hisayoshi (1994), Bureaucratic power has origins in poor quality of politicians, in: *Nikkei Weekly*, 17.1.1994, S. 7.

Institut der deutschen Wirtschaft (1993), Internationale Wirtschaftszahlen / International Economic Indicators, Köln.

Johnson, Chalmers (1982), MITI and the Japanese Miracle, Stanford.

Kevenhörster, Paul (1993), Politik und Gesellschaft in Japan, Mannheim.

Lehner, Franz (1979), Grenzen des Regierens. Eine Studie zur Regierungsproblematik hochindustrialisierter Demokratien, Königstein/Ts.

McKean, Margaret A. (1989), Equality, in: Ishida, Takeshi und Krauss, Ellis S. (Hrsg.), Democracy in Japan, Pittsburgh, S. 201-224.

McKean, Margaret A. (1993), State Strength and the Public Interest, in: Allinson, Gary D. und Sone, Yasunori (Hrsg.), Political Dynamics in Contemporary Japan, Ithaka und London, S. 72-104.

Murakami, Yasusuke (1987), The Japanese Model of Political Economy, in: Yamamura, Kozo und Yasuba, Yasukichi (Hrsg.), The Political Economy of Japan, Bd. 1: The Domestic Transformation, Stanford, S. 34-90.

Muramatsu, Michio (1993), Patterned Pluralism Under Challenge: The Policies of the 1980's, in: Allinson, Gary D. und Sone, Yasunori (Hrsg.), Political Dynamics in Contemporary Japan, Ithaka und London, S. 50-71.

Noguchi, Yukio (1987), Public Finance, in: Yamamura, Kozo und Yasuba, Yasukichi (Hrsg.), The Political Economy of Japan, Bd. 1: The Domestic Transformation, Stanford, S.186-222.

N. N. (1994), Forschung und Entwicklung. Ausgaben im internationalen Vergleich, in: *Forschung und Lehre*, Nr. 5 (1994), S. 188.

Pascha, Werner (1994), Die japanische Wirtschaft, Mannheim.

Pempel, T. J. (1982), Policy and Politics in Japan: Creative Conservatism, Philadelphia.

Ramseyer, J. Mark und Rosenbluth, Frances McCall (1993), Japan's Political Marketplace, Cambridge MA. und London.

Reed, Steven R. (1993), Making Common Sense of Japan, Pittsburgh und London.

Refsing, Kirsten (1992), Japanese Educational Expansion. Quality or Equality, in: Goodman, Roger und Refsing, Kirsten (Hrsg.), Ideology and Practice in Modern Japan, London und New York, S. 116-129.

Schnitzer, Martin (1974), Income Distribution: A Comparative Study of the United States, Sweden, West Germany, East Germany, the United Kingdom and Japan, New York.

Science and Technology Agency (1990), White Paper on Science and Technology (Summary), Tokyo.

Sheridan, Kyoko (1993), Governing the Japanese Economy, Cambridge.

Sômushô tôkei kyoku (Management and Coordination Agency, Statistics Bureau) (1990), Nihon tôkei nenkan / Japan Statistical Yearbook,Tokyo.

UNDP (1991), Human Development Report 1991, New York und Oxford.

UNDP (1993), Human Development Report 1993, New York und Oxford.

UNESCO (1993), World Science Report 1993, London.

United Nations (1991), National Accounts Statistics: Main Aggregates and Detailed Tables, 1989, Part I, New York.

Yomiuri Shimbun (1991), Shasetsu (Leitartikel), 15. August 1991.

Die Autorinnen und Autoren

Klaus Antoni, Dr. phil., Japanologe mit kulturanthropologischem Schwerpunkt. 1986-1993 Professur in Hamburg, seit April 1993 Lehrstuhlinhaber für Gegenwartsbezogene Japanologie an der Universität Trier.

Hartmut Deyda, Dr. rer. nat., Diplomphysiker, seit 1971 im Bundesministerium für Forschung und Technologie (BMFT) tätig. 1987 bis 1992 Leiter des Wissenschaftsreferates an der Deutschen Botschaft in Tokyo. Seit 1992 Leiter des Referats „Grundsatzfragen der Lebenswissenschaften" im BMFT.

Harald Dolles, Dipl. Betriebswirt (FH), zweijähriges Auslandsstudium in Japan und der Volksrepublik China; wissenschaftlicher Mitarbeiter am Lehrstuhl für BWL, insbes. Internationales Management, der Friedrich-Alexander-Universität Erlangen-Nürnberg. Arbeitsschwerpunkte sind Vergleichende Managementforschung, Organisationstheorie (hier insbesondere Organizational Economics und Netzwerke) sowie strategische Unternehmensführung im internationalen Bereich (insbes. Asien).

Winfried Flüchter, Dr., Geograph, seit 1986/87 Professor an der Gerhard-Mercator-Universität GH Duisburg, Institut für Geographie, Lehrstuhl Kulturgeographie. Arbeitsschwerpunkte: Industrieansiedlung, „High Tech" und Regionalentwicklung, Landesentwicklung und Raumordnung, Stadtplanung, Städtebau, Stadtentwicklung, Geographie des Bildungswesens und Bildungsverhaltens, Umweltprobleme und Umweltschutzstrategien.

Gesine Foljanty-Jost, Dr. phil., Japanologin und Politikwissenschaftlerin, seit 1992 Professorin am Institut für Politikwissenschaft der Martin-Luther-Universität Halle-Wittenberg, Lehrstuhlinhaberin für Japanologie mit Schwerpunkt Politik und Gesellschaft Japans. Forschungsschwerpunkte: politisches System Japans, insbesondere Umwelt- und Industriepolitik.

Volker Fuhrt, Japanologe (M.A.), wissenschaftlicher Mitarbeiter am Lehrstuhl für Japanologie der Martin-Luther-Universität Halle-Wittenberg. Arbeitsschwerpunkte: Innen- und Außenpolitik sowie Geistesgeschichte Japans nach 1945.

Arne Holzhausen, Dipl. Volkswirt und Japanologe (M.A.), Forschungsschwerpunkt Industriepolitik und Betriebsorganisation in Japan. Gegenwärtig Forschungsaufenthalt am Institut für Sozialwissenschaftliche Forschung der Tokyo Universität.

Paul Kevenhörster, Dr. phil., 1982-1988 Kurator der Deutschen Stiftung für internationale Entwicklung (DSE), Berlin; seit 1988 Professor für Politikwissenschaft an der Westfälischen Wilhelms-Universität Münster; Gastprofessuren in Nagoya und Tokyo.

Botho von Kopp, Dr. phil., Studium der Slavistik in Freiburg/Brsg. und Prag, 1982-1984 als Forschungsstipendiat der Japan Society for the Promotion of Science an der Universität Kyoto. Wissenschaftlicher Mitarbeiter im Deutschen Institut für Internationale Pädagogik Frankfurt (DIPF). Forschungsschwerpunkte und zahlreiche Veröffentlichungen zu Bildungsfragen Japans und Osteuropas.

Kathrin Köster, M.A. (Sinologie), Studium der Sinologie, Wirtschaftswissenschaft und Japanologie in Erlangen. Wissenschaftliche Mitarbeiterin am Lehrstuhl für Japanologie der Friedrich-Alexander-Universität Erlangen-Nürnberg. Arbeitsschwerpunkte: Wirtschaft und Staat in Japan, soziokulturelle Determinanten wirtschaftlichen Handelns im ostasiatischen Raum (insbesondere China, Japan).

Sung-Jo Park, Dr. rer. pol., Volkswirt und Politologe, seit 1978 Lehrstuhlinhaber für Wirtschaft Japans und Ostasiens am Ostasiatischen Seminar der Freien Universität Berlin (FU) sowie für Politikwissenschaft am Institut für Politikwissenschaft der FU. Forschungsschwerpunkte sind Management und Betriebsorganisation Ostasiens.

Erich Pauer, Dr. phil., seit 1987 Prof. für Japanologie mit Schwerpunkt auf Gesellschaft und Geschichte an der Philipps-Universität Marburg; dzt. Geschäftsführender Direktor des Japan-Zentrums der Philipps-Universität Marburg. Forschungsschwerpunkt: Moderne Technik- und Wirtschaftsgeschichte Japans.

Ulrike Schaede, Dr. phil., Japanologin, Associate Professor an der Graduate School of International Relations and Pacific Studies (IR/PS), University of California at San Diego. Arbeitsschwerpunkt: japanischer Finanzmarkt und politische Ökonomie Japans, insbesondere die Beziehung zwischen Staat und Wirtschaft, sowie im trilateralen Vergleich von „nationalen Finanzsystemen" in Japan, den USA und Deutschland.

Anna Maria Thränhardt, Dr. phil., Studium der Japanologie, Sinologie und Politik Ostasiens in Tokyo und Berlin, z.Zt. tätig an einem Habilitationsprojekt an der Ruhr-Universität Bochum zur japanischen Sozialpolitik.